天商法律评论

（2023卷）

张　涛/主编

谢　斐　宁　伟/副主编

天津社会科学院出版社

图书在版编目（ＣＩＰ）数据

天商法律评论. 2023 卷 / 张涛主编 ；谢斐，宁伟副主编. -- 天津 ： 天津社会科学院出版社，2024.1
ISBN 978-7-5563-0932-0

Ⅰ. ①天… Ⅱ. ①张… ②谢… ③宁… Ⅲ. ①法律－文集 Ⅳ. ①D9-53

中国国家版本馆 CIP 数据核字 (2023) 第 207956 号

天商法律评论. 2023 卷
TIANSHANG FALÜ PINGLUN. 2023 JUAN
责任编辑：杜敬红
责任校对：王　丽
装帧设计：高馨月
出版发行：天津社会科学院出版社
地　　址：天津市南开区迎水道 7 号
邮　　编：300191
电　　话：（022）23360165
印　　刷：北京建宏印刷有限公司
开　　本：787×1092　　1/16
印　　张：25.75
字　　数：333 千字
版　　次：2024 年 1 月第 1 版　　2024 年 1 月第 1 次印刷
定　　价：78.00 元

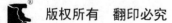

目　录

民商法研究

见义勇为的法律性质与制度归属

　　——以《民法典》与行政法之联动为视角

　　…………………………………… 沃　耘　杨俊生 / 3

商业特许经营合同解除后费用与财产问题探究

　　…………………………………… 张春普　伦　超 / 14

图片水印署名推定的问题及其解决

　　——以"视觉中国"系列案件为例 ……… 王宏军　叶子莲 / 25

网络主播"跳槽"天价违约金酌减问题研究

　　…………………………………… 邹晓玫　王佳慧 / 37

"英国优步案"评析

　　——兼评我国平台灵活就业者的法律地位

　　…………………………………… 李　静　王玉柯 / 49

论居住权设立的裁判路径实现 ………… 张　涛　刘雨辰 / 62

论侵权中的民事权益区分保护 ………… 吕姝洁　肖如月 / 75

后民法典时代环境法规法典化探析 ………… 刘秋妹　陈攀科／88

执行异议程序审查标准研究

　　——以离婚财产分割协议为切入点

　　………………………………… 娄　超　高　超／99

市场化改革下信息披露制度的反思与完善

　　……………………………… 宁　伟　汪亚利／111

大型数字平台反垄断规制模式探究………… 孙佳颖　王科欣／124

法学理论与法律方法

列宁法律监督思想及对我国的影响……………… 吴春雷／139

礼法之争前后家庭伦理的逻辑径路

　　——以"干名犯义"条存废为切入点

　　…………………………… 郑全红　张国建／150

司法量化裁判中的锚定效应研究……………… 姚海娟／163

单身女性运用辅助生殖技术的权利基础

　　………………………………… 马　驰　朱　贺／174

人工智能体法律主体地位之辨析………… 才　圣　马嘉唯／187

《法律适用法》中"有利于"条款探析 ……………… 邹淑环／198

文义解释概述……………………………………… 肖灵姗／212

公法研究与社会治理

论监察留置羁押必要性审查制度的构建

　　………………………………… 吴常青　李德禄／227

未成年人个人信息保护中知情同意的年龄标准

　　——以《民法典》第 19 条与《个保法》第 31 条为切入

　　…………………………………… 慕德芳　张越阳 / 239

海域使用权视角下海域污染的刑法调整研究

　　…………………………………… 王志强　程　宇 / 251

美国正当防卫对我国的司法启示………… 崔　磊　张婉婷 / 260

论当场处罚程序和当场收缴罚款………… 崔文俊　燕　颖 / 272

以刑法规制错误历史观的必要性分析

　　——基于南京吴某某案的反思……………… 谢　斐 / 285

论恶意使用网络爬虫技术的定罪……………… 蔡文霞 / 298

医疗文化法治背景下构建新型医患关系的司法审视

　　………………………………………………… 赵莹莹 / 307

青少年犯罪的心理动因与预防矫治……………… 王　丛 / 321

法学教育

大学生廉洁教育提升机制与策略研究……………… 王　璐 / 333

法治化视野下以制度之善提升高校青年教师的

　　职业认同………………………………………… 王春梅 / 344

职业教育服务乡村振兴的研究………………… 安　鹏 / 355

互联网背景下法学课程与思政教育同向同行探索与研究

　　………………………………………………… 谢　峰 / 366

宪法法治教育融入高校思政大课堂的模式探究

　　——以法学学生为例

　　………………………………………………… 王　畅 / 373

课程思政视域下高校第二课堂育人路径探析………… 徐　杰 / 378

法学硕士研究生就业状况分析及思政工作方法

………………………… 吐尔逊阿依·买合苏提 / 383

新文科背景下法学第二课堂开展模式探析………… 郝　娜 / 391

法学、心理学专业学生在社区矫正中作用发挥

路径探析…………………………………… 李　慧 / 397

民商法研究

见义勇为的法律性质与制度归属

——以《民法典》与行政法之联动为视角

沃　耘①　杨俊生②

　　"法律与道德的关系问题是法学中的好望角；那些法律航海者只要能够征服其中的危险，就再无遭受灭顶之灾的风险了。"③见义勇为作为法律与道德交互的经典一直被作为复杂命题。"当道德对应受保障的利益无法维持，则就会诉求于法律形式，致使相关的道德理念和原则融入法律。"④见义勇为的道德治理不足产生了法律规范体系的调整需求，进而展开了其"道德法律化"的漫长进程。《中华人民共和国民法典》（简称《民法典》）的颁布确立了见义勇为制度的私法规范表达与价值弘扬，私法上的见义勇为治理进入规范解释和实践层面。在这样的背景下回溯源头，探究见义勇为的法律品格属性，明确见义勇为的制度归属对于《民法典》见义勇为制度的"落地"具

---

　　①　沃耘，天津商业大学法学院院长，教授，法学博士。
　　②　杨俊生，天津商业大学法学院硕士研究生。
　　③　［美］罗斯科·庞德：《法律与道德》，陈林林译，中国政法大学出版社2003年版，第122页。
　　④　［美］罗斯科·庞德：《法律与道德》，陈林林译，中国政法大学出版社2003年版，第45页。

有重要的意义。

一、见义勇为的双重属性及其制度显现

法律品格的双重属性决定了见义勇为行为复杂性，道德法律化的缘来更使得见义勇为行为的"内在"道德价值与"外在"法律形式的同时显现。相较于域外法民法、行政法与刑法"多举并措"的法治模式选择，中国立法选择对于刑法的规制自近代以来就持否定之回应。为此，在中国实在法上，见义勇为行为的法律回应呈现出"民行共治"的模式，见义勇为在民法与行政法制度体系中得到双重显现。

（一）行政法上的见义勇为

自 1991 年沈阳市率先颁布《沈阳市奖励和保护维护社会治安见义勇为人员暂行办法》至今，各省市关于见义勇为的地方性法规高达 85 个，地方政府规章高达 34 个，而地方性规范文件更是高达 354 个之多，①可见各省市在行政法上对于见义勇为行为所作出的积极回应，但是或许又从另一个层面反映出尽管行政法做出诸多回应却始终无法破解见义勇为之"困境"。尽管各省市关于见义勇为的行政法立法近乎呈现"野蛮生长"之趋势，对于见义勇为行为的担忧与争议却并没有得到缓解。究其原因，或为行政法之回应并未发挥实质性作用。从宏观上而言，地方性法规对于见义勇为行为的调整呈现出法律层级不足、区域规制差异、立法质量参差不齐等等问题。对于见义勇为的行政法规制主要集中体现于地方性法规、规范性文件等法律效力层次较低、适用范围较小、分布零散的法律层面。截至目前仍未出台全国性的见义勇为法律②，这就导致了见义勇为行为行政法规制法律适用结果不一的局面。同时，由于政府对于见义勇为行为的认识差异以及地方政府立

---

① 各省市的见义勇为立法情况参见"北大法宝·中国地方法规规章库"，2022 年 6 月 9 日访问。

② 全国性行政立法中保护见义勇为者仅存在零星规定，例如《关于加强社会治安综合治理的决定》第 6 条、《关于加强社会治安综合治理的决定》第 6 条。

法技术的参差不齐导致各地见义勇为立法的质量不一,不利于提高行政机关对于见义勇为行为治理的统一认识和适用操作。再者,从微观层面分析各省市颁布的见义勇为立法,同样存在不少问题存在。如各省市在见义勇为行为的认定主体上存在不一,包括了公安机关①、县级以上政府②、综治机构③、见义勇为工作机构④等等;对于见义勇为者能否获得行政奖励及行政奖励的程度也因为地方政府的不同认识产生了区域性差异;⑤又如见义勇为者能否获得行政补偿同样没有统一的认识⑥。由此种种,可见虽然各省市通过行政立法对于见义勇为的法律治理做出了积极回应,但是这种回应却因为对于行政法治理之于见义勇为行为的认识不足从而导致了立法上的区域差异,难以妥善解决见义勇为行为的法律需求。

(二)民法中的见义勇为

不同于大陆法系和古代中国法制对于见义勇为的治理模式选择,见义勇为制度自近代以来均不为我国刑法所规制。而在民法领域,远可追寻到《中华民国民法典》的紧急避险条款等制度,近自《民法通则》时代就存在规范调整见义勇为行为。尽管有学者认为《民法通则》中的见义勇为条款与无因管理制度存在规范重复的嫌疑,⑦但

---

① 参见《重庆市见义勇为人员奖励和保护条例》第9条、《浙江省见义勇为人员奖励和保障条例》第6条、《江苏省奖励和保护见义勇为人员条例》第11条、《无锡市奖励和保护见义勇为人员条例》第14条。

② 参见《广东省见义勇为人员奖励和保障条例》第12条、《宁夏回族自治区见义勇为人员奖励和保护条例》第8条。

③ 参见《四川省保护和奖励见义勇为条例》第9条、《广西壮族自治区见义勇为人员奖励和保护条例》第11条、《贵州省见义勇为人员奖励和保护条例》第8条。

④ 参见《陕西省奖励和保护见义勇为人员条例》第8条。

⑤ 例如北京市、南京市、淮南市等地就没有对于见义勇为者行政奖励的规定,而广东省、山东省、四川省等地则规定了程度不一的行政奖励。

⑥ 例如四川省就没有对于见义勇为者行政补偿的措施规定,其余省份或直接规定行政补偿规则或规定先行垫付等权利保障措施。

⑦ 参见徐国栋《民法哲学》,中国法制出版社2021年版,第486页。

是这一观点并不为立法者所认可。① 同时，这一条款经过发展为《民法典》所吸收，在立法过程中对于如何加强对于见义勇为者的法律保障的议题得到充分讨论，要求通过民事基本法规范对见义勇为进行调整，保障见义勇为者的权利，匡扶正义，鼓励见义勇为。② 最终确立了见义勇为条款"为匡正社会风气而厘定的民事责任规则，是弘扬社会主义核心价值观与追究民事责任相结合的条文，其基本旨趣是鼓励人民助人或救助他人"③的价值定位。《民法典》的颁布结束了对于见义勇为入法典的争议，实为《民法典》作为"社会生活的百科全书"的巨大进步，对于见义勇为的私法治理之争议聚焦于规范实践的层面。有学者通过私法的规范分析认为见义勇为的私法性质应当定位于紧急无因管理，进而认定见义勇为规范与无因管理规范构成特别规范与一般规范的逻辑关系。④ 也有学者通过教义学分析将《民法典》第 183 条⑤通过类型化区分为四种情形，并认定不同情形下与无因管理制度的规范关系予以适用。⑥ 以上分析和观点各有其理论价值，通过法条规范的类型区分并适用不同情形下的见义勇为行为有利于司法实践中的具体规范适用。但是，见义勇为的民法治理不应仅仅局限于无因管理制度与见义勇为制度之间的规范适用关系，更应该放置到与正当防卫、紧急避险等等制度中进行比较分析，明确相关制度之间的界限与重合。

---

① 参见穆生秦主编《民法通则释义》，法律出版社 1987 年版，第 123 页。

② 参见本书编写组《民法总则立法背景与观点全集》，法律出版社 2017 年版，第 57、148、416 页。

③ 陈华彬：《〈民法总则〉关于"民事责任"规定的释评》，《法律适用》2017 年第 9 期。

④ 参见蒋言《见义勇为救助人权益的私法保障——兼论〈民法典〉第 183 条与第 979 条之协调》，载《河北法学》2020 年第 11 期。

⑤ 《中华人民共和国民法典》第 183 条规定："因保护他人民事权益使自己受到损害的，由侵权人承担民事责任，受益人可以给予适当补偿。没有侵权人、侵权人逃逸或者无力承担民事责任，受害人请求补偿的，受益人应当给予适当补偿。"

⑥ 参见肖新喜《我国〈民法总则〉中见义勇为条款与无因管理条款适用关系的教义学分析》，载《政治与法律》2020 年第 6 期。

鉴于见义勇为行为的双重法律品格,仅仅从私法的规范逻辑进行分析或许是远远不够的。对于见义勇为制度的解释,应该从见义勇为制度的价值定位出发,明确见义勇为行为在私法层面的法律性质,发挥私法对于见义勇为行为的制度功能,才能正确地对见义勇为行为作出民法回应与治理。见义勇为行为在民法中的制度显现仅仅是私法保障见义勇为者的权益、鼓励见义勇为行为的"起跑线",同时见义勇为行为的私法治理并不仅仅依托于见义勇为条款这一单一规则,为此对于见义勇为条款的理论争议导致了司法实践过程中的不同理解,从而导致相关制度在司法实践中的"无力",严重削弱了私法对于见义勇为行为的回应和治理。对于见义勇为行为的私法制度选择,应当以更为宏大的体系视角进行。既要坚持见义勇为条款的制度价值,亦要理清见义勇为制度与相邻制度的界限与重合;其次,从社会治理的法律回应层面上看,民法作为私法的权利保障模式也在一定程度上决定了被动式的法治模式无法完全回应这一社会现象,为此对于见义勇为行为的法律回应应当坚持公私法协同的"整体法"视角和方法论。

二、实践反思:公私法规范的功能区分

纵观中国现行法上的见义勇为规则,已然呈现出公私法规范双重显现的局面。但是,见义勇为行为的复杂属性不仅带来了理论与学说的纷争,在实践中更是通过信息快速传递把冲突聚焦和放大。频繁引发网络热议的"见危不救""好人没好报"的社会事件导致社会群体对于见义勇为的认识偏差,并经过信息的快速传播迅速放大和聚焦,加剧了人们对于见义勇为这一行为的争议,法律的规范目的落空在此引发社会层面的见义勇为"困境"。为此,从规范功能的角度进行检视公私法各自的规范目的与实现成为破解实践困境的必要。

(一)行政法对于见义勇为的激励功能

传统理论认为行政法是指调整行政关系的、规范和控制行政权的法律规范系统。① 更侧重于行政法的公法属性，强调行政法作为公法对于行政权之公权力的限制。但是，随着社会和经济的发展，行政法的调整领域逐渐扩展，行政法的理念、方式等亦发生了新变革。从强制走向柔性、从命令走向合作、从事前走向事后等等特点逐渐得到发展和呈现。现代行政法从单一的制约走向了制约与激励的协调运作，既通过制约维护秩序正义，又通过激励促进私利益保障，实现自由正义。②

见义勇为行为具备的利他性与现实实践的冲突在网络信息的传播下致使其超越了一般道德领域上升为公共道德事件，行政法的介入成为引导见义勇为行为与公共道德舆论的必要手段。同时，见义勇为的利他属性又决定了行政法干预的手段必然体现其激励功能的规范设置导向。见义勇为所表达出的公法属性主要体现为私人在国家公权力无法及时保障私人权益，且往往是生命健康权益的时候得以通过私人见义勇为行为予以弥补，呈现出社会公共利益性。为此，行政法对于见义勇为行为的法律规范设置主要应当发挥激励功能，通过对见义勇为的认定、荣誉、奖励等等手段达到对于见义勇为行为的激励效果。但是各地方立法对于见义勇为的规范设置体现出对于见义勇为认识的深浅不一，对于见义勇为的实践回应必然难以谓之圆满。例如许多见义勇为规范要求见义勇为者主动申请见义勇为的认定与荣誉授予，③这与行政法激励功能的主动性截然相反，不利于对见义勇为行为的激励；同时，在见义勇为的认定标准上，各地方立法都设置了一个较高的人性标准，不利于见义勇为的认定，对于见义勇为行为的激励效果不足；此外，地方立法导致的区域限制也导致见

---

① 姜明安：《行政法与行政诉讼法》（第六版），北京大学出版社 2015 年版，第 18 页。
② 罗豪才、宋功德：《现代行政法学与制约、激励机制》，《中国法学》2000 年第 3 期。
③ 参见《海南省见义勇为人员奖励和保障规定》《陕西省奖励和保护见义勇为人员条例》。

义勇为的激励效果在不同的区域呈现出差异。

（二）民法对于见义勇为的保障功能

见义勇为的私法属性要求民法通过设置利益衡量规范调整见义勇为当事人之间的利益衡平，保障见义勇为者的利益以消除见义勇为者的"后顾之忧"，此为民法对于见义勇为的保障功能。见义勇为者的权利保障缺失引发了人们对于自身行为的安全感缺乏，引发道德危机，致使人人都不仅仅面临着"扶不扶"这般道德之问，更从法治信任层面产生了"能不能扶"这一担忧。因此，在《民法典》立法过程中，对于见义勇为制度入法典的议题得到大量讨论，最终确立了对于见义勇为的私法保护。

《民法典》确立的见义勇为规范，属于私法逻辑下的规范设置，旨在平衡见义勇为人与受益者之间的利益。通过"免责条款"的设置，意在消除见义勇为者对于见义勇为行为可能的"后顾之忧"，达到鼓励见义勇为行为的社会效果，是社会主义核心价值观在《民法典》立法中的重要体现。总而言之，《民法典》设置见义勇为规范对于见义勇为具有保障功能，具有其独立的制度意义。同时，正是基于民法调整方法的被动性，行政法上对于见义勇为行为的规范设置更显得其重要性。

（三）行政法与民法对见义勇为功能发挥的局限性

公法与私法对于见义勇为行为的规范功能实现在其实践中存在着各自的局限，这是功能区分下其各自需要解决的微观不足。更为重要的是，在行政法激励功能与民法保障功能的宏观互动层面，二者存在交叉互动的不足与缺陷。行政法上见义勇为的激励功能，对民法上无因管理的"无偿性"是否有矛盾？见义勇为者在获得见义勇为奖金后，是否还保留对加害人、受益人的追偿权？见义勇为奖金是否加重见义勇为者的注意义务？民法对于见义勇为的保障功能，是否仅限于见义勇为行为本身，是否包括见义勇为者的一般人格权及具体人格权？如见义勇为者的荣誉权、隐私权等。

可见的是，当前法治实践和理论对于见义勇为行为的回应与思考仅仅涉及到公私法规范的功能区分，且这一功能区分现状下还存在着各自的微观不足。见义勇为行为的双重法律品格在规范上的双重显现仅仅是见义勇为行为治理需求的形式体现，其实质法律需求表现为公私法规范的联动治理需求。法律品格的复杂属性要求法治实践和理论思考摒弃"单向治理"或"简单区分"的模式选择，民法与行政法规范在此都无法"独善其身"。同时，不管是民法规范还是行政法规范都表达出对于见义勇为行为的同一价值追求，为公私法联动的提供了规范配置基础和出发点。

三、民法典与行政法基于见义勇为制度的联动

面对见义勇为的"道德法律化"冲击，中国法治实践显然处于"司空见惯"却"莫衷一是"的状态。正如民法的技术乃至其原理正被运用、渗透到其他的法领域。[①] 私法亦从来就不是一个自治的封闭系统，可以而且也需要通过公法规范来支援。[②]《民法典》中有关国家征收制度、不动产登记制度、以及国家所有权制度等等都为公权力规范的私法表达。见义勇为作为公私法交互的典型代表和现实环境，在社会治理和法律价值追求上具有同一性，均指向公共利益的维护与社会主义核心价值观的体现。因此，从部门法联动的视角出发，见义勇为的法律治理可以解构出内部与外部两个维度的整合与互动。

（一）内部维度：民事见义勇为的制度整合

《民法典》的出台为见义勇为的私法治理转换了场域，《民法典》见义勇为制度的规范表达通常被认定于第一百八十三条和第一百八

---

① ［日］星野英一：《现代民法基本问题》，段匡等译，上海三联书店 2012 年版，第 441 页。

② 黄忠：《民法如何面对公法：公、私法关系的观念更新与制度构建》，《浙江社会科学》2017 年第 9 期。

十四条,但是在司法实践过程中见义勇为与无因管理、紧急避险、正当防卫制度之间的交叉重合反映出对于见义勇为的规范表达需要在司法实践过程中注意见义勇为与相邻制度规范之间的交叉与重叠适用,处理和规范之间的关系。没有任何立法者能够创造出这样的一个规范体系,它是如此完美,以至于仅仅基于将事实描述简单涵摄于规则事实构成之下就可以解决每个案件。① 为此,在更为一般的意义上,法律实践本身就是一种解释实践。② 从赵宇因见义勇为反被刑事拘留的挫折经历中群众的惊诧反映就得以证明在法律解释和司法适用过程中对于见义勇为及其相邻制度的整合与解释适用影响至深。为此,在《民法典》视域下,民事见义勇为规范的侧重应转向司法解释及法律适用层面的政策引导,以期见义勇为规范的实施落地。具体而言,一方面民法上关于正当防卫、紧急避险的司法适用,在见义勇为场域,本质上是利他行为的体现,在司法解释中,应当区分利己性防卫(避险)与利他性防卫(避险),在利他性防卫(避险)中既需要注意通过正当防卫(紧急避险)制度对见义勇为者作出正当性判断,又要注意见义勇为规范对于救助者的特殊保障,彰显对于见义勇为行为的弘扬。另一方面,在司法实践中对于见义勇为与无因管理两者间的交叉重合现象则应当通过区分二者的功能发挥正确认识二者的适用关系,比较中肯的方案则是把见义勇为条款作为无因管理规范的补充条款,③通过继续向前进一步的补充,加强无因管理制度所无法保障的见义勇为者的权利,同时亦得以彰显见义勇为的法价值弘扬。

---

① [德]罗伯特·阿列克西:《法:作为理性的制度化》,雷磊编译,中国法制出版社2012年版,第285页。

② [美]罗纳德·德沃金:《原则问题》,张国清译,江苏人民出版社2005年版,第188页。

③ 参见冯德淦《见义勇为中救助人损害救济解释论研究——兼评〈民法典(草案)〉第979条第1款》,《华东政法大学学报》2020年第2期。

（二）外部维度：部门法的互动与影响

民法的法典化必然对于民法规范的设置保持高度的形式理性，而民法规范的抽象化、体系化辉煌亦来源于法典化立法技术上的高度形式理性。[①] 然而，法治实践"不能只着眼于高雅，而应立足于实用"[②]。在公法进入私法的讨论中，一个永恒的原则是警醒公权力对于私法领域的侵入。为此，法律价值的同一性是民法与行政法共同发挥作用的前提，而行政法对于私权领域的介入的底线是符合法治基本价值，受到社会主义核心价值观的引导和制约。

在部门法联动视角下，行政法对于民事见义勇为的司法适用不仅可以基于二者统一的社会主义核心价值观之基础达到规范价值上的统一，通过行政法上的规则细化完成民事见义勇为的实践转化。再进一步而言，基于二者统一于社会主义核心价值观的价值基础，便可清晰得出诸如行政法上见义勇为的激励功能对民法上无因管理的"无偿性"影响，民法对于见义勇为的保障功能如见义勇为者的荣誉权、隐私权等外部联动问题仅仅是在同一价值引导下部门法治理路径的选择问题。而且，从规范功能上而言相较于私法被动式的保障功能，行政法主动而为的激励功能更具有法律经济学上的效率性和收益性。[③] 但是，目前行政法上对于见义勇为行为的规范表达至今仍散落于各地方法规中，在实践中产生了见义勇为认定标准和行政奖励的区域性差异化问题，这不利于对于见义勇为行为的激励和统一规范。[④] 为此，在行政法上见义勇为的法律治理更多集中于立法完善，统一的规范表达与制度价值不仅有利于加强行政法对于见义

---

① 苏永钦：《民事立法与公私法接轨》，北京大学出版社 2005 年版，第 12 页。
② 陈金钊：《法律方法论研究的高雅与媚俗》，《法学论坛》2009 年第 3 期。
③ 桑本谦：《利他主义救助的法律干预》，《中国社会科学》2012 年第 10 期。
④ 各省市的见义勇为奖励和保护法规规章几乎同样包括"见义勇为行为的申请和认定、对于见义勇为者的保护和奖励、见义勇为奖励资金的来源和用途"等基本内容，但是全国统一性的法律规范却始终没有出台。

勇为的激励功能发挥,而且为部门法的联动治理提供规范链接,通过行政法规则的完善达到见义勇为法律治理的部门法合力局面。

结　语

见义勇为行为的双重法律品格致使其在实在法制度上的双重显现,既具有公法之公共利益属性,又存在着私法主体间利益衡量的民法属性。在民法与行政法的制度互动下,民法对于见义勇为的制度功能主要在于保障,一方面通过民事责任分配规则衡平当事人之间的利益天平,解决见义勇为者的"后顾之忧";另一方面通过民法体系的规范效应为见义勇为者提供隐私权、荣誉权的周延保障。而行政法基于其制度激励的功能需求,则需围绕见义勇为之认定标准、行政奖励、行政补偿等等方面通过正向激励的调整方式进行制度设计和表达。

商业特许经营合同解除后
费用与财产问题探究

张春普①　伦　超②

　　商业特许经营合同是指由特许人将其所拥有的商号或商标、专利、企业经营模式、专有技术、经营诀窍等一系列综合使用权的授予与被特许人达成的协议。该合同中的权利义务以及经营活动的展开，均是建立在该合同的基础上。商业特许经营合作模式广泛应用于实体店面中，也就是俗称的加盟店。受疫情影响，商业特许经营合同的解除产生了诸多财产与费用分歧。其中，部分实体店面继续履行下去会导致费用和财产损失不断扩大，法院往往依据情势变更，变更的条件、解除的条件，由法官在法庭上解决。③ 实践中，还存在诸如装修费的计算、加盟费的性质、保证金的退还以及带有商品标识产品的归属问题等，这些财产的认定是诉讼中最大的争议焦点。

　　在疫情三年的实务中，往往诉争双方均不想承担合同义务与店面亏损风险，而只想快速解除合同，抽回资金。上述财产处置和法律后果涉及有形财产和无形财产，如特许权使用费和经营资源的返还

① 张春普，天津商业大学法学院教授，硕士生导师。
② 伦超，天津商业大学法学院硕士研究生。
③ 梁慧星：《民法典解释与适用中的十个问题》，《温州大学学报（社会科学版）》2021 年第 34 期。

与界定。司法实践中法院裁判不一。对此,有必要探究。

一、商业特许经营合同解除后相关使用费的司法认定问题与分析

1. 商业特许经营合同解除后特许使用费的司法认定问题与分析

商业特许经营合同为有偿合同,其中特许经营权的使用费是需要被特许人在经营过程中支付给特许人的对价。特许使用费也俗称加盟费,合同中约定的费用种类多样。可以在签订合同之时被特许人一次性缴纳,用以取得某地区或者某店面的特许授权开设店面的资格。实务中基于意思自治,多数小型加盟创业项目特许使用费并不高,但房租、人工、进货成本等累计超出加盟费,如果经营不善而解除合同关门歇业,加盟商损失的就不仅是加盟费。① 由于特许合同中也约定了店面进货的货品需要从特许人处购买,装修耗材等均需从特许人处订购,但是在经营一段期间之内,一方诉诸于法院要求解除合同,而此时该合同并没有完全履行完毕,也就是说,还有剩余的合同期限和未销售的货品。这种情况下,判处合同解除之后,对于前期履行的合同费用是否应当全部返还还是应当部分返还,司法实践中存在着较大争议。比较典型的就是河南省高级人民法院做出的李某、邱某特许经营合同纠纷一案的民事二审民事判决书,其中明确维持一审法院判决特许人邱某只需返还加盟费,而合同中明确约定的品牌管理费用和权益保证金等以及一审诉求中的装修设计安装、广告费、运费等费用则并没有支持。②

在广州知识产权法院做出的广州某酒店投资管理有限公司、潍坊某酒店管理有限公司等特许经营合同纠纷民事二审民事判决书中,就充分考虑到特许使用费根据履行期限变化而应部分支持的合理情形,诉争双方的实际特许使用费(加盟费)250400元,考虑到涉

---

① 施玉梅:《以案说理:特许加盟创业风险的防范与规避》,《江苏商论》2022年第7期。
② 河南省高级人民法院(2021)豫知民终476号。

案合同期限为 20 年,实际履行不足 4 年,一审法院酌情认定返还部分加盟服务费 200000 元。①

特许使用费和合同约定的其他货品以及日常运营的费用不同,专指加盟费的情况下应当综合考虑到合同的订立和实际的履行期限,以及双方当事人的违约情形,不同情况下的特许使用费包含哪些内容,以及是否应当返还存在着较大的争议。实务中,往往将特许使用费约定为零,而以其他的保证金形式予以认定特许经营费用,或者在合同文本没有特许使用费的条款,在实际中却有属于该费用的支出。对于费用问题,是全部返还,还是部分返还,其性质属于预付款还是一次性缴纳的必要买断费用,都存在着不同的判决结果。笔者认为,前者属于变相的规避,费用名称要结合实际使用情况来看,根据《民法典》第 566 条规定:"合同解除后,尚未履行的,终止履行;已经履行的,根据履行情况和合同性质,当事人可以请求恢复原状或者采取其他补救措施,并有权请求赔偿损失。合同因违约解除的,解除权人可以请求违约方承担违约责任,但是当事人另有约定的除外。"如前述河南李某、邱某一案,法院对于所有的特许使用费一并返还,并没有考虑实际履行的期限情况,因此"一刀切"地判决该项费用是否返还,而不考虑实际履行情况和期限显然不合适。而广州某酒店投资管理有限公司、潍坊某酒店管理有限公司等一案,则是从合同是否已经履行还是未履行,全部履行还是部分履行,以及合同被认定为自始无效还是履行到一定程度进行解除的情况,还有是否存在一方违约或者过错的情况来综合判断加盟费用的认定。

2. 商业特许经营合同变更后特许使用费的问题与分析

商业特许经营合同的变更与普通的合同不同。由于商业特许经营合同的主体和内容都有其特殊性,无论是一个新的加盟商来缴纳

---

① 广州知识产权法院(2022)粤 73 民终 2967 号。

特许费用来接替原特许人,还是合同中约定特许经营中利润分配的变化,都是针对合同签订之时的店面现状做出的约定。由此涉及现实环境的变化时,对于合同约定的特许使用费处置,一审法院和二审法院的认定有所不同。实践中,对于已经经营一段时间的标的物店铺进行转让和相关合同内容变更导致的转让,当事人都会在合同解除之时对此部分的财产产生争议,民事一审中北京市朝阳区人民法院做出的判决则和民事二审北京知识产权法院做出大相径庭的认定。如案件中双方将冒菜餐饮项目变更为焖锅餐饮项目,属于合同内容的变更①,在特许人椒×公司出现违约行为的情况下,被特许人王某某作为合同相对方应当且能够采取合理的行为,减少因椒×公司违约造成的损害,包括作适当的替代安排以避免损失,如将店铺内可再利用的设备、用品转让或留作后续经营时继续使用等。一审法院未考虑王某某作为经营者在特许经营过程中应当承担的经济成本和违约后能够采取的补救措施,在判决特许相关费用的尺度把握上有失公平合理。② 可见,对于合同变更前后的特许使用费用归属问题,在诉争解除的案件中便成为一大认定难点。

学者认为,民法典合同编规定的合同变更规则比较简单。在现有规范的基础上,不再严格区分合同关系的要素变更和非要素变更,都认为是广义合同变更。③ 上述问题涉及广义的合同变更问题,其中包括对于合同的主体或者相关权利义务的变更。内容的变更是现有立法上狭义的变更,有关主体的变更体现在我国《民法典》合同编的转让规定。合同转让包括债权让与、债务承担以及概括承受。店面的转让属于主体的变更,即主体的转让。像冯某某、姚某某合同纠

---

① 北京市朝阳区人民法院(2020)京 0105 民初 15020 号。
② 北京知识产权法院(2021)京 73 民终 4083 号。
③ 杨立新:《广义合同变更规则研究——〈合同变更案件法律适用指引〉的内容及依据》,《法治研究》2019 年第 3 期。

纷民事一审民事判决书一案便是典型的特许经营主体转让的情况①，原特许人冯某某将特许经营合同的权利义务转移给新的被特许人姚某某，只有缴纳品牌维护费才可继续享有加盟商的待遇。店面的转让可以是由其他有资质的被特许人加入，相关转让费用自然也由其承担。但是，对于没有资质授权人的情况，新的合同主体也没有支付相关费用，仍然将相关的权利义务转移给新的合同主体，就会产生原被特许人已经缴纳的特许经营费用是一同转移至新被特许人，还是应当原路退返之后由新被特许人继续缴纳的问题。由于商业特许经营合同对于主体的要求比较严格，因此，笔者认为，只有取得特许人的品牌经营资质以及相关知识产权的授权文书才可以作为一个适格的合同主体开设商业特许经营合同店面。在该合同履行过程中，如果忽视这一点，会出现该商业特许经营合同的效力为自始无效的情形，从而导致相关转让费用的认定出现纠纷。

二、商业特许经营合同解除后涉及知识产权的问题与分析

1. 商业特许经营合同解除后与知识产权相关材料返还问题

有关知识产权以及无形财产的被特许使用是商业特许经营合同中的核心内容。判决合同解除之后，涉及无形材料的返还与使用问题。诸如各种知识产权的载体，即商标、装修、宣传材料以及各种线上的广告推广、社群推广服务等，对双方都是密不可分的财产，但是对于其中不能返还、已经损毁灭失以及无法恢复原状的物品，是否能够采取返还、赔偿折价等方式，从而支持其诉讼请求，存有一定的争议。

陕西省高级人民法院做出的（2021）陕知民终 20 号民事判决书中，对于本案二审的新证据带有特许商标标识的费用只是简单粗暴地认定为与本案待证事实无关，不予采信，并未考虑商业特许经营合

---

① 广州市南沙区人民法院（2021）粤 0115 民初 17727 号。

同的知识产权特殊性，即使特许合同中对于商标有明确约定，但在法院判决中依然只将其认定为装修的一部分①，不对知识产权部分做区分。

据佛山市南海区印某婚戒珠宝行、周某福珠宝股份有限公司等侵害商标权纠纷民事二审判决书之中的记载，一审提交的商业特许经营合同显示，周某福公司的品牌加盟特许经营费每年 10000 元至30000 元不等，一审法院应依法适用商标法第 63 条相关规定，认定该费用标准即为周某福公司权利商标许可使用费标准，并据此做出判赔的判决。②

2. 商业特许经营合同解除后的知识产权相关材料返还分析

受现实环境影响，该合同解除后，当事人为了挽回损失，涉及知识产权方面的诉争成为焦点。如实体店面在加盟中统一装修所涉及的商标、装修、宣传材料以及各种线上的广告推广、社群推广服务等，有的包含在品牌加盟费中，有的则是约定合同签订前一年内免费给被特许人使用。相关实物材料等都与受许方所参与合同的时间有关，时间越长，费用就越高。现实环境影响导致的双方合同解除，实际履行期限变短，相应的商业特许经营合同费用应当减少，诸如收银系统以及加盟软件系统等无实体财产，应当通过返还密码钥匙等形式，店面商标标识则是通过拆除等形式。在法院判决中，只要是正确行使权利通知到位并妥善处置停止经营，并且已经解除合同，在合同剩余期限内的特许经营费用会按照比例进行返还。

由于涉及知识产权的无形性，法院是否采信应当取决于对实务案例的综合判断，相关的举证责任由法院合理分配。法院会适当考虑该证据的真实性、合法性和关联性，即根据合同内容和履行情况的

---

① 陕西省高级人民法院 (2021) 陕知民终 20 号。
② 广东省佛山市中级人民法院 (2022) 粤 06 民终 13997 号。

不同,综合考虑多种因素把握财产返还、停止使用经营资源和赔偿损失的尺度。

商业特许经营合同解除后,还会涉及后合同义务,即特许人对被特许人的商标授权使用合同。商业特许经营中的商标加盟费等知识产权类的费用,本质上也是无形资产,通常不会因为使用而减少其本身的价值。因此,合同解除后,也不能继续使用特许人的这些无形资产和商业模式。《民法典》第558条有关后合同义务的规定,在原《中华人民共和国合同法》(以下简称《合同法》)第92条的基础上增加了一项旧物回收义务。其不仅体现了环境保护和节约资源等《民法典》中新增的绿色原则,也是对于知识产权保护的体现。

对于涉及知识产权的后合同义务的司法认定存在较大难点。例如,请求履行后合同义务者,应证明交易习惯上有相应类型的后合同义务;未经当事人请求,法院不得依职权判决他方当事人承担后合同责任。有学者认为,鉴于后合同义务无对价支持,在归责事由上或可类推适用无偿合同的规定,以故意或重大过失为限。① 笔者认为,拆除商标标识、软件系统等使用费用以及已经履行的合同期间的费用应当支持扣除。但是对于没有履行的特许经营费用主张的返还,以及拆除商标等所花费的必要费用承担,人民法院也应当予以认可。对于相应标识进行损毁灭失或者拆除包装,特许人有权要求被特许人承担违反该合同义务的责任。这是协助性的后合同义务。

三、实体店面在商业特许经营合同解除后运营费用与赔偿问题与分析

1.商业特许经营店面的日常费用问题与分析

商业特许经营合同解除后,涉及店面损失与亏损部分的承担问题,如典型的味觉映象(北京)餐饮管理有限公司与刘某合伙合同纠

---

① 李宇:《后合同义务之检讨》,《中外法学》2019 年第 5 期。

纷一审民事判决书中,虽然符合商业特许经营合同的主要权利义务,但是并没有认定为特许合同,只是认定为合伙合同。① 对于损失的认定,也有不同的一审、二审意见。如将餐厅联合经营合同认定为无效,刘某不应向其支付管理费、货款等款项。二审法院对于一审法院判决中的管理费房租、打印费、货款等进行了改判,对于不同期所产生损失费用的性质也进行了不同的认定。②

现实环境的变化使得线下实体店受到较大规模的冲击,由此带来店铺租金损失、人员工资损失以及店面产品过期等一些运营中的损失费用。该损失属于直接损失还是间接损失,其导致的影响如何?对于授权和特许人合作中有无保底协议以及保盈收协议等,司法实务认定各异。

如 2020 年陕西省高级人民法院陕 01 民终知 89 号案件,便是典型的特许合同中运营费用判决不合理的判决,该案中合同约定特许人负有提供店面货架义务,被特许人负有在特许人处购买货品的义务。双方在特许合同之中有保盈收条款,即特许方保证店面运营每月均产生利润 20000 元,实际利润未达到的部分特许人负有补足被特许人的义务。2020 年疫情导致特许人负担过重无法补足店面盈收。由此双方诉至法院,虽然该案二审将其发回重审,但在重审过程中依然未查明合同实际履行的损失情况便做出判决,判处商业特许经营合同解除,并且要求上诉方承担全部的保底盈收费用与装修损失费用,该类判决还是比较不合理的。③ 由于合同中途解除,并没有导致其按照进货时约定的合同期限使用,况且未售出的货品的所有权和货架均为上诉人所有,反而将被特许人店面相关的装修费用判决上诉人承担明显不当。

---

① 北京市朝阳区人民法院(2020)京 0105 民初 55955 号。
② 北京市第三中级人民法院(2022)京 03 民终 5727 号。
③ 陕西省高级人民法院(2022)陕知民终 89 号。

北京壹派科技有限公司与王某特许经营合同纠纷民事一审中，像该案中诉求判令被告赔偿拖欠原告的市场补偿政策 7600 元，便是典型的间接损失的赔偿。[①] 对于间接损失部分通常是指因此造成的商品预期销售额损失和销售补助以及保底收入损失。该类损失并非在合同之中直接约定。由于现实环境的影响和其他商业因素的影响没有真正实现所构成的保底销售额，对于该部分的预期收入可以归结为间接损失部分，至于法院是否支持在不同的判决之中仍有不同的认定。

2. 商业特许经营合同提前解除导致未到期费用的处置问题与分析

现实环境变化后，被特许人并未缴纳合同约定的相应费用，是否应当认定为合同根本解除，对于该类案件的判决，现实环境变化之前和之后存在着不同的认定。有些法院认为，要结合合同履行相关情况进行认定。如曾某等与北京某科技有限公司特许经营合同纠纷二审民事判决书中一样，判决要求返还品牌使用费、线上产品货款、装修及家具损失的主张，结合合同签订时间、约定的期限、履行情况、实际经营期限、与合同履行的关联、双方当事人的过错程度等因素，酌情确定返还以及赔偿损失的数额、比例或方式承担。而有些法院认为，这种情况构成根本违约。如在张某与西安置物家企业管理咨询有限公司，置物家（西安）投资有限公司特许经营合同纠纷一审民事判决书中，仅仅依照合同约定就做出本院依法对张某关于"华某某清算"扣款明细中关于货品等破损货款 3500 元、货架的相应费用 3400 元、935 元、4335 元、收银柜破损 776 元，合计 12946 元的撤店相关费用返还主张予以支持的判决。[②] 但是作为主要的收入来源，特许人

---

① 西安市中级人民法院 (2021) 陕 01 知民初 1365 号。特别指出该法律文书存在错误，上传至裁判文书公开网中的陕西省中级人民法院明显不当，应为西安市中级人民法院，实际应为西安市中级人民法院知识产权法庭做出。

② 陕西省西安市中级人民法院 (2020) 陕 01 知民初 833 号。

本质上是将自己的经营模式予以输出复制,导致被特许人无法承受。因此,停止支付相关的保证金费用或相关的加盟费足以构成根本违约,判决其没有按照约定履行缴费义务。而并没有考虑相关的加盟费使用情况以及货品折旧情况。因为特许人在品牌经营管理费方面,没有支付相应的管理费用。

通常情况下,合同约定该费用为每季度缴纳或者每年缴纳。在疫情后,却并没有缴纳相应的费用。法官在判决书中认定被特许人在支付能力方面存在瑕疵,主要涉及合同履行的问题,并不构成根本违约的情形。如果说是在店铺已经没有实体经营的情况下,受到疫情的影响,相应的法院可能判决疫情影响所缴纳的房租予以减免。但是对于合同约定的特许加盟费等并未减免,并且合同签订之时所约定的各项费用,在解除时依然可以结合实际履行的时间参照适用,折价补偿的具体数额原则上应为合同约定的价额,例外时为客观价值。[1] 不缴纳特许经营费用导致起诉,法院认为该种情形并不构成根本违约。因为无力缴纳费用是否属于根本违约,关键是要判断是否具有继续履行的目的和避免损失进一步扩大的情形出现。根本违约是从英国普通法上发展出来的一种制度,在联合国国际货物销售合同公约、国际商事合同通则、欧洲合同法原则中均有体现。法国在判断是否允许非违约方解除合同时,违约的严重程度是一个重要的参考因素,唯法国法就违约严重程度之判断并未形成任何统一的明确的标准和概念。德国对于违约严重程度的判断为,当因一方的原因致部分给付不能、给付迟延或不完全给付时,如果"合同的履行对于对方无利",对方得解除合同。所谓"无利益",是指受害方已无法获得订立合同所期待获得的利益。学说上

---

① 赵文杰:《论不当得利与法定解除中的价值偿还——以《合同法》第 58 条和第 97 条后段为中心》,《中外法学》2015 年第 27 期。

认为德国法这一概念与英美法中的"根本违约"或"重大违约"颇为相似，唯其内容及适用要窄一些。根本违约的构成存有条款主义与结果主义，我国立法上采取结果主义的判断标准。如我国《民法典》合同编中的法定合同解除限定为"是否导致合同目的的实现"。可见，是否支付费用导致根本违约，对于法官的裁量和案件的实体情况审理起着至关重要的作用。

图片水印署名推定的问题及其解决

——以"视觉中国"系列案件为例

王宏军[①]　叶子莲[②]

一、问题提出

2019 年 4 月 10 日,因一张"黑洞"图片,视觉中国公司陷入舆论漩涡。图片库中收录了全球首张黑洞标准图像,并明码标价允许用户购买使用。该图片由"事件视界望远镜"(EHT)项目耗时两年完成,欧洲南方天文台(ESO)对此享有著作权,而视觉中国[③]通过与法新网(AFP)合作,获得新闻稿图片的内容授权。图片本身作为著作权的客体可以受到著作权方的保护是毫无疑问的,视觉中国通过签订协议的方式获得图片的使用授权也是没有争议的,但问题在于现在的视觉中国通过部分著作权所有,延伸到其全部图片库,通过"水印"署名图片,按照署名推定规则确定权属,以此向图片使用者收取所有图片的著作权费用,并多次在判决中胜诉,显失公平。

视觉中国是国内大型图片数据库之一,通过获取国外图片授权、

---

① 王宏军,天津商业大学法学院教授,法学博士。

② 叶子莲,天津商业大学法学院硕士研究生。

③ 华盖创意有限责任公司是"视觉中国"图片库的注册公司,为加以区分,后文中概括论述视觉中国统一行为的主体称为"视觉中国",具体案件中还是以原告名称"华盖公司"出现。

签约摄影师拍摄图片等方式获得图片著作权并销售，以此为盈利模式。同时，对于具有营业性的商业主体未经授权使用图片的行为进行大量知识产权诉讼，获得盈利。近些年，收到视觉中国"侵权函"的企业和个人不在少数，诉至法庭并得到生效裁判的就有3000多起案件。除此之外，还存在起诉后通过达成图片使用合作关系庭下调解结案的，生效裁判案件中的诉讼请求也大多获得法院支持。直到2019年"黑洞事件"，让视觉中国陷入"视觉中国著作权门"后，有关部门介入要求其关闭网站整顿，此类诉讼数量才骤减，也让这个问题出现在大众视野中。

2014年最高人民法院以指导性案例方式支持视觉中国的诉讼请求，并以涉案图片的水印推定视觉中国拥有该图片的著作权后，视觉中国的知识产权侵权案件更是大幅度增加。2014年指导性案例公布以后，其他法院不加区分，简单以水印推定著作权人。在新时代的背景下，科技逐渐发达，网络图片的水印可以通过后台技术的方式无差别的印在所有传送到网站的图片上，以"水印"等同于通常意义上的"署名"可能会产生著作权权属认定错误的问题，并让部分经营者利用这一法律漏洞侵害其他公民的权益。

二、"视觉中国"案：图片水印署名推定的典型案例

著作权人通过向法院提起诉讼，以主张自己的合法权益，无疑依法应当予以支持。然而，视觉中国系列案件之所以引发大众以及学界关注，是因为视觉中国对受诉案件内图片是否享有著作权，以至于对其库内所有图片是否享有著作权，一直存在着较大争议。

（一）正林诉华盖创意著作权权属侵权纠纷案

2014年正林诉华盖创意著作权权属侵权纠纷案，因其具有一定的代表性，从而入选最高院知识产权年度案件报告。本案中原告华盖创意取得G公司授权许可获得展示、销售和许可他人使用的权利，而被告正林公司未经许可直接使用含有"gettyimages"水印（后简称g

水印），标注作者为"ryanmcvay"的图片。

本案历经一审、二审直至再审，案件的争议焦点也是华盖创意是否享有被诉图片的著作权。再审认定"涉案图片在 G 公司和华盖公司官网上展示，加注了 g 水印标识，网站首页和图片下端都有明确的著作权声明，由此足以认定，涉案图片的著作权归 G 公司所有，华盖公司亦在中国大陆范围内对涉案图片享有相关权利"[1]。说明理由为"著作权法第十一条第一款、第四款的规定，著作权属于作者，如无相反证明，在作品上署名的公民、法人或者其他组织为作者。"判决书后半部分表明华盖公司再审审查期间提交了新证据，即摄影师与 G 公司的雇佣关系，涉案作品为职务作品，且提供了华盖公司与 G 公司的授权协议。

虽在本案中，根据后续证据可以证实华盖公司确为被诉图片相关权利人，但仅因涉案图片在华盖公司官网展示并加注水印推定其为该图片著作权人值得商榷。

（二）其他基层人民法院相关类似案件

在上述 2014 年最高人民法院指导性案例公布以后，其他法院不加区分，简单以水印推定著作权人。例如，2020 年津民终 1291 号的无锡茂业置业公司诉汉华易美公司信息网络传播权纠纷一案判决书中表述：涉案图片上标注 G 公司的英文名称"gettyimages"及网站"视觉中国"字样，该署名构成证明 G 公司与汉华易美公司享有著作权权属的初步证据。茂业置业公司未能提供推翻著作权推定的相反证据，因此认定 G 公司享有涉案图片的著作权。[2] 法院没有追究涉案图片的自然人作者及其与 G 公司的职务关系，仅凭水印认定著作权

---

① 哈林与华盖著作权权属侵权纠纷再审判决书，https://wenshu.court.gov.cn/，2015 年 1 月 6 日。
② 茂业置业与汉华易美侵害作品信息网络传播权纠纷二审民事判决书，https://wenshu.court.gov.cn/，2020 年 12 月 25 日。

权属,认为水印即为署名,可能造成图片权利人权属的错误。

法院根据类案相似,不对每个案件进行具体区分,而一概而论的判决赔偿,让人们认为法院为图片公司"开路",帮助图片公司获得赔偿。并且侵权人在私下调解过程中,自身也不能分辨图片公司提出的侵权图片是否享有著作权,而自己的行为究竟属于合理使用还是侵权行为。主要问题在于法院多数判决结果都为支持原告诉讼请求。

以视觉中国 2020 年的诉讼案件为例,2020 年除调解结案以外的著作权案件共 459 件,没有完全驳回原告诉讼请求的案件,都判决被告败诉,仅在赔偿数额上有不同的认定。且所有被告上诉的二审案件都驳回上诉,维持一审判决。①

三、图片水印署名推定的实际问题

图片水印是网络高度发展之后,为体现图片著作权人或图片权利人在不影响图片本身内容的情况下加注的文字或字母,尤其可以成为作者署名的一种方式。但作者可以通过水印署名并不等同于所有标注的水印都可以认定为作者署名或权利人。随着技术的发展,批量化加注水印的技术手段得以实现,如视觉中国图片库,通过视觉中国平台展示的所有图片经过后台都会加上"视觉中国"的水印,并非所有官网图片都会在网页中备注摄影师名称和图片来源。

在此类情况下,水印只是经过"视觉中国"平台的"烙印",并非能完全证明视觉中国对于图片的权属,而因此获得其为图片权利人的证明就与著作权法第十一条规定的署名推定的背后的法理背离。后续爆出的"黑洞事件""国旗国徽事件"都证明,有"视觉中国"水印的图片可能根本上已经处于公有领域或是孤儿作品等,视觉中国根本不享有这些图片的著作权,更不存在因他人使用产生著作权侵权纠纷。

---

① 文中引用的判决书原文均来自中国裁判文书网（https://wenshu.court.gov.cn）相关案例,文中不再标注。

这样便导致在适用图片是否构成侵权这一问题上图片权属的证明力度较弱,尤其与"谁主张,谁举证"这一基础诉讼法律理念相结合,产生诉讼权利义务不对等的情况。在视觉中国图片著作权诉讼中,其过程是视觉中国公司发现未经授权使用其图片库图片存在获利行为,尤其使用图片上存在"视觉中国"水印的图片,就会向人民法院提起诉讼,仅需要提供时间戳证明该网站或公众号使用带有其水印的图片,并证明其图片库中有这张图片即可。证明其存在侵权的法律逻辑,首先图片上含有"视觉中国"水印,通过署名推定规则推定视觉中国拥有图片的著作权;其次被告使用了图片并有盈利行为,即构成侵权行为。在诉讼过程中,如果要推翻这一侵权行为,只能通过推翻视觉中国公司并非该图片的著作权人。但这个证明难度很大,因为通常使用者不知道具体的著作权人是谁,一般只能通过网络检索的方式寻找有没有其他著作权人,但也不能对抗署名推定规则的著作权推定。因此给被告造成了很大的举证难度,而对于原告过轻的举证责任又导致二者诉讼地位的不平等。

将水印推定为通常方式署名,还存在对著作权登记制度的冲击的问题。目前我国鼓励作者及其他著作权人对作品统一由中国著作权登记中心进行著作权登记。著作权登记制度可以清晰明确的确定作品的著作权归属,也就解决了著作权诉讼的首要问题。由于我国著作权保护不要求登记为要件,为鼓励这项制度的实施,给予著作权登记以较高的证据力度,但允许当事人提供确切证据证明作品登记的主体并非真正权利人的证据推翻此登记。如果将水印也推定为通常方式署名,则加注水印即可达到证明著作权人的目的,同样需要对方当事人提供证据推翻这一结论,则和著作权登记达到同样效果,那么著作权人完全无须花费时间、精力进行著作权登记。

四、图片水印署名推定的法理分析

(一)著作权署名推定规则及其适用

我国著作权法第 14 条规定的署名推定规则,也就是 2014 年最高院的指导案例中引用的条款是视觉中国系列案件中判决其受著作权法保护核心的法律条款。且 2020 年《最高人民法院关于加强著作权和与著作权有关的权利保护的意见》中指出：适用署名推定规则确定著作权归属时，被告没有提出相反证据推翻推定，则原告不需要另行提供其他书面证据。[①]

对于署名推定规则的适用，核心在于对"以通常方式署名"的界定。我国著作权法对此没有更为详细的规定，给予法院很大自由裁量的空间。《伯尔尼公约》中也有相关署名推定规则，但仅限于以通常方式署名的作者以及电影作品署名推定[②]，我国著作权法相比伯尔尼公约扩大了署名推定规则的适用范围，也因此加大了此条款的模糊性。日本的著作权法中也有署名推定规则，即以通常方式，在著作物上署名的著作人。虽然日本著作权法将著作人定义为创作著作物的人，但将职务著作物中的法人等同于著作人，则和我国法律规定相似，也没有详细规定署名推定规则的"通常方法"[③]。

视觉中国事件中争议焦点就在于对著作权法第十四条署名推定规则的适用，学界虽有部分学者认为适用可能有瑕疵[④]，但没有给出具体理由。笔者认为，视觉中国统一加注水印的行为，并不符合我国著作权法署名推定规则背后隐含的法理。

其一，著作权法规定署名推定规则是推定著作权人尤其是作者对作品享有权利，减轻著作权人的初步举证责任，避免著作权人的举证困难，目的在于对著作权人尤其是作者权利的保护，但并非直接免除诉讼中原告的初步举证责任。举例说明，当画家在美术画作完成

[①] 参见《最高人民法院关于加强著作权和与著作权有关的权利保护的意见》（法发〔2020〕42 号）。

[②] 《保护文学和艺术作品伯尔尼公约》，简称《伯尔尼公约》，第 15 条规定。

[③] 日本《著作权法》第 14 条规定。

[④] 张剑韬：《图片水印的法律属性研究——以视觉"中国黑洞"事件为例》，《法制与经济》2020 年第 5 期。

时,自然取得著作权,在手稿的角落签署自己的名字可以表示自己为此作品的作者也就是著作权人,如果没有署名推定规则,则手稿遗失后,作者无法证明自己为作品的原作者。署名推定规则是推定署名者为作者,占有手稿的人需要通过证据证据其占有的作品以合理方式受让。摄影作品(视觉中国图片库中大量图片)与美术作品不同的是,在拍摄过程中相机中的底片以及数据信息可以证明作者的身份,通过职务关系或授权凭证可以证明图片库享有著作权。如果仅凭后台统一加注水印,而非作者或其他著作权人以行使署名权为目的就认定其适用署名推定规则,则完全免除了图片公司的初步举证义务。所以笔者认为将图片水印统一适用署名推定规则值得商榷。

其二,笔者认为图片公司加注水印的行为不符合署名推定规则中"以通常方式署名"的规定。美术作品角落签名的行为毋庸置疑属于以通常方式署名,各国法律规定中电影作品片头片尾出现的姓名、名称也应当属于以通常方式署名。虽然署名不等于署名权,职务作品的法人或其他组织可以自己的名称彰显自己的权利,但笔者认为对于图片作品中的美术作品和摄影作品的"通常方式"署名应当是摄影师或作者在上传至图片库之前的原稿件或复制品本身就包含署名的水印,而非在上传无水印图片后通过官网后台系统后,在官网展示出有水印的图片。

(二)权利管理信息保护

2018 年北京微播视界公司诉百度著作权权属纠纷一案中法院认定:水印表示了制作者的信息,更宜认定为权利管理信息。① 权利管理信息是指识别作品、作品的作者、对作品拥有任何权利的所有人的信息,或有关作品使用的条款和条件的信息,和代表此种信息的任

---

① 北京微播视界与百度著作权权属、侵权纠纷一审民事判决书,https://wenshu. court. gov. cn/,2019 年 4 月 3 日。

何数字或代码。学界也多数认定水印应当属于权利人彰显自己权利人身份标识的权利管理信息。

最高人民法院在相关司法解释中规定若当事人故意删改著作权权利管理信息，则应承担侵犯著作权的民事侵权责任。《著作权法》最新的更改后的第五十三条也规定未经许可故意删改权利管理信息应当承担侵权责任。美国的《数字千年著作权法》和日本的《著作权法》也规定了同样的内容。①

根据我国目前法律规定，视觉中国对图片库中享有著作权的图片加注水印的行为应当属于著作权人或著作权相关权利人的权利管理信息行为。最高院认定水印为权利管理信息，虽然视觉中国统一通过技术手段加注的水印不属于表示制作者的信息，但根据权利管理信息的定义仍应属于对作品拥有权利的所有人的信息。对于有著作权的图片加注水印的行为应当受到我国著作权法的保护，同样对于没有著作权的图片加注水印的行为就构成改变作品权利管理信息的侵犯著作权的行为。例如，"黑洞""国旗国徽""其他企业标志"等图片以及视觉中国图片库中收集上传的部分孤儿作品，加注水印的行为都属于这类行为。而我国著作权法只规定了删改权利管理信息的主体应承担民事赔偿责任，但这些图片要么无著作权人进行维权，要么其余部分著作权人也难以发现此类侵权行为。所以，视觉中国合法加注水印的行为能够受到权利管理信息制度的保护，但滥用这一制度的行为没有人加以制止。

（三）权利管理信息制度与署名推定规则否认的关系

由于我国新著作权法颁布生效后，已经有关于删改权利管理信息需要承担民事责任的规定。在此基础上，视觉中国系列案件中的图片公司对于没有著作权的图片加注水印的行为属于删改权利管理

---

① 谢惠加：《著作权权利管理信息的法律保护》，《中国著作权》2013 年第 8 期（下）。

信息,受到著作权法的规制。而对于享有著作权的图片加注水印的行为应当属于著作权权利人正当权利的行使。是否因此而不需要更改署名推定制度,继续适用? 笔者认为二者并没有必然联系。

其一,对于没有著作权随意更改、增加权利管理信息的行为,图片公司造成了著作权权属的混淆,本身就是侵权行为,应当予以规制。而图片库统一的数字水印技术手段能否作为署名推定是另外的问题,上文也已阐述为何图片水印不应当适用署名推定规则。否认视觉中国系列案件适用署名推定规则并非否认所有水印都不是署名的行为。

其二,前文中关于权利管理信息制度的表述中也说到,此制度对视觉中国系列案件的侵权行为的规制难以有效实施。作为民事侵权行为,没有著作权人或著作权人难以发现侵权行为,则很少对此类侵权行为提起诉讼,只有相关部门进行审查才能避免此类情况。从"黑洞事件"的行政处理结果来看,有关部门因没有相关具体行政法律条文,在行政处罚时也仅能根据《网络安全法》以及《互联网信息内容管理行政执法程序规定》对图片库中的敏感有害信息标注产生的恶劣影响进行处罚,并没有对核心的侵权行为进行规制。所以,想要通过权利管理信息制度规制图片公司的违法行为,以目前的法律规定是难以实现的。

五、图片水印署名推定的解决路径

前文通过介绍视觉中国系列案件,探讨了图片水印署名推定存在的问题,学界虽对此署名推定规则的适用存在争议,但并未给出具体的改进方案,笔者认为可以有以下三种解决路径。

(一)推翻水印可作为权属证明

第一种方式为直接推翻所有技术手段的水印作为权属证明,也就是将水印署名排除在"以通常方式"署名的范围外,或者以列举方式及兜底条款规定"以通常方式署名"的情形。此种解决方案的优势在于可以完全避免水印推定可能产生的著作权权属错误，如前文所述，图片公司以及其他著作权人可以通过授权凭证、摄影师底稿及职务协议等证明著作权权属，加重了此类诉讼原告的举证责任。

笔者认为这种解决方式具有一定的可行性，但也存在一些弊端。首先，可能减弱了对著作权人尤其是自然人作者著作权的保护。近年来随着技术手段的发展，许多著作权人尤其是自然人作者通过给自己作品加注可视化水印彰显作品的权利归属，并非所有数字水印都像视觉中国等图片公司后台统一添加的，如部分美术作品的作者在约稿后会加注自己独有的水印。因此不能因为部分违法行为将所有加注水印的行为都排除在此规定保护范围外。其次，针对视觉中国事件也并非认为水印不能作为署名推定的证据，而是不能将其单独作为判断权属的直接证据，从而免除原告的初步举证责任，但可以作为间接证据。最后，随着技术的发展，单独适用列举方式不能穷尽"以通常方式署名"，加入兜底条款则和现在法律规定一样具有模糊性，加大了法官适用的难度。所以，直接推翻水印作为著作权推定的权属证明可能矫枉过正。

（二）区分批量技术手段水印不作为权属推定

第二种方式即通过司法解释或法律的详细规定。根据加注水印的方式及目的将水印区分为两种。一种是通过技术手段上传后台后默认统一加注的相同水印，如视觉中国的图片水印，再如美图秀秀等App（应用软件）默认在照片上添加的带有 App 标志的水印（此类水印拍摄者可以通过设置不添加）。另一种是著作权人或相关权利人在获得著作权后公开时单独添加的水印。二者区别在于添加的水印是统一加注的相同水印还是不同水印。像上文列举的美图秀秀自带的水印，拍摄的照片也不会在照片构成作品的情况下，根据此水印推定该作品的著作权归美图秀秀所有。具有相同属性的视觉中国官网图片却因此使用署名推定规则推定著作权也是不合理的。所以有必要区分此两种水印的法律属性。

对于上述第一种水印则不属于以通常方式署名，只有第二种水印才能推定水印姓名或名称为作品的著作权人或相关权利人。笔者比较赞同此类署名推定规则的解决方式。将所有水印不加以区分，统一适用或者不适用署名推定规则都存在瑕疵，根据添加水印的方式及目的，将其区分开，既符合著作权法想要保护著作权人的法理，又能在一定程度上避免著作权权属不必要的争议。

（三）放宽推翻推定的证明力度

第三种方式是在不改变目前署名推定规则的基础规定，针对"但书"条款进行详细的规定。也就是在适用署名推定规则的前提下，针对视觉中国此类案件适用署名推定之后，当被告想要推翻署名推定时证明责任要求的降低，只要对著作权权属提供证据表明合理怀疑即可。

例如，前文提到的视觉中国 2014 年的指导案例中，被告曾提出证据证明存在同样的图片在其他网站上，且图片上有不同于"视觉中国"的水印。[①] 虽然在本案中因为证据效力的问题没有得到法院的认定，但在被告提出著作权争议的合理可能性时，应当将证明图片著作权权属的初步举证责任回到原告方。

虽然笔者对署名推定规则的解释更认可第二种方式，但由于区分水印的类型还有待商榷，所以在现阶段放宽推翻推定证明力度的方式更加简单易实行，也能平衡原被告的举证责任，平衡著作权人的权利保护力度。

结　语

视觉中国系列案件中产生的问题也是在科学技术发展过程中，

---

① 哈林与华盖著作权权属侵权纠纷再审判决书，https://wenshu.court.gov.cn/，2015 年 1 月 6 日。

尤其是网络电子技术快速发展中对知识产权法律规范重新解读面临的新问题。笔者认为对于 2014 年最高人民法院的指导性案例，下级法院存在对最高院判决理念以及法律规范的适用存在认知不清的情况。新时代发展中新事物中出现对此署名推定规则的适用也与原本该规则的法理部分相违背，可以进一步加以详细规定或解释，避免法律适用导致的不公平现象。

笔者认为，署名推定规则的重新解读也就是通过对"以通常方式署名"的界定，可以通过区分水印的法律性质来适用署名推定规则，也可以根据不同案件放宽推翻推定的证明力度改善此类诉讼的不合理现象。尤其是通过放宽推翻推定的证明力度来对抗署名推定规则的著作权推定，可以降低被告的举证难度，也不会因为原告过轻的举证责任，导致二者诉讼地位的不平等。署名推定规则也是为了激励创作者的创作热情，降低著作权人对自己原始举证的不能，而不只是成为商业公司牟利并减轻自己举证责任的工具。有时候一味强调知识产权保护的法律理念，反而可能会与原本的法理相违背，且下级人民法院对最高人民法院裁判的理解仅限于结果而不注重逻辑内涵的话，反而可能导致"不同案同判"的情况。

网络主播"跳槽"
天价违约金酌减问题研究

邹晓玫[1]　王佳慧[2]

　　互联网发展如火如荼,催生了很多新兴职业,直播行业也在此趋势下得到快速发展。截至 2021 年 6 月,我国网络直播用户规模达 6.38 亿,与 2020 年同期相比增长 47.2%,占网民总数的 63.1%。随着互联网技术的深入发展,网络直播生态链备受关注,网络直播用户规模持续上升,直播行业拥有巨大的市场发展空间[3]。网络直播行业迅猛发展,在带来巨大流量经济的同时,也催生了许多行业乱象。几大直播平台互挖墙脚,头部主播"跳槽"转会,违约诉讼案件频发。在如今信息爆炸的时代,"流量"成为商家眼中可以变现的资源,流量越大,价值也就越大。直播经济中,主播和粉丝之间黏性较强,具有很强的关联性,故对流量的抢夺俨然变成了流量主播的争夺战。一些网红主播瞬时成为各大平台炙手可热的争夺对象。同时,平台方也开始采用一些专业化策略和手段培育主播,参与流量资源的抢夺。

---

　　① 邹晓玫,天津商业大学法学院教授,法学博士。
　　② 王佳慧,天津商业大学硕士研究生。
　　③ 参见《艾媒咨询 2022 年中国直播行业发展现状及市场调研分析报告》,载艾媒咨询,https://baijiahao.baidu.com/s? id1730165581169528414&wfr = spider&for = pc,2022 年 11 月 8 日访问。

一、主播"跳槽"引发违约金争议的行业实践和司法现状

（一）主播"跳槽"涉及的违约金条款

根据现有直播行业规则，一个网络主播只能在网络直播平台申请一个直播账号进行直播，实践中主播进行直播的方式大致分为两类：一种是直接在网络直播平台注册账号，仅靠自己进行直播，损益自负，自由度较高；另一种是通过 MCN 机构①包装后在指定平台进行直播，通常会有单独的协议约定收益分配和违约责任，主播既要遵循平台通行规则，又要遵守协议约定的义务，自由度较低。

网络主播的去留与网络平台的存亡息息相关，平台方投入大量的成本、资源、带宽培养优质主播，提升主播价值，从而间接增强平台竞争力。传统行业中由于竞业限制的约束，公司员工离开公司去其他公司造成的员工流动，对原公司的危害可以控制在一定范围内；但在网络直播行业中，由于网络主播和其粉丝之间黏性较大，网络主播在合作存续期间擅自到竞争平台直播，或者合作终止后一定时间段内到其他竞争平台直播，都会引起平台粉丝用户的大幅度波动。平台的收益由用户数决定，主播方的"跳槽"操作会给平台方带来难以估计的损失。正是基于这一原因，平台方为避免主播擅自"跳槽"引起损失，通常会在合作开始之前与主播方约定竞业限制的义务和违约责任。实践中会签订诸如"直播合作协议"的协议（本文统称为"合作协议"），协议中的此类条款被称为主播"跳槽"违约金条款，其主要功能是担保主播独家合作义务的履行。

---

① 全称直播营销人员服务机构，俗称公会。是与网络直播行业密切相关，为直播营销人员从事网络直播营销活动提供策划、运营、经纪、培训等的专门机构。其作为第三方服务提供商，具有资本、渠道、人才等方面的优势，通过与多个平台、频道建立联系，帮助主播进行内容分发、资源整合、团队化运营和人员管理，提供受众开发、内容策划、分工协作、版权管理、经纪培训、营销推广、孵化扶持等服务，对直播人员进行全生命周期培养，通过将优质直播营销人员输送给平台来实现变现，并从与营销人员、平台的合作分成、广告主提供的广告费中获取经济利益。

（二）主播"跳槽"违约金责任约定现状

通过"北大法宝"司法案例库进行"网络主播"关键词检索，筛选"民事""按标题"，有 9 件案例；筛选"民事""按法院认为"，有 295 件案例；继续筛选"劳动争议、人事争议"，有 23 件案例；筛选"合同、准合同纠纷"，有 243 件案例，合计 266 件案例。除此之外，另有 14 件实践补充案件。综上，共得案件 289 件，其中与搜索目的相关的有 260 件（如图 1 所示）。相关案件中违约责任及违约金占比接近半数，说明违约金争议对主播群体和直播行业而言，都是一个值得高度关注的问题。

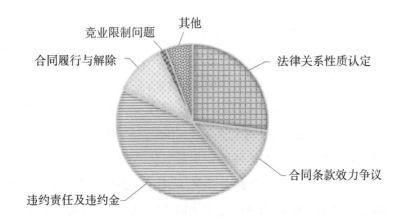

图1　涉网络主播违约金及违约责任争议在相关民事案件中的占比

通过案例梳理，有如下几种违约金约定方式：①直接约定违约金数额①；②约定计算方法；③同时约定违约金数额和违约金计算方法，取两者中较高者②；④同时约定违约金数额和违约金计算方法，两者叠加。其中应用较多的是第三种。

---

① 参见浙江省杭州市中级人民法院(2020)浙 01 民终 363 号民事判决书。
② 参见北京市第三中级人民法院(2022)京 03 民终 9665 号民事判决书。

关于违约金的计算方法,实践中也有几种比较常见的方式:①取主播有效期内获得全部收益的倍数①;②取主播已履行合同期间的月平均收入乘以剩余未履行合同期限②;③单月最高应得收益的倍数③;④合作费用的倍数④。

可见,该类违约责任有如下特点:一是约定频率极高,几乎所有的合作协议中均规定有违约金条款;二是违约金数额高昂,平台方作为协议提供者,为保障自己的利益,通常会规定远超实际损失的违约金,协议中往往出现几倍或几十倍的赔偿数额;三是违约金计算方法繁多,当事人在实践中往往约定一种以上的计算方法,并规定取数额最高者。

（三）主播"跳槽"违约金适用的裁判现状

在梳理的大量法院裁判中,违约责任占了绝大部分,其中违约金调整问题更是争议中的重点。司法实践中,对于平台方的巨额违约金赔偿诉求,法官通常持如下态度:①完全支持原告主张的数额;②在诉求的违约金数额上予以酌减⑤;③不予支持赔付诉求⑥。其中第二种情况最为普遍,在能够确定主播方的违约行为会给平台方造成损失时,法官就会支持违约金诉求,只不过支持幅度大有不同。通常情况下,法官对待违约金的态度倾向于酌减,而且酌减幅度极大。单纯就判赔比来说,法官的支持幅度偏低,判赔比在20%以下的案件最为常见⑦。如图2所示,法院对于主播"跳槽"违约金的态度倾向

---

① 参见河南省信阳市中级人民法院(2022)豫15民终787号民事判决书。
② 参见山东省青岛市中级人民法院(2022)鲁02民终9110号民事判决书。
③ 参见湖北省武汉市中级人民法院(2020)鄂01民终3727号民事判决书。
④ 参见浙江省杭州市中级人民法院(2019)浙01民终6611号民事判决书。
⑤ 参见最高人民法院指导性案例189号(2022)。
⑥ 参见重庆市第二中级人民法院(2020)渝02民终562号民事判决书;湖北省恩施市人民法院(2021)鄂2801民初12896号民事判决书。
⑦ 参见湖南省娄底地区(市)中级人民法院(2022)湘13民终1404号民事判决书,判赔比只有15%。

于酌减,并且在实践中往往幅度较大,判处全额支付或者大幅度支持的情况较少。

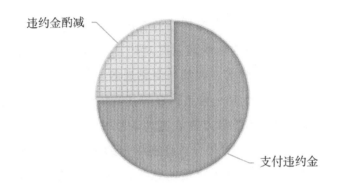

违约金酌减

支付违约金

图2　法院对于违约金数额支持情况的占比

主播跳槽违约金主要涉及两个问题:一是违约金是否应当酌减;二是若确需调整,具体该如何酌减。对于上述问题立法虽有涉及,但不够明晰;司法实践中有所倾向,但不够统一。本文将从理论基础出发论证违约金酌减的正当性,并以实践为基点提出违约金酌减的裁判建议。

二、违约金酌减的正当性基础

(一)违约金酌减的法理依据:契约自由与契约正义之权衡

违约金制度自产生以来,有合同自由论和合同相对限制论两派争议。前者是站在契约自由的立场上,以尊重当事人意思自治为出发点,具体体现为缔约双方享有自主设定合同条款的权利;后者则是站在契约正义的立场上,对契约自由加以限制。

在合同自由论看来,违约金条款作为合同条款的一部分,是当事人意识自治的体现,应当予以尊重,即司法机关不应当干涉违约金调整。但是实际情况中,由于资本实力的不对等,出现了一些商事主体利用自己的优势地位迫使对方签订不利条款的情形,合同自由沦为合法借口。基于此，合同限制论就显得十分合理。合同相对限制论主张，法律的真谛，就是没有绝对的自由，契约自由是手段，契约正义才是目的。

本文赞同以契约自由为核心的合同限制理论，本着利益平衡的思想，确需通过违约金酌减制度对约定违约金进行调整。违约金制度的本质是一种基于利益平衡思想的"等价有偿"观念，而违约金过高问题实质上是一种违约金与其所担保的利益之间不等价的问题。一方面，缔约双方签订违约条款时没有预估到违约金数额带来的不利后果，如果过分放任违约金约定自由而不加以限制，那么债务人一方会受到无止境的惩罚，不利于良好交易秩序的形成；另一方面，基于不对等的谈判地位，债权人通过高额违约金获取不合理利益的情形并不少见，债务人就算有争取的意识，也没有谈判的自由。

（二）违约金酌减的法律依据——以《民法典》为基础

《中华人民共和国民法典》（简称《民法典》）中有关违约金酌减的规定体现在第 585 条①、第 584 条②和第 592 条③。第 585 条是在原《中华人民共和国合同法》（简称《合同法》）第 114 条基础上修改而成的，该条规定了违约金数额的确定方法和调整方式，注重"损失"界定，通过对比"损失"和违约金数额判断违约金是否过高。这一内

---

① 《民法典》第五百八十五条："当事人可以约定一方违约时应当根据违约情况向对方支付一定数量的违约金，也可以约定因违约产生的损失赔偿额的计算方法。约定的违约金低于造成的损失的，人民法院或者仲裁机构可以根据当事人的请求予以增加；约定的违约金过分高于造成的损失的，人民法院或仲裁机构可以根据当事人的请求适当减少。"

② 《中华人民共和国民法典》第五百八十四条规定："当事人一方不履行合同义务或者履行合同义务不符合约定，造成对方损失的，损失赔偿额应当相当于因违约所造成的损失，包括合同履行后可以获得的利益。"

③ 《中华人民共和国民法典》第五百九十二条规定："当事人都违反合同的，应当各自承担相应的责任。当事人一方违约造成对方损失，对方对损失的发生有过错的，可以减少相应的损失赔偿额。"

涵与原《合同法》解释(二)第 29 条第一款①相契合,可以看作一种综合因素标准,规定不能仅以损失为唯一要素,要兼顾合同履行、当事人过错程度等进行判断。第二款②更加具体,条款给出了一个明确的衡量幅度——30%。《民法典》第 584 条和第 592 条也提出了违约金调整的参考因素和意见。

立法者对于约定违约金的态度也在逐渐改变,一开始强调意思自治、突出惩罚功能,后来逐渐允许司法干预,以赔偿性为主。这种关注重点的转变既是对契约公平的维护,也加强了对当事人意思自治的干预。意思自治原则是民法的重要原则,违约金条款又属于当事人意思自治的产物,故而应当获得司法上的尊重。基于此,在司法干预权介入违约金调整的同时,有必要对违约金司法调整给予一定的限制。例如,《全国法院民商事审判工作会议纪要》第 50 条和《全国法院贯彻实施民法典工作会议纪要》第 11 条。前者是以《合同法》为基础的解释,后者是从《民法典》的适用出发进行理解,两者都对违约金的判断作了说明,核心思想概括如下:①以损失为基础判断约定违约金是否过高,损失包括合同履行后可以获得的利益,但是不得违反可预见原则。②当事人请求减少违约金的,法院应以损失为基础,兼顾合同履行情况,当事人过错程度等综合因素,根据公平和诚信原则予以衡量后作出裁判。③30% 标准的运用,一般认为约定的违约金超过确定损失的 30% 的,可以认定为"过分高于"造成的损失。

(三)违约金酌减制度的适用对象

违约金是当事人事先约定的违约后违约方给另一方的给付。根

---

① 《最高人民法院关于适用〈中华人民共和国合同法〉若干问题的解释(二)》第二十九条第一款:"当事人主张约定的违约金过高请求予以适当减少的,人民法院应当以实际损失为基础,兼顾合同的履行情况、当事人的过错程度以及预期利益等综合因素,根据公平原则和诚实信用原则予以衡量,并作出裁决。"

② 《最高人民法院关于适用〈中华人民共和国合同法〉若干问题的解释(二)》第二十九条第二款:"当事人约定的违约金超过造成损失的百分之三十的,一般可以认定为合同法第一百一十四条第二款规定的'过分高于造成的损失'。"

据违约金承载的功能不同将其分为"赔偿性违约金"和"惩罚性违约金"，前者缔约双方注重给付义务的履行，意图以约定的违约金给义务人施加压力迫使其履行，此时违约金承担担保债务履行的功能；后者双方当事人更在乎利益，为避免损害举证和计算，会在合同中就损失赔偿总额进行预估，这时约定违约金的功能便指向了损害赔偿。

赔偿性违约金定就损失赔偿总额进行预估，具有补偿性，既可以弥补当事人损失，又能减轻债权人证明困难。这属于损害赔偿制度的范畴，应参照有关损害赔偿制度规则探讨。例如，根据损害赔偿规则，违约金数额要符合可预见规则和与有过失规则等，按照可预见规则，违约金数额不得超出实际可能造成的损害额，若超过限度，超过部分属于不当得利。从这个角度出发，赔偿性违约金的数额必须以可预见的损害为基础。换句话说，赔偿性违约金自身的补偿性定位已经对违约金数额作出了一定的约束，即过高的赔偿性违约金数额本身就是不合理的。再进一步讨论，若违约金数额确实过分高于一般期待的损害数额，那该如何？此时是否能够适用酌减规则？在违约金的赔偿性定位之下，其已然是一种损害赔偿总额的预定，功能就在于损害赔偿，那么违约金数额应当足以满足赔偿给付，如若与实际情况不符，只能说明该数额的约定无效，应当走的是条款无效的道路，而不是酌减规则。①

惩罚性违约金是一种履约担保，是独立的形成权基础规范，通常由债权人在债务人未能按照约定履行给付时提出。惩罚性违约金具有惩罚性，并不是因为其是对违约方的制裁，而是因为由于义务人的违约行为使其要承担的赔偿数额远远高于法定的赔偿范围，这种巨额赔偿金成就了它的惩罚性。惩罚性违约金的数额通常十分高昂，通常远远高于预期，这种巨额赔偿无形压在义务人身上，给其一种履

---

① 王洪亮：《违约金酌减规则论》，《法学家》2015年第3期。

约压力,促使其履行义务。① 一般情况下,惩罚性违约金应不作调整;在过分高的情况下,可有例外,即辅以酌减规则予以平衡。

综上,主播"跳槽"违约金所涉及的违约金均为惩罚性违约金。同时,实践中这种带有惩罚性质的违约金俨然成为业界的商业惯例,而法院也在众多案例中对此予以认可。

三、主播"跳槽"合理违约金数额的模式选择和考量标准

(一)违约金酌减的模式选择

结合上述立法中的体现,违约金的酌减思路大致有两种模式:一种是以《合同法》解释二为基础的 30% 固定数额模式;另一种是以《民法典》为基础的结合各种因素的综合衡量模式。

两种模式各有优缺点,但是综合模式更符合司法实践。"一刀切"的固定模式虽然具有极强的操作性,具有重要的实践意义,但同时大大约束了法官的自由裁量权。在多元化交易模式情景下,固定模式的比例僵化问题突出,错综复杂的个案要求法官进行区别处理。灵活的综合模式脱颖而出,以 2022 年最高人民法院指导性案例第 189 号为例,法官在违约金诉求的支持力度达到了 80%。由此可见,司法实践中裁判方对于违约金的态度采用综合判断标准,而不是严格依据 30%。在互联网繁荣发展的今天,应当根据网络直播行业特点,以网络主播从平台中获取的实际收益为参考基础,结合平台前期投入、平台流量、主播个体商业价值等因素进行综合考量。

由此可采取两种思路:一方面,以《民法典》第五百八十五条和《合同法》解释二第二十九条为基准,采综合衡量标准理解,以可得利益为基础,结合合同履行情况、过错程度等因素进行正面考量,另一方面将不应考虑、不予计算的因素排除在外,这样就能将违约金幅度框定在一定幅度内。

---

① 王洪亮:《违约金酌减规则论》,《法学家》2015 年第 3 期。

（二）违约金数额的考虑标准

1. 正面考量因素

第一，可得利益损失的计算。网络直播作为特殊新兴行业，实体经济与虚拟财产交织，有形损失和无形流量并存，在这种特殊情况下，利益的量化计算十分困难，应当清楚逻辑推演和可行性之间的差距，与其纠结确定"损失"的真实程度，不如转而注意"可赔偿"的最大范围，转变思维，获取更大的利益。其一，明确"损失"的内涵。民法赔偿中贯彻的是损失填补原则，但并非所有因损害而产生的不利益都可以纳入赔偿的范围，只有那些可以被感知的、能够被计算、被加以证明的损失才算是法律意义上的"损失"。换句话说，只有法律意义上的损失，才具有被赔付的可能。因此，用于计算违约金的"实际损失"不是实践中具体损失的条目，而是双方能够实际计算的利益。其二，预期利益的界定。主播的收益与其粉丝量、直播平台、网络直播大环境息息相关，其人气值、影响力和商业价值都是不固定的，"一夜爆红"的高收益和"一夜回到解放前"的高风险都有可能发生，因此会使得其收益具有不确定性，而一个不确定的数额不能作为计算标准。主播作为平台方的核心资源，能为平台带来的价值不可忽略，除去收益分成，还可能带来信誉等无形收益。虽然其每天每月的具体收益不确定，但是就平台方而言，一般具有一套自己的自动化数据评价标准，可以证明主播在一段时间内人气值和影响力较为稳定，以最近这一段稳定的持续超过特定时间（比如 1 个月）阶段的平均收入为计算基点较为合理。结合梳理的裁判案例，本文得出一种较为合理的计算方法可供参考：以主播已履行期间内平台方的月平均收益乘以剩余未履行月份所得数额为基础的赔偿下限，以上文所说的实际损失 + 最大化预期利益的计算标准为上限，再结合其他因素进一步考量。

第二，合同履行情况。实践中，对于主播"跳槽"这一违约行为如何适用违约金,应当根据合同履行具体情况区分对待。上述计算方法是基于已履行合同而言的,但实践中还有一种未履行的情况值得留意,而且履行程度决定着其违约金酌减的程度。具体来说,对于尚未履行合同的主播而言,没有了直播收益状况,就无法判断其造成的损失程度,因而对其违约金的计算,应当着眼于平台方的前期资源投入以及协议可能约定的固定违约金数额。对于已履行合同的主播,除去按照计算标准衡量损失外,主播的履约期限和履约程度都具有参考意义,毕竟履约程度越高,平台方因履行所受利益就越大,所造成的损失也就越小,故可以根据已履行合同的程度决定酌减的幅度。

第三,过错程度的考量。主播方的过错程度是另一个重要的衡量因素。一方面,基于惩罚性违约金的属性,"在双方约定带有惩戒性的违约金的前提下,违约方违约主观过错程度应当与惩罚力度成正比,这样才能平衡双方利益,保障违约金司法调整的公正性与合理性"。[1] 另一方面,基于民法中的诚实信用原则,违约金的额度应当与违约方的违约恶意程度相对应,才能为社会公众所接受。因此,违约金的调整应当考虑违约方的主观恶意,恶意程度越高,赔偿应该越多,酌减程度也就应该越小,若是恶意拖延、拒绝履行或是长时间违约等主观恶意过大的情形应该审慎酌减甚至于不酌减。实践中已有此种情况,法院也给出了不予酌减的裁判意见。[2]

2. 考量因素的排除

前文从正面谈论了违约金调减需要考虑的因素,能够大致得出一个参考范围,下面将从反面谈论一些不能纳入违约金计算范围的因素。

---

[1]　李东琦:《惩罚性违约金的调整》,《当代法学》2013 年第 6 期。

[2]　参见广东省广州市中级人民法院(2020)粤 01 民终 4168 号民事判决书;江苏省扬州市中级人民法院(2019)苏 10 民终 1759 号民事判决书;广东省广州市中级人民法院(2020)粤 01 民终 5456 号民事判决书等。

第一，平台方前期的资源和宣传的投入。关于平台方前期投入这部分金钱的取舍，本文同意实践中法院的看法，一方面平台的投入属于履行协议的一部分，其可能遭受的风险已经纳入违约金之内，不能够重复计算，另一方面，除极少明确约定资源投入归属于个人主播的情况，大部分主播所享受的是"覆盖式"投入，平台方"撒网式"的培养方式本身就存在风险，不能让单个违约主播承担远超自己获益的惩罚。

第二，属于主播的知识产权收益①以及税额计算。主播与平台方的合作涉及的是民事交易法律关系，属于债权法律关系，其中涉及知识产权的归属，双方应当另行规定，对于已经明确产权关系的作品权利应当归属于著作权人，无论最终归属于主播还是平台，此作品产生的后续收益都不应当计算到违约赔偿中。同理，税收法律关系不属于民事规范调整的范围，是任何收益方应当履行的法定义务，不应当单独按照收益损失计算。②

第三，可替代利益。这里的"可替代利益"不是法律明确规定的利益，而是指主播违约后，若可以及时换上可替补的主播继续直播以保持收益，那么这段期间所获收益不应当纳入违约主播所造成的损失，在损失计算时应当予以酌减。

---

① 参见广东省高级人民法院(2012)粤高法民三终字第 241 号民事判决书。
② 参见上海市长宁区人民法院(2019)沪 0105 民初 6767 号民事判决书。

"英国优步案"评析

——兼评我国平台灵活就业者的法律地位

李　静① 　王玉柯②

随着大数据、云计算等技术的快速发展以及共享理念的普及,平台经济应运而生。平台经济依托虚拟网络、虚拟平台,通过连接产业上下游以最大限度促进信息交换来达成交易。共享经济在催生众多互联网平台企业的同时,还引起了对劳动关系形态的新思考。其中优步公司是平台企业快速发展的典型代表。2009 年,美国加利福尼亚大学洛杉矶分校的两名学生创立了一家名为 Uber 的科技公司,并开发了一个与公司同名的网络预约出租车智能手机移动应用程序。在几年之内,基于该程序建立的一套网约车商业模式风靡全球。如今,在 70 余个国家 400 余座城市都有了"优步"的业务。不过,随着平台经济的快速发展,优步司机的地位认定产生了诸多争议,优步在全球范围内遭遇多起诉讼,且均以和解或者公司败诉告终,最近的一次也是非常具有代表性的是英国的优步案。最终英国最高法院运用"经济现实性原则"的认定方式,将网约司机归入类雇员(worker),即第三类劳动者。这一判决的意义在于改变了长期以来存在的平台经

---

① 李静,天津商业大学法学院教授。

② 王玉柯,天津商业大学法学院硕士研究生。

济下网约工人身份认定不明的僵局,具有很强的借鉴意义。

尽管自 2020 年以来,我国的共享经济市场增长在疫情的影响下呈现下降的态势,但平台灵活就业人员的规模仍然很大。而我国现行的劳动保障法,是以双方之间的劳动关系为先决条件。劳动保障采取全有全无的模式。司法实践在裁判中对灵活就业者的身份认定以及平台企业与劳动者的关系评判等,仍以 2005 年当时的劳动部颁布的"三标准"作为判断是否存在劳动关系的依据。众所周知,平台灵活就业以灵活化和工作弹性化为显著特征,不过平台与就业者之间的关系很难满足这一标准,从而无法成立完全劳动关系,导致这些人处于完全丧失保障的状态,严重背离了国际劳工组织提出的体面劳动的目标,①此类案件也往往成为社会舆论关注的热点。平台灵活就业者的法律地位及其保障模式也是近年来学术界的热点问题,一直存在两元模式（劳动者与非劳动者）和三元模式（劳动者、准劳动者、非劳动者）之争。三元模式遭遇的最大难题就是第三类人——准劳动者的标准以及所享有权利的界定。因此,通过对英国优步案的争议焦点以及裁判依据的研究分析,可以为我国解决相关问题提供有益借鉴。

一、英国优步案基本案情与争议焦点

（一）基本案情

在英国,共享经济就业者人数已经达到 280 万人,占据了英国成年人口的 4.4%,其工作的最大特点是自主性和灵活性。从"优步"的运行模式便可看出。优步运行很简单,乘客在手机上下载优步应用软件,注册后使用相关的服务。优步通过定位系统来确定乘客的位置,并通知距离乘客最近的司机接单。司机通过自己的手机得知

---

① 梁嘉羚:《平台从业者劳动权益保障的"中间路径"——英国 Uber 案之借鉴》,《山东工会论坛》2022 年第 28 期。

乘客的姓氏以及乘客的"优步等级",有 10 秒的时间决定是否接单,如果拒绝接单的话,距离乘客比较近的另一司机会收到接单通知;如果该司机接单,那么乘客会收到包含司机姓名以及汽车详情的接单确认。司机接到乘客之后,在软件上点击"开始行程",软件会提供导航线路。抵达目的地后,乘客点击"结束行程"。优步会根据行程的距离和时间自动计算费用。由此可以看出,司机并不享有自主、灵活的工作状态,也正是因为这样一种运营方式,优步司机提起了诉讼,要求维护自身的劳动权益。

于是在 2016 年,优步司机向英国劳动特别法庭起诉,提出以下主张:第一,享有英国 1998 年《国家最低薪酬法》规定的最低薪酬;第二,享有英国 1998 年《工作时间条例》规定的带薪休假的权利。一审法院判定司机胜诉,优步公司不认可该裁判,又于 2017 年上诉至英国劳动上诉法庭以及于 2018 年向英国上诉法院提出上述,以上三次诉讼均裁定司机方胜诉。在经历前三次败诉后,优步公司又向英国最高法院提起上诉。这是一场历时六年旷日持久的官司。在 2021 年 2 月,英国最高法院最终裁定该类网约车司机应当被定义为"类雇员"而非"自雇佣者",这意味着优步司机享有正式雇佣人员的最低工资、带薪休假等权益。

(二)案件争议焦点

本案中优步司机的直接主张是享有分别由两个不同法案确立的保障性权利,而决定案件胜败的根本,也就是本案争议的焦点问题是优步司机的法律地位以及与优步公司之间的法律关系究竟是什么?

英国作为判例法国家,并不存在一部完整的劳动关系法,相应法律关系认定以及相关权利保障,是通过一系列单行条例以及判例确立。至 20 世纪中期,英国形成"雇员/自雇佣者"二分法来调整用工关系的模式。从享有的权益来看,雇员基本享有所有的个别性权利和集体性权利,而自雇佣者仅享有一些同工同酬和免受歧视的一般性权利；从判断标准的角度来看，雇员需要通过普通法测试标准（如控制权标准、经济现实性原则等），而自雇佣者通常不需要通过普通法测试标准。到 20 世纪末，随着英国各类非典型劳动关系的逐步发展，传统二分法的调整方式很难满足劳动市场的需求。为了面对因平台经济快速发展所产生的用工关系争议以及缓解传统二分法顾此失彼的压力，英国政府在 1996 年的《就业权利法》中引入了"类雇员"这一中间保护的类别，并赋予类雇员部分劳动权益。之后三分法模式在英国开始运行，将劳动者分为三类，分别是雇员（employee）、自雇佣者（self-employed）以及第三类劳动者，即类雇员（worker）。① 本案中，原告方主张的两项权利均来自英国两个关于类雇员保障的单行立法，因此，事实上，本案争议焦点是优步司机是否属于类雇员，而并非双方是否存在我们通常所说的劳动关系（employment）。

本案中，优步司机方主张：优步司机为优步公司提供服务，且优步公司对司机具有严格的控制权，司机本身的自主权利少之又少，因此司机属于立法上的类雇员，应当享有类雇员本就具有的带薪休假以及最低工资标准的权利。而优步公司认为：根据双方签订的合同，其并非运营商，仅为司机提供相关的媒介信息，而且为乘客提供服务的也是司机，司机与乘客之间存在直接的法律关系，司机方也知悉并同意此内容。因此，司机应当被界定为自雇佣者。

纵观四次审理，案件的核心争议焦点都是司机是否享有类雇员的身份地位。

二、优步案的裁判依据

（一）相关立法依据

1.《就业权利法》中"worker"概念的界定

如何定义"worker"是一个比较复杂的问题，这是在雇员和自雇

---

① 廉思、牟文成：《域外学者对网约工研究的最新动态及其对中国的启示》，《中国青年研究》2020 年第 7 期。

者之外一个非常具有特色的概念。其并非是因为平台经济而创造，早在20世纪90年代末就已正式在英国劳动法中出现。当时，面对灵活就业状况的逐渐增多，为了缓解传统的二分法产生的非此即彼的后果，对"worker"立法制度的设计是更具有包容性和展示劳动者工作状态的新制度。① 1996年出台的《就业权利法》中作出了相关的规定。② 其中(b)项与灵活就业人员的具有比较密切的联系，是在签订劳动合同的雇员的基础上做的较大扩展。"worker"在实际上融合了雇员和自雇者两大概念，比两者本身所规定的范围要大，但又小于他们规定范围的总和。"worker"的概念包含了雇员以及部分自雇者，但排除完全独立的个人工作者，只包含具有准依赖或经济依赖性的个人。

2. 关于"worker"权利的相关法案

关于"worker"享有的劳动权利的规定，1998年的《国家最低工资法》和《工作时间条例》最为相关，法条中直接使用"worker"此表述，规定其应当享有最低工资、带薪休假等权利。在还没有正式确立worker概念的时候，英国的立法机关便认可此类在本质上难以被界定为雇员的灵活就业人员，仍应当获得基本的保护，与是否存在持久或者有规律的劳动关系没有关系。

首先，在《平权法》上体现出这种基本保护，如1970年《同工同酬法》第一条第六款的(a)中，将雇佣的含义对接劳动合同、学徒及个人亲自履行的任何服务或工作的合同。实际上这把同工同酬的权利拓展到包括且不限于《就业权利法》中规定的自雇者上。2010年颁布的《平权法》，将劳动平等权利的法律规则予以统一。虽然用了比

---

① 林欧：《英国网约工劳动权益保障的思路、困境及启示》，《中国人力资源开发》2019年第36期。

② 该法条第230条规定，worker是指：(a)签订劳动合同工作的人；(b)不论是以明示或暗示，口头或书面的形式，与另一方签订亲自履行或承担工作或服务合同的个人，而对方并非个人所从事的职业的顾客或委托人。

较宽泛的表达,但仍然保留了《同工同酬法》中对雇佣的定义,也让存在工作关系的劳动者群体获得了被平等对待的权利。其次,1974 年通过的《工作健康和安全法》第 3 条规定,即使面对非雇佣关系的群体,雇主仍应当采取合理可行的保护措施使其免受健康或安全威胁。最后,1992 年颁布的《工会和劳动关系（合并）法》对所提供的基本保护与集体权利作出了相关规定。①

（二）英国法院的相关判例

不过,在司法实践中,如何准确认定 worker 仍是一个比较复杂的问题。最初分辨雇员与 worker 是以双方是否存在相互义务作为评判用工关系的首要因素。如较早时期的劳工上诉法庭作出的部分裁判:在伯恩兄弟有限公司诉贝尔德与奥尔斯案中,法院指出区分雇员与 worker 的一个必然的因素是相互义务,二者之间的差异是程度上的。在科茨沃尔德开发项目建设有限公司诉威廉案中,法院又指出,与界定雇员身份的标准相比,在界定 worker 的身份时,并不需要那么严格的相互义务为标准。②

面对逐渐增多的非标准的用工关系,法院倾向通过降低标准来拓宽 worker 的适用范围。2014 年,最高院裁判的贝茨·范·温克尔霍夫诉克莱德公司案中,Baroness Hale of Richmond 在判决书中所述,将劳动者分为三类不同的人,分别是根据劳动合同被雇佣的人,以自己的名义从事工作、风险自担的独立自雇工作者,以及"worker"即第三类劳动者,他们自己寻找职业但提供他人经营的业务的一部分。法院强调,"worker"与雇员的界定是完全不同的,其是类型而非程度上的差异。正如界定 worker 的概念所述,一方面必须亲自履行工作

---

① 该法根据不同的情形,分别使用了 worker 和 employee 的表述。工会可以代表 worker 的利益而组织合法的抗议活动,工会也可以吸纳 worker 加入工会并代表他们的利益等与雇员相区别的集体劳动权。

② 关博、朱小玉:《新技术、新经济和新业态劳动者平等参加社会保险的主要制约与建议:基于 320 名"三新"劳动者的典型调研》,《中国人力资源开发》2018 年第 35 期。

或服务,另一方面对方当事人不是 worker 的委托人或顾客。之后,上诉法庭在温德尔诉司法部长案中也指出,对 worker 概念的定义是为了拓展其适用范围,①即使降低标准,界定雇员身份的要素也不可直接用于此。因此,界定 worker 的身份需要根据签订的协议进行针对性的分析,即"是否为平等、独立的主体之间签订的协议"以及"是否为 worker 亲自履行"。2017 年,Uber 案还在审理期间时,一名快递员起诉英国的快递公司 City Sprint 至劳工法庭要求休假工资,劳工法庭认为在其进入用工系统后,即应当被界定为该公司的 worker,因此获得休假工资的权利。② 2018 年英国最高法院驳回 Pimlico Plumbers 案的上诉,被评价为英国共享经济下劳动者权益保障的里程碑案件。③ 2005 年至 2011 年,加里·史密斯一直以自雇佣者的身份工作,后因公司拒绝其在心脏病发后提出的减少工时请求起诉公司,同时提出带薪休假等诉求。英国最高法院支持上诉法院的判决,认为加里·史密斯应当定义为 worker,而非自雇佣者。虽然该案件本身与平台工作并不直接相关,但其工作模式与优步在实质上没有区别,都是根据消费者的需求来接单然后提供服务。因此,即便最高院表明该判决仅针对此特定事实,但是基于英国是判例法国家,该判决的影响力不容忽视。通过上述判决,英国已逐步确立共享经济下保障权益的基本模式,即通过合理拓展劳动法体系中 worker 的概念,使其在共享经济领域也可以适用,为网约工提供一定合法权益保障。这也是共享经济领域劳动者权益保障的重大进展。

综上,英国通过相关的法律依据以及判例依据将网约车司机定

---

① 唐鑛、胡夏枫:《网约工的劳动权益保护》,《社会科学辑刊》2018 年第 235 期。
② 王天玉:《工作时间基准的体系构造及立法完善》,《法律科学(西北政法大学学报)》2016 年第 34 期。
③ 谢增毅:《我国劳动关系法律调整模式的转变》,《中国社会科学》2017 年第 254 期。

义为 worker，即类雇员。由此也证明了类雇员在英国是一个相对开放的类别，被认定为类雇员的劳动者之间并非完全一致，其标注与享有的权利都存在灵活性和不确定性，要根据平台对劳动者的控制程度来决定承担多少责任。

三、英国优步案裁判的创新与发展

（一）类雇员认定原则的发展

本案采用了经济现实性原则，所谓经济现实性原则是指根据劳动者对雇主的经济依赖性来判断其是哪类劳动者。在本案裁判书中，法官指出司机通过优步程序给乘客提供的服务是由优步严格控制与定义的。从司机的视角来看，通过严格限制其与乘客的互动、无法自行定价等其他方面的控制，司机对雇主具有很强的经济依赖性。经济现实性原则出现之前是控制权原则，控制权原则来源于普通法代理制度中的雇主责任原则，不过代理制度解决的主要是雇主责任问题，而逐渐发展的平台经济所引发的纠纷却指向了雇主与劳动者经济地位的不平等。也就是说，当劳动者对雇主有很强的经济依赖时，雇主也不再需要通过施加官僚性控制或者订立严格的条款来控制劳动者。所以随着时代的不断发展，控制权原则的适配性逐渐削弱，出现了新的原则，即经济现实性原则，该原则主要侧重在劳动者对雇主的经济依赖性而非雇主对劳动者的控制权。经济现实性原则确立于《公平劳动标准法案》，其意义在于更好的满足社会的需要，维护平台灵活就业者的劳动权益。

经济现实性原则是一项区分雇员与自雇者的适用原则，其中"经济依赖性"为该原则的决定性因素，即根据劳动者是否在经济上依赖于某个潜在的雇主来判断其是何种劳动者。关于经济现实性原则的具体含义可以参考美国第六巡回法院在《公平劳动标准法案》中的阐述：劳动者的工作是否为该雇主业务的组成部分；其工作技能是否会影响雇主的收入水平；劳动者与雇主双方的投资程度；劳动者从事的工作是否需要具备特殊技能，以及自主和自由性；劳动者与雇主双方的劳动关系是否固定和持久,以及雇主对该劳动者的控制程度。①其实,核心问题便是劳动者是否自主经营、风险自担,还是只是为了最终承担风险与享受利益的人工作。在众多的劳动关系判断以及身份认定的纠纷中,经济现实性原则大多数情况下可以作为一个比较合理且稳定的评判原则。

(二)原则的具体适用标准的确立

1.雇主的控制权以及雇员的经济依赖性

里得勋爵在裁判文书中通过优步公司的运行模式详细分析了优步公司对司机的控制以及司机对公司的经济依赖。第一,也是最重要的一点,尽管司机可以自由选择是否工作以及如何工作,但是司机对工作报酬是没有发言权的,由优步公司掌握着决定权。司机没有收取高于程序计算出的价格的权利,相反如果收取低于优步设定的价格,对司机而言没有什么好处,因为这份"优惠"是要由司机来承担。除此之外,优步公司有权决定当乘客对司机的服务提出投诉时,是否退还乘客支付的部分或全部费用。第二,由优步公司来决定双方签订的合同条款。司机对于优步公司所规定的格式条款以及强加的运送乘客条款并没有任何发言权。第三,在司机登录优步系统之后,优步便能够限制司机是否接单。由优步公司自己享有接单或者拒绝的决定权。其一是通过乘客过往的行程数据给司机提供评级信息,让司机能够很大程度上避开一些低评级乘客。其二是通过评判司机接受和取消订单的比率来限制司机行为。如果司机的接单率较低或者拒绝率过高,将会收到优步公司的警告,如果在合理时间内该数据未发生改善,司机将会自动退出优步系统,并且10分钟内不得再次登录。第四,优步公司严格限制司机工作的方式。一方面,虽然

---

① 朱萌:《平台经济下劳动关系认定的经济现实标准探究——基于英国优步判例的思考》,《财贸研究》2022年第33期。

司机可以通过自行提供车辆获得部分自主权，但是优步公司仍然会审查其提供的汽车类型。另一方面，对于路线的选择司机并没有决定权，必须按照优步系统中的导航来选择路线。第五，优步公司在其合理范围内最大化限制乘客和司机之间的交流，如支付费用和处理乘客投诉等都直接由优步公司管理，采取各项措施避免司机与乘客建立任何超过个人订单之外的联系。由此可以看出，平台与灵活就业者之间控制与责任的关系，平台的控制程度越严格，其所应当承担的责任也就越多。①

2. 员工与雇主之间的劳动关系的持久性

虽然网约车司机可以自行选择是否工作及如何工作，并且在非工作时间内不需要承担其他的合同义务，但这并不能作为排除在工作时将劳动者认定为雇员或工人可能性的理由。无论在逻辑还是法理上，虽然这类劳动者可能并没有签订一个正式、总括性的合同，导致劳动者在工作空档期可能不享有劳动者的身份地位，但这并不影响其在工作期间被认定为劳动者。② 经济现实性原则对该争议做出了明确的说明：对用工关系的认定需通过评判劳动者提供的服务是否为雇主业务的组成部分。优步司机的职业技能以及提供的驾驶服务是优步公司业务的重要组成部分，没有司机具备的技能以及提供的服务，其业务也无法维持下去。因此，即使司机与优步公司可能未签订正式的、总括性合同，但是二者之间的劳动关系是比较稳定的。

综合以上有关事实的判断，在本质上揭开了网约车司机表面上享有的工作自由，凸显了优步与司机之间劳动关系存在的必要性和合理性，又通过经济现实性原则确定了优步对司机的控制以及司机对优步的经济依赖性，有较为充足的理由将优步司机定义为类雇员。

---

① ［2021］UKSC5。
② ［2007］ICR1006。

四、英国优步案对我国的启示

英国的劳动法体系为灵活就业人员增设了类雇员的身份,以缓解"雇员/自雇者"两分格局下产生的排他性后果,将更多的劳动者纳入法定劳动保障体系内。其实这也是平台经济发展至今一直存在的难题,即怎样把握"控制"与"责任","分配利益"与"平等对话"之间的平衡。如果说工厂化劳动背景下诞生的劳动保障制度的本质是对于劳动者劳动力完全受控状态的一种补偿机制,那么平台经济背景下平台企业对于就业者是否存在补偿义务,补偿多少,都应取决于双方之间的控制与依赖程度。优步案判决通过开放的认定标准与保障模式,对本案中的司机与优步公司依赖程度与作为补偿机制的权利保障所做的均衡化的处理,对我国平台灵活就业者的地位认定及其保护也有很多启示。

第一,采取三分法的处理模式,引入类雇员概念,改变现有的二分法的全有全无模式,实现平台与就业者双赢。目前我国对传统劳动者的劳动关系的认定主要采用两分法,对于是否采取三分法的处理模式,学界一直存在很大的争议。反对方认为两分法的处理模式还不够完善,如果再引入第三类劳动者会更加混乱,并不利于调整劳动关系;[1]支持方认为我国传统的两分法已经无法面对平台用工所产生的纠纷,需要引入第三类劳动者来解决上述纠纷。[2] 笔者对该争议持支持态度,虽然平台与灵活就业者之间不足以形成人格从属性,但不可否认两者之间存在较强经济从属性的事实。这也从侧面证明平台灵活就业者处于对平台的经济依赖地位,即难以通过自身职业技能来增加工作报酬、提升社会及经济地位,反而只能以延长工时、增加工作量等方式,这也是现行二分法难以规制的空白地带。所

---

[1] 肖竹:《第三类劳动者的理论反思与替代路径》,《环球法律评论》2018 年第 40 期。

[2] 王全兴、王茜:《我国"网约工"的劳动关系认定及权益保护》,《法学》2018 年第 437 期。

以笔者支持参照英国的经验，设置第三类劳动者，进一步扩大保护范围，赋予该类别的平台灵活就业者一定的劳动权益。

第二，建立开放的认定标准，依照控制与责任相当原则，根据控制程度认定平台方的具体责任。一方面，优步公司在终审败诉后表示，英国最高法院的判决仅适用于最开始提起诉讼的 25 位司机，其他的司机通过磋商来解决该问题。由此可以看出，英国所采用的经济现实性原则是一项开放的认定标准，我国可以参考借鉴不同的模式以及论证思路，尝试更加灵活和折中的保护方式。由于平台灵活就业者的类型众多，我们很难对其直接作出定论，更好的方式是确定一个劳动关系认定的原则，对具体案例进行具体分析。另一方面，处理好控制与责任之间的平衡问题，平台方所承担的责任并非一成不变而是开放且灵活的，可以根据其对劳动者的控制程度来判定。平台方对劳动者的控制程度越严格，其应当承担的责任也越多；劳动者享有更大的工作自主性，平台所承担的责任也就越少。

第三，根据认定结果与劳动者的实际需求与可行性设定差异化的保障权利。英国法院通过将平台灵活就业者纳入类雇员这一中间保护类别，赋予该群体最低工资、带薪休假等劳动权益。① 如果我国之后也设立中间保护类别，平台灵活就业者是否能够享有最低工资标准、带薪休假等权利是亟须解决的问题。一方面，在共享背景下，定价权掌握在平台手中，平台灵活就业者所谓的高收入实际是不断增加工作时间以及工作量的结果。因而，最低工资标准应当适用于此类平台灵活就业者，使劳动者在合理的工作时长内能获得最低工资的报酬。另一方面，在平台用工模式下仍然存在职业安全风险，在立法中能剥夺基本的生存权与健康权，赋予平台灵活就业者职业安全保障等保护。此外，由于类雇员的认定是一种开放的体系，所以不

---

① 沈建峰：《劳动基准法的范畴、规范结构与私法效力》，《法学研究》2021 年第 43 期。

同的类雇员所享有的权利并不需要保持完全一致,可以由法官在司法中根据不同的案例作出不同的裁判,不过不应当排除平台灵活就业者享受最低工资以及基本的生存权与健康权的权利。①

综上所述,我国应正视平台就业关系的多变性和复杂性,兼顾市场效率和社会公平,更好地回应日益增长的网约工诉求,将其纳入制度保障的体系中。正视现实社会中用工复杂、多变的实际情况,探索出一条既能突显社会公平正义又能激发市场经济活力的中国平台灵活就业者规制的特色路径,更好地保障劳动者应当享有的劳动权益。

---

① ILO: "Work for a brighter future", *Geneva: International Labour Office*, No. 39 issue in 2019.

论居住权设立的裁判路径实现

张　涛① 刘雨辰②

一、问题的提出

随着《民法典》的出台，我国的民法制度体系中出现了诸多新的内容，居住权制度便是其中之一。在社会经济飞速发展的当下，民商事活动日趋复杂，经济活动中所蕴含的公平、平等、效率、安全等多元价值在实现过程中呈现出一定的紧张关系。尤其是住房困难问题成为日益凸显的社会话题，一些弱势个体因为经济实力不足或其他综合性原因无法解决自身的居住问题。因此，如何保障人们住有所居就成为立法者需要思考的问题。居住权制度的出现，实现了对上述问题的回应。作为用益物权的重要类别，居住权在《民法典》中的正面确立是重大的立法创新，大致建立起了我国居住权制度的框架。

我国《民法典》中对居住权的规范性法律基础，主要存在于第二编第十四章，从第 366 条至第 371 条，共计 6 个法律条文，依次规定了居住权的定义、合同设立、设立登记、转让禁止、消灭、遗嘱设立等

① 张涛，天津商业大学法学院副教授，法学博士。
② 刘雨辰，天津商业大学法学院硕士研究生。

方面的制度内容。上述 6 个法律条文作为我国民事立法上对居住权制度的突破性明定,虽有重要的历史意义与贡献,但其着眼于宏观、抽象的制度框架确立,制度设计上仍存在诸多可完善的空间,在规则适用中尚有一些细节问题还需要落实。例如,在居住权设立方式上,《民法典》中仅规定了合同设立(第 366 条)和遗嘱设立(第 371 条)两种意定方式,通过其他设立方式是否可以设定,并未明确提及。根据民法一般理论的理解,社会性居住权可基于不同的政策考量设立,一般包括意定、法定等多种方式。① 因此为满足司法实践需要,实现居住权保障弱势群体居住生活利益的功能,在目前《民法典》规定的居住权设立方式之外,是否还存在其他设立形式值得进一步思考。由全国人大法工委牵头编撰的《中华人民共和国民法典物权编释义》指出:"除本章规定的以合同和遗嘱方式设立居住权外,居住权还可以通过法院判决的形式设立。"② 无独有偶,部分学者也认为为了实现居住权制度的立法目的,应允许人民法院以裁判方式设立居住权。③ 从《民法典》体系来看,目前《民法典》中规定的合同、遗嘱两种居住权设立(第 366 条、第 371 条)皆属于基于法律行为的物权变动方式,而同样基于法律行为之外的其他物权变动方式亦存在设立居住权的可能。通过对《民法典》的法律规范体系性考察,其第 229 条明确指出物权可以通过法律文书予以确立,包括法院裁判和仲裁协议等形式。这就为以裁判方式设立居住权预留了空间,为论证以裁判方式设立居住权的确立提供了体系上的路径。

二、以裁判方式设立居住权的理论基础

以裁判方式设立居住权,有如下理论基础:第一,制度上居住权

---

① 汪洋:《民法典意定居住权与居住权合同解释论》,《比较法研究》2020 年第 6 期。
② 黄薇:《中华人民共和国民法典物权编释义》,法律出版社 2020 年版,第 414 页。
③ 谭启平:《〈民法典〉居住权制度体系及其实现路径》,《江西社会科学》2020 年第 12 期;席志国:《居住权的法教义学分析》,《南京社会科学》2020 年第 9 期;付一耀:《论裁判方式设立居住权》,《社会科学研究》2022 年第 6 期。

设立属《民法典》第229条涵摄范围。第二，功能上以裁判方式设立居住权符合居住权制度功能的预期。第三，实现上以裁判方式设立居住权是对意思自治的补充。

（一）制度上：居住权设立属《民法典》第229条涵摄范围

如上文所述，《民法典》第229条指明物权可因人民法院、仲裁机构的法律文书或者人民政府的征收决定来设立。该条具有丰富的立法旨意：其一，该条法律规范表明，民事主体在通过意思自治实现物权关系变动安排之外，司法裁判等公权强制力对物权关系的变动存在介入可能。其二，此规范属于物权编中的一般性规定，可以涵摄与调整包含居住权在内的各类型的物权。甚至有学者提出，《民法典》第229条即是法院以裁判方式设立居住权的规范依据①。笔者也同意上述学者的意见。因此，以裁判方式设立居住权的路径，虽在《民法典》物权编第十四章居住权部分未得到正面体现，但完全可以借助对第229条与居该部分条文的体系性解释得以确立。

然而，对于居住权设立能否被《民法典》第229条涵摄，有学者提出了质疑。例如，第229条是否与物权法定原则存在冲突？② 基于第229条的裁判路径设立居住权是否违反特殊优于一般的法律适用规则？③ 笔者认为，以上问题的答案都是否定的。其一，依据《民法典》第229条，通过裁判路径设立居住权，并不违反物权法定原则。物权法定原则实指设立物权方式及物权的具体内容一般只能由法律规定④，但并未明确限制物权设立方式。《民法典》出台后发行的释义

---

① 黄薇：《中华人民共和国民法典物权编释义》，法律出版社2020年版，第414页。
② 谭启平：《〈民法典〉居住权制度体系及其实现路径》，《江西社会科学》2020年第12期。
③ 谭启平：《〈民法典〉居住权制度体系及其实现路径》，《江西社会科学》2020年第12期。
④ 全国人大常委会法制工作委员会民法室：《中华人民共和国物权法解读》，中国法制出版社2007年版，第289页。

书中则表明:"设立哪些物权的种类,由法律规定……物权的权利内容,一般也只能由法律规定。"①也即物权设立方式的法定不包含在物权法定原则中,这也是民法学界的主流观点。根据物权的一般理论,物权的设立方式其实是公示,是物权公示公信原则应囊括的范畴,并非物权法定原则需要研究的内容。因此法院以裁判设立居住权并非物权法定原则所囊括的范围。② 既然并非物权法定原则的范围,就无须考虑其是否与物权法定原则相冲突。其二,依据《民法典》第229条,通过裁判路径设立居住权,也不与特殊优于一般的法律适用规则相冲突。居住权虽为新设立的用益物权类型,但与其他物权类型并无本质区别,如其他类型物权适用第229条没有障碍,则居住权亦同。

综上,《民法典》第229条对居住权设立方式的涵摄并无理论上的障碍,因此以裁判方式设立居住权存在规范体系解释依据。这也为居住权设立的裁判路径预留了充分的制度续造空间。

(二)功能上:以裁判方式设立居住权符合居住权制度功能的预期

要论证裁判方式居住权存在之必要,还必须考察我国《民法典》居住权设立之背景,以及从历史渊源和域外立法来探求居住权之功能和目的,来探究以裁判方式设立居住权对实现居住权制度功能预期有何裨益。与其他大陆法系国家始于罗马法的居住权制度演变与更迭显著不同,我国居住权制度在《民法典》中的确立,与近些年司法实践的迫切需求、经验积累以及民众的现实需要密切相关。

第一,居住权制度肇始于古罗马法,并满足了家长制背景下社会保障性功能的需要。在古罗马法上家长制盛行,并依托家庭财产权利垄断对其他家庭成员给予生活庇护。而这也容易导致没有继承资

---

① 黄薇:《中华人民共和国民法典物权编释义》,法律出版社2020年版,第303页。

② 谭启平:《〈民法典〉居住权制度体系及其实现路径》,《江西社会科学》2020年第12期。

格的弱势家庭成员在家长离世后丧失必要的生活来源。这就需要给弱势家庭成员一项与房屋所有权分离的绝对性权利，以保障其基本生活条件。这种社会保障性功能正是居住权及相关制度的优势所在，从罗马法学家的相关解释中也可窥见一斑。早期罗马法的居住权并未作为独立权利类型，至公元 5 世纪才出现独立的居住权，且不存在对居住权非常清晰的定义，因此古罗马法学家也对当时的居住权的核心含义进行了解释，主要包括：其一，居住权可以类比为使用权。如乌尔比安认为，如居住权被遗赠，那么所产生的权利完全等同于遗赠使用权。① 有的观点甚至认为只要有"居住"这一词的出现，就都应该被解释为使用权。② 其二，居住权具有人身专属性。用益权不能继承或转让，权利期限也被默认为终身，居住权则表现出更为强烈的人身属性，财产性则是其次。其三，居住权与"役权"概念直接相关。罗马法中的役权概念原只在土地关系中使用，后被认为与用益权中人与物的关系相似，这一概念才扩充至人和物的关系，也成为居住权的概念核心。随后古罗马法学家对原有的理论进一步深化，改造了原有役权体系，出现了人役权概念，居住权也纳入其中。前述三项构成了近现代各国民事法律体系中居住权制度的核心内容。

第二，居住权制度的功能得到传承与发展。近代以来大陆法系国家在继受和发展罗马法居住权制度的同时，也传承了居住权所承担的制度功能，即居住基础上的使用。例如，《法国民法典》第 632 条规定："对房屋享有居住权的人，得协同其家庭在该房屋内居住，即使在给予居住权利时其本人尚未结婚，亦同。"③在这里法国法的表述即直接用"居住"来确定居住权的界限。德国法则以"使用"明确居住权界限,《德国民法典》第 1093 条规定:"在排除所有人的情况下,将建筑物或建筑物的一部分作为住宅而加以使用的权利,也可以作为限制的人役权而予以设定。"①《意大利民法典》第 1022 条规定:"对房屋享有居住权的人可以在自己和家庭需要的限度内享用房屋。"②可以看出,意大利法使用"享用"来界定居住权,仍未脱离"有限使用"的中心意思。可见各国立法例相较古罗马的居住权制度做出了诸多调整,相关条文的表述也各有不同,但本质趋于一致,都以满足当事人基本的居住需要为目的。可以说,无论后世对居住权进行了怎样的完善和拓展,其内核都没有发生大的变化,"居住"始终是创设居住权的根本目的。

第三,我国居住权立法对居住权社会功能的传承。在《民法典》第 366 条至第 371 条对居住权进行集中规定之前,立法上一直没有关于居住权制度的正面规范性法律基础,也仅是在最高人民法院出台的司法解释中有零星的一些制度涉及。《最高人民法院关于适用中华人民共和国婚姻法若干问题的解释(一)》第 27 条第三款明确提及"离婚时,一方以个人财产中的住房对生活困难者进行帮助的形式,可以是房屋的居住权或者房屋的所有权"。但离婚案件中所呈现的并不是对居住权制度的全部需求,在其他类型的案件中也出现了裁判方式设立居住权的先例。③ 通过考察,设立居住权的社会性需求主要包括如下几种:其一,父母赠予子女住房但同时希望在房屋上设立居住权;其二,无劳动能力与稳定生活来源者对近亲属房屋要求设立居住权,以维持基本生活需要;其三,再婚老年人将住房给予子女并使再婚配偶享有居住权。④ 这些社会性需求也折射出对居住权

---

① 《德国民法典》,陈卫佐译注,法律出版社 2010 年版,第 449 页。
② 《意大利民法典》,费安玲译注,中国政法大学出版社 1997 年版,第 282 页。
③ 马强:《民法典居住权规定所涉实务问题之研究》,《法律适用》2022 年第 5 期。
④ 孙宪忠、朱广新:《民法典评注·物权编3》,中国法制出版社 2020 年版,第 235 - 236 页。

基本制度的功能期待，即获得通过保有权利人的基本居住利益维护社会整体秩序的稳定。

（三）实现上：以裁判方式设立居住权是对意思自治的补充

如前文所述，民事主体通过设立居住权可以为特定主体提供基本生活居住保障。从微观角度而言，通过民事裁判设立居住权可能违背当事人意思，是公权力介入后的法律结果，但从制度宏观角度以裁判方式设立居住权或许是对意思自治的有力补充，二者可以充分协调实现居住权承载的功能期待。如完全依靠意定方式设立居住权，虽能最大限度保障当事人私法自治，却可能使弱势一方当事人无法获取应得的居住利益。因为请求设立居住权的特定主体大多在经济上处于弱势，同时居住权的设立对所有权人而言无疑也是一种负担，作为优势一方的所有权人很难应允相对方在自己房屋上设立居住权，双方当事人达成一致的可能性将极大降低。此时如果法院能够介入，就会提高居住权设立的可能性。这并不是否定当事人间的意思自治，也不意味着法院无条件地为特定主体设立居住权，只是在满足一定条件的基础上，为弱势一方提供以公权力为依托的最后保障。

综上，无论是从体系解释角度出发，还是对居住权制度功能的研析，以裁判方式设立居住权都是实现居住权制度功能预期的应有之义。体系上物权编中的一般性规定为以裁判方式设立居住权预留了空间，而从制度功能上讲，既然制度设立的出发点是维护社会公益，完全交给私主体来决定就会使得公益性无法充分体现，民事主体最终还是会以自身利益为先，这就很难照顾到弱势一方的需求。在目前的立法状况下，要想赋予法院通过裁判方式为弱势群体设立居住权，就要求我们在没有成文规定时，以扩张解释居住权的设立方式来确立这一制度，如此方能实现居住权制度设立的立法宗旨。

三、以裁判方式设立居住权的适用

《民法典》第 229 条为裁判方式设立居住权提供了规范性法律基

础。但是,作为一般性的依照裁判设立物权的规则,在设立居住权时是否存在制度适用上的特殊性,却付之阙如。笔者认为,应结合居住权的制度功能实现对该种方式加以适用进行具体化。

(一)以裁判方式设立居住权适用的限制性

1.适用以裁判方式设立居住权的案件类型限制

以裁判方式设立居住权,必须限制在特定类型的案件中适用,并非所有案件都可以涉足居住权问题,否则就会造成这一制度的滥用,居住权涉及房屋使用,如不加以限制,会严重损害当事人的合法权益。笔者认为,可适用以裁判方式设立居住权的案件主要包括以下几种。

其一,离婚案件,案由主要为离婚后财产纠纷等。如前文所述,最高人民法院曾在《婚姻法司法解释(一)》中就明确了法院可以判决直接设定居住权的权利。而在原《婚姻法》第42条中,也有关于一方以住宅为离婚后生活困难一方提供帮助的规定。到了《民法典》时代,《民法典》第1090条继承了《婚姻法》第42条主要内容,规定离婚双方在对离婚帮助的形式无法协商一致时,由法院作出判决,这也为离婚案件中适用裁判方式设立居住权提供了规范依据。离婚诉讼中双方经济状况不尽相同,往往有一方当事人处于弱势地位,居住权的存在便有其必要性。当夫妻双方离婚时,有关房屋的情况通常为以下两种。一是两人共同居住之住宅为一方婚前财产或者约定为一方所有,法院就可依没有住宅一方之请求为其设定居住权;二是双方共有的房屋,而在分割时判决一方享有所有权,而另一方对全部或部分住宅享有居住权。

其二,继承案件,案由主要为遗嘱继承纠纷、法定继承纠纷等。《民法典》第1059条规定了夫妻间相互扶养的义务,因而在一方丧偶的情况下,其对另一方房屋享有居住权,就可以成为对这一义务的特殊延续方式。而这一点在《民法典》继承编中也有所体现。《民法典》第1141条规定了必留份制度,居住权也可被纳入"遗产份额"。同时,第1156条规定了遗产分割应当有利于生产生活需要,与居住权制度的立法宗旨不谋而合。因此，如当事人有设立居住权之需，法院可依据上述条款为当事人设立居住权。

其三，赡养扶养案件，案由主要为赡养费纠纷、扶养费纠纷等。赡养、扶养义务的履行，不能仅依靠支付赡养、扶养费。赡养扶养之义务人应当为被赡养人、被抚养人提供住宅，以实现其居住利益，因此法院可判决被赡养、被扶养人对住宅一部分或全部享有居住权。当然，子女对父母的赡养义务是有限的，《民法典》第 1067 条规定，父母请求子女支付赡养费的条件是"缺乏劳动能力或生活困难"，设立居住权也应同理，而非无任何前提条件就可设立居住权。

2. 以裁判方式设立居住权程序的后置性

居住权的设立由于涉及双方当事人的居住利益，必须受到限制。而以裁判方式设立居住权，更是因公权力介入而对当事人之间意思自治的限制，因此需要更为慎重。其一，法院作出设立居住权之裁判的前提应当是一方当事人提出相应的诉讼请求，否则法院不应主动依职权为一方当事人设立居住权。尽管以裁判方式设立居住权是为维护弱者之居住利益，也不应背离意思自治原则。其二，即便当事人有设立居住权的需要，也应当由双方当事人先行协商，如无法就居住权设立达成一致，再向法院提出设立居住权的请求，进入真正意义上的裁判程序。

3. 以裁判方式设立居住权动机的社会保障性

法院在以以裁判方式设立居住权时，当事人是否有长期居住的事实也应在考虑范围内，理由在于对公序良俗原则的遵守。在居住权的相关纠纷发生之时，如依据《民法典》有关居住权的规定无法对当事人进行救济时，法院也可以考虑适用公序良俗原则。理由在于，居住权设立之目的就是满足当事人生活居住需要，请求设立居住权一方已经长期居住于房屋，在此前提下如法院仍然以没有订立居住权合同或没有进行居住权登记来认定当事人不享有居住权，显然对维护社会稳定和良好风尚不利。除此之外，涉案房屋是否为当事人唯一可居住之房屋也应作为居住权设立的前提条件之一。这也是遵循"满足生活居住需要"制度目的的体现。居住权需求人既然已无其他住所，就表明居住权需求人向法院申请设立居住权确实是为了满足基本生活居住的需要。此时就不宜强行令其离开涉案房屋，否则就有悖于公平原则。

综上，人民法院在审理申请设立居住权的案件过程中，需要基于前述限制性条件来审查居住权设立的必要性。否则，不应作出设立居住权的判决。

（二）以裁判方式设立居住权的裁判内容

依据《民法典》第 367 条，双方当事人通过合意方式设立居住权，在居住权设立合同中应当包含当事人的个人信息、涉案住宅情况及居住权的期限等。以裁判设立居住权虽属于非基于法律行为的物权变动方式，但法院作出设立居住权的裁判中的具体内容，也应参照适用第 367 条就居住权的相关内容进行明确。

其一，居住权的主体为申请在涉案房屋之上设立居住权的有居住需求者。居住权对双方当事人的居住利益都产生重要影响，如不明确其主体，将使得居住权人无法正常行使权利。而明确居住权主体为有居住需求者，也体现了对居住权社会保障功能的强调。

其二，居住权的客体应对应到《民法典》第 367 条，即所谓的"住宅的位置"。客体的明确与否，关系到居住权人所得居住利益在空间上的边界，也关系到所有权人的直接利益，因此是判决中不可缺失的内容。通说认为，居住权的客体为他人所有的住宅，依法院裁判设立的居住权也不例外。不过也有观点指出，房屋的一部分能被设立居住权。[①] 笔者认为这一点在设立居住权的裁判当中可以得到实现，

---

① 王荣珍：《解释论视角下的居住权客体》，《比较法研究》2021 年第 6 期。

因为这正契合了以裁判方式设立居住权作为保护弱势一方最后防线的功能。

其三,居住权的期限,因为其决定了居住权的存续期间,更涉及到双方当事人的居住利益,所以法院在作出判决时应当明确居住权的期限。有观点认为,如行为是为确定某一法律关系,其附期限将会使法律关系处于不确定状态,在身份关系中尤为如此①。但居住权设立并不涉及身份关系,故裁判书中可以写明居住权期限。需要强调的是,对于无法明确期限的居住权,如生活困难的父母对其子女的房屋享有居住权,应当给予所有权人撤销的权利。因为法院作出设立居住权的裁判,是基于当事人获得居住利益的现实需求。因此,如果现实情况已经发生了改变,居住权的存在就失去必要性和合理性。此时如果允许居住权继续存在,就会对房屋所有权人的利益产生影响,这不符合以裁判方式设立居住权的应有功能及宗旨,更背离了公平原则的要求。此时就可以赋予所有权人申请撤销居住权的权利,以保障其合法权益。

（三）以裁判方式设立居住权中登记程序的证伪

通说认为,依法院裁判设立的居住权,是因法官判决而使物权得以设立,与当事人的意思表示并无关系②,因此属于非基于法律行为的物权变动的一种,应当适用《民法典》第229条之规定,自裁判生效之时居住权即可生效,原则上依裁判设立的居住权不涉及第368条所规定的登记问题。但也有观点认为,依照公示公信原则,也是为了更好地定分止争,不动产物权变动应当进行登记,即便居住权以裁判方式设立,也需要进行登记,否则不能产生对抗善意第三人的效力③。

---

① 王泽鉴:《民法总则（最新版）》,北京大学出版社2014年版,第402页。
② 崔建远:《物权法:规范与学说（上）》,清华大学出版社2011年版,第196页。
③ 邹龙妹:《〈民法典〉视域下居住权设立实证研究》,《哈尔滨工业大学学报》2022年第5期;付一耀:《论裁判方式设立居住权》,《社会科学研究》2022年第6期。

　　笔者认为,以裁判方式设立居住权不需要经过登记程序。其一,法院生效裁判的公示效力并不弱于行政机关的登记,在法院的裁判作出之时,居住权实际上就已经完成了公示,无再进行登记的必要。其二,在裁判方式设立居住权中规定登记制度,也会造成与《民法典》第229条的体系冲突,为裁判方式设立居住权的法律适用增添困扰。其三,依裁判设立居住权不进行登记也不会与《民法典》第368条产生冲突,虽各类居住权原则上都应参照适用居住权一章的相关规定,但法院以裁判方式设立居住权,属于居住权设立的一种特殊方式①,对于以合同方式设立居住权为基础设计的居住权一章的规定,并非要全盘接收。并且如果严格遵照体系解释,第229条作为物权编的一般性规定,其应当适用于物权编的各章,故以裁判方式设立居住权仍应当遵循229条的规定。

　　综上,依裁判方式设立居住权不实行登记制度在理论上和实践上都可以被论证,依裁判方式设立居住权应当自生效裁判作出时产生物权效力,并可以对抗善意第三人。

结　语

　　居住权制度虽在国外经历了较长时间的发展,但在我国民法体系中尚属新鲜事物。但是,该制度在一个国家的基本民事法律规范文件中得以确立,足以见得其在民事体系中、在物权体系中的重要性。居住权制度中的相关条款为我国司法实践中涉居住权的案件提供了一个准确、清晰的行为准则,契合了物权法中实现物尽其用,提高物权效率的立法目的。作为依照合意方式设立居住权的重要补充,以裁判方式设立居住权具有理论正当性与规范性基础,通过加以必要的具体化适用规则构建,势必能够发挥更大的功能作用。本文

---

　　①　吕翾、王权典:《〈民法典〉居住权登记的体系解释与制度衔接》,《法治论坛》2021年第3期。

仅是对现有居住权制度的观察与思考,不全面之处在所难免。放眼未来,随着相关判例的不断出现,居住权制度在实务中一定能够得到有效的检验,也会进一步拓展司法裁判思路,从而有助于学界展开更为深入的研究。

论侵权中的民事权益区分保护

吕姝洁①　　肖如月②

一、问题的提出

　　法律中的权利和利益众多。虽说对民事权利和民事利益均进行保护已经成为理论界和实务界无可争议的共识,然而,绝非所有的权利和利益在遭受损害后都能受到侵权法的保护,并且在不同的法律制度中受保护的权益范围会以不同的形式存在。在大陆法系国家,关于侵权责任一般条款存在两种立法模式。一种以《德国民法典》为代表,分成三个具体的一般条款:侵犯绝对权益、违反保护他人法律和故意违反善良风俗,区分保护权利和利益,可以直接适用于司法实践③;另一种以《法国民法典》为代表,以一个大概括条款不区分保护权利和利益,采取等同保护模式④,有利于适应社会发展中层出不穷的新型民事权益。

　　从原《侵权责任法》第 6 条第 1 款的"民事权益"来看,我国采用了法国的权益等同保护模式,并且依然延续到今天的《民法典》。但

　　① 吕姝洁,天津商业大学法学院副教授,法学博士。
　　② 肖如月,天津商业大学法学院硕士研究生。
　　③ 方新军:《侵权责任利益保护的解释论》,法律出版社 2021 年版,第 1 页。
　　④ 方新军:《侵权责任利益保护的解释论》,法律出版社 2021 年版,第 8 页。

是，这种模糊的表述不仅会造成不断涌现"祭奠权""亲吻权"等各式各样的新型权利，造成"权利爆炸"的现象，也会赋予法官过于宽松的裁量权，受困于法官个人能力的高低，出现同案不同判的司法困境，进而造成社会公众的司法认识混乱，影响个人行为自由。因此，活跃在司法实践第一线的法官和律师群体更加认可德国区分保护的做法，他们认为德国的立法技术为判定侵权行为提供了更加具体的方法，可以尽量避免法律解释上和适用上的分歧①。并且精细的法条可以使社会大众能够确切了解自己行为的边界，更为合理地协调了个人自由的行使和社会法益的保护。

总之，关于权利和利益是否应该区分保护的问题重新进入了学者视野，是否需要对权利和利益进行区分保护以及如何保护成为解决当前实践困境的重点，对于完善我国民事法律制度、填补法律漏洞具有重要意义。

二、权益等同保护与权益区分保护之争

侵权责任法对于权益保护的选择与一国的经济、政治、历史传统息息相关，因此并没有形成统一的标准。关于权利和利益是否应该区分保护的问题，实质就是权益等同保护模式（法国模式）与权益区分保护模式（德国模式），哪一个模式能更好地平衡行为自由和权益保护。虽然我国立法例选择了法国模式，但是在司法实践中对于具体案件的处理却偏向权益区分保护模式。在对权益是否进行区分保护的问题上，支持者们从《德国民法典》中"侵权行为"一般条款的立法模式出发展开分析，否定者们则以《法国民法典》中"侵权行为"一般条款的立法模式为立论的前提②。

---

① 全国人大常委会法制工作委员会民法室编：《侵权责任法立法背景与观点全集》，法律出版社 2010 年版，第 189、243 – 244 页。

② 孙山：《〈民法典〉对"利益"保护的法理建构——逻辑基础、实现路径与实现方式》，《北方法学》2022 年第 2 期。

（一）德国区分保护模式

《德国民法典》直接表明了德国对于民事权益采取区分保护的态度,具体而言,根据不同权益的性质与类型分别规定了不同的责任构成标准,通过"三个小的概括条款"将区别性的权益保护分为三个层次,依次为第 823 条第 1 款、第 2 款和第 826 条规定①。《德国民法典》通过第 823 条、826 条确定了德国民事侵权责任要件不仅包括损害、过错、因果关系,还增加了违法性,并在区分不同侵权对象的方向上更进一步。第 823 条第 1 款是侵权责任的基本条款。根据这一条款,侵犯任何绝对权利都毫无疑问直接构成了侵权。但如果侵犯的不是绝对权利,则判断是否符合第 823 条第 2 款或第 826 条规定的构成要件。可以看出,《德国民法典》不仅直接规定区分保护权利与利益,并且在判定方式上是循序渐进、层次分明的。

随着社会发展,出现了许多新型权益形态,导致《德国民法典》不再能妥善保护其中应受法律保护的利益,德国学者开始探讨出现的新类型权益究竟属于第 823 条第 1 款中的"其他权利"还是属于"绝对权以外的权益"。基于此,德国学者提出了三条教义学标准:"归属效能""排除效能"与"社会典型公开性",只有当权益同时具备这三点时,才能认定为"其他权利",享有绝对保护,任意一项不满足的权益则适用"绝对权以外的权益"予以保护。为了尽可能将重要利益予以权利化,司法实践中就通过扩张"其他权利"范围的方法,确定不具备"归属效能""排除效能"与"社会典型公开性"特征的"营业权"与"一般人格权"成为"其他权利",得到《德国民法典》的保护,所以德国学者们将其称为"框架权",但对其是否可以得到损害赔偿,不仅需要满足侵权构成要件还应进行个案判断。

总之,《德国民法典》依据不同权益的属性进行分类,并规定了不

---

① 《德国民法典》,陈卫佐译,法律出版社 2020 年版,第 381 – 382 页。

同标准的侵权责任构成要件，从立法层面直接确定如何对权益进行不同程度的保护。

（二）法国等同保护模式

与《德国民法典》细致具体的"三个小的一般条款"不同，整个《法国民法典》关于侵权部分总共只有五个条文，即第 1382 条至第 1386 条①。从这部分可以看出，法国"侵权行为"一般条款中所规定的构成要件仅包括过错、因果关系和损害，除此之外，他们认为不需要任何法律条文来规定个人不当行为的责任。并且条文表述中均未出现"权利"或"利益"字眼。两个条文有意使用这种宽泛性表述，目的是不将法律保护或侵权赔偿限于对法定权利的侵害，而是将法律应当保护的利益也纳入考虑。因此这给《法国民法典》的保护范围留下了过分广阔的解释空间，包括权利和利益，并且侵犯二者的构成要件是相同的。实际上，《法国民法典》的一般条款过于抽象，仅能作为一条指导原则，很难在具体实践中直接成为法官审判案件时所参考的法律规范。这种过于模糊的考虑因素，难免在司法实践中产生适用混乱的问题，于是法国的法官们常常会通过限缩对于具体构成要件的解释含义等方法，实质上造成了并非所有的民事权益都能平等地受到法国侵权法的保护之现状。例如，在认定纯粹经济利益损失的赔偿时，在具体案件中通过限缩解释"可赔偿的损害"概念，提高对于"过错"的认定标准并且弹性认定因果关系等方式，对具体情况进行具体分析，并非一概而论。

由此可见，在法国侵权法中，虽然在立法模式中选择对所有民事权益不区分要件的等同保护模式，但基于其国情，在司法实践中也对相关法条进行了相应的调整性适用，主要是通过对构成要件的适应性解释与概念限制、创设适用规则等方式在司法中体现出区分保护

---

① 《法国民法典》，罗结珍译，北京大学出版社 2010 年版，第 351－352 页。

的思想与现实。

（三）我国保护民事权益之不同倾向

在立法选择法国模式的背景下，我国司法实践对于此问题的解决方式却产生了偏差。因此无论是在法律编纂过程中还是法典出台后，有关权利和利益是否应当区分保护的争论从未停止，法官未放弃对于保护民事权益的不同考虑，理论界也未因为立法层面选择了权益等同保护说就放弃对权益区分保护说的讨论。

1. 立法选择等同保护模式

从侵权责任的立法演变和立法现状来看，来源于对法国模式的借鉴，我国采取的一直是权利与利益的等同保护模式。法国模式中侵权责任的保护范围，不限于权利，具有高度的浓缩性，通过这样的模式，意图在立法层面实现全面保护生活中出现的各种权益，这一初衷是值得肯定的。

制定我国《侵权责任法》的主要负责人王胜明就非常认可权益等同保护模式，他认为既然权利与利益无法被明确区分开，那么不区分保护民事权利与民事利益是更现实的选择①。同时，《民法典》第1165条第1款是侵权责任的一般条款，采取"民事权益"的表述，规定了除特殊侵权类型外，只要符合法定构成要件，就应当承担民事侵权责任。由此，从字面上理解，"民事权益"的范围应指《民法典》中涉及的所有"民事权益"，包括权利和利益。可以说，立法者仍希望该条款发挥全面的保护作用，无论是《侵权责任法》还是《民法典》，都不曾改变这种立法目的。

2. 司法倾向区分保护模式

无论目前在立法上还是形式上是如何确立"权利"与"利益"的同等保护地位，从我国司法实践来看，两者并没有受到同等保护，司

---

① 王胜明：《中华人民共和国侵权责任法解读》，中国法制出版社2010年版，第10页。

法实践中倾向于区分保护,法官也非常注意区分权利和利益,并以此确定相应不同的民事责任。

一是等同保护存在局限性。有学者利用一些典型案例,展现了权利与利益不区分保护模式处理实践问题的局限性。① 因为受到侵犯的客体可能实际上并无相对应的权利类型,而仅为一种利益状态,法无明文规定,这时等同保护模式下无法明确应被保护的利益范围。二是目前对于具体案件的处理方式已经呈现倾向于德国模式的特点。例如,冉某与任某、罗某侵权责任纠纷一案②中,法院认为任某的行为有违社会公序良俗,给冉某造成了一定程度上的纯粹经济损失,应依法承担相应的侵权损害赔偿责任。这种论证方式恰恰符合《德国民法典》中明确的在故意违反善良风俗致人损害时,加害人具有主观恶意,故对纯粹经济损失应当予以赔偿的模式。三是在司法实践中,根据法益类型要求对不同事项进行举证是必然的选择,区分保护模式更能适应证明不同权益被侵犯所需要不同证据的现实需求。例如,对姓名权的保护只需要证明自身与姓名之间的特定联系,而保护姓名"商品化权益"中原告不但要举证证明自己使用某一姓名,自身与姓名之间的特定联系,还要证明"有一定影响"的知名度③。显然,如果不采用区分保护模式,法院无法对有差别的举证事项作出合理解释。

总之,权益等同保护说和区分保护说,无论是在域外立法实践中还是国内现实中,都各有支撑。但是,一方面,各国在实践中都倾向采用权益区分保护方式处理具体案件,即使他们的法律背景各不相同。另一方面,在我国民法理论界,立法例选择等同保护模式虽然有

---

① 陈现杰:《〈侵权责任法〉一般条款中的违法性判断要件》,《法律适用》2010 年第 7 期。
② 重庆市武隆区人民法院民事判决书(2022)渝 0156 民初 1999 号。
③ 孙山:《〈民法典〉对"利益"保护的法理建构——逻辑基础、实现路径与实现方式》,《北方法学》2022 年第 2 期。

一定道理,但该模式仍有其固有弊端。所以采取权利区分保护才能更好地规范侵权责任法的保护范围,完善我国民事侵权法律制度。

三、民事权益区分保护的正当性

随着经济水平的发展、国际社会的融合,生活中出现了越来越多不同性质和类型的新型权益。当这种新型权益遭受侵害时,受害人试图为其披上"权利"外衣以恢复自己的经济利益。而由于立法层面、司法实践中均未对民事利益的保护形成统一识别遴选机制,因此迸发出许多非法定权利,导致"权利爆炸",而这种非官方权利并没有合理的保护机制。这是与概括保护民事权益的立法目的背道而驰的,不利于公众进行正常的民事活动。而在立法中区分权利与利益并给予不同的侵权要件标准,不仅是出于维护民事主体行为自由的需要,也是等同保护模式自身的弊端、国外经验的铺垫以及在我国出台《民法典》背景下实行的必要性所决定的。

(一)等同保护模式的理论基础不牢靠

等同保护说的赞同者大多认为,权利与利益无法区分,与契约责任的保护范围应作同样的考量。[1] 还可以对权利与权益进行较为全面的保护。的确,该学说有着自身的优势。但总体来说,该学说的理论观点也有许多与我国民法内在体系并不相符之处,值得商榷。

其一,权利的本质不是利益,权利只是保护利益的工具之一。[2] 众所周知,权利概念不是自始就存在的,是个人主义的产物,权利的基础是精神,它的确定地位和出发点实际上来自对尊重每个人的自由意志,这暗示着存在某种使私有物品变成社会物品的途径。由此可知,法律的确实是为了保护个人的、集体的乃至国家的利益,但是法律保护利益并不是只通过设定为一方权利这一种方式,国家还可

① 方新军:《权益区分保护的合理性证明——〈侵权责任法〉第6条第一款的解释论前提》,《清华法学》2013年第1期。
② 方新军:《侵权责任利益保护的解释论》,法律出版社2021年版,第88页。

以从义务层面规定民事主体不得随意侵犯他人利益①。也就是说，利益是目的，而权利只是维护利益的手段之一，二者不能混淆，等同保护论的这一观点是不合理的。

其二，契约责任的保护范围与侵权责任的保护范围并不能等同看待，二者的责任基础和保护范围存在本质上的不同。契约责任属于意定之债，是当事人意思自治的结果；而侵权责任属于法定之债，是因为违反了法律而应得的惩罚。以纯粹经济利益损失为例，在契约法中原则上可以得到必要的保护，这既是遵循契约双方当事人意思自治之结果，也因为合同主体是特定的、可预见的，不会给行为人造成不可承受的后果。然而，在侵权责任领域中纯粹经济损失很少得到赔付②。二者的归责原则也不相同。契约责任是对约定义务的违反，实际中适用的是过错推定原则，而侵权责任是对法定义务的违反，原则上适用过错原则。因为相比契约当事人的高度熟悉，侵权责任当事人可以说是完全陌生的两个人。

总之，既然对于纯粹经济利益、归责原则在契约法和侵权法上的规定都不一致，那要求侵权责任法也必须像契约法一样等同保护权利和利益似乎也是不合理的。因此权益等同保护说有其固有弊端，理论基础并不牢固。在侵权责任领域对权利和利益进行区分保护是民事权益范围的不确定性导致的，是一种必然的、合理的选择。

（二）对不同权益区分保护是各国共识

众所周知，目前各国在立法中对权益区分保护的态度明显不同，既有德国直接在民法典中规定对于权利和利益适用不同侵权要件标准，也有法国在立法例中采取权益等同保护的概括立法模式，还有国

---

① 方新军：《权益区分保护的合理性证明——〈侵权责任法〉第 6 条第一款的解释论前提》，《清华法学》2013 年第 1 期。

② 汪义双：《略论权益区分保护模式在侵权责任中的适用》，《邯郸职业技术学院学报》2020 年第 4 期。

家在立法层面回避了是否明确区分保护权益的问题,如英美法系国家,出于判例法的特点,未在立法层面明确这一问题,而是在司法实践中对民事权益的构成要件予以个案认定。

不论立法例是如何规定的,各国在司法中均出现了实质性的权益区分保护现状。德国直接在民法典中进行区分规定的立法模式不仅得到了日本的效仿,此种模式也在欧洲的立法层面得到了进一步发展,《欧洲示范民法典草案》与《欧洲侵权责任法原则》最大的进步就是引入动态系统论,详细区分了不同民事权益的位阶,并以不同的侵权构成要件匹配不同性质的民事权益,达到区分保护的目的。在英美法系国家中进行个案认定时,明确对侵犯不同类型的权益予以不同构成要件的限制。法国在立法上采取对民事权益等同保护的概括态度,但由于现实案件错综复杂,为了避免法律确定的过错责任一般原则可能导致实际运用中的含糊不清,他们在司法实践中不断变化对于"过错""损害""因果关系"等构成要件的概念解释,来避免对抽象概况的立法例进行无边无际的解释,因此,在实质上也造成了区分保护的现状。

因此,从各国司法实践中可以看出,尽管在立法上对于民事权益保护的态度不同,实质上蕴含了权益区分保护的思想,对民事权益进行区分保护并不是德国模式特有的,而是已经成为世界各国的共识,只不过实现这一目标的立法技术不尽相同。

(三)权益区分保护方式弥补法律漏洞

从立法层面来看,我国《民法典》第 1165 条第 1 款将民事侵权责任保护的客体范围包括了权利和利益。如果严格秉持法条形式主义,用文义解释来解读其内涵:只要当事人主张他人损害了自己的权益,造成了精神或者物质层面的损失,而被告又存在过错,原则上都应该构成侵权。但是这种结论明显过于主观,过分保护了潜在受害人的利益,缺乏合理性。这种过于宽泛的解释说明,使得该条款存在法律漏洞。对于这种隐藏的漏洞，从法理学法律漏洞的填补方法看，应当通过目的论限缩方式予以填补。

本文赞同于飞教授提出的实质区分法，以实质区分法为标准对该款进行权益范围的限缩排除。其认为德国权益区分保护的本质不是区分"绝对权"还是"其他利益"，也不以是否有"××权"为名来区分形式上的"权利"与"利益"，而是判断民事利益是否符合"排除效能""归属效能"与"社会典型公开性"这三项标准，若符合，则可以通过"权利"这个工具来救济该项利益；若不符合，在受侵害后则必须满足"故意违背善良风俗"或者"违反保护性法律"之要件才可得到侵权法的保护。[1]这个标准直接回答了哪些利益应该受到法律的保护，即限缩排除的情形包括：(1)行为人因过失或故意损害他人权益，并且权益符合"排除效能""归属效能"与"社会典型公开性"，属于权利范畴，但不具备完整的侵权要件，不承担侵权责任；(2)行为人因过失或故意损害他人权益，权益不符合"排除效能""归属效能"与"社会典型公开性"，并且不违背法定义务或者善良风俗，不需要承担侵权责任。

通过目的论限缩方法对该款的适用范围予以限制，可以合理地填补《民法典》第1165条第1款隐藏的法律漏洞，并正当可行地解释了权益区分保护模式在《民法典》中的适用，因为这种解释论的底层逻辑就是认为权利与利益是相对独立的，蕴含着对权利和利益区分保护的思考方式。对权益进行区分保护应该成为我国《民法典》第1165条第1款的解释论前提。

四、民事权益的区分及保护路径

这种实质区分方法，不仅可以明确民事权益的范围，更重要的是，意识到了权益区分保护应当根据实质标准进行判断，而非是否有着"权利"之名，并且提出了"权利"和"利益"的区分标准。并且德国

---

[1] 于飞：《权利与利益区分保护的侵权法体系之研究》，法律出版社2012年版，第79页。

的三项教义学标准之目的就是避免法律适用的不统一,认为民事主体的行为标准必须明确规定,最大限度地保障行为自由不会突然受到侵害或是不合理的干预。具体而言,在设置侵权法规则时,可以从民事权益的功能着眼考虑,从可预见性和本身价值出发,将民事权益分为三类。下文将针对各类民事权益进行类型区分,试图构建侵权中民事权益区分保护具体制度。

(一)对界限明确的权利采取原则保护的态度

对于高社会典型公开性、高价值位阶权益,直接适用侵权责任构成要件,只要符合侵权构成要件则进行保护。在法律明确规定的权利中,如财产权、生命健康权等界限明晰的法定权利、法律明确规定保护的利益、法律明文规定的赔偿事项。由于其在立法层面有完整的行为模式和法律效果,除非存在法定违法性阻却事由或者出于对公共利益的发展,否则原则上这些权利在受到侵害后,只要符合一般侵权责任的构成要件,都应当受到侵权责任法全面的保护,因为此时行为人对其要侵犯的民事权益有较为清晰的认知。那么,法官对侵害这些权利的情形应当适用构成要件,严格限制和减少法官在认定侵权中的自由裁量。

(二)对低公开性、高价值的权益采取动态保护的态度

低社会典型公开性、高价值位阶权益,这些权益得到了法律的形式保护,即将其规定为权利,但是该权益存在界限不明的固有特点,例如,精神性人格权(肖像权、名誉权、隐私权等)、一般人格权等,以及高社会价值但是具体内涵不明晰的利益,即以朴素正义感支撑的,但是在法律适用中有困难的利益,如生育权。应当运用动态系统论综合考量多种因素。动态系统论在《民法典》中已经得到了运用,如第 998 条、第 999 条等,这表明立法技术的发展与社会具体阶段和谐衔接具有现实可能性。

在具体适用时,由于这部分民事利益内容不甚清晰,因此行为人对

加害行为造成的损害的可预见性较低，故不能如高社会典型公开性、高价值位阶权益一般在责任认定时直接套用现有构成要件及法律后果。

与传统构成要件论不同的是，动态系统论的立法原理并不只有当构成要件全部具备时才会发生效果，而是引导法官在具体审判时对所有因素进行考量。由于民事权益本身的模糊性，以及当事人固有的道德观念和法律规范的冲突，我们对于权益的考虑不应使用传统的"全有或全无"理念。我们可以借鉴奥地利学者瓦尔特·维尔伯格提出的动态系统论，其以法律价值判断或法律评价的合理性为基础。简单来说，该系统论是在判断责任时，将在某一法律领域发挥作用的要素确定下来，通过与诸要素的数量和强度相对应的协调动作来说明、正当化法律规范或者法律效果。这实际上是一种在量上分层的认定方法。动态系统论可以在一定程度上打破概念法学的僵硬性，又不至于像自由法学那样随意。

因此，处理这类权益时需要运用动态系统论来针对性地确定不同类型案件的法律后果，《欧洲侵权责任法原则》第 2 条第 102 款规定的受保护利益的范围就提供了很好的思路。在认定某民事利益是否可赔偿时，需要考量多种因素，包括归责基础、因果关系、潜在请求人的数量和确定性、公共利益、当事人之间的关系等，法官在判断具体案件时应综合权衡这些考量因素，最终也许不会采纳该因素，但是法条中列出因素均是重要因素，不可忽视，不论是否采纳必须进行充分说理论述。最重要的是，这些因素之间不是传统的全有或者全无的关系，而是突出责任认定中综合所有因素的弹性把握。最后，所要考量的因素范围不应该为法条所局限，应当根据不同案件的特点，对于社会的影响等要素进行补充。

（三）对低价值的利益采取原则不予保护的态度

低社会典型公开性、低价值位阶权益主要指边界不清并且价值位阶不高的民事利益，如纯粹经济损失，在世界范围内还未形成统一概念且赔偿数额相差甚远。因此,对于纯粹经济损失,各国对其原则上均采取不予赔付的态度,主要因为其本身有太多的不可控因素,行为人在事前无法对于其损害后果和赔偿结果做出预见,可能产生难以估量的赔偿权利人和财产损失。在解决纯粹经济利益纠纷时,如果不对此加以限制,就会打开诉讼的闸门,导致"诉讼爆炸",造成司法资源的浪费。并且对于行为人是极其不合理的,其一项行为可能会导致不对等的赔偿责任。但是,随着社会的发展,越来越多的国家意识到作为民事利益的纯粹经济损失,当其范围可控、因果关系密切时,应受到侵权法的有限保护。此种有限性主要体现在:当事人之间的联系越密切,纯粹经济损失责任越容易被接受;侵权人故意实施侵权行为的,比过失侵权情形更可能得到赔偿,等等。

总之,通过对一项权益的社会典型公开性和价值位阶的判断,来决定行为人的可预见性,从而决定侵权法对于此项权益提供何种程度的保护。并借鉴《民法典》第998条的立法规范技术,采用构成要件结合各因素弹性考量的方式,引入动态系统论,可以更合理地保护受害人的合法权益。但是仍需要结合具体的案件进行考量,尤其是已经有完整规范的民事权利,应当在尊重法条的基础上首先适用民事侵权责任构成要件的判断标准。

结 语

在侵权责任法中对权利和利益的保护模式进行区分,是弥补《民法典》的缺陷或者填补《民法典》的漏洞的重要路径,平衡了社会利益与行为自由。可以说,权益区分保护模式在侵权责任中的适用,不仅满足当前的法学解释论,也可以此为基础引入动态系统论,既丰富了侵权法的现有框架,又有利于调动法官在案件中的能动性,具体问题具体分析,进一步展现法律的适用效果。

后民法典时代环境法规法典化探析

刘秋妹①　　陈攀科②

一、环境法法典化的意义

（一）法典化是对传统的继承与发展

虽然我国官方将我国所属法系定义为社会主义法系,但是按照历史观点和传统倾向来看,我国的历史传统和大陆法系是极其相似的,有编纂法典的倾向,这一精神和习惯已经贯彻融入各大部门法体系之中。

传统的法典编纂为环境法法典化提供了丰富的经验和技术。自秦朝以来,我国历朝历代都有编纂法典的传统,几千年来的法典编纂经验为我国环境法法典化提供了技术支持。从春秋战国时期的《法经》,到秦朝的《秦律》、汉朝的《九章律》、唐朝的《唐律》,再到后来的《大清律例》等,不论朝代怎样更迭,法典的编纂始终未停止。这些法典编纂的宝贵经验,是供我国当前学者参考和借鉴的宝贵财富。这一传统和精神乃至传承到新中国成立以后,到当代,我国也相继进行了多部法典的编纂。《宪法》《刑法》《民法》等多部法典被陆续编纂

---

①　刘秋妹,天津商业大学法学院讲师,博士。
②　陈攀科,天津商业大学法学院硕士研究生。

出来,虽然我国《宪法》和《刑法》没有直接用"法典"来命名,但实质上都是采用了法典的形式。

（二）法典化有其可行性和必须性

作为上层建筑的法律归根结底要受到社会物质生活条件的制约,即政治条件、经济条件、对法典的需求等,这些条件都在制约着法典的产生与出现,环境法典也不例外,其可行性主要集中于法律规范基础、理论基础、制度基础和法治意识基础。

首先,一部优良的法典成果离不开作为基础的一系列同类法律规范,也即有一定数量的环境法法律规范,而环境法涉及大众生活的方方面面,如矿藏、水流、林地等领域,虽然还有一些领域体现出规范文件方面的不足,但由于庞大环境领域的基数,总体性法律规范数量还是相当可观的。从发展的眼光来看,我国的环境法基本上是从近几十年来才有比较长足的发展,所以很大一部分环境法法律规范依旧顺应社会发展程度和水平,故这些法律规范能够构成环境法法典的规范基础。

其次,环境法法学界具备相当程度的理论基础与储备。法律具有滞后性和语义歧义等局限性,很多实际性法律问题可能无法从环境法乃至环境法典的具体制度中寻得答案,这时作为非正式法律渊源的法学理论就能起到填补漏洞的功效,可以进一步弥补法律的局限性,确保环境法典更好地实施;也能于实务中发现环境法典与现实生活不相匹配之处,确保环境法典的变更顺应社会的发展。

再次,一般认为,法典即是法律在形式方面的最高阶段,如此重要的立法活动当然需要足够权威的国家机关来保证实施。在国外是由作为立法机关的议会以及其他立法机关来通过,以确保其权威性;在我国,则由作为最高立法机关的全国人民代表大会来通过,确保环境法典具有相应的权威性和基本法的地位,由全国人民代表大会的专门委员会进行事前评估,由人民代表进行草案投票,确保其具有相应的科学性和民主性。

最后，法律的实施还要仰赖社会民众的认可，这一条件也集中体现了对法治意识的要求。没有社会基础的法典，没有民众认可的法典，无疑只是空中楼阁，只能存在于理论之上。诸如环境法典此种效力的法律，当是由由全国人民代表大会通过，其民主性毋庸置疑。而我国编纂法典的传统精神并非只影响了我国的法律人，而是伴随传统文化融入社会精神领域的方方面面。编纂一部环境法典与其说是考虑民众的接受，倒不如说是在回应民众对其的期待。

二、环境法典成型可能存在的问题

（一）内容失衡

我国的环境法发展起步较晚，直至 1989 年才制定颁布《中华人民共和国环境保护法》（以下简称《环境保护法》），而其反映的立法精神也只是在相对机械地重复《中华人民共和国宪法》（以下简称《宪法》）的有关内容，这一现象直到 2014 年新修订的《环境保护法》通过才有明朗地好转。通过几十年的发展，从广度方面来说，环境法相关法律制度已经覆盖了生活的各个领域，大体上没有立法空白，但是目光聚焦于法律条文之后就会发现，由于发展时间较短，相关制度出现了与现实脱钩的情况，并且由于社会的剧烈发展，一些制度也存在和社会脱节的现象。很多制度的可操作性不强。这就导致未来法典化之后篇章体例内容可能不够翔实。

这几十年的发展历程中，我们制定的有关环境的法律制度都是围绕"生活环境"的调节来制定的，"生态保护"方面受到的重视不足，这就导致了一个很严重的问题，污染防治法得到了长足的发展，而自然资源管理法和生态保护法无论是数量上还是发展水平方面都有所不足。不过国家近些年已经意识到这方面的问题，立法重心开始有所倾斜。整体来说，内容还是有些失衡偏颇。

（二）法典内部协调性与外部协调性有待融合

社会问题往往是复杂的，需要多个法律部门介入才可以解决。

环境法典自然也要考虑与其他法律的交叉适用问题。环境法典提供综合环境监管法律体系的逻辑规则,使得法律原则和法律规则在环境领域中完成交融,形成内外部独特的法典化的法律形式。从外部角度来,法律对环境问题的回应需要结合公法、私法、实体法和程序法各方面的理论和实践总结。诸多部门法中都存在着环境法律规范,以应对不同的环境问题,同既存的环境法律法规在与民事、行政、刑事等不同的法律规范中相交织。与此同时,环境法作为新兴的法律部门,起源于传统的法律学科,与传统的法律学科有着密切的联系并表现出高度的一致性。一方面,在生态文明建设的指导下,《中华人民共和国民法典》(以下简称《民法典》)在物权、合同等方面完善了环境侵权制度。但在环境法典的编纂过程中,环境侵权与管理制度是否应该包括在环境立法中,以及如何在未来保持民法制度的配套衔接仍需要进一步探究。而通过环境法与民法的衔接实施,积累经验,将成功的例子推广适用,可更好地维持相关法律部门的外部协调性。另一方面,我国不同环境法律制度发展程度是不一样的,这不仅导致具体适用层面的差异,在环境法典编纂的背景下,其协调性也出现了不匹配的情况。这一情况往往很难从制度层面察觉到,大多数皆是具体问题。同时,这三部分法律还存在着交叉、重叠、矛盾等情况,这就使本就不协调的实践运用更加难上加难。所有接下来不仅要考虑立法数量问题,还要在立法时掺入长足的考虑,进一步弱化协调性差异问题。

(三)环境权理论不足

所谓环境权,是自然人享有适宜自身生存和发展的具有良好生态功能环境的法律权利。其内涵主要包括:环境权的唯一客体是"环境生态功能";环境权的内容不包含使用环境容量的权利;环境权主体限于自然人,不包括国家、组织和非人自然物;环境参与权是环境权的核心权能。① 环境权利和环境义务作为环境法律规范的核心内容，通过赋予社会主体权利，以明确何种环境利用行为是正当且受法律保护的，并设定相应的环境义务，指明相关主体在法律上应为、必为与禁为的行为。法所调整的社会关系是以权利和义务为机制，并体现于法律现象中具有逻辑联系的各个环节、法律的一切部门和法律运行的全过程。但是当代中国法学理论内核是权利义务理论，在法律运行环节，各方法律主体几乎意识不到环境权这一基础法律概念，忽视权利自然也会将应负义务一并忽视，故环境问题频发。同时人民群众意识不到维权基础，进而导致积极性丧失。环境问题不是一个存粹的私法问题，也不是一个存粹的公法问题，环境问题和人民群众的生活息息相关，与人民群众的切实人身利益绑在一起，但是环境问题的解决主要靠公权力的介入，通过公权力协调或者处罚来解决。《环境保护法》第六条规定："一切单位和个人都有保护环境的义务，并有权对污染和破坏环境的单位和个人进行检举和控告。"虽然其规定了人民群众参与环境保护的相关制度，但是实际上人民群众参与程度仍然比较低，加之大多数民众对主动通过法律手段来保护生态环境的意识不甚强烈，这就导致《环境保护法》中有关规定的实际操作性并不强。值得一提的是，《民法典》通过设定绿色条款，于私法中规制公民的环境保护义务，使公民的切身利益与环境保护联系在一起，不但可以从民法角度与相关环境保护法律制度衔接并用，更可以从法律角度进行公民环境法律意识的培养。

三、环境法典编纂方式与体系内容浅述

（一）编纂方式

法典的编纂方式多种多样，对于环境法典而言，情况稍显特殊，编纂方式大概分为两类，其一为"完全法典化"编纂模式，其二为"适

---

① 邹雄：《生态法治需以"环境权"为理论基石》，《中国环境监察》2023 年第 1 期。

度法典化"编纂模式。前者即将所有的环境权的行使,包括实体意义上的权利和程序意义上的事项,均由一部法典加以统筹,不再并行其他法规。而后者立法名称上采用了生态环境法典的名称,但是在法律文件的选择方面以单行法律为主,辅以行政法规和个别规章。

经过各方的广泛探析后,现在基本上达成了较为统一的意见,即环境法典要适度法典化。其理论关键在于编纂法典时,在现有法律规范的基础之上,先采取一定程度的法典化,通过具体实行,运用实践经验来为下一环节奠定实践基础,此种法典化形式具备开放性,没有死板严苛的绝对形式,追求环境法典体系的稳定与和谐。

(二)总则部分内容

环境法典创制体例应当如何构思,理论界与实务界观点层出且未能达成一致。从总体上来看,环境法典由总则加分则的框架体例构成基本上没有异议。① 其内容应当具备稳定性以及一定的前瞻性,满足社会发展的需要。考虑到我国相关环境法律规范的现实情况,以及其他部门法的立法经验总结,我国环境法典的体例应该采用"总则—分则"的体例形式。

作为基本法律的环境法典,自然要以我国的根本大法,即《中华人民共和国宪法》(以下简称《宪法》)中关于环境保护的相关国策为指导精神来制定。其中《宪法》第二十六条规定:"国家保护和改善生活环境和生态环境,防治污染和其他公害。"如果运用文义解释的方法对现行《宪法》这一条进行解释的话,似乎"生活环境""生态环境""防治污染""其他公害"四个词语是并列的,其内容是不包含彼此内涵的。撇开"防治污染"和"其他公害"的内涵不谈,其中"生活环境"意指人类生活环境,保护生活环境即通过治理污染,避免破坏来维护安宁和谐的正常生活秩序,"生态环境"则是与人类生活相对

---

① 李小强:《环境法典的创制与构思》,《贵州大学学报》2022 年第 3 期。

遥远的"自然环境"，其保护指涉污染防治之外的"生态保护"，如动植物生态保护，而入选 2021 年推动法治建设十大案件之一的"绿孔雀案"便体现了这方面的精神，其内涵似乎也与"生活环境"割裂开来。若是按照这种理解，环境法相关法律规范似乎也应该按照这种体例划分。

但当我们把目光放到过去，去追溯环境法的发展史时，可以发现 1989 年制定的《环境保护法》在立法目的条款中也沿用了《宪法》的表达方式，并将重心置于"生活环境"的保护，具体规则以污染防治为主而鲜有生态保护的内容。党的十八大以后，生态文明理念的提出使情况悄然发生了变化。生态文明理念要求人与自然、人与人、人与社会和谐共生、良性循环、全面发展、持续繁荣。这也在官方的理论中对《宪法》第二十六条所表达的内涵做了进一步扩充，使二者的内涵不再割裂，而是有了融合的趋势。2014 年的《环境保护法》将"生活环境和生态环境"融合为"环境"，便是对这一理论内涵的最好回应。2018 年的《宪法修正案》虽然还是保留了"生活环境和生态环境"的表述，但是序言中扩充了"生态文明"理念的相关内容，使第二十六条的"生态环境"与"生活环境"的关系从对立转变为包含。

作为一部法典的总则编，其内容应当能够起到统御分则的作用，参考我国《中华人民共和国刑法》（以下简称《刑法》）和《民法典》的总则部分，无不规定了一些基础性和原则性的制度与内容，起到协调分则相关制度的作用。私以为，环境法典也应当如此，其总则部分应当具备高度的总结性与归纳性。内容上首先应当规定如可持续发展原则之类的一系列环境法基本原则，对具体环境法制度起到辅助理解和填补漏洞的功效。其次，应当包括一些具有普遍适用性的环境标准，规定相关权利义务关系人的基本权利与义务。最后，参考《民法典》的"绿色原则"的相关规定，环境法也将面临与其他相关部门法交叉适用的可能性，则环境法也应当于总则部分规定具有概括性内容的制度和条款，使得法官在具体适用时可以充分发挥自由裁量权。

较为普遍的观点为此章首先应当包括三个基本原则,即保护优先原则、预防为主原则以及公众参与原则。其中保护优先原则的广泛意义在于规制公权力机关,也即主要是指政府在寻求经济发展时,不能以牺牲环境换经济,保护环境和发展经济同样具备正当性,将绿水青山放在首位,并且在发展经济时始终关注是否侵害了生态环境。其次的意义在于告诫私主体,如公司或者诸如合伙企业、个体户等主体在生产发展时也要权衡发展与环境的分量,在注重保护环境的情况下寻求发展。这一项基本国策也于《宪法》第二十六条中得到了确认。预防为主原则主要体现的是一种思想理念,将对环境的破坏消灭在萌芽之中,和民事法律关系主要采取的事后"填坑式"补救不同,环境法律更多要体现控制和预防的理念,此项原则就能提出一种事先预防的手段,而不单靠法律责任作为威慑。同时这种理念于我国的环境之下不免容易引出公权力介入干预的问题,具体体现为公权力合理干预有效预防环境问题发生和过度干预引发一系列后果,因此这方面倾向于确立为原则性规范,具体问题具体分析,而不是作出绝对化的解释。公众参与原则更多体现的是公众对政府有关环境决策的监督和批评。此原则释明了公众有权获知环境信息,有权参与环境决策,对于和自身切身利益有现实直接联系的决定,甚至应当有些更重要的决定权而不只是参与决策内容。此项原则更多的意义是推动政府决策信息更加透明化,其内涵在世界各地大致相同。当然,一部成熟的环境法典所包含的原则不只是这几个,但由于环境法基本原则体系是选择而不是构建的结果①,在编纂环境法典时,更多应当考虑各项原则的相互融通性,填充内在价值导向。

在布局总则编时不应忽视对环境权理论的探究以及在环境法律

---

① 曹炜:《环境法典基本条款构建研究》,《中国法学》2022 年第 6 期。

规范下对环境权利与义务设置的紧密联系。其一方面具有实质意义上的理论内容，另一方面还具有抽象意义上普通民众对环境相关权利义务的重视意识，前文所指环境权理论不足之问题更多意指普通民众相关环境法治意识的不足。这种不足虽然是一种抽象，但是确实存在主观能动性的不足，并且这种不足在未来很长一段时间内都会存在下去。所以对于环境法典编纂过程中所出现的环境权理论不足的问题，制度层面应当汲取理论精华，在环境法典的谋篇布局中以合理构建权利义务架构的方式体现出来。意识层面应当通过环境法典的编纂大力推广环境法律制度的普法宣传教育，使得法治的精神深入人心，避免某些条款沦落为"僵尸条款"。还应当将这种教育与实践相结合，提高执法机关的治理水平，执法与守法之间相辅相成，互相促进。

（三）分则部分内容

我国环境法经过了四十多年的发展，已经形成了一个以环境保护基本法（亦即《环境法保护法》）为统帅，以污染防治领域、资源利用领域和生态保护领域为主干，以多个单行环境法律为补充的环境法律规范体系。截至目前，我国环境保护法律体系共有有效法律 26 部，行政法规 60 余部，地方性法规、部门规章和政府规章 600 多部，国家环境标准 1200 多项，总体来说硕果丰盈。① 但是正如前文所述，我们制定的有关环境法律制度都是围绕对"生活环境"的调节来制定，相对来说"生态保护"方面不受重视一些。整体的立法重点存在偏颇。而这种问题就对于以后的环境立法提出了更高层次的要求，不过好在随着理论研究学习的深入，我国的立法机关已经意识到这方面的问题，这种偏颇正逐渐得到纠正。再者，环境法典的编纂对立法文件提出了更高的要求，这就导致短时间内不会出现一部像《民法典》那样体系完备、内容充实的环境法典，这也给环境法律文件的积

---

① 吕忠梅：《中国环境立法法典化模式选择及其展开》，《东方法学》2021 年第 6 期。

累与发展留出了时间,内容失衡的问题会逐渐得到改善。

随着环境法对"生活环境""生态环境"内涵界定的丰富,环境法规的立法重心开始从污染防治逐渐向生态保护倾斜。环境法涉足的领域极广,各个领域都能看到环境法相关法律规范的身影,概括来讲,其主要包括三大类型。第一类是污染防治法,包括《中华人民共和国大气污染防治法》《中华人民共和国水污染防治法》《中华人民共和国土壤污染防治法》《中华人民共和国固体废物污染环境防治法》等污染防治立法;二是自然资源管理和保护法,如《中华人民共和国水法》《中华人民共和国森林法》等;三是生态保护法,诸如《中华人民共和国水土保持法》《中华人民共和国防沙治沙法》《中华人民共和国自然保护区条例》等生态保护立法等。这三者属于环境法内部结构的组成部分。

环境法典的分则由几部分构成众说纷纭。具体而言,环境法典分则的构成有一部分说、二部分说、三部分说、四部分说、五部分说等不同的观点。不能说哪种观点占据绝对的上风,但私认为三部分说更具有代表性一些,当然三部分说中也是众说纷纭,有各种看法。私认为,环境法典分则应当由三个部分构成,包括污染防治法、自然资源法和生态保护法。其分为三部分篇章,污染防治篇即应当包括大气污染防治、水污染防治、土壤污染防治等相关内容。而自然资源管理和保护篇应当包括对水资源、矿产资源、森林资源、动植物资源的保护与管理制度。生态保护篇应当包含避免水土流失的保护、沙漠化的保护,以及自然保护区等生态领域的保护制度内容。其他环境法律如《中华人民共和国环境保护税法》等可以单行法的形式于环境法典之外实施。① 这种适度法典化模式下分则篇章内容的划分可在

---

① 杜群、丁宁:《环境法法典化中自然资源法的定位与展开》,《北京航空航天大学学报》2022 年第 3 期。

一定程度上消除各领域的环境法律制度糅合在一起的阻塞感，对于增强环境法典的内部协调性也是大有裨益。

无论是环境法典分则还是特殊单行法，其中不可避免地要合理设立违反各种制度的法律责任，而对于与其他部门法并行适用的协调性方面，合理设置法律责任就是关键的钥匙之一。这个问题可以从以下几个方面考虑：一是各部门法法律责任聚合时应当考虑顺序层级问题，私以为应当按照法律主体的性质来判断，因为环境法兼具公法与私法的性质，其法律主体不可能像民法那样具有纯粹的私主体性质，所以环境责任承担顺位应排在私主体之后，也就是说民事责任优先。而刑法之中也会规定诸多环境刑事责任，刑法要保持应有的谦抑性，最后追究法律主体的刑事环境责任（这里并非指的是司法实际判决时所承担整体法律责任的顺序，只是一种抽象意义上法律责任聚合时承担顺序的讨论，如考虑到侵权人经济条件不允许，究竟是先行赔付民事责任还是先履行行政处罚的罚款）。二是处罚的范围划分，从性质上来说，环境责任很大程度上倾向于行政责任，大多数环境责任也是由行政执法机关作出。所以其范围应当与行政责任保持一致。对于环境损害造成的私主体赔偿问题，由民法的侵权责任来加以解决，而严重侵害法益的环境破坏行为由刑法具体规定应承担的限制人身自由等刑事责任。对于环境侵权行为对公共社会利益所造成的损害则应当由环境法律作出具体规定，如对所破坏的生态环境的恢复，行政机关对于紧急环境污染的代履行行为，这种细致且涉及与法学以外学科的交叉问题，则由环境法规定更为合适。

当然，有很多环境法律规范其实体现于《刑法》《民法典》等各个部门法中，如滥伐林木罪，但此处讨论的是作为狭义环境法律规范的环境法典的体例篇章，故这些广义上的环境法渊源不在本文的讨论范围之内。

执行异议程序审查标准研究

——以离婚财产分割协议为切入点

娄　超① 高　超②

一、问题的提出

近年来,随着我国离婚率高居不下,引发了关于离婚的一系列问题。在离婚协议中夫妻双方有关财产分配问题的约定是否能够对抗案外人的执行这一问题上,物权说、债权说和物权期待权说相互抗衡;在司法实务界,虽然有最高院案例的指引,但也出现了很多"同案不同判"的情况。

最高人民法院处理此类案件首先是否定物权效力的,其次考量案外人过错与其主张权利的性质、内容、形成时间和申请执行人的债权的效力,在权利位阶的理论下作出是否予以排除执行的判决和裁定。最高人民法院在"王某、钟某等股权转让纠纷、案外人执行异议之诉案"③和"钟某与中国民生银行股份有限公司北京分行、张某案外人执行异议纠纷案"④中,都曾对离婚财产分割协议的排除执行作

---

① 娄超,天津商业大学法学院讲师,法学博士。
② 高超,天津商业大学法学院硕士研究生。
③ 最高人民法院民事判决书(2015)民一终字第 150 号。
④ 最高人民法院民事裁定书(2020)最高法民申 1912 号。

出过理论阐述。值得注意的是，即使最高人民法院对此类案件给出了自己的立场和判断，实践中地方法院处理此类问题仍然出现了不同的立场。

可见就此问题各审判机关在适用法律和运用裁判权过程中还缺乏统一性。

二、实践困境的原因分析

首先，诉讼法无法脱离实体法而独立存在，因此在审判实践中法院所持的观点会受到理论学说的影响，从而基于不同的观点做出不同的判决。其次，实践中并没有一套具体的关于在案外人申请排除执行时的要件审查标准，标准的不清晰需要法官发挥自由裁量权来弥补。再次，自由裁量权的存在决定了权利位阶理论的适用，权利位阶理论体现的是利益的优化配置，①该理论在实践中的运用不够充实。最后，被分割的房产常因各种原因未能变更登记，在出现案外人执行异议之诉时，无法明确产权的归属，以不动产登记簿记载直接推定实际权利人的做法欠妥。

（一）权利位阶理论的应用不充分

法院在实践中通常关注的是权利的有无，而对针对不同主体、具有不同内容的同一权利的位阶关注较少。虽然最高法处理离婚财产分割协议的异议之诉案件时将权利位阶理论纳入考量范畴，也有一些地方法院基于同样考量做出类似判决，但这在司法实践中仍然属于少数，更多的法院还是将目光置于权利有无的判断上。在无法可依的情况下在个案中适用权利位阶理论可以较好地调节各方利益，从而达到定纷止争的效果。需要在具体个案中通过对案涉利益的类型化后参照一般意义的权利位阶规则，结合案情进行综合考量。值得注意的是，即便在有法可依的情况下运用权利位阶理论依然不能

---

① 扈艳:《权利位阶的反思》,《石河子大学学报（哲学社会科学版）》2016 年第 4 期。

得出统一的解释,此时的没有结果也是一种结果,仍然要严格遵循先检索法律的步骤。①

（二）对案外人享有权利的性质的认识不一致

上述三则地方法院的案例可以透视出一个现象,即使多数法院都否定了离婚财产分割协议的物权变动效果,但是裁判结果仍有差异。不认可物权效力主要是因为我国采取的是"债权形式主义"的物权变动模式,该模式以登记作为物权变动的要件。纵观实践中的案件,"不发生物权变动"和"案外人享有债权请求权"两种审判观点占比相当,并且这两种观点可以在最高人民法院发布的公报中找到依据。② 同时,在认为案外人基于财产分割协议享有债权的情形下,又分化成两种审判思路,这两种思路在比较案外人权利和债权人权利的优先性后得出:一种思路认为债权具有平等性,案外人的债权并不比债权人的债权存在优先性;另一种思路认为基于稳定占有、形成时间早、指向特定等方面考量,可以得出案外人的债权具有优先性,并且债权的优先保护在我国已存在先例,所以案外人可以排除执行。所以说,法官基于不同的立场会对案外人基于离婚财产分割协议所享有的权利持不同立场。

（三）不动产登记制度带来的局限

执行金钱债权时需要以执行部门对债务人的确定为依据,然而由于实践中审执分离原理,执行部门无法对财产的真正权属进行实质性审查,只能依据形式标准判断某项财产是否是债务人的责任财产。具体到本文所论述的对房产的执行,该形式标准主要来源于不动产登记簿的记载。但不动产登记制度自实施以来带来了一些困

---

① 王崇华:《权利位阶在中国司法中的运用与克制》,《社会科学论坛（学术评论卷）》2009 年第 4 期。

② 钟某与王某、林某案外人执行异议纠纷案,载《最高人民法院公报》2016 年第 6 期;付某与吕某、刘某案外人执行异议之诉案,载《最高人民法院公报》2017 年第 3 期。

境,如何完善和应对不动产登记的复杂情况以及保护实际权利人的利益成为需要解决的问题。

不动产登记作为有公权力背书的公示方法,具有极高公信力的同时也使不动产的所有权状态确定下来,不动产登记簿也成为人们确定不动产归属的重要依据。不动产登记制度实施以后,我国虽在登记的很多方面都取得了长足的进步,但由于现实困境,诸如房产情况复杂、登记数量大等原因,不动产登记制度似乎并不如期待的那么理想,登记簿名实不符的情况时有发生。① 正是这种现实情况,使得原本为了加强不动产公示公信效果的设计初衷,变成了对不能进行变更登记的权利人的伤害。

三、离婚财产分割协议中的权利属性定位

目前学界对于离婚财产分割协议的效力探究主要存在三种观点,分别是物权说、债权说和期待权说。本文认为离婚财产分割协议具有的是债权效力,同时物权期待权理论对相关法律的完善具有参考意义。

（一）关于离婚财产分割协议的权属理论

持物权说的学者认为离婚财产分割协议与我国所独创的夫妻财产契约制度具有内容上的高度相似性,这些学者认为离婚财产分割协议在本质上是夫妻财产制契约的一种,因而可以依据夫妻财产制契约直接发生物权变动。夫妻财产约定即约定财产制,是指夫妻或者将要形成夫妻关系的男女双方,关于双方的财产关系采用哪一种夫妻财产制所订立的协议。② 离婚时的财产分割协议是在夫妻双方婚姻关系终结时对婚前共有财产的清算,本质上是对共有财产归属的约定。夫妻都以协议约定共有财产为各自所有,不能因为二者的

---

① 周春鸣:《离婚财产分割协议对房产的约定在民事执行中的效力》,《上海房地》2021 年第 7 期。
② 余延满:《亲属法原论》,法律出版社 2007 年版,第 287 页。

生效时间不同而忽视了内容的同质。① 基于法律行为发生的物权变动是债权形式主义物权变动规则的体现,适用于一般财产协议;离婚协议中关于财产分割的约定,虽然也是民事法律行为,但它不同于一般的财产协议,而是身份法上的财产协议,应适用《民法典》第 209 条但书的规定。②

持债权说的学者认为离婚财产分割协议既然属于民事法律行为,那么要想发生物权变动,应当严格遵守物权法定原则,按债权形式主义的规则适用《民法典》第 209 条的规定。债权理论反对将离婚财产分割协议与夫妻财产制契约视为同一物,认为二者仅在处理财产分配的问题上和附随义务上是相同的。夫妻财产制契约以身份关系的开始与持续为生效标志,是夫妻双方基于合意而对婚前财产和婚姻存续期间取得的财产的归属所作的安排;而离婚财产分割协议处理的是婚姻关系终止时对离婚后财产归属的确定,二者的生效时间和作用并不相同。夫妻财产制契约是为了维护婚姻关系缔结后的家庭和睦,避免因财产归属而产生纠纷;离婚财产分割协议是为了夫妻双方能够顺利结束婚姻关系。③ 夫妻财产制契约所约定的财产并不是特定的,在婚姻关系存续期间夫妻能够取得哪些财产也不是确定的,如果该协议只能产生债权效力会带来很多不便。④

物权期待权首见于德国民法,是物的受让人有成为物的所有权人的可能性,这种可能性也符合受让人的期待。持该学说的学者认为,由于买受人已经履行了部分合同义务,其目的在于获得完整的物

---

① 范李瑛:《论夫妻财产制契约所致的物权变动》,《山东社会科学》2016 年第 5 期。
② 熊玉梅:《离婚财产分割协议效力探究——以不动产执行异议之诉为视角》,《江西财经大学学报》2020 年第 2 期。
③ 贺剑:《夫妻财产法的精神——民法典夫妻共同债务和财产规则释论》,《法学》2020 年第 7 期。
④ 周春鸣:《离婚财产分割协议对房产的约定在民事执行中的效力》,《上海房地》2021 年第 7 期。

权,此时应该对买受人可取得完整物权的期待进行保护。此时买受人地位类似于物权人,区别在于其享有的并非物权,而是一种基于长期占有和使用而具有物权化外观的债权请求权,这种权利的实现需要出卖人的配合。物权期待权目前在我国并没有做出理论规定的法律条文,只是散见于部分司法解释中。从法益保护的角度和现实制度来看,这种理论存在一定的合理性。登记制度在我国享有极高的公信力,不动产登记簿是十分重要的确定不动产归属的依据,但不可否认的是该制度也存在一定的缺陷。就离婚财产分割协议来说,案外人通常由于多种原因而不能办理变更登记,致使其权利处于一种不利的状态,按照不动产登记簿来判断权属是显失公平的。不动产对绝大多数人来说是安身立命的资本,具有十分重要的意义,并不只体现在交换价值上。

（二）本文观点

本文认为离婚财产分割协议无法产生变动物权的效力,债权理论具有可采性,期待权理论部分内容可以作为债权理论的补充。

首先,基于法律行为的物权变动规则不能被轻易突破,物权变动采取债权形式主义规则具有提纲挈领的作用,一切物权变动需要在此规则下运行。除了法律明确作出规定的几项适用"登记对抗主义"的情形,其余都应该执行"登记生效主义"。如果当事人在协议生效后未能办理变更登记,不论原因为何,都无法产生物权变动的效力,权属仍是协议生效以前的权利状态,所有权仍归属于名义登记人。

其次,离婚财产分割协议与夫妻财产制契约存在质的不同,二者并不是包含与被包含的关系,不能将离婚财产分割协议的内容扩大化。通常情况下,夫妻之间的财产归属约定并不需要公示,债权人对此也无从知晓。如果承认财产分割协议可以产生物权效力,那么债权人的权利就会处于不利地位。

最后,物权期待权理论的部分内容在现行立法对于离婚财产分割协议排除执行的规定不甚明晰的时候具有参考意义,但不宜盲目采用。目前在我国,期待权理论具有明确规定的适用案件只是少数,实体法并未规定物权期待权。制度的有效运转需要明确的法律规定作为保障,盲目适用可能有损司法权威。上文提到物权期待权只是一种具有物权化外观的债权,因此债权和物权期待权并没有明确的界限,在没有明确法律支撑的前提下需要谨慎适用。

依照我国法律规定,案外人并非必须享有物权才能排除执行。执行异议之诉本质上属于形成之诉,在诉的过程中不解决实体纠纷,解决的只是是否排除执行的问题。但作为执行前提的权属问题,是应纳入审查范围的。① 至于是否能够发生物权变动,则要依据基于法律行为的物权变动规则来判断。这就回到上文的话题,适用登记生效主义。债权人依据自己的意思表示实现权利时,必须等待相对人所做出的履行的意思表示,如果相对人不愿作出或者不能作出,债权人的权利就无法实现。坚持债权相对性原理,那么依据合同所生的债权就只能是请求权。

综上所述,本文认为案外人基于离婚财产分割协议享有的是请求第三人办理过户登记的债权请求权,应当适用关于债权的配套规定并在一定条件下排除执行。同时,在遇到债权说下的配套法律模糊的时候,谨慎借鉴物权物权期待权理论。

四、离婚财产分割执行异议的审查制度优化

如前文所述,依照理论观点和实践中多数认可的观点,案外人基于离婚财产分割协议可以取得对房产的权利。之所以会产生案外人异议之诉,根本原因在于两种权利的位阶冲突,直接原因在于出让人未能协助办理变更登记。

案外人异议之诉属于复合之诉,本质上属于案外人基于财产分

---

① 叶名怡:《离婚房产权属约定对强制执行的排除力》,《法学》2020 年第 4 期。

割协议就被执行房产所享有的权利与被执行人的所有权纠纷和案外人权利与申请执行人基于债权债务关系所享有的请求权的分歧。①

（一）运用权利位阶理论对权利优先性进行衡量

权利存在边界与位阶是一个不争的事实，因此在个案中衡量权利本身就是一种对权利的保障。比例原则在私法上的适用越来越重要，无论法官在审判案件时将离婚财产分割协议产生的效力判断为物权、债权还是物权期待权，本质上都是对申请执行人的权利和案外人的权利进行权衡的过程。权利并不是绝对的，权利的相对性决定了权利的行使是有边界限制的，因此在处理两种权利的冲突时，要将比例原则作为权利衡量的工具。在权力边界的范围内，运用比例原则处理冲突，对法官而言具有一定的难度。权利是一个初显性的概念，立法者根据比例原则划定权利边界，并不能使权利边界彻底固定下来。权利的边界本身就是十分抽象的，面对多种多样的具体案情，权力的边界也是处于变化之中的，因此要求法官在个案中进行权衡。② 具体到此类型的案件中，案外人在无法获得房屋所有权的情形下，不应当突破物权法定原则来给予案外人救济，而是应当比较案外人权利与第三人权利的优先性。要在执行过程中运用比例原则，充分权衡案外人的权利会因为申请执行人的申请而受到的损失和申请执行人能够实现的利益是否达到平衡。

（二）明确申请执行人享有的权利的性质及担保情况

首先，案外人基于离婚财产分割协议来申请排除执行，此时法院应当明确申请执行人的权利是否为金钱债权且是否设定了担保。上文中提到在《执行异议和复议规定》中涉及购房人的物权期待权的相关规定，这一问题在处理离婚财产分割协议问题上具有参考意义。

---

① 汤莉婷：《关于离婚协议能否排除执行的案外人执行异议之诉审查标准解析》，《法律适用》2019 年第 10 期。
② 刘权：《比例原则适用的争议与反思》，《比较法研究》2021 年第 5 期。

《执行异议和复议规定》第 28 条规定了普通购房人能够排除执行的是金钱债权,[1]同时,作为金钱债权,并未指向特定的责任财产,即执行房屋并不是唯一的选择,这具有法理上的正当性。试想如果申请执行人享有的是物权请求权,即使是具有物权化外观的期待权,其本质仍不失为一种债权,也不能具有优先地位。

其次,依据《民法典》第 311 条,申请执行人也不属于善意第三人的范畴。债权的发生无须经过公示,不能为第三人所知晓。善意取得制度为了保护交易安全,明确规定了需要支付合理对价这一构成要件,然而申请执行人的权利来源于债权债务关系,善意第三人对抗制度无法适用于债权法律关系中,不属于公示公信制度所保护的权利人。

最后,担保物权设立的目的是使权利人获得优先受偿权,依照通说观点,担保物权人取得了物的交换价值,并通过公示取得了对抗第三人的效力。《执行异议和复议规定》第 27 条规定,申请执行人对执行标的依法享有对抗案外人的担保物权等优先受偿权的,人民法院对案外人提出的排除执行异议不予支持,但法律、司法解释另有规定的除外。参照该条规定并结合司法实践中的案例,离婚案件中申请执行人的债权通常都是无担保的,作为一般的金钱债权自然不能同担保物权取得同等效力。

(三)明确案外人权利的取得时间及占有情况

案外人基于财产分割协议所享有的权利必须产生于申请执行人申请查封房屋之前。如果夫妻双方在得知房屋已被申请查封的情况

---

① 《最高人民法院关于人民法院办理执行异议和复议案件若干问题的规定》第 28 条规定,金权债权执行中,买受人对登记在被执行人名下的不动产提出异议,符合下列情形且其权利能够排除执行的,人民法院应予支持:(一)在人民法院查封之前已签订合法有效的书面买卖合同;(二)在人民法院查封之前已合法占有该不动产;(三)已支付全部价款,或者已按照合同约定支付部分价款且将剩余价款按照人民法院的要求交付执行;(四)非因买受人自身原因未办理过户登记。

下,再进行财产分割,那么很大程度上会被认定为逃避执行。此处要求案外人权利取得于申请查封之前即可,也就是说离婚财产分割协议在申请查封之前已经生效。之所以这样考虑,一方面在于债权无须公示,类比上文对善意第三人的保护制度,如果要求案外人在债权成立之前就已经取得权利同样对其十分不利。申请执行人享有的债权是被执行人的个人债务,配偶难以及时知晓。另一方面,是多个债权之间相互平等,其平等性并不以成立时间为限;但查封具有限制和剥夺所有权的功能,因此查封时间才是决定性标准。①

《查封扣押规定》第24条强调,在已经被查封的财产上所设定的权利负担或阻碍执行的行为,不能排除执行。② 查封的目的在于维护债务人的财产数额,如果被查封房产被设定了权利负担,可能导致债务人财产的不当减少。基于此,夫妻双方在得知房屋已被申请查封而假借离婚分割财产来逃避执行的行为就得到了有效的遏制。《执行异议和复议规定》中还有这样一条规定也具有参考意义,买受人在金钱债权执行中的查封前已经合法占有了该不动产,就可以排除执行。案外人对房屋的占有之所以需要作为审查标准,是因为《查封和扣押规定》强调房产被查封后不能存在有碍执行的行为,如果房屋查封之前案外人没有占有房屋,那么查封之后更不存在占有的可能性。同时,占有也是一种效果较弱的公示方法,这种公示状态使案外人离成为真正的权利人仅差一个变更登记。

(四)对案外人过错的考量

客观来讲,该类案件的形成原因主要是案外人和第三人在达成财产分割协议后未及时办理变更登记,不论未变更的原因为何,这都

---

① 叶名怡:《离婚房产权属约定对强制执行的排除力》,《法学》2020年第4期。
② 《最高人民法院关于人民法院民事执行中查封、扣押、冻结财产的规定》第24条规定:被执行人就已经查封、扣押、冻结的财产所作的移转、设定权利负担或者其他有碍执行的行为,不得对抗申请执行人。

是其发生的前提。所以,对案外人的过错进行考量就是十分必要的。《执行异议和复议规定》第28、29条的规定强调,非因买受人原因未办理过户登记,审判实务中以案外人是否具有重大过失而导致未进行变更登记作为审查标准。[①] 案外人需要证明未进行变更登记并非基于自身的过错。例如,江苏省高级人民法院《执行异议及执行异议之诉案件审理指南(二)》第27条第2款就将案外人能够提供证据证明其对未办理房屋所有权转移登记没有过错作为是否支持排除执行的审查要件。[②] 另一方面,案外人签订财产分割协议的目的是取得对房产的变更登记请求权,变更登记请求权是其获得房产所有权的前提。因此,案外人势必会督促第三人及时履行义务。此处要澄清的是,不能以案外人获得房屋所有权的迫切程度以及由此产生的督促行为作为衡量其过错的标准,即使案外人未对第三人进行督促,不能因此断定其有过错。

(五)有效规制虚假离婚而逃避债务的情形

随着房屋价值的升高,实践中夫妻双方假借离婚而逃避债务的案例并不少见,最后也可能因为假戏真做而诉诸法院,因此审查离婚事实发生时间与债权人申请查封时间确有必要。《查封规定》第26条规定,被执行人就已经查封、扣押、冻结的财产所作的移转、设定权利负担或者其他有碍执行的行为,不得对抗申请执行人。如果离婚事实发生在债权人申请查封之前,那么依照一般观念,夫妻双方借离

---

① 汤莉婷:《关于离婚协议能否排除执行的案外人执行异议之诉审查标准解析》,《法律适用》2019年第10期。

② 江苏省高级人民法院《执行异议及执行异议之诉案件审理指南(二)》第27条规定,执行依据确定的债务人为夫妻一方,被执行人在案涉房产查封前已经协议离婚,约定被查封房产归另一方所有,被执行人原配偶提起执行异议及异议之诉的,区分下列情形处理:……(2)案涉房产仍在被执行人名下,尚未过户登记到被执行人原配偶名下,被执行人原配偶以其为权利人为由,提出案外人执行异议及执行异议之诉,请求排除执行的,不予支持。但其提供的证据能够证明其对未办理房屋所有权转移登记没有过错,且离婚财产分割行为早于执行依据所确定的债务形成时间的,应予支持。

婚转移财产而逃避债务的嫌疑将大大降低,因为即使夫妻以逃避执行为目的,在债权人向法院申请后,仍会受到查封的限制。在双方都没有优先权的情况下,如果要求案外人的权利取得时间早于债权人的权利形成的时间,对案外人来说是不公平的。因为债权无须公示且该债务属于被执行人的个人债务,配偶难以获知。如果法院经过审查,确认夫妻是以逃避债务为目的而虚假离婚,那么作为权利取得基础的离婚财产分割协议本身并不合法,离婚当事人签订协议是为了逃避执行且以损害第三人权利为目的,应当根据《民法典》第 146 条规定,确认双方的财产分割协议无效。如果债权人有证据证明当事人是为了逃避债务而虚假离婚,则可以依据《民法典》第 538 条行使债权人撤销权,向法院请求撤销债务人的行为。

结　语

随着经济的发展,离婚案件逐渐增多,案外人依据财产分割协议请求排除执行的案件越来越多。法律存在一定的滞后性,我国的执行异议制度起步较晚,相关法律规定不完善给实务带来了一些难题。依据不动产登记簿来确定不动产权属在实践中已经基本达成共识,但是只依靠不动产登记簿作为权利外观的行为缺乏合理性,不能排除名实不符的情况,从而给权利人造成损害。同案不同判现象的发生不仅归因于理论的分歧,同时也存在于审查标准的模糊。为有效控制实践中的审判分歧,可以参照购房人执行异议的规定确定审查标准,制定相关司法解释,为实践中审理此类案件确定一个明确的审判理念。

市场化改革下信息披露制度的
反思与完善

宁　伟①　汪亚利②

信息披露是新股发行注册制改革的灵魂,而注册制改革本质是市场准入的市场化改革。在市场化改革的推进中,应进一步对信息披露制度进行规范化建设。本文以龙×传媒收购案和欣×电气退市案为切入点,分析市场化改革下我国信息披露制度仍存在立法规制原则化、执法监管主体单一、守法主体披露和审查意识不强的问题。通过分析完善我国市场化信息披露的必要性和可行性,提出完善立法责任体系、执法监管主体多方联合、发行方提高披露质量的改革建议,以保证信息披露的真实性、准确性和完整性。

一、万×文化收购案突显信息披露制度弊端

龙×传媒试图用一空壳公司以51倍高杠杆收购万×文化,实现借壳上市,但最终因信息披露不规范,存在误导性陈述、虚假记载、重大遗漏等问题而收购失败,并受到证监会的公告和处罚。这一戏剧般的收购过程,导致万×文化股份大幅震荡,极大损害了证券市场的稳定性和股民利益。

---

① 宁伟,天津商业大学法学院讲师,法学博士。
② 汪亚利,天津商业大学法学院硕士研究生。

上述案件中,龙×传媒对于资金来源和收购进度等重要信息均有所隐瞒,直到上交所发布问询函才予以公布真实信息,这样"挤牙膏"式的信息披露在收购案件中很常见。究其原因,是我国行政管制型的信息披露制度在立法、执法和守法方面或许都存在某些问题。首先在立法层面,立法规制过于原则化。我国对于信息披露的规定多是泛化规定,未给义务人设定明确的披露要求和标准。主要体现在规定不够细化、制度体系衔接不畅、法定责任总体较轻。其次在执法层面,主体上以监管部门为主体,监管方式单一,对于某些专业性的信息审查不到位。另外,对于披露内容也未分类管理,尤其是对资本市场常见的高杠杆收购,应当设定更加严格的披露义务。最后在守法主体方面,一方面发行人披露低效,单方信息堆积,只是应范式要求进行披露和输出;另一方面投资者本身辨识能力不足、缺乏理性判断。因此,无法切实保护投资者的权益。

在注册制改革深化市场化的趋势下,现行注册制的规制重点主要在发行方面,这要求建立更为真实全面的信息披露制度。同时在股市交易方面也提出了改革要求,比如资本市场常见的高杠杆收购。本文先分析行政管制型信息披露制度的问题,然后分析导致以上问题的因素,最后提出完善我国市场化信息披露制度的实现路径。

二、我国行政管制型信息披露制度的问题

(一)立法规制原则化,问责较轻

1.规定不够细化,未做具体规定

我国关于信息披露义务的规定过于泛化,仅是做了原则性规定,对于收购过程的具体步骤和披露标准都未做规定。龙×传媒在收购时披露大量不实信息,连关键的收购资金和协商进度都要上交所一质询一答复。证监会公布的处罚决定书显示,在收购过程中,上海证券交易所曾连发三次问询函,询问有关收购事项,要求相关方履行信息披露义务。第一次,双方刚开始洽谈时,上交所询问本次权益的变动过程、资金来源、自身资金状况;第二次,双方股转事项变更时,上交所要求对股转发生事项作进一步说明;第三次,上交所要求对下一步股权收购事项作进一步披露。上述关键信息本应属于龙×传媒自觉披露范围,但因未予真实披露。

2. 制度体系衔接不畅,法定责任较轻

首先,现有的制度体系是围绕核准制来进行构建的,我国进行注册制改革,这要求我们将法规设置的重点调整为保护投资者利益。其次,除了《证券法》的原则性规定,证券监管部门的部门规章和交易所的规则也属于信息披露的制度体系,这就带来两个问题:其一是各规范性文件的衔接和协调问题;其二是效力层级的问题,证监会出台的规章或指引因层级问题也会受到各方面的影响。

另外,我国《证券法》规定的法律责任相比发行方可获利益来说处罚较轻。在龙×传媒收购案中,证监会对相关法人主体加以警告并处以 60 万元顶格罚款,对责任人处以 30 万元顶格罚款。[①]除了行政处罚,证监会还发布了市场禁入决定书,对相关公司和责任人员给予市场禁入措施。[②] 一方面,上述 30 万和 30 万元的顶格处罚对于发行方本身的资产来说不值一提,更无法补偿股民的惨重损失。龙×传媒收购失败后面临大量索赔,仅 2018 年 6 月到 9 月,3 个月的时间,法院就收到 440 位投资者以证券虚假责任纠纷案的案由起诉祥×文化(万×文化改名)的起诉书,总金额达 5584.77 万元。另一方面,发行方如果以超高杠杆收购成功,所获利益无异于"空手套白狼"。罚款区间对于发行方来说违法成本太低,难以起到震慑作用。

---

① 根据《证券法》的规定,发行人及上市公司承担无过错赔偿责任,发行人、上市公司的董事、监事、高级管理人员和其他直接责任人员应承担过错推定责任,发行人、上市公司的控股股东、实际控制人应承担过错责任。因此龙×传媒及其控股股东、高管作为信息披露义务人,作为"虚假陈述人",也应承担相应的民事责任。

② 臧欣:《高杠杆收购监管趋严》,《律商观澜》2018 年第 1 期。

（二）执法主体单一，披露内容未作分类管理

1. 监管主体单一

我国股票发行已经由核准制改革为注册制，注册制改革的本质是把选择权交给市场，强化市场约束和法治约束。与核准制相比，不仅涉及审核主体的变化，更重要的是充分贯彻以信息披露为核心的理念，发行上市全过程更加规范、透明、可预期。这也意味着我国的信息披露从以政府监管为导向转变为以投资者审查为导向，监管部门从事前的核准转变为事中、事后的监督。发行方披露的信息中多涉及年报、财务报表等专业数据，且通常会对真实数据进行暗箱操作，证监会作为单一的监管部门显得力所不及，需要借助会计、律所等专业人士进行审查判断。

2. 披露内容未作分类管理

为迈开市场化改革的步子，以放松信贷、增加投资为主要内容的短期措施，还需要汲取过去简单地靠扩张性的财政政策和货币政策拉动增长，结果造成了杠杆率过度提高和酿成资产负债表危机的教训。① 在资本市场中，杠杆并购是常见的并购方式，该种并购方式虽然在我国起步较晚，但已逐渐演变为投机资本以小博大的渔利工具。《公司法》《证券法》和《上市公司收购管理办法》等相关法规也并未起到有效监管作用，很多人更是把"法不禁止皆可为"的概念在资本市场发挥到极致，一些基本的信息都不予以披露，比如基本的收购资金来源和筹措方式。因此，在我国放松信贷的措施中，为避免杠杆率过度提高更应重视信息披露义务。

杠杆收购就是收购方利用财务杠杆举债融资收购目标公司，是以小并大的典型表现。② 大量资金来自外部融资，通常以目标公司

① 吴敬琏：《中国经济改革进程》（第2版），中国大百科全书出版社2023年版，第10页。
② 于培友、牛晓童、于静：《浅谈企业高杠杆并购风险与控制——以龙薇传媒收购万家文化为例》，《会计师》2019年第5期。

的资产或者个人信用做担保,向金融机构、银行等借款获取资金。自有资金仅占一小部分。高风险性和高难度性是杠杆收购的显著特征,负债资本是杠杆收购资金中的主要组成部分。[①] 杠杆收购的高风险性在于收购后的企业本身就高负债,一旦企业经营不善或者资金流供应不足,整个企业就很难经营下去。但高风险性带来的高收益性也使得杠杆收购成为资本市场多数的选择,如果收购成功,小企业能够以极少的资本获取重组后企业的经营收益,而且能合理减少缴税。龙×传媒利用这种并购方式收购万×文化,最终因杠杆比例高达50倍而融资失败。

但目前我国关于高杠杆收购的杠杆倍数还未有明确法律规定,仅在银保监会发布生效的《商业银行并购贷款风险管理指引》第21条规定了并购交易价款中并购贷款所占比例不应高于60%。龙×传媒意图通过贷款借入的价款比例超过98%,严重违反相关规定。另外,关于龙×传媒的融资来源也明显违法,因为对于银行信贷资金,资本市场、股市、房市等是禁区。我国《中国银监会办公厅关于进一步加强信贷管理的通知》第1条就明确规定坚决防止信贷资金违规流入资本市场等领域。同时,《中华人民共和国银行业监督管理法》第46条也规定了银行业金融机构要遵守信息披露义务,否则将依据违反审慎经营规则被处罚。[②] 实际中,就有多家银行因违反该规定被处罚,银保监会在行政处罚信息公开表中的主要违法违规事实部分写明"贷款用途监管不严、信贷资金违规流入资本市场、信贷资金违规流入股市"。[③] 更有甚者,通过申请有房产做抵押的经营贷,将

[①] 姚瑞、冯鑫宇:《高杠杆融资与信息披露不规范的危害——以龙薇传媒并购万家文化为例》,《财会月刊》2019年第3期。

[②] 《中华人民共和国银行业监督管理法》第46条规定,银行业金融机构未按照规定进行信息披露、严重违反审慎经营规则的,将被责令改正,并处20万元以上50万元以下罚款。

[③] 事涉银行中,既有建设银行、邮储银行这类国有大行的分支机构,也有股份行的分支机构,以及向路桥农商行这类本地中小金融机构。

信贷资金"绕道"流入楼市，也会通过个人信用贷款绕道流入股市。鉴于杠杆具有放大收益和损失的特点，参与者的判断能力低，投机意识强，极易引发系统性风险。①

（三）守法主体披露和审查意识不强

1. 发行方披露低效，单方信息堆积

从根本上来说，要求发行人披露真实、准确的信息是为了保护投资者的利益，打破发行人和投资者之间的信息壁垒。我国证券市场主要是中散户等个体投资者，和专业的机构投资者相比，缺乏准确的判断力，因此应当尽可能消除发行人和投资者之间的信息不对称，使投资者有效接收信息，从而做出客观决策。而市场上所发布的信息，不仅在内容上晦涩难懂、多是专业术语的运用，而且在形式上多冗长繁杂，各种报表和数据动辄几百页。如此信息超载的披露方式很容易使投资者有畏难情绪，更不能使其辨识信息。

2. 投资者缺乏理性判断

我国以中小投资者为主，相比机构投资者，中小投资者缺乏专业知识和理性判断，难以有效识别披露的信息。注册制改革，政府从事前监管转为事中和事后监管，这更要靠投资者去进行判断和选择，因而也对发行方的自觉意识和披露信息的质量提出更高要求，发行方的内部治理要更加自律。正如龙×传媒收购案，更多的投资者是依据赵某的明星光环和名人效应做出投资决策。在该案中龙×传媒对无法按期完成融资计划的原因披露存在重大遗漏。在2017年1月，中信银行已经拒绝为龙×传媒提供借款，但龙×传媒并未在2月份的公告中陈述融资失败的事实。龙×传媒的申请被中信银行拒绝后，也未获得其他金融机构的融资支持。公告中所披露的"立即与其

---

① 于培友、牛晓童、于静：《浅谈企业高杠杆并购风险与控制——以龙薇传媒收购万家文化为例》，《会计师》2019年第5期。

他银行进行多次沟通、积极促使交易完成"存在虚假记载,误导性陈述,极大地影响了投资者对于收购的判断,趁着股价上涨时跟风购买股票,结果又被套牢,损失惨重。针对融资审批未通过这样的重大事件,龙×传媒未积极披露准确的信息,严重影响了市场和投资者的判断和决策。

三、我国完善市场化信息披露制度的必要性和可行性分析

我国市场化改革是要将以往由监管部门享有的监管权、审核权交给投资者,这才算实现真正的市场化。但我国采取的是渐进式市场化的改革路径,经过了审核制、批准制发展到现今的注册制,仍有一些固有的问题亟待解决。主要体现在行政管理性强,影响新股发行的定价和效率。这进一步导致优质公司的流失,上市公司为了保证发行效率,通常会选择在美国或中国香港上市,比如阿里巴巴、腾讯、京东、百度等互联网公司。另外,过去的核准制,监管部门有极大的控制权和解释权。证监会不仅控制上市公司的准入资格、发行定价、发行节奏等步骤,还要实质审核发行方披露的会计年报、财务报表等信息,上市公司为了获得上市资格和机会,会企图使地方政府和中介机构成为自己财务造假的帮凶。这也导致了"寻租"和腐败问题,地方政府为了政绩,会通过政府补贴、税收优惠来为公司粉饰数据。① 综上,过去的批准制由于行政管理性强,不利于发挥市场本身活力。而发行方为了博得上市资格,会采用数据注水、财务包装、"权力寻租"等手段,发布虚假信息,最终由投资者买单。所以要坚持以市场化为方向,信息披露为中心不断深化发行体制改革,减少新股发行中的行政干预,推动市场化约束机制的建立。②

在寻求改革路径时,要考虑到必要性和可行性因素:第一,要考

---

① 宋顺林:《IPO市场化改革:共识与分歧》,《管理评论》第33卷第6期。

② 付彦、邓子欣:《浅论我国新股发行体制改革的法制路径》,《市场动态》2012年第5期。

虑证券市场的整体背景和市场要求。相比以往核准制,注册制更要求高效且高质量的信息披露。第二,要分析发行方等义务主体的违规动机和诱因,才能对症下药。第三,我国的证券市场还未完全成熟,因此借鉴域外的成功经验进行选择性移植,建立"中国式注册制的信息披露义务制度体系"。

(一)必要性分析

1. 注册制改革要求坚持以信息披露为核心

注册制改革是指监管部门对发行方披露的信息只进行形式审查,仅对部分重要事项做实质性审查,监管重心在事中和事后,将信息审查和投资决策交给投资者。改革的主要目的是通过股票发行制度提高市场的资源配置效率,促进中小企业融资的便易程度,实现实体经济带动资本发展,从而形成"金融服务实体,实体回馈金融"的良性互动。[1] 改革前的核准制,主要靠监管部门按照法定要求对申请文件进行实质审核,筛选出优质股准予发行,重在事前审查。这种传统核准制弊端在于使政府过度承担了一部分市场职能,以至于发行效率低下。"在行政审核的效率壁垒下,市场的供求双方难以形成及时对接,这必然会制约实体经济尤其是科技创新型企业的发展。"[2]因此我国的注册制改革是为了制约股票发行市场的市场化程度。而注册制是以信息披露制度为支撑的制度,信息披露是注册制改革的核心内容。注册制下对所披露信息更加要求真实、准确、全面、可理解性等,才能切实保障风险意识低、承受能力差的投资者。

注册制改革背景下欣×电气两次申请上市被否,成为我国"退市第一股"。欣×电气第一次申请上市很快被证监会否决,第二次

---

[1] 陈邑早、王圣媛:《论中国式信息披露革新:理念、实践和建议》,《当代经济管理》2019 年第 12 期。

[2] 付彦、邓子欣:《浅论我国新股发行体制改革的法制路径》,《市场动态》2012 年第 5 期。

成功申请上市。但上市后一年左右又被立案调查,主要原因是信息披露过于形式化、财务数据不真实。近几年数据显示,大约有60家企业因为各种财务问题惨遭证监会的审查否决,未能顺利通过上市。注册制会造成上市门槛降低,因此对信息披露的质量提出更高要求。

2. 信息披露义务制度的规范目的

作为现代证券立法的指导思想和基本哲学,披露是证券法的核心内容和活力所在。[1] 美国"证券之父"罗思曾说:"整个美国证券法贯穿了一个主题,一开始是信息披露,后来还是信息披露,接着只会是越来越多的信息披露。"信息披露义务是公司在申请上市时必须要履行的义务,我国证券市场设立强制信息披露义务的原因主要是:一方面,考虑到公开市场的多数投资者实力弱小,对风险的判断能力低;另一方面,发行人进入证券市场总是想攫取"一把子"利益,并不试图成为证券市场的反复博弈者,更不在意事后的声誉惩罚机制。因此,为了约束证券发行人,吸引更多投资者,实现投资者和发行人之间的良性博弈等,我国要求进入证券市场的公司不仅在发行时还在交易过程中都必须切实履行信息披露义务。

3. 相关义务主体的违规因素分析

信息披露制度是对发行方等市场主体的义务规范,因此分析义务主体违规的动机和诱因,才能全面规制其行为。第一,违法成本低,责任形态缺乏严峻性,使得发行方一再触碰法律红线。正如证监会最高处罚案,龙×传媒及相关人员尽管受到顶格行政处罚,但对其惩罚力不足以使其警醒,更不足以弥补遭受重大损失的中小投资者。第二,企业内部的信息披露和监管体系的缺失也会造成信息披露的

---

① 梁伟亮:《科创板实施下信息披露制度的两难困境及其破解》,《现代经济探讨》2019 年第 8 期。

不完整性。内部控制信息披露,指企业管理层依据一定的标准向外界披露本单位内部具备完整性、合理性和有效性评价的信息以及注册会计师对内部控制报告审核的信息。① 企业内部自愿披露信息动机不足,强制性执行信息披露不到位,外部会计行业审核标准不统一等问题均应改进,才能保证信息披露的高效性。

(二)可行性分析

成熟的市场化改革需要以信息披露制度为核心,美国注册制及以信息披露为核心的监管,是值得借鉴的成功范式制度。相比"中国式注册制",美国注册制和信息披露制度有以下特点:第一,以信息披露制度为核心的法律体系健全。这是因为美国的资本市场发展较早,与之配套的证券监管体系发展也与时俱进,比如早在1993 年就已发布《证券法》、1994 年发布《证券交易法》两大根本法,随后美国证监会(SEC)制定大量规则和规定,对证券市场进行细化规定。比如会计审计要承担法律责任、对公司董事会结构及投资活动进行监管,甚至对投资顾问也要求进行注册等。第二,强化以信息披露制度为核心,严格法律责任。对于发行人、实际控制人、董监高、中介机构等的责任规定明确而翔实,比如中介机构在未尽勤勉义务时也会承担连带责任。除了行政责任、民事责任,存在发行欺诈或重大过失时,还会承担刑法责任。② 第三,"简明英语规则"是美国证监会(SEC)自 1998 年就开始推行的信息披露规则,旨在照顾普通投资者的辨别和防范风险能力,要求发行的信息简明、直白、易于理解,并提供范式模板,以多种公开方式以供发行方参考。③

---

① 杨有红、汪薇:《2006 年沪市公司内部信息披露控制研究》,《会计研究》2008 年第3 期。

② 李文华:《中国式注册制下的信息披露监管问题探析》,《证券与保险》2015 年第 3 期。

③ 郭雳:《注册制我国上市公司信息披露制度的重构与完善》,《商业经济与管理》2020 年第 9 期。

四、完善我国市场化信息披露制度体系的实现路径

（一）立法上完善法律责任体系，推动市场化改革

即便是市场化程度较高的注册制，也离不开政府的适度干预，健全法律责任体系，防止盲目推崇"市场自由论"更能切实推动注册制所遵循的市场化改革方向。[①] 如上文所述，我国关于违反信息披露义务的法律责任总体较轻，难以起到威慑作用。现行法规定的行政罚款不及民事责任赔偿，处罚力度也不及刑事制裁，更无法补偿投资者的损失。偏轻的处罚手段导致信息披露不真实行为屡禁不止。这更需要发挥民事责任的配套制度，尤其是虚假陈述民事赔偿诉讼制度和集团诉讼制度的保障作用。提高民事责任的规范层级，细化相关规定。我国主要在《证券法》第五章规定了信息披露，虽明确要求披露的信息要"真实、准确、完整，简明清晰、通俗易懂，不得有虚假记载、误导性陈述或重大遗漏"，但仍未尽翔实规定，比如要求披露资金来源、筹措方式、收购进度、披露时间、披露方式、信息披露的程度等。关于信息披露的规定需要进一步界定违法事实，明确法律责任，做好体系衔接。

（二）执法上多方力量共同监管，监管内容分类管理

我国关于信息披露义务的规定不够具体，是发行方消极履行信息披露义务的原因之一。第一，构建与注册制相适应的信息披露制度，贯彻以信息披露为中心的理念，对信息披露的内容和方式作出细化规定。[②] 第二，发挥多元主体的协调和监管作用，除证监会以外的市场力量也要起到积极作用，利用会计事务所、律师事务所等机构同时进行行业监管。现实中上述中介机构通常会和发行方成为"利益共同体"，共同从上市收购、发行股票中获利，逐渐丧失独立地位和监

---

① 臧欣：《高杠杆收购监管趋严》，《律商观澜》2018 年第 1 期。

② 郭霭：《注册制我国上市公司信息披露制度的重构与完善》，《商业经济与管理》2020 年第 9 期。

督作用,因此除了发挥中介机构的审查作用,还要为中介机构设定义务和责任,防止合谋造假。另外,企业内部应该加强信息披露的机制建设,无论是有意还是无意违规披露,企业内部都应该有识别、分析和应对的机制。还要发挥法院的诉讼作用,因为监管重心后移,完善了以信息披露为中心的制度理念,退市常态化的可能成为趋势,集体诉讼制度将应用得越来越广泛。第三,监管方式多样化,充分利用现代科学技术的作用,对信息进行筛选、比较、审查和汇总,提高信息分辨和利用效率。

监管内容上建议分类管理,避免高杠杆融资。监管者应当提高对杠杆收购的警惕性,尤其是杠杆系数过高的交易,调查其信息披露内容的真实完整性,严格规范信息披露。高杠杆收购之所以如此受证券市场的欢迎,是因为其本身具备的高风险收益,但因为过多依赖外部资金,也存在极大的不确定性,比如股市波动、资金流不稳定等。我国为了维持证券金融市场的稳定,提出"金融去杠杆化"的决议,龙×传媒不尊重当前的金融趋势,以侥幸心理运用高杠杆进行收购,如果不加以严格规制,将会影响建立诚信良好的金融秩序。① 本案中龙×传媒不仅收购失败,还受到了证监会的顶格处罚,被公众媒体作为反面典型。收购方和目标公司可以协商解除收购协议,引起的股价波动却要广大股民替其"买单"。可见无论对投资者还是金融市场,高杠杆融资都会产生巨大危害。因此收购方在进行收购时,要吸取本案的教训,尽量避免高杠杆融资,遵循稳健原则。

(三)发行方应提高披露信息质量,披露形式简明化

如前文所述,对于低效披露导致的单方信息堆积,应当进行简明化改革,从内容、形式和程序都应当以便于投资者阅读和理解为出发

---

① 谢强梦:《龙薇传媒"蛇吞象"收购案的行为金融学思考》,《全国流通经济》2022年第 22 期。

点。除了内容上要浅显、直白易懂,还不能拘泥于固定的形式,要针对投资者不同的接受能力进行调整。如安徽辖区七家创业板公司通过互动平台、机构投资者调研来访和年报分析说明会等各种渠道,积极开展投资者沟通交流活动,并取得显著效果。① 早在1998年开始,美国证监会(SEC)就开始推行"简明英语规则"(Plain English Rule),要求信息披露在结构上要清晰,在句式上要简洁易懂,在用词上不盲目使用术语,目的就是使投资者易于理解。② 可以提供简明披露信息的模板或者范本,或者使披露内容表格化,进而避免"连篇累牍"之感。另外,还可以利用现代信息技术进行革新,发挥网络功能进行披露信息的查阅和监管。

结　语

在市场化改革的背景下,为了防止杠杆率过高催生资产泡沫,更应加强信息披露义务制度的建设。由核准制向注册制改革弱化了事前监管,这更要求以信息披露质量为核心,才能切实保护投资者利益。龙×传媒收购万×文化案及欣×电气退市的典型案例,反映了我国在完善市场化信息披露制度时要解决的问题,立法规制不够细化,执法监管主体单一、相关义务主体披露意识不强等问题。针对上述问题,应当从完善法律责任体系、联合多方主体监管、要求发行方提高披露信息质量等方面进行解决,才能发挥信息披露制度的功能,为放松信贷提供良好的证券市场。③

---

① 周友苏、杨照鑫:《注册制改革下我国股票发行信息披露制度的反思与重构》,《经济体制改革》2015年第1期。

② 李文华:《中国式注册制下的信息披露监管问题探析》,《证券与保险》2015年第3期。

③ 李立娟:《如何规范明星效应下的资本运作》,《法人》2017年第12期。

大型数字平台反垄断规制模式探究

孙佳颖①　王科欣②

一、大型数字平台反垄断规则现状

近年来,我国数字经济快速发展,新的经济发展模式层出不穷,平台经济已经成为数字经济的重要部分。与此同时,大型互联网平台经营者出现的"大数据杀熟"、自我优待、商家"二选一"等垄断行为,对传统反垄断法中相关市场以及市场支配地位的界定等问题形成挑战。为更好地预防和打击数字平台领域的垄断行为,2022 年 6 月 24 日,全国人大常委会通过了关于修改《中华人民共和国反垄断法》(以下简称《反垄断法》)的决定。此次修改是《反垄断法》自颁布以来的首次修正,并在总则部分概括性地提出了对数字平台的反垄断监管要求,明确规定了"经营者不得利用数据和算法、技术、资本优势以及平台规则等从事本法禁止的垄断行为",并且在第三章滥用市场支配地位中也规定"具有市场支配地位的经营者不得利用数据和算法、技术以及平台规则等从事前款规定的滥用市场支配地位的行

---

①　孙佳颖,天津商业大学法学院副教授,法学博士。
②　王科欣,天津商业大学法学院硕士研究生。

为。"①这一修改表明我国立法机关对数字经济平台垄断行为的打击力度,但从其具体内容来看,规定仍过于原则和抽象,未能对数字平台垄断行为有更为具体的规制。在《反垄断法》修订之前,2019 年 1 月 1 日实施的《中华人民共和国电子商务法》(以下简称《电子商务法》)首次规定了电子商务平台的反垄断条款;2021 年 2 月 7 日国务院反垄断委员会就制定发布了《国务院反垄断委员会关于平台经济领域的反垄断指南》(以下简称《关于平台经济领域的反垄断指南》),对平台经济领域的垄断行为进行了较为具体的规范。但由于《反垄断法》自身在相关市场的界定、市场支配地位的认定等方面存在缺陷,无法有效规制数字经济领域的垄断行为。2021 年 10 月 29 日,国家市场监督管理总局发布了关于对《互联网平台分类分级指南(征求意见稿)》以及《互联网平台落实主体责任指南(征求意见稿)》(以下简称《分类分级指南》《主体责任指南》),上述两个指南依据用户规模、业务种类以及限制能力将平台分为超级平台、大型平台以及中小平台,并规定了大型数字数字平台的特殊义务,反映了我国在数字经济领域反垄断规制方式的转变。

与此同时,域外国家或地区也在积极制定数字经济领域的相关立法。通过对世界各国或地区数字经济领域垄断行为规制模式的研究分析发现,目前对于大型数字平台的反垄断规制主要有四种规制模式:第一种是以欧盟《数字市场法》和《数字服务法》为代表的针对大型数字平台的规制模式;第二种是以英国数字市场部为代表的设立专门反垄断执法机构的规制模式;第三种是以美国《终止平台垄断法》为代表的数字平台反垄断法规制模式;第四种是以德国《反限制竞争法》第十次修正案为代表的设立专门垄断标准的反垄断法规制

<hr>

① 《中华人民共和国反垄断法》第9条:"经营者不得利用数据和算法、技术、资本优势以及平台规则等从事本法禁止的垄断行为。"第22条第2款:"具有市场支配地位的经营者不得利用数据和算法、技术以及平台规则等从事前款规定的滥用市场支配地位的行为。"

模式。① 本文以上述域外四种对大型数字平台的反垄断规制路径为视角，分析其设立的目的、原则以及运作机制，比较四种模式之间的利弊，以期完善和促进我国数字平台反垄断监管的发展，构建良好的市场竞争环境。

二、大型数字平台垄断行为规制的困境

（一）传统反垄断法的事后规制模式

传统反垄断法主要基于工业经济的理论和实践，采用芝加哥学派关于市场自我矫正的简单假设，倾向于自我放任主义。② 在此种理论下，我国在反垄断法领域长期保持着"包容审慎""迁移监管"的理念。过去我国相关法律法规主要规制的垄断行为包括垄断协议、滥用市场支配地位和经营者集中三种。传统反垄断法一般采取事后规制的监管模式，通过设置相应的禁止性规定和处罚机制对经营者的垄断行为进行惩罚，以此来弥补垄断行为造成的影响。针对上述垄断行为，我国行政机关主要在垄断行为发生之后，对相关市场、市场支配地位等进行界定，而事后规制模式最大的缺点就是调查时间过长，无法及时对垄断行为进行合理规制。事后规制模式无法适应数字经济领域的自我优待、平台"二选一"等平台领域出现的新型的垄断行为。

（二）数字平台垄断行为的特点

数字平台是指可以收集、处理并传输生产、分配、交换与消费等经济活动信息的一般性数字化基础设施，它为数字化的人类生产与再生产活动提供基础性的算力、数据存储、工具和规则。③ 这种平台

① 赵泽宇：《数字平台国际反垄断监管冲突下区域贸易协定竞争政策条款之困》，《武大国际法评论》2022 年第 1 期。

② 杨东：《论反垄断法的重构：应对数字经济的挑战》，《中国法学》2020 年第 3 期。

③ 谢富胜、吴越、王生升：《平台经济全球化的政治经济学分析》，《中国社会科学》2019 年第 12 期。

经济模式充分利用了数字经济网络效应①、马太效应等,导致大型数字平台企业在已经占据所在相关市场的绝大部分市场份额的情况下,仍然挤压其他市场竞争者,形成行业垄断,其行为主要具有以下两个方面的特点。

1. 数字平台垄断形式的多样性

数字经济时代下的企业,为获取超额利润以及扩大市场经营规模,通过横向兼并、纵向兼并、对角兼并等形式形成跨行业、跨领域、有广泛应用力的商业生态。② 数字平台垄断与传统经济组织垄断相比,其涵盖范围更加广泛,垄断形式也更为复杂多样。我国在 2021年加大了对数字平台的反垄断监管,《关于平台经济领域的反垄断指南》将算法合谋、平台"二选一"、大数据杀熟等行为纳入反垄断法的监管范围。国家市场监督管理总局对部分大型数字平台实施的"二选一"等涉嫌垄断行为立案调查,并对多家互联网平台的合并或收购案处以罚款。除我国相关平台垄断案件,域外国家也存在此类案件。例如,美国从 2019 年开始对谷歌、亚马逊、苹果等大型数字平台进行反垄断调查,欧盟以及德国等国家或地区也开始对大型数字平台不正当竞争手段挤占市场份额的行为展开反垄断调查与执法,削弱它们的市场优势地位,加强反垄断执法。

2. 数字平台垄断的高度隐蔽性

与传统垄断行为相比,大型数字平台通过依赖算法和掌握大数据信息等优势实施垄断行为,使得平台垄断行为更为隐蔽和复杂,不利于执法机构的调查。传统反垄断法规制的垄断行为更多借助经营者之间的磋商以及对市场变化的掌握,从而形成垄断协

---

① 网络效应,也称为网络外部性。由以色列经济学家奥·兹夏伊在《网络产业经济学》中首次提出,即产品价值随着购买这种产品及其兼容产品的消费者数量的增加而增加。参见吕浩远:《平台经济反垄断规制的经验借鉴》,《经济研究导刊》2021 年第 33 期。

② 冯梅:《简析数字经济平台垄断问题及反垄断规制》,《安徽警官职业学院学报》2022 年第 5 期。

议,达到垄断市场地位的目的。而这整个过程并不隐蔽,对平台经营者而言具有更高的风险。但在数字经济领域,平台经营者之间的垄断协议不再局限于书面协议,电话、会议、邮件等沟通方式被算法替代,算法通过计算机技术,为平台提供监测、沟通等机制,降低了企业平台的运营成本。计算机技术的快速发展,提高了算法合谋的隐蔽性和稳定性,一方面算法可以快速准确传递信息的,另一方面算法能够通过分析复杂多变的市场环境,为经营者提供更为便利的经营策略,实现经营者的利益最大化。此外,算法技术极大增强了合谋协议的稳定性,能够及时准确识别合谋方的背叛行为,并立即实施相应的惩罚措施,促使合谋方遵守合谋协议,否则将遭受重大损失。

三、域外国家或地区关于大型数字平台的反垄断规制模式

(一)欧盟数字平台反垄断事前行为规制——"守门人"制度

欧盟作为全球数字经济反垄断监管最早且力度和影响最大的司法辖区[1],对垄断企业的不正当行为一向毫不手软。欧盟委员会在2020 年出台了"塑造欧洲的数字未来"战略,提出了"一揽子"数据领域改革方案,促进数字市场的可竞争性和公平性。2022 年 7 月18 日,欧洲理事会正式通过了《数字市场法》和《数字服务法》,该法案历经两年时间于 2022 年 11 月 1 日正式生效,并预计将于 6 个月的过渡期后予以适用。《数字市场法》是针对大型数字平台垄断行为进行特别规制的立法,引入"守门人"制度,将具有市场支配地位的超大型数字平台界定为守门人企业,为其设定特殊的权利和义务,限制其滥用市场优势地位实施不公平竞争行为,进而推动欧盟数字市场公平竞争,实现整个市场环境的和谐共生。《数字服务

---

① 王晓晔:《数字经济反垄断监管的几点思考》,《法律科学(西北政法大学学报)》2021 年第 4 期。

法》则要求规制大型数字平台促进数字服务更加透明化和公平化，提升平台的透明度。而且《数字市场法》和《数字服务法》是对欧盟数字竞争法的补充，并不影响《欧盟运行条约》第 101 条、第 102 条和相应的国家竞争规则，以及其他关于单方面行为的国家竞争规则与合并控制的国家规则。①

1. 事前监管与反垄断法的协调

《数字市场法》的"守门人"制度，将数字经济领域的反垄断法监管转为事前监管模式，加强对大型数字平台的事前和事中监督，以此来解决数字经济领域垄断行为的相关市场以及市场支配地位难以界定等问题。传统反垄断法的监管，通常是从垄断行为发生之后开始调查，该过程持续时间过长，除此之外，关于反垄断民事诉讼案件也呈现出诉讼周期长、举证难、胜诉少的现象。而《数字市场法》将监管时间提前，从源头遏制大型数字平台的垄断行为。守门人制度与反垄断法将全程对大型数字平台的垄断行为进行监管，全面规制数字平台的垄断行为，最大限度满足各市场主体的发展需求。

2. "守门人"的义务

《数字市场法》第 2 条第 1 款明确指出了"守门人"的含义，即满足该法案第 3 条规定的核心平台服务的经营者。第 3 条从欧盟市场内部具有重大影响、提供商业用户与消费者之间的沟通渠道、享有稳固且持久的市场地位三个具体方面对"守门人"进行界定，并分别从

---

① 《数字市场法》第1(6)条："本条例不妨碍 TFEU 第 101 条和第 102 条的适用。它也不影响以下条款的适用。(a)禁止垄断协议、经营者集中的决定、协同行为和滥用市场支配地位的国家竞争法法规。(b)禁止其他形式的单边行为的国家竞争法法规，只要这些法规适用于并非守门人的经营者或这些法规并非相当于对守门人施加进一步的义务，以及(c)欧洲理事会第 139/2004 号条例(23)和有关管控并购的国家法规。"欧盟竞争法体系的基础由《欧盟运行条约》(Treaty on the Functioning of the European Union，简称 TFEU)第 101 条和第 102 条确立。该条约第 101 条即禁止卡特尔条款，对实际或潜在市场竞争者之间的任何形式的合作进行调整，禁止其影响市场竞争；第 102 条规定了禁止滥用市场支配地位。

定量的角度对三者进行量化。当企业的核心平台满足上述条件时，将要承担相应的义务与社会责任。① 该法案为"守门人"制定了一系列的行为规则，第三章在总结欧盟竞争执法、司法实践的基础上，对大型数字平台的不公平竞争行为设立了"黑名单"与"灰名单"制度。这样既规定了禁止性义务，也规定了相应的积极履行义务。第 5 条明确规定了"守门人"的"应为"和"不为"相关款项，而第 6 条相对于第五条而言，规定更为具体，需要具体到个案，具有一定的裁量性。《数字市场法》规定的"黑名单"与"灰名单"制度，是欧盟基于多年的司法经验试图将反垄断规制模式从单纯的事后执法"单腿跛行"向事前监管结合事后执法"双腿行走"过渡的开创性尝试，该制度既为大型数字平台规定了消极义务，也通过事前监管提出包含积极义务与包容义务的强制性义务规范。②

3."守门人"的惩罚机制

"守门人"制度对于数据评断行为的事后处罚非常严格。虽然该法案将结构性手段作为最后的选择，以罚款为主要的处罚手段，为企业设置了高额的罚款额。③《数字市场法》第 30 条规定了"守门人"若没有承担相应的义务，将可能面临以上一财政年度的全球总营业

---

① 《数字市场法》第 3 条第 1 款："符合下列情况的企业将被认定为'守门人'：(a)对欧盟内部市场有重大影响；(b)其所提供的核心平台服务是商业用户接触消费者的重要中间渠道；(c)已经或即将在其业务领域享有稳固且持久的市场地位。"第 2 款："当企业满足下列条件时，应当被推定为满足本法条案第 1 款中的各项要求：(a)若企业最近 3 个财务年度中每年在欧盟的营业额至少达到 75 亿欧元或其市值在最近一个财务年度至少达到 750 亿欧元，并且至少在 3 个欧盟成员国提供相同的核心平台服务则该企业可以被推定为满足第 1 款中的条件(a)；(b)若企业所提供的核心平台服务在上一个财务年度平均至少拥有位于欧盟的 4500 万月度活跃消费者以及 10000 个年度活跃商业用户(按附件中规定的方法和指标计算)，则该企业可以被推定为满足第 1 款中的条件(b)；(c)若企业在过去 3 个财务年度均达到上述(b)标准，则该企业可以被推定为满足第 1 款中的条件(c)。"

② 申乐诚、马辉：《大型数字平台企业事前监管措施与反垄断的交互研究——以欧盟〈数字市场法〉为例》，《北京经济管理职业学院学报》2022 年第 4 期。

③ 刘晓春、李清逸：《欧盟〈数字市场法〉守门人制度解读与启示》，《中国对外贸易》2022 年第 9 期。

额为计算标准的罚款,最高可达全球年营业额的 10%,如果按照这个比例来罚款,处罚金额对于企业而言可能是天价。同时也可对其进行定期罚款,最高可达全球年营业额的 5%。高额的罚款使得企业的违法成本极高,对企业而言具有很强的威慑力。除此之外,对于系统性违法行为,法案第 18 条规定了行为上或结构性的补救措施。

(二)英国设立专门反垄断机构——以 DMU 为代表

2021 年 4 月,英国在竞争和市场管理局(以下简称 CMA)内部设置了一个专门的数字市场部(以下简称 DMU),以防止数字科技巨头利用其市场主导地位来扼杀竞争和创新。该部门主要职责是平衡大型数字市场科技公司与内容提供商、广告商的关系,制定新的行为准则,促进数字信息产业的发展。根据 CMA 创建 DMU 的提议,DMU 有权确保其认为拥有"战略市场地位"的数字公司采取行动,拥有"战略市场地位"(以下简称 SMS)的公司将被要求"遵循可接受行为的新规则",以此来实现公平交易、开放选择、信任和透明度三个目标。[1] SMS 制度的切入点是对公司是否具有战略市场地位的评估。与《数字市场法》不同的是,该制度没有固定的、预先建立的规则列表。该法案所提出的是"连贯的监管模式",即 DMU"将评估特定企业的市场力量水平,为其制定保护消费者和防止排除竞争对手或剥削贸易伙伴所需要的一套规则,并且该套规则可以随着技术和商业模式的逐一发展而进行调整和更新。"[2]

(三)美国传统反垄断法规制模式

"长期以来,美国奉行自由主义经济政策,在数字经济领域的反

---

[1] See Thomas A. Lambert, *Addressing Big Tech's Market Power: A Comparative Institutional Analysis*, 75 SMU L. Rev. 73, 112 (2022).

[2] Cristina Caffarra & Fiona Scott Morton, *The European Commission Digital Markets Act: A Translation*, VOXEU (Jan. 5, 2021) (emphasis omitted), https://cepr.org/voxeu/columnns/european-commission-digital-markets-act-translation.

垄断监管态度比较消极。"①2020年10月6日,美国众议院司法委员会下属的反垄断小组正式颁布了《数字化市场竞争调查报告》,该报告指出脸书、谷歌、亚马逊、评估四大互联网平台企业存在利用其垄断地位打压其他竞争者等行为,并建议美国国会对反垄断法进行修订,以此来适应数字经济时代的发展趋势。② 2021年6月,美国众议院司法委员会批准了六项平台反垄断法案,旨在加强对大科技公司的垄断监管。这六项法案分别是《终止平台垄断法案》《美国选择与创新在线法案》《平台竞争和机会法案》《收购兼并申请费现代化法案》(通过启用服务切换(ACCESS)法案)以及《州反垄断执法场所法案》。2021年7月9日,美国《关于促进美国经济竞争的行政命令》指出,本届政府的政策仍是执行传统的反托拉斯法,以应对新行业和技术带来的挑战,虽然该行政命令也呼吁反垄断执法机构加大反垄断执法,鼓励他们采取法律措施规制垄断行为,但是由于不同学派以及政治立场的不同,美国相关法案仍在讨论阶段。③ 因此从整体上来看,美国目前仍是采取传统的反垄断法规制数字时代的平台反垄断问题。

(四)德国——以《反限制竞争法》第十次修正案为代表

2021年1月19日,德国联邦议院决议通过的《〈反对限制竞争法〉第十修正案》正式生效,该法案全称为"基于制定具有聚焦性、主动性、数字性的4.0版本竞争法而对《反限制竞争法》予以修订和对其他竞争法规定予以修订的法律",简称为"《反限制竞争法》数字化

---

① 富新梅:《美国数字经济领域反垄断的转向及其启示》,《价格理论与实践》2022年第9期。

② 参见《美国众议院裁定美国四大科技企业存在垄断行为》,中央广播电视总台央视新闻,http://news.cnr.cn/native/gd/20201017/t20201017_525299760.shtml.最后访问日期:2023年4月15日。

③ https://www.whitehouse.gov/briefing-room/presidential-actions/2021/07/09/executive-order-on-promoting-competition-in-the-american-economy/最后访问日期:2023年4月12日。

法案"。① 该法案对现有的反垄断框架进行了调整,以便适应数字经济的挑战。在传统的市场支配地位以外,第十次修正案第 19a 条创设了"跨市场竞争的至关重要性"这一门槛更低的概念,该条标题是"具有显著跨市场竞争影响的企业的滥用行为",具体规定了一家企业是否具有显著跨市场竞争影响的评判标准,以及确定了一家具有显著跨市场竞争影响的企业滥用市场力量行为的界定标准与否定性法律后果。② 同时,该修正案也完善了相对市场力量的概念,更新了针对数字平台中介角色的认定支配地位的规则,以及修改了必要基础设施的规则。③《反限制竞争法》第十修正案以实现"更好地规制在线市场"为目标,建立关于大型数字平台企业垄断行为的新型规制机制,符合数字经济时代反垄断法律规制的基本要求。在数字经济的发展下,德国目前正在筹备第十一次修正案的出台,以此来强化数字经济竞争。

(五)四种大型数字平台反垄断规制模式比较

通过对上述域外国家或地区数字经济反垄断规制模式的分析可以看出,欧盟《数字市场法》针对大型数字平台采取了严格的事前监管的方式,对数字平台企业采取严格的高压监管。从"黑名单"与"灰名单"制度到之后的告知集中、审计、市场调查、惩罚等机制,对数字企业巨头进行严格的事前监管,预先掌握大型数字平台的竞争动态,并对其评估报告审查,在具体实施行为作出之前进行初步预判,将垄断行为扼杀在摇篮里,最大限度维护市场公平竞争。但是,第 6 条的裁量性规定具有一定的弹性空间,对于具体认定会存在一定的误差,除此之外,"正确制定规则的前提是充分认知行为的性质及对

---

① 参见翟巍《德国〈反限制竞争法〉第十一次修订部长级草案述评》,《竞争政策研究》2023 年第 1 期。

② 参见翟巍《〈德国反限制竞争法〉数字化改革的缘起、目标与路径——〈德国反限制竞争法〉第十次修订述评》,《竞争法律与政策评论》2020 年第 6 卷。

③ 参见 https://www.ctils.com/articles/1616.最后访问日期:2023 年 4 月 12 日。

竞争的影响,如果由于认知偏差导致规则制定错误或者不合理,则可能产生假阳性错误。"①

英国针对大型数字平台虽然设立了 DMU,但是并没有像欧盟《数字市场法》一样,对数字平台进行统一的权利义务规定,而是需要DMU 对相关巨头企业进行持续性的监测,针对不同企业对其量身定制规则,从整体上来看该过程具有很大的不确定性。

美国的数字平台反垄断监管态度虽然由过去的宽松包容转向审慎包容,但相关竞争政策和法律仍处于初级阶段,这些草案成为正式的法律还需要经过参议院、众议院全体表决、总统签署等步骤。② 以传统反垄断法来规制数字平台的垄断行为,不足以适应数字时代的快速发展,同时对反垄断行为的监管实施成本高、时效慢。

四、我国数字平台反垄断监管的完善路径

（一）数字平台反垄断规制模式选择

通过对上述四类数字平台反垄断规制模式的分析,可以看出欧盟"守门人"制度、美国传统反垄断法规制、英国持续监测机构以及德国设立专门垄断标准四种规制模式各有利弊。我国应当在充分权衡各种模式利弊的基础上,结合我国具体实践予以选择,充分发挥相关部门的指导作用。我国反垄断法关于数字平台的规定仍停留在原则层面,为更高效地监管数字平台的垄断行为,我国可以借鉴欧盟《数字市场法》中的事前监管规定,从事前、事中和事后三个方面全方位加强对数字平台所特有的垄断行为的规制。同时,鉴于《数字市场法》出台时间不长,未经过具体司法实践的运用,以及相关配套法律规范仍不完善,整体来看仍处于摸索阶段,故我国现阶段不宜针对数

---

① 参见洪莹莹《欧盟〈数字市场法〉及其对中国的启示》,《上海政法学院学报（法治论丛）》2023 年第 2 期。

② 参见刘传平、徐鹏《美国数字平台反垄断立法动向与借鉴》,《电子政务》2022 年第 12 期。

字平台进行全面立法规定。国家市场监督管理总局出台的《分类分级指南》和《主体责任指南》,以及《中华人民公共个人信息保护法》第58条的规定,是我国对数字平台监管的初步探索,而《反垄断法》的修订,对数字平台垄断行为进行了原则性规定,但缺乏具体明确的规定。因此,我国可以针对反垄断数字平台的原则性规定,结合我国具体实践以及域外国家的立法经验,探索大型数字平台新的监管模式,完善相关法律规范。

(二)协调各国竞争政策间的冲突

随着数据跨境流动,数字平台巨头在全球范围内展开市场竞争,虽然各国开始积极主动协调反垄断监管策略,但竞争冲突始终存在。正如前述的四种垄断行为规制模式,即使目前存在区域贸易协定等相关贸易协定,无论是FTA还是RCA中的竞争条款,虽然存在机构间的执法合作协议的补充,还是难以形成较为统一的数字平台反垄断规制谱系,大多数的贸易协定文本仍然浮于表面,缺乏对数字市场规制模式的深入理解,各国在数字市场竞争规制方面的利益冲突也难以协调。① 因此我国在制定竞争政策的同时,也要考虑到各国或地区之间垄断模式的不同,注重协调反垄断监管冲突。

结　语

数字时代的快速发展,使得国家间的数字经济贸易往来日趋频繁。没有良好的竞争环境,平台经济将会形成一家独大的垄断局面,影响市场其他主体的生存。我国在借鉴其他国家或地区的大型数字平台反垄断监管模式的同时,也要正确认识我国市场的特殊环境,结合我国具体国情,加强对数字平台垄断行为的事前事后监管。同时

---

① 参见赵泽宇《数字平台国际反垄断监管冲突下区域贸易协定竞争政策条款之困》,《武大国际法评论》2022年第1期。

在数字经济领域要坚持适用包容审慎的理念进行反垄断法规制,完善我国经济体制以及相关法律法规,对大型数字平台进行适当引导和规制,促进互联网和数字经济可持续健康发展,营造良好的市场竞争环境。

法学理论与法律方法

列宁法律监督思想及对我国的影响

吴春雷[①]

一、列宁法律监督思想的历史背景

马克思、恩格斯去世以后,对马克思主义法学作出进一步发展的是革命导师列宁。列宁对马克思主义法学的贡献,主要集中在两个方面,一是在领导俄国的工人阶级推翻旧政权的过程中,提出了无产阶级专政的学说;二是在领导苏维埃新政权建设的过程中,提出了社会主义法制的学说。其中,在社会主义法制学说中,其《论"双重领导"与法制》被苏联的学者和我国的学者反复引用和解读,以作为苏联检察机关得以加强和新中国检察机关实施法律监督权的"唯一"思想渊源。

可是,问题在于这些引用和解读的重点,更多局限于革命导师列宁的某一段话中,如"……但法制应当是统一的,而我国全部生活中和一切不文明现象的主要祸害,正是对旧时俄国观念以及对希图保留加路格法制使之别于喀山法制的半野蛮恶习,采取宽容态度。应该记住,检察机关与一切政权机关不同,它没有任何行政权,关于行政上的任何问题,它都没有表决权。检察长的唯一职权是:监视全共

---

① 吴春雷,天津商业大学法学院教授,法学博士。

和国内对法律有真正一致的了解,既不顾任何地方上的差别,也不受任何地方上的影响",①而很少将某一段话与这一篇文章的其他部分联系起来,从整体上进行考察。

列宁以公开信的形式,"致斯大林同志转中央政治局"的历史背景在于,在全俄中央执行委员会推选出的中央委员会内,关于地方检察长究竟应该实行"双重领导"还是"垂直领导"上存在着分歧:"意见分歧的实质是这样的:全俄中央执委会推选出的这个委员会中的多数委员在检察机关问题上,反对地方检察长只能由中央委任并只服从中央节制的办法。"②也就是说,在列宁因为身体有病不能出席会议的情况下,全俄中央执行委员会推选出的中央委员会,有多数人反对实行地方检察长的垂直领导,而赞成实行双重领导。双重领导的特点在于,"地方检察长"既需要接受中央的领导,也需要接受地方相关机关的领导,即要求他们一方面必须服从中央人民委员部,另一方面由服从地方的省执委会。垂直领导的特点在于,"地方检察长"可以在法制观点上摆脱地方相关机关施加的影响。至于"多数委员"的人数和比例,在革命导师列宁转交的这一封信里没有具体体现。

对于"多数委员"的意见,列宁持坚决反对的态度,认为这一意见属于"显然错误的决定",反对的理由就是"法制应当是统一的"。加路格省的农业和喀山省的农业情况可以有所不同,它们的工业情况可以有所不同,它们的行政方面和管理机关可以有所不同,但是法制应该是统一的,"关于法治一层,不能有加路格省或喀山省的法制,而只应是全俄罗斯统一的,甚至是全苏维埃联邦共和国统一的法制"。如果不统一,就会出现各个地方的法院在审判案件的时候更多考虑各自的地方性因素:"在判处罪状时必须估计到各种地方情形"。这

---

① 列宁:《列宁文选》(第 2 卷),人民出版社 1954 年版,第 978 页。
② 列宁:《列宁文选》(第 2 卷),人民出版社 1954 年版,第 978 页。

种"对旧时俄国观念……以及半野蛮习俗,采取宽容态度"的"地方情形",是苏维埃新政权建立之前的旧观念、旧习惯的延续,是"我国全部生活中和一切不文明现象的主要祸害"。这种"地方影响对于确立法律制度与文明性说来,即令不是唯一有害的障碍,也是最有害的障碍物之一",并对苏维埃新政权维护法制的统一性和树立法律的权威性构成威胁和障碍。① 而检察机关负有维护法制统一和消除地方影响的重要任务,如果将地方检察机关和地方检察长采取"垂直领导",除了"把案件提交法院去判决",就可以避免受到地方主义的各种压力和影响,否则"如果我们不来绝对施行这种规定全联邦统一法制的最起码条件,那就根本谈不上对文明性有任何保护和任何建树了"。也就是说,对于实行联邦制的苏维埃共和国,由于各个联邦的经济发达程度不同,因而会出现农业生产和工业生产的因地制宜现象,并在行政体制和行政管理体制方面也出现地方性色彩,这些地方性现象能够被允许,如果强行统一起来,就会导致官僚主义现象;但是也需要一种保证各个联邦统一起来的共同性因素,这就是法制,这种法制是文明的象征,是与俄罗斯的旧习俗直接相对立的。保证全联邦统一法制的最起码条件,被赋予了检察机关或者检察长。

为什么要求检察机关或者检察长不受地方情形、地方因素的影响呢? 从深层次的原因来看,在于苏维埃新政权整体上的文明程度不是很高,苏联共产党整体上的文明性程度不是很高,既具有法律知识背景又能够抵抗地方影响的检察长人才也相当匮乏:"未必有人敢来否认,我们党要找到十几个法律学识充分和能够对抗一切纯粹地方影响的可靠共产党员容易,要找到几百个这样的人就难得多了。"在当时的历史背景下,既具有法律知识背景也同时能够对抗一切纯粹地方影响的检察长人数实在太少,没有"几百个",甚至是"上百

---

① 朱孝清:《新中国检察制度的不变与变》,《人民检察》2021 年第 22 期。

个"，因此，要求他们只服从中央的领导，同时并不接受地方的领导，就是一种无奈之举。非常可惜的是，革命导师列宁并没有对苏联法制文明的程度提高后，既具有法律知识背景也同时能够对抗一切纯粹地方影响的检察长人数已经足够的背景下，是否能够实行双重领导进行思考，这为苏联后来检察机关的建设走向过于权力集中的发展道路留下了隐患。

需要注意的是，在革命导师列宁设想的反对受到地方影响的机关之中，除了检察机关，还有党的其他机关，而且检察机关的保障法制统一的活动需要受到党的其他机关的监督："我们在中央这里定要找到十来个这样的人，由他们来实施中央检察之权，如总检察长，最高法院和司法人民委员会部的权限。这十来个人均在中央所在地进行工作，受党的这三个机关：中央组织局、中央政治局和中央监察委员会的最亲近的监视。"这是革命导师列宁关于国家的监督机关和党的机关相互分工的一种最初架构，检察机关保障法制统一，同时受到党的中央机关特别是中央人民监察委员会监督，而后者只对党的全国代表大会而不是地方代表大会负责。①

二、列宁法律监督思想与中国检察制度的建构

列宁的法律监督思想，对于将检察机关与法律监督权的行使联系起来进行考察，确实具有直接的指导意义，然而，这种指导意义更多是与当时苏俄的社会主义政权建设的历史背景与社会背景联系在一起的，而不是与我国社会主义政权建设的历史背景与社会背景相联系。十月革命之前，旧检察机关设置于法院内，主要任务是提起公诉和参与民事诉讼，但是，由于检察官队伍在阶级成分上的"非人民性"和"反动性"，如"关于革命前俄国的司法部所表现的阶级关系，由留波林斯基教授根据'司法部属辖官吏名册'所作的有趣味的调查

---

① 王海军：《苏俄检察监督制度及其现代发展》，《国家检察官学报》2017 年第 6 期。

中可以判断出来……从每一类的个别考察中可以看到：在大理院的总检察官中有85.4%的成分属于贵族阶层，其余的14.6%则属于其他特权阶层……在地方法院中95%的检察官是从贵族与僧侣和军官子弟中征募而来。在地方法院的副检察官中，我们可以看到有7.4%的小市民和2.6%'农民'，而工人和手工业者的子弟则在这里还是一个也没有"，再加上他们在对发动革命的案件和抓捕布尔什维克领袖的刑事检举中表现过于积极，[1]所以，就在革命以后被苏维埃政权公布的《关于法院的第一号法令》废除了："废弃从前所有的侦查人员和检察监督制度。"这也与革命导师列宁在《国家与革命》中强调的无产阶级在打碎旧的国家政权以后，还需要建立新的国家政权取代它的精神[2]相一致。那么，仅仅在几年之后，列宁为什么又赞成设立一个强有力的检察机关来维护国家法制的统一呢？这与检察机关被废除以后，其他一些党政机关都扮演过法律监督的角色，但是由于政出多门，反而导致监督乱象滋生有关。[3] 法律监督权由这些党的机关、国家权力机关、国家管理机关、工农检察院以及其他地方机关和地方苏维埃行使以后的效果如何、存在哪些问题，苏联的学者们采取了讳莫如深的态度，但是归纳起来，应该出现了以下几个方面的隐患：第一，苏维埃新政权是通过中心城市采取武装斗争的方式夺取的，与中心城市相对应的广大农村地区，党的地方组织比较薄弱，对维护国家法制统一没有很大的积极性。第二，苏维埃新政权后来选择的是联邦制度，联邦制与单一制相比较起来，各加盟共和国具有较大的独立性。第三，苏维埃新政权建立之前，法制传统匮乏，与法制统一相对立的各种地方影响、地方因素横行，这也是被列宁多次诟病

---

① 高尔谢宁：《苏联的检察制度》，参见谢鹏程选编：《前苏联检查制度》，中国检察出版社2008年版，第13-15页。

② 列宁：《列宁全集》（第31卷），人民出版社1985年版，第109页。

③ 高尔谢宁：《苏联的检察制度》，参见谢鹏程选编：《前苏联检查制度》，中国检察出版社2008年版，第13-15页。

的地方。"因此，创建一个高度集中统一的检察体系来维护国家和法制的统一是十分必要的。"①这是列宁为苏维埃政治局写下那封有名的"论'双重领导'与法制"的原因所在。

问题在于，列宁关于苏联检察机关的构想依然是粗线条的，只是设想检察机关能够行使一种维护国家法制统一的权力，这种权力不同于地方权力机关的决议权、行政机关的管理权、法院的审判权，以"抗议"的形式出现，只能服从中央领导；检察机关的权力究竟采取高度集中统一的模式还是分散的模式，还没有考虑成熟；检察机关与检察长的关系如何，也没有详细阐述，只是在有些地方突出检察机关的职能，有些地方又强调检察长的重要作用……这些粗线条的构想可以作为苏联检察机关及其法律监督权组织和活动的理论基础，但是同样作为我国社会主义检察机关及其法律监督权建立和发展的理论基础则明显不足，更别说以此作为加强我国检察机关法律监督权的根据了。因为我国的检察机关虽然带有相当明显的苏联的烙印，因为从 1949 年开始，苏联派了很多学者来中国介绍苏联的检察监督和法院审判的经验，与此同时，新中国开始向苏联派遣法学留学生，当时一些高等院校以及高等院校的法学院、法律系均向苏联派出了自己的优秀教师，前去学习法律知识，并攻读各种学位。② 这些交流活动使中国检察机关的法律监督权不可能不带有苏联的烙印。但是这种烙印并不意味着新中国的检察机关在组织结构、领导体制和职权配置上就是对苏联进行了简单的抄袭和模仿，而是存在着差别。正如彭真同志所总结的那样，我国的检察机关由同级人民代表大会产生，并对后者负责，而不像苏联那样，只对"总检察长负责"；我国的检察机关设有检察委员会，实行集体讨论，苏联没有；我国的检察机关

---

① 谢鹏程：《前苏联检察制度给我们留下了什么？》，《检察日报》2008 年 5 月 15 日。

② 郑虎潼：《新中国移植前苏联检察制度问题研究》，天津商业大学硕士研究生论文，2011 年。

与公安机关、法院在办理刑事案件时相互制约,而苏联检察机关的监督权非常大,可以对所有的党政机关进行监督,不受它们的制约;我国的地方检察机关在对地方人大负责的同时,"要接受地方党委的领导"①。这些差别本身就说明了不能将革命导师列宁的法律监督思想直接照搬到中国检察制度的理论与实际中去,这样做,会严重脱离中国的国情与实际。

在列宁的法制统一思想中,包含人民群众守法、政权机关严格执法、法院严格司法、检察监督等环节,只是后来检察机关的监督发挥了更大的作用而已。这种作用表现为三种特色:一是苏联检察机关的法律地位高,总检察长的监督属于最高监督;二是苏联检察机关行使法律监督权的范围非常广泛,能够对所有的国家机关、企业、公民都进行监督,被称为"一般监督权";三是苏联检察机关在系统内实行"垂直领导",不同级别的检察长最终都服从于总检察长,以防止监督活动会受到地方主义的影响。这三种作用在新中国成立之后建立起来的检察制度中在某种程度上得到移植,如 1951 年 9 月《中央人民政府最高人民检察署暂行组织条例》第 2 条规定,最高检察机关负有"最高的检察责任"的表述,其中就带有苏联检察机关"最高监督"的痕迹:"'最高的检察责任'的说法有别于'最高监督',因为前者主要是就最高检察院在国家检察系统中的地位和责任而言。"②又如,1954 年《人民检察院组织法》第 3 条所规定的,最高人民检察机关对中央和地方政府及其工作人员、对公民所行使的检察权,就带有苏联检察机关"一般监督权"的痕迹,但是由于在后来的法制实践中存在诸多障碍,难以实行,所以在 1979 年的《人民检察院组织法》中就对其进行了修改,将检察监督的"范围和重点放在了对国家工作人员职

---

① 谢鹏程:《前苏联检察制度给我们留下了什么?》,《检察日报》2008 年 5 月 15 日。
② 石少侠、郭立新:《列宁的法律监督思想与中国的检察制度》,《法制与社会发展》2003 年第 6 期。

务犯罪行为的监督,即通过对国家工作人员犯罪事实的揭露,追究犯罪行为人的违法责任,从而形成对国家工作人员的司法弹劾制度"①。再如,在 1949 年 12 月《中央人民政府最高人民检察署试行组织条例》中,规定全国各级检察署均独立行使职权,不受地方机关干涉,就带有苏联检察机关"垂直领导"的痕迹,但是由于在实践中困难重重,经过多次调整,才形成了下级检察机关既接受上级检察机关的领导,同时又对本级国家负责的"一重监督,一重领导"的体制。"所以,我国检察机关的领导体制是在坚持列宁的检察监督思想下,根据中国的政体制度和国情状况不断发展的。"②不管是我国地方检察机关对地方人民代表大会负责,接受地方党委的领导,还是在系统内部设立检察委员会集体讨论案件,都属于中国特色,而不是对苏联模式的简单移植和照搬。

三、列宁法律监督思想的历史局限性

作为法制思想或者法制统一思想的组成部分,列宁的法律监督思想只是针对苏维埃政权制定的法律、法令在地方上得不到有效执行的一种探索,即苏维埃政权的法律、法令能不能只依靠劳动群众的自觉遵守得到实现。答案是否定的,因为劳动群众的法律意识和文化水平与旧制度之间存在着千丝万缕的联系;苏维埃政权的法律、法令,能否通过苏维埃政权的严格执法和法院的审判活动来实现,情况显然不见得乐观。那么通过一个实行垂直领导的检察机关以"抗议"的方式,承担起法制统一的重任是否具有可行性? 列宁进行了思考。重温或者继续探讨列宁的法律监督思想,对我国检察机关及其行使法律监督权的某些环节上肯定具有指导意义、借鉴意义或者启示,能

---

① 石少侠、郭立新:《列宁的法律监督思想与中国的检察制度》,《法制与社会发展》2003 年第 6 期。

② 石少侠、郭立新:《列宁的法律监督思想与中国的检察制度》,《法制与社会发展》2003 年第 6 期。

够多少弥补我国检察机关制度建设的不足,如列宁早已经注意到检察机关工作人员应该具备相应法律素养,①在消除地方影响或者地方保护主义上具有积极作用等。②

而对于检察机关行使的究竟是什么权力,革命导师列宁也只是进行了简单的描述。从这些描述中不难发现,检察机关行使的权力,不是行政权,而是和行政权相对的一种权力,即"关于行政上的任何问题,它都没有表决权";检察机关行使的权力,也不是审判权,而是和审判权相对的一种权力,否则它就没有必要"把案件提交法院去判决";检察机关行使的权力,也不是一种地方性的权力,而是一种反对地方影响的归属于中央的权力,否则也就没有必要强调"规定地方检察机关职能服从中央";检察机关行使的是一种抗议权,"抗议地方当局一切决议的权限和职责,但无法停止该决议案的执行"。在这些表述中,苏联和之后建立起来的其他社会主义国家法制建设的困境在于,检察长的职权与检察机关的职权是否等同,革命导师列宁显然没有做进一步的解释。与之相联系的是,检察机关究竟是实行集权制还是分权制,革命导师列宁似乎还没有形成相对成熟的意见,而将其纳入次要问题的范围内:"究竟总检察长是行使一长制权限,还是与最高法院和司法人民委员会部分权行使,这个问题,我权且不讲,因为这是一个完全次要的问题,可以由不同方式来解决,总之要看党是把大权交与一人,或是让上述三种机构来分权办理这点为转移。"最重要的是,革命导师列宁从来就没有将检察机关行使的反对地方主义影响并维护法制统一的权力,非常明确地定性为或者称为"法律监督权",只能说其反复强调的是"地方检察官有权从法制观点上抗议

① 蒯茂亚、季金华:《列宁的法律监督思想及其借鉴意义》,《扬州大学学报》(人文社会科学版)2009年第2期。

② 成艳梅:《试述列宁的法制统一思想及其对今天的指导意义》,《西南民族学院学报》2001年第5期。

省执委会及一般地方当局的任何决定"，确实包含有"法律监督权"的成分在内，并不意味着这种"抗议权"就是"法律监督权"，而且在抗议的范围上能否从地方当局延伸到中央党政机关，以及在此之后的法院判决或者处决能否达到停止地方当局"决议案的执行"，革命导师列宁显然没有继续探讨。

由于革命导师列宁在当时苏维埃政权中巨大影响和特殊地位，"列宁的上述思想，得到了全俄中央执行委员会与会代表的支持。1922 年 5 月 28 日，全俄中央执行委员会通过了《俄罗斯社会主义联邦苏维埃共和国检察机关条例》"。该条例规定检察机关除了行使提起公诉权，还具有对其他国家机关、企业、公民进行监督的权力，这些法律监督权可以分别归纳为一般监督权、立法监督权、侦查监督权、支持公诉权、监所监督权等。这些具体化的监督职权与当初列宁的设想之间，实际上存在着出入，甚至是较大的出入，因为对法制的统一性实行监督，与对其他国家机关、企业、公民实行监督，在监督的内容和对象上都有区别。从这一意义上将列宁的法律监督思想作为我国法律监督权的思想渊源是否合适，就值得探索。

小　结

列宁的法律监督思想，是革命导师列宁在考察俄国历史传统和政治现实的基础上，对社会主义法制建设的一次理论创新，作为其法制思想的重要组成部分，列宁试图通过法律监督制度的建立，压制苏联各加盟国中的地方主义倾向，实现全联盟的法制统一，从而维护新生社会主义政权的稳定。列宁的法律监督思想既指导了苏联检察制度的建立，也极大地影响了新中国检察制度的构建。长期以来，我国的检察制度建设一直将其作为思想渊源之一，并结合中国国情对检察制度进行了富有成效的改革和创新。然而，应当注意到，列宁的法律监督思想存在先天不足，那就是列宁的法律监督思想并未对检察官行使"抗议权"之后的效果展开深入的探讨，在这一思想中也并未包含监所监督的具体内容。同时,在我国历史背景和社会背景下的检察制度,无论在制度的形成还是在运行上,都相较苏联有较大的差异。因此,将列宁的法律监督思想作为法律监督权的唯一的思想渊源,就会带有不可避免的局限性,或多或少都会忽略我国的法律监督权在产生的背景上,还有其他历史渊源和思想渊源的重要性。

礼法之争前后家庭伦理的逻辑径路

——以"干名犯义"条存废为切入点

郑全红①　张国建②

一、礼法之争前"干名犯义"的演进与"家长制"的形成

作为正式的法律制度，"干名犯义"指卑幼告发、控告尊长犯罪的行为。"名义"，名教、礼义也；干、犯即触犯名分的行为。中国传统社会严格遵循以血缘纽带为基础的身份等差，再经汉代董仲舒引礼入法，儒教之礼在法律、司法层面逐步渗入，伦理秩序循此而建。思想层面，《史记·太史公自序》载："儒者……然其序君臣父子之礼，列夫妇长幼之别，不可易也。"③儒家的伦理秩序以君臣、父子、夫妇之礼为核心，因此挑战依此构建的人伦等差、悖礼告尊的行为被称为"干名犯义"。考据"干名犯义"的思想渊源不难发现，这与"亲亲相隐"的价值理念遥相呼应却有所差异，照射出古代家庭伦理逻辑的变迁路径。

"干名犯义"条最早见于元代，但学界常将其思想溯至先秦儒家"亲亲相隐"制度。"亲亲相隐"指犯罪之人的亲属有不告发、不举证、沉默及包庇其不受追责的权利和自由。亲者不为隐被孔子视为

---

① 郑全红，天津商业大学法学院教授，历史学博士。
② 张国建，天津商业大学法学院硕士研究生。
③ 司马迁：《史记》，中华书局 1982 年版，第 3289 页。

"不直",它体现出儒家对"仁爱""抑法而存私德"的价值偏向。在确定容隐范围时,标准是情义而非身份,只要有同居共财的生活情义,无论亲等远近,也不论有服无服,也皆在容隐的范围之内。① 可见,"亲亲相隐"的目的在于贯彻"亲亲原则",维护纯粹的亲属之间的情义,而不在于区分身份等差。另一层面,相较后世的"干名犯义",容隐制度只是一种权利设置,并无义务化。例如,在《左传》中,孔子对叔向在评断其弟叔鱼贪污枉法的公正言论评价为"古之遗直、不隐于亲",亲情固然重要,但他并不主张将容隐绝对的高尚化、义务化。庄子在《天地篇》中同样表达了对家庭伦理的看法,"孝子不谀其亲,忠臣不谄其君,臣、子之盛也。亲之所言而然、所行而善,则世俗谓之不肖子。"在这里,庄子从"义"的角度消解血缘身份对家庭伦理的绝对支配力,"义"与"孝"在伦理中处于平衡。由此,先秦时期家庭伦理观以血缘为根基,以"孝、义"为根本,有较为"纯粹"的道德底色,在朴素的正义观当中辩证发展。

到了秦代,法律设立了"非公室告"及"家罪"②,用以限制亲属相告,官府对于奴婢、子女告发主人及父母的行为不予受理,再告者处罪。此时,"亲属不相告"有了义务指向,并大体遵循了尊卑有序的身份等差原则。有学者认为秦律在本质上对家庭问题仍是冷漠的,上述二罪在家庭纠纷中的暧昧只是法家实用主义下为减少诉累、降低治理成本的妥协,因而对"非公室告"采用"勿听"的态度。③ 不管如何,秦律自此开始为家庭伦理的建构注入"权力服从"的因子,政治权力对家庭伦理构建的影响有了明确指向。

汉代以后,董仲舒对儒礼进行了深入改造,家庭伦理与政治、文

① 魏道明:《中国古代容隐制度的价值与正当性问题》,《青海社会科学》2012 年第 1 期。

② 王婧:《论干名犯义制度在传统社会治理中的作用——兼与秦律亲属相告规定的比较》,《河北法学》2011 年第 4 期。

③ 李海洋:《法家公私观念在秦律中的体现》,吉林大学硕士学位论文,2008 年,第15 页。

化制度开始整合,在这种互动关系下,家庭伦理作为一种理念价值被逐渐融合到制度中,并且在制度的引领下得到强化。宣帝时期,"亲亲得相首匿"的原则以法律的形式被确定下来,"亲亲"的伦理观被法律制度吸纳,"仁孝"成为良法应所具备的品质,汉代家庭伦理在行政权的支持下发挥着社会治理的效应,家庭伦理被提升到了一个新高度。"道非权不立、非势不行。"①与此同时,家庭伦理在与制度互动的过程中,其部分价值原则由于政治治理的现实需求而被动地重塑。典型的是"三纲"伦理的确立,单向的孝义服事观代替了家庭中纯粹的"慈""爱"。正如"其父母匿子,夫匿妻,大父母匿孙,罪殊死,皆上请廷尉以闻。"②在"亲亲得相首匿"的制度中,"亲亲"的伦理价值内嵌制度之中,但子和妻在此中处于弱势,"父权""夫权"显然得到加强,"权力服从"的逻辑使家庭伦理的政治依附性色彩越发浓厚。总言之,汉代以后的家庭伦理与制度在互动中不断调和、融促,同时政治治理的逻辑深深影响了家庭伦理价值的构建,传统纯粹的家庭伦理观出现了异化。

唐代主张德本刑用,并将儒家道德伦理体系的系统性以法律的形式固定下来,以作为驭臣治民的制度基础。首先,唐代立法者以"三纲"礼仪作为社会治理的基石。在家庭伦理方面,以孝为核心构建家长制,伦常法典化,实现家国同治,具体表现为亲属相告方面,子孙告发、作证父祖犯罪行为的被列为不孝,判绞首;妻妾告发丈夫的行为判绞刑或流刑,法律严格打击卑幼亲告尊长亲的行为。其次,随着家礼与国礼在唐宋两代完成整合,士大夫阶层的家庭伦理迅速延展至社会各阶层,其内容也更为丰富,相隐的法律中设置了奴婢、部曲禁告主人的义务规定,身份等差的规定不断细腻,国家治理的逻辑

---

① 刘向:《说苑》卷五《指武》,向宗鲁校对,中华书局 1987 年版。
② 荀悦:《汉纪·宣帝纪二》,漓江出版社 2018 年版。

烙入家礼的构建中。总之,科举制的发达使得中央政治权力的触角得以向下延伸,儒家伦理学说作为意识形态的砥柱成为各阶层的共识。于是,家庭伦理与国家制度被深度统合,最后达到治出于一。

蒙族入主中原后,也将草原的习俗带到元朝的治理中,"有奴告主者,主被诛,诏即以其主所居官与之"①。起初按照蒙族传统,奴婢可以揭发控告主人,这与汉地奉行尊卑有序的儒礼相悖,导致尊卑有序的秩序生态被破坏。在这种情势下,为了迎合封建治理的需要,元武帝下令政治革新:"风化,王道之始,宜令所司表率敦劝,以复淳古。如有子证其父、奴讦其主,及妻妾弟侄干名犯义者,一切禁止。"②"干名犯义"遂作为独立罪名正式出现。元英宗时,驸马告父谋反,帝曰:"人子事亲,有隐无犯,今有过不谏,乃复告讦!命诛之。"③可见"干名犯义"条在施行之始,主张对揭发主人的行为施以极为严厉的惩罚,乃至对"谋逆"的检举也不例外,政治强制的色彩浓厚。究其根本,这是外来统治者为解决政权的合法性问题,迫切需要完成对自身文化权威的塑造,因此对儒礼的态度由冷漠走向接纳。那么当统治者倾向于用更为极致的政治手段来推崇"亲亲尊尊"的等级礼制时,家庭伦理中身份等差色彩就更加凸显了,权力的强制远胜于亲情的约制。

明代《大明律》对"干名犯义"做出了更为详尽的规定④,其依据服制、尊卑亲疏的差别对相同行为做出差异化处罚,身份等差的特点

---

① 宋濂:《元史》,中华书局1976年版。
② 详见《元典章·刑部十五·禁例》。
③ 范忠信:《"亲亲尊尊"与亲属相犯:中西刑法的暗合》,《法学研究》1997年第3期。
④ 参见《大明律》"干名犯义"条规定:"凡子孙告祖父母、父母,妻、妾告夫及夫之祖父母、父母者,杖一百、徒三年。但诬告者,绞。若告期亲尊长、外祖父母,虽得实,杖一百;大功,杖九十;小功,杖八十;缌麻,杖七十。其被告期亲、大功尊长及外祖父母,若妻之父母,并同,自首免罪。小功、缌麻尊长,得减本罪三等。若诬告重者,各加所诬罪三等。其告谋反大逆、谋叛、窝藏奸细,及嫡母、继母、慈母、所生母,杀其父,若所养父母杀其所生父母,及被期亲以下尊长侵夺财产,或殴伤其身,应自理诉者,并听告。不在干名犯义之限。"

史无前例的突出。清承明制，在律法上完全沿用《大明律》对"干名犯义"条的规定。"干名犯义"条在范围、罚则、情形上的不断细化透露出明清时期的家庭伦理秩序与国家治理关系之间的紧密程度、整合甚深。缘何？一是强化皇权的逻辑之下，君主宣称自己具有全国最高家长的身份，"以孝率法"，由家及国，突出家国一体，因而不断扩张"家长权"，巩固家父的地位。二是社会治理下沉的过程中，国族、士族、平民价值体系需要同构化建设，"于亲孝，故忠可移于君；事兄弟，故顺可移五伦之德为最高的自然与社会律则于长，便是本"①。理学在此期间成为显学，它将血缘关系中的"长幼之序"上升为一般伦理法则，以彰社会的尊卑等级之别，在"亲亲尊尊"的基础上形成"君臣"的政治秩序，最终完成血缘—政治—伦理的统合，家庭伦理依此成为国家意识形态的重要根柢。

总括以上，可以看出在家庭伦理秩序的建构中家长的绝对核心地位是如何被确立的，封建法律在政治治理与家庭伦理互动中又扮演着何种角色。"亲亲不相告"，由最初纯粹彰显骨肉间情义的一项仁政，到固化为亲亲的法律义务，再到后来强调孝道的法律文化，最后演变为忠孝一体、尊卑有序的法律原则。此发展脉络展示出封建时期政治"权力服从"对家庭原道德主义的侵入，以及侧面反映出法律在这种径路下的对家庭伦理建构的运作方向，即通过尊儒隆礼来强化家国同治的正当性。"天下之本在国，国之本在家"，通过法律的规定，伦理和政治进一步结合，家与国进一步沟通，君主为一国之父长，地方官为一地方之父长，层层相叠，家长制家庭俨然成为一个主权单位，按照国家治理的逻辑，家长既是家族内的立法者又是裁判者，他就拥有了统治家内成员的广泛权利，伦理格局因循而构。

二、礼法之争时期官方对"干名犯义"条的处置与家庭伦理变迁

鸦片战争后，连续性的军事失败使得清帝国被迫不断接受各种

---

① 朱熹：《朱子文集》卷六十六，《孝经刊说》，国家图书馆出版社 2006 年版。

不平等条约,并由此引发了统治者的生存危机意识。与此同时,随着西方思想文化的侵入,传统社会固守的以儒家道德为核心构建的伦理也受到了严重冲击。同时在收回治外法权救亡图存的压力下,"变法"成了各阶层的共识。由此,一场前所未有的修律运动由此展开。1906—1911年,礼教派与法理派围绕《大清新刑律》制定中的礼教存废问题展开了激烈的争论,争论具体集中在"干名范义""存留养亲""亲属相奸""亲属相殴""亲属相为容隐""故杀子孙"等十一个问题上。下文继续以"干名犯义"条的处置为例,浅探清末家庭伦理建构径路的转变。

宣统二年(1910),围绕《修正刑律草案》,劳乃宣首先撰文要求"旧律义关伦常诸条,逐一修入新刑律正文",沈家本随后回文批驳。时年,宪政编查馆、修订法律馆人员几乎都加入此次礼法大论战。在争论中,以劳氏为代表的礼教派坚决维护传统礼制,"亲亲之义男女之别"是法律之经义,新法需"因伦制礼,准礼制刑",指责法派制定的草案有违"君臣之礼、夫子之伦、夫妇之义。"因而,"干名犯义"条合乎纲常应得到保留。以沈家本为核心的法理派则盛赞西方立法体例的科学性,主张放弃千年相传的诸法合体体系,应当与时俱进,齐一法制。在此,法派的做法基本是绕开传统家庭伦理与现代西方法价值的冲突,转为立法技术的问题。具体言之,法派主张摒弃"干名犯义"等伦常条款的理由是从以下角度出发的。

其一,从立法体例出发,"干名犯义"等伦常条款入律不合乎现代先进法律之特征。现代法民刑分离,实体与程序分开,"俱以得相容隐为限,犹不失平恕之意……其子孙之为被害之人,不在此例,可以类推。现在设立审判,并附设检察官,职掌起公诉。如尊长对于他人有犯,除亲告罪外,悉由检察起诉。"①"干名犯义"可依具体情形之异

---

① 《编制局劳提学新刑律说帖驳议》,《申报》1991年1月3日。

归分民、刑，无关刑事者，自不必置于刑律之中；若有诬告的情节则在诬告罪之列，确有伤害则依故意伤害罪提起公诉，情形皆可被它罪涵盖，"干名犯义"所念亲属之情义的善良初衷则有"亲亲相隐"之条申之。凡此情形，不设干犯之例，并无遗漏。

其二，从事实适用出发，薛允升在《读例存疑》中，提及"干名犯义"时所引条例仅有三则，且皆非属卑幼告尊长之情形，故"此条范围法律，虽有规定，而事实上适用者盖绝少矣，固无存在之必要"[①]。是则本条之立法，以经义椽饰之宣告及教化意义，效用不大。

其三，从法制发展出发，历史上所有国家的政法制度都历经家族主义阶段进化至国家主义，仅有发达早迟之异。杨度认为，中国所以弱者，皆四万万国民"仅对家族负责，并不对国家负责，而国家直接者不过是少数家长而已"，"于国家而言他们仅是贪官污吏，于家族却是慈父孝子，贤兄悌弟"。[②] 因此，新刑律删去旧律中"干名犯义"等伦常诸条，是修而明之，将立法及司法权从家长归于国家，使家人有独立生计、独立人格，渐进到国民主义，顺应世界法政发展潮流。国家主义者还特别举例，罗马法时代家长权于家族内生杀予夺皆得自由，其家族主义与我国"几无复有区分之势"，然而西方法律可发达进步至国家主义，使国家完成蜕变，因此按照时代的发展，我国亦得实现国家主义立法。

礼教派在论战之中虽多有反驳，但在沈家本为核心的法派的批驳下，劳乃宣只得认可，可以"不必专列"，"干名犯义"自此不在刑律中出现。该条的废止意味着清末家庭伦理中绝对的家长主义的衰亡，同时也显示出传统家庭伦理观在转型时期的逻辑径路。

其一，国家伦理的构造不再遵循家庭（族）伦理的逻辑，国家立法

---

① 《刘廷琛论新律疏之后言》，《申报》1911 年 5 月 16 日。
② 杨度：《资政院议场速记录》，见《资政院议场会议速记录（上下卷）》，商务印书馆 2022 年版。

自不必因循纲常礼俗。清末,国家最为紧要的事务便是救亡,然家族主义之下,家族横亘于国家和个人之间,使人思虑不出家族范围,当国家与家之利益冲突时,个人将坐视于家长,无复有力顾及国家。有见于此,杨度提出,家族主义与国家主义"不两立之道,无并行之法",欲竞争救亡,必先发达国家主义,革家族主义之弊。① 因此,家庭制度是否有价值、是否需要废除,当取决于其能否为国家之利造势。而传统家长制下的家庭,个人成为家长的附庸,几无独立谋生的权利与能力,法律自当破除家长的绝对权威,不再视纲常伦理为圭臬。自此,基于"忠孝"为核心的家国伦理荡然不存。

其二,家庭的形态将由个体拼合而形塑,家庭的伦理域由公道德转为私道德。时人将国家落后归咎于家族主义的桎梏,遂毁弃家族,令家国分离,使国民可直抵国家。传统家的形态遂在这种呼声中崩解了,而新的问题便成了法律如何安顿"家"与"人",这关涉家庭伦理秩序的重新安排。之后的立法者遂取消了家庭亲属之间的人身支配关系,又在民法典的形式上保留了家制,于是,家真正被理解为个人的集合,而不是整体上、逻辑上乃至法权上优于个人存在的单位,家庭伦理秩序在个人主义下被构造。而家庭伦理的场域也由原先可通达至国家伦理变为家庭个体间的私人领域,儒家"立公控私"的制度框架在此不再受用。

三、礼法之争前后家庭伦理变迁的层次径路

认识:家庭伦理与国家伦理的重构——由自发走向自觉的过程。

清末,在内政外交接续失败的现实窘境之下,"法变"与"制变"成为清廷救亡运动的两大主题,"法"是利器与路径,"制"指示法的目标和政治理想,"法变"与"制变"既是新旧伦理的博弈关系,又是崩解后重构、互为表里的因果关系。在中国传统社会中,以血缘为纽

---

① 《国家主义与家族主义之区别》,《申报》1910 年 12 月 10、11 日。

带连接"国"的逻辑从未消失,反而家—族—国在组织上表现出高度同构性,具体表现为国家由家庭构成,而家的治理理念也延展至国家治理中。因此,家国一体的认同下,天伦自人伦出,家庭伦理始终是国家伦理建构的基点,在这个路径下,家庭伦理承担起国家制度理论构建和创新的重担,尤其表现在法律制度中。与之相应,国家政治秩序的现实也直接影响着家庭伦理的重塑,且在各朝治理的需求中家庭伦理在内容上产生一定的异化。如在"干名犯义"条中,身份等差的特征越发明显,家长权的地位却始终稳如泰山。

到了清末,内外交困的政治现实下,统治者开始认识西方的异源性伦理并以此对传统的家国伦理进行检视,国家伦理与个人伦理的关系因此发生了改变。在此中,家庭作为国家和个人的纽带,其角色也悄然发生改变,首先是个人从家长的管辖下松脱出来,成为国家公民,而"国者,斯民之公产也"①,国家应按照全体国民共同认同的道德规范创设制度,以家长权来限制个体与国家联系的做法受到批评,甚至时人公然提出"无家庭,废婚制"的激进倡议②,主张彻底去家界。因着此逻辑,国家作为伦理实体的合法性也不必从血缘为构建的家伦理中来,国家"制变"不再遵从君主一人一家之意志,转而呼应个人聚合的"群体"意志,人人皆可为主人,妇女、子辈、雇工皆可发声,响应国家伦理"自觉"构建。

发展:家庭法伦理与法律的互动——礼法关系的瓦解与利法关系的建构。

清末礼法关系的瓦解是伴随着"否定礼教的逻辑"发生的,中国传统社会的伦理是宗法家族伦理,由家长制演变而来,体现为对"家"的重视,照应在法律上,就是对"君权""父权""夫权"的重视,要求臣

---

① 王栻主编:《严复集》第 1 册,中华书局 1986 年版,第 36 页。
② 李绰:《告主张"小家庭"反对"废婚制"者》,《觉悟》1920 年 7 月 10 日。

下、子女、妻妾等角色恪守义务,身份等差成为法律待遇有所差别的依据。时人遂紧紧把握"家族—个人"这对主题关系阐述法变与伦理变革之间的关系,在思想根基上确立和保障个体的独立性、自由性与平等性原则。

然而,礼法关系的瓦解只是将家庭中家长制的色彩淡化了,却未对家庭伦理秩序重新阐发。所以,法理派做了另外的努力,即将契约原则引入家庭伦理中,将利法关系注入国家伦理及家庭伦理法的价值构建中。清末法派虽在法律革新的理念上与礼派向左,但他们热忱于西方法制的动机并不简单,至少他们最初的目的是收回治外法权,挽救帝国的政治危机。因此,法派不可避免地在其对个体角色的定位中与国家救亡图存的宗旨相联系起来。正如学者干春劲对杨度国家论的理解,"所以在民族相争的时代,政府需要凝聚国民,将民众的力量转化为国家竞争力,各以其'实利主义'的原则,与世界上最智慧的民族相抗衡,然后才能同享世界之利益,而不至被人倾夺"①。个体与个体,个体与家庭,个体与国家的关系乃是一种实利关系,国家赋予个体自由及权利是为更好完成国家富强的理想。那么,新家庭伦理的构建自然将更多以契约主义来取代身份绝对权威主义。如在财产上摆脱家庭共有财的绝对原则而引入夫妻订约权的概念,在离异子女的抚养权上由夫监管发展为"有约从约,无约从夫"、个人财产所有权的确立等,家庭伦理中的强道德性失落了,利法关系下的个体有了更大的动因参与社会活动,家庭不再成为个体自由意志的羁绊。

"去家界"→解放个体→实现国家富强,在这样的径路下,利法关系成为新家庭伦理构建的桥梁,但它终究要接受社会的道德检视。然

---

① 干春松:《文明论视野下的民族与国家(上)——杨度〈金铁主义论〉中的民族观与国家观》,《现代哲学》2021 年第 3 期。

而，"当传统伦理、道德与功利主义动机发生冲突时，功利动机总是战胜伦理道德"①。合理的利法关系当然有益于缓和个人与家庭的紧张关系，但很快它便在拜物利己的欲望下沉沦了。在之后的伦理体系中，一切与"契约主义""权利主义"相悖的伦理观念都应受到批驳，家庭之内再无法仅凭情义来对各方责任进行强制。如在清代赡养伦理中，过继的嗣子（获得财产）有义务赡养养父，新的法律却免除了他的义务；另一种情况是，亲生子需无条件赡养双亲，哪怕他没有受到亲生父母的照顾，这与中国传统的温情道德观相悖。在此，孝道伦理受到了挑战，传统的情感责任体系不复存在。换言之，个体与家庭之间以"婚姻契约"来确定夫妻的权利边界，家的稳固仅能依赖各方利益分配的一致性来维护，家庭成员之间的责任也只在这种逻辑下发生。总而言之，关注个人利益和市场的"个人主义"的价值体系主导了家庭伦理秩序的构建，情义与责任在个体对自由的极致追求下变得黯淡失色。

回归与展望：新家庭伦理构建的现实调适——法律与现实的对话。

伴随着清政府的灭亡，传统的家庭伦理秩序趋于崩溃，而利法关系下的伦理秩序并未使人与家庭达到和谐自如的状态。于是，传统伦理支持者将视线转回到中国现实社会本身上来。在这里，他们"并不反对变法修律，甚至也同意法律与道德有别、国民主义论"②，而是探讨将民俗风情、价值适配等问题作为构建和检视伦理秩序的可行性方案。与法派和礼派执政者所持的国家主义立场不同，他们更多考虑的是文化传统、风俗习惯、社会态度、民情、家庭关系等其他非正统叙事的、情境化的因子，这些因素既蕴含了西方沟通中国社会现实的"法理"，也注重中国传统风俗的"情理"。这是一种基于现实来理

---

① 张仁善：《礼·法·社会——清代法律转型与社会变迁》，商务印书馆 2013 年版，第 344 页。
② 梁治平：《礼教与法律》，上海书店 2013 年版，第 102 页。

解社会与家庭的视角,即对法律伦理检视应跳出国家和个人二元对立的思维,强调家庭伦理路径的多元化,以建立不同于前两种形式的新式家庭伦理观。

伦理支持者选择了回归伦理的逻辑,重新认识"理法关系"。他们认识到,由西方形式理性发展而来的"利法观"倡导个体在法律上的绝对平等与自由,并将人预设为理性与抽象的集合,这无疑颠覆了"家族本位"的伦理秩序,但它使人与人之间的联系迅速被物质利益充斥,即使在夫妻、父子之间也再难用纯粹的情感来维系。在此,"主体意识"变成了对抗国家主义的工具,家的边界也在二者的拉锯中难以确定。因此,家庭伦理建构的最终指向的是"以人为中心",以实用的观点摆脱礼法观对人之个性的绝对钳制,去除利法观对人之感性的轻视。依照这种思维径路,新家庭法律伦理的构建应秉承"伦理致用"的经世观,它允许不同逻辑下道德理念并存,然后通过实践和社会情境的迁移,逐渐实现法律与家庭伦理的协调适配。落在家庭伦理规范中,我们所能展望的家伦法律不再将形式化、普适化的逻辑自洽认作规范重点,而是立足于现实,将寻求个体与家庭之间空间距修复与衡平作为核心。

回到当代社会中,中国婚姻家庭正经历着由强调集体和道德的伦理意识形态走向关注"自由主义"和个人利益的过程,新的法律制度也逐渐从集体道德的逻辑转变为确认、保护私人产权的逻辑。学者阎云翔就意识到,中国社会中的道德主义日渐解体,"无公德个人"崛起,夫妻关系取代了以前的父子关系成为家庭结构的中心轴,在夫妻关系中个体又渐成为中心,即现代社会的个体通过家庭运作来寻求自己的利益和快乐。① 也就是说,当家庭无法为个体提供情绪价值、物质利益时,弃家就成了正当的选择,此时婚姻伦理就和"家"的

————————

① 阎云翔:《中国社会的个体化》,陆洋等译,上海译文出版社2012年版,第18、20页。

传统观念相悖。令人困惑的是,中国地域广阔、市场化程度不一、文化传统的差异导致人们在对待人与家的关系时,时常感到茫然错愕。当代中国人的家庭观念是否已经解体? 家庭伦理是否必须按照市场化推进的逻辑构建? 这些都影响着家庭伦理内涵和框架的重新表达。

因此,新的家庭规范必须思考人在不同情境下做出的抉择,绝不能忽略道德、风俗、习惯、经济、文化等现实差异对家庭风格塑造的意义,最终在具体情境的考察中唤起人的自觉、自信与自强,最终重建新时期的家庭伦理内涵。循着前人的步伐,时人更应继续保持"从容而清醒的态度",时刻关注社会伦理的现实转向,批判性地引导包括法律在内的其他社会规范达成伦理共识,①最终走出家庭伦理失序、信任丧失的困境。

---

① 徐嘉:《中国近现代伦理启蒙》,中国社会科学出版社 2014 年版,第 183 页。

司法量化裁判中的锚定效应研究

姚海娟[①]

公平正义是司法永恒的追求,是全面推进依法治国的重要保障。司法是维护社会公平正义的最后一道防线,而法官作为公平正义守护者,在其中充当着重要的角色。判断和决策的研究表明,人们并不总能客观地了解世界,尤其是在已有信息复杂且模糊的情况下,往往会出现一些认知偏差,影响其判断或决策。[②] 锚定效应是一种重要的认知偏差,因此,有必要对司法决策中锚定效应的影响因素进行研究,以期在司法制度建设等方面提供有效的建议和参考。

一、研究起源与目的

锚定效应是指在模糊的决策情境下,个体被要求估计一定的数值时,其结果极大程度向初始信息转移。众多领域的数值估计中都受锚定效应的影响,如谈判、时间估计、产品估值、司法审判等。个体在模糊情况下通常依赖思维捷径,将复杂的计算简化为简单的判断[③],即决策具有启发式。在司法审判中,启发式决策可帮助法官在

---

① 姚海娟,天津商业大学法学院教授,心理学博士。

② BAHNÍK S. "Anchoring without Scale Distortion", *Judgement and Decision Making*, Issuel, 2021.

③ STEIN C T, DROUIN M. "Cognitive Bias in the Courtroom: Combating the Anchoring Effect Through Tactical Debiasing", *University of San Francisco Law Review*, Issue 3, 2018.

面对纷杂的案件信息时快速进行司法裁判,提高司法审理效率。但是,法官通常要根据有限的信息对案件给出赔偿数额,在作出涉及数值类的判决时,法庭中出现的数字信息可能成为法官进行决策时的锚,从而对司法决策产生影响。如何限制和规避相关信息的影响,保障法官更好地使用自由裁量权,对于保证司法公平公正具有重要意义。

锚定效应的实验室研究通常采用模拟法官来进行裁判,并取得了大量的研究结果。研究发现,模拟法官在判断刑期时倾向于检察官提出的量刑建议①,甚至可能受到法庭中其他人提出的量刑要求的影响。此外,在民事案件中,原告主张被告对其伤害负有责任,并提出具体的经济损害赔偿金额与精神抚慰金额的诉讼请求,因此法庭在审理人身伤害的案件时需要确定原告应获得的精神抚慰金额,以补偿其精神损失。但是,精神痛苦是无形的伤害,难以很好地衡量。在确定经济损失赔偿金额时,法庭可以参考住院医疗费用、原告过去的收入以及相应的证据和证词。相比之下,在确定精神抚慰金额的适当赔偿时,将原告遭受的痛苦与不幸转化为经济价值是较为困难的,法官将其定性转为定量的过程中具有一定的自由裁量权,也容易受到锚定效应的影响。有研究表明,司法鉴定中心出具的原告伤残等级意见可以显著负向预测法官判决的精神抚慰金。② 伤残等级分为1~10级,原告伤残等级越低,表明原告受损后的残疾率越高。也就是说,原告的伤残程度越大,法官判决的精神抚慰金越多。还有研究发现,看到长期伤害案件的模拟法官比看到短期伤害案件

---

① ENGLICH B:"Geben Sie ihm doch einfach fünf Jahre!",Zeitschrift für Sozialpsychologie,Issue 4,2005.

② 杨彪:《司法认知偏差与量化裁判中的锚定效应》,《中国法学》2017年第6期。

的模拟法官判决的赔偿金额要多[1],观看原告受伤证据照片的模拟
法官会通过提高对原告遭受痛苦的感知而给出更高的赔偿决策。[2]
所以,在将精神损害转化为经济金额时,原告的身体损伤程度和法官
的个体特质(如共情能力等)均可能对司法裁判产生影响。

原告诉讼精神抚慰金额也是影响法官裁判的重要因素,但对于
影响的方向仍未得出一致结论。一些研究发现,模拟法官通常会将
原告的诉讼请求作为"出发点"来确定赔偿金额。原告诉讼精神抚慰
金额越高,则法官往往实际判决精神抚慰金额越高。[3] 另一些研究
则发现,并非原告要求的越多,得到的越多,而是存在"回旋镖"效应,
即原告要求的金额高,反而会使法官降低损害赔偿额度。[4]

司法裁判是一个复杂的判断和决策过程,还可能受到许多其他
锚点的干扰,例如一些非证据信息(通常称为"法外被告特征"),如
外貌、性别、身份地位等。在美国,多数法院在裁判中会参考被告的
社会经济地位,以便陪审团作出惩罚被告的裁决。有研究认为,法官
出于对弱者的保护和对强者的苛责,可能会对社会经济地位高的被
告给予更重的判决。[5] 也有研究发现,被告的社会经济地位越低,法

① HELM R K,HANS V P,REYNA V F,et al. "Numeracy in the Jury Box:Numerical Ability,Meaningful Anchors,and Damage Award Decision Making",*Applied Cognitive Psychology*, Issue 2,2020.

② PARK J,FEIGENSON N R. "Picturing Pain and Suffering:Effects of Demonstrative Evidence,Instructions,and Plaintiff Credibility on Mock Jurors' Damage Awards",*Applied Cognitive Psychology*,Issue 3,2021.

③ HASTIE R,SCHKADE D A,PAYNE J W. "Juror Judgments in Civil Cases:Effects of Plaintiff's Requests and Plaintiff's Identity on Punitive Damage Awards",*Law and Human Behavior*,Issue 4,1999.

④ CAMPBELL J,CHAO B,ROBERTSON C,et al. "Countering the Plaintiff's Anchor: Jury Simulations to Evaluate Damages Arguments",*Iowa Law Review*,Issue 2,2016.

⑤ 舒子贵、沈鹏飞、余均军:《法院改革与民商事审判问题研究》,《全国法院第 29 届学术讨论会获奖论文集:B 集》,第 441 页。

官做出的量刑惩罚越高，①这可能是由于被告的社会经济地位影响了证词的可信度。②

目前锚定效应的影响因素研究也存在一些局限性。第一，多数研究在实验室条件下进行，较多实验的参与者并非专业法官，研究结果的外部效度存在一定的质疑；第二，实验采用简单改编的案件作为实验材料，操纵的研究变量较少，并不能反映实际诉讼中法官审判时所面临案件的复杂程度。

基于此，本研究拟结合司法决策的锚定效应研究以及司法实践中的审判案例，探讨相关因素对个体司法决策中可能存在的锚定效应的影响，并提出具体的对策建议，促进司法制度的建设和进一步完善。

二、研究方案与实证结果

（一）研究材料

从中国裁判文书网搜集 2021 年京津冀地区的判决书。对检索到的含有精神损害赔偿请求的案件根据类型进行分类，选择数量最多的四类案件作为代表进行研究，包括劳务者受害责任纠纷案件，生命权、健康权、身体权纠纷案件，机动车交通事故责任纠纷案件和医疗损害责任纠纷案件，共搜集 459 份，剔除判决书中没有将精神抚慰金单独列出金额的 64 份数据，获得最终研究案例 395 份。

（二）研究变量的处理

从上述案例中抽取原告诉讼精神抚慰金额、原告伤残等级、被告社会经济地位、被告医疗过错责任等数据进行研究。为使各案件中

① ALVAREZ M J，MILLER M K. "How Defendants' Legal Status and Ethnicity and Participants' Political Orientation Relate to Death Penalty Sentencing Decisions", *Translational Issues in Psychological Science*, Issue 3, 2017.

② PICA E, SHEAHAN C POZZULO J. "'But He's a Star Football Player!': How Social Status Influences Mock Jurors' Perceptions in a Sexual Assault Case", *Journal of Interpersonal Violence*, Issue 19–20, 2020.

的数据能够进行比较,所以参考前人研究将原告诉讼精神抚慰金额转化为"原告诉讼抚慰比",原告诉讼抚慰比=原告诉讼精神抚慰金额/原告诉讼经济损失赔偿金额。被告社会经济地位在研究中体现为被告的类型,包括自然人、法人、自然人与法人三种,进行虚拟变量转换。劳务者受害责任纠纷案件,生命权、健康权、身体权纠纷案件和机动车交通事故责任纠纷案件根据裁判文书中记录的伤残等级,以数字1~10来表示,1表示伤残最重,10表示伤残最轻,此外用数字11表示未说明伤残等级的情况。在医疗事故损害赔偿类案件中由于无伤残等级,所以采用医疗过错责任作为变量,以百分比的形式体现。最后将所有数据进行自然对数转换。

最终的结果变量为判决抚慰比(实际精神抚慰金额用判决抚慰比来测量)。由于一些数据存在实际判决精神抚慰金额为0的情况,为保证数据的随机选取性,不符合剔除原因,将此数据转换为0.0001。数据处理后,引入"抚慰比"将实际精神抚慰金额进行处理,判决抚慰比=实际判决的精神抚慰金额/实际判决的经济损失赔偿金额。同样进行自然对数转换。

同时对无关变量进行控制,在法庭中按照案件复杂程度将诉讼程序分为简易程序和普通程序,按照审理案件人数将法庭组成分为独任制和合议制。

(三)数据处理

采用SPSS26.0对数据进行整理和统计分析。

三、研究结果

(一)各变量的相关分析结果

对各变量进行描述性统计和相关分析,结果见表1。

表 1　描述性统计结果与各变量间的相关分析

变量	M	SD	1	2	3	4	5	6	7
原告诉讼抚慰比	-1.14	0.47	1						
被告社会经济地位	2.11	0.75	0.27**	1					
原告伤残等级	0.89	0.30	0.05	-0.09	1				
被告医疗损害责任	-0.41	0.24	-0.18	0.11	—	1			
诉讼程序	0.28	0.45	-0.11*	0.04	-0.20**	0.19	1		
法庭组成	0.21	0.41	-0.07	0.02	-0.21**	-0.17	0.83**	1	
判决抚慰比	-2.46	2.64	-0.24***	0.24***	-0.01	0.12	0.02	0.01	1

注：*$p < 0.05$，**$p < 0.01$，***$p < 0.001$，以下同。

结果发现，原告诉讼抚慰比与判决抚慰比呈显著负相关，被告社会经济地位与判决抚慰比呈显著正相关，原告诉讼抚慰比与被告社会经济地位呈显著正相关，诉讼程序与原告伤残等级呈显著负相关、与法庭组成呈显著正相关，法庭组成与原告伤残等级呈显著负相关，原告伤残等级和被告医疗过错责任与判决抚慰比的相关不显著。

（二）各变量对实际精神赔偿金额的回归分析结果

以原告诉讼抚慰比、被告社会经济地位、原告伤残等级作为预测变量，判决抚慰比作为结果变量，并将诉讼程序和法庭组成作为控制变量，以劳务者受害责任纠纷案件，生命权、健康权、身体权纠纷案件和机动车交通事故责任纠纷案件的相关数据构建模型 A，以医疗损害责任纠纷案件的相关数据构建模型 B。模型 A 采用分层回归，第一层放入诉讼程序、法庭组成，第二层放入原告诉讼抚慰比、被告社会经济地位和原告伤残等级。模型 B 同样采用分层回归，第一层放入诉讼程序、法庭组成,第二层放入原告诉讼抚慰比、被告社会经济地位和被告医疗过错责任。结果见表2。

表2 各变量对判决抚慰比的多元回归分析结果

模型	预测变量	β	t	R^2	F
模型 A (劳务、生命、交通案件)	原告诉讼抚慰比	−0.33	−5.94***	0.17***	9.42
	被告社会经济地位	0.20	3.23***		
		0.25	3.84***		
	原告伤残等级	−0.01	−0.70		
模型 B (医疗损害案件)	原告诉讼抚慰比	−0.05	−0.54	0.03	0.50
	被告社会经济地位	—	—		
	被告医疗过错责任	0.12	1.03		

注:(1)对被告社会经济地位进行哑变量处理,以自然人为参照,形成两行数据;(2)"—"表示此变量在该模型不适用。

回归分析结果发现,在模型 A 中,诉讼抚慰比显著负向预测判决抚慰比($\beta = -0.33, p < 0.001$);被告社会经济地位中,与自然人相比,被告为法人时判决抚慰比更大($\beta = -0.20, p < 0.001$);与自然人相比,被告为自然人与法人时判决抚慰比更大($\beta = -0.25, p < 0.001$);原告伤残等级对判决抚慰比的预测不显著($\beta = -0.01, p > 0.05$)。在模型 B 中,原告诉讼抚慰比、被告医疗过错责任对判决抚慰比的预测不显著($\beta = -0.05, p > 0.05; \beta = 0.12, p > 0.05$)。

四、讨论及建议

在民事审判中,法官会裁决经济损失赔偿金额和精神抚慰金额。经济损失赔偿金额通常有明确的赔偿计算标准,受到个体锚定效应的影响较小;而精神抚慰金额依赖法官的自由裁量,受到锚定效应的影响可能较大。所以采用"抚慰比"的处理办法,以法官判决的经济损失赔偿金额作为参照点,以消除不同案例的差异,使数据之间具有可比性。

虽然一些实验室研究表明传统锚定效应存在给予决策者更高的数值会使其对某个事物的估计值更高的情况,[1]但对本研究中选取的实际判例进行分析发现,出现原告诉请的精神抚慰金额越高,法官实际判决的金额却越少的现象,即出现了"回旋镖效应",与前人研究结果一致。[2] 这表明法官在裁判过程中远离原告诉请金额的高锚点,实际判决的金额相对更少、更合理。2021 年,我国颁布了《民法典》,并对精神损害赔偿制度作出新的规定。从数据分析中可以看出相关政策的实施在一定程度上起到了作用。我国为防止自由裁量权的滥用,最高人民法院以发布司法解释的形式为法官审判提供指导,如确立精神抚慰金额设置赔偿上限等,以此来提高裁判的同一性。最新的司法解释中提出了确定分档损害后果、责任承担方式以及抚慰金标准的对应规则,兼顾司法适用的统一和个案的差异与公平。[3]相关政策的实施较好地限制了锚定效应对法官量化裁判的影响,在实际判决案件时,法官并非仅听取原告的请求来提高精神抚慰金额,而是以赔偿上限的指引为标准,将原告诉讼精神抚慰金额进行相应的调整,这既在一定程度上保护了公民的合法权益,也提高了"同案同判"的概率。

在民事诉讼中,被告通常分为三类:自然人,法人,自然人与法人。法人通常包括企业、机关事业单位、社会团体等。相比自然人,法人的社会经济地位更高,赔偿金额更有实力偿还。数据分析结果发现,相比自然人,法人或自然人与法人作为被告的情况下判决抚慰

---

[1] HASTIE R,SCHKADE D A,PAYNE J W. "Juror Judgments in Civil Cases:Effects of Plaintiff's Requests and Plaintiff's Identity on Punitive Damage Awards", *Law and Human Behavior*,Issue 4,1999.

[2] MARTI M W,WISSLER R L. "Be Careful What You Ask For:The Effect of Anchors on Personal-Injury Damages Awards", *Journal of Experimental Psychology:Applied*,Issue 2,2000.

[3] 最高法发布审理国家赔偿案件确定精神损害赔偿责任司法解释首次明确造成严重后果的认定标准. https://www. court. gov. cn/zixun-xiangqing-292881. html,访问时间:2021 年 3 月 25 日。

比更高。原告处于弱势方,同时受到经济的损害和精神创伤,基于对弱者的保护和强者的苛责的思维理念,法官判决的实际精神抚慰金额也会越高。

在医疗损害责任纠纷案件中,结果未发现原告诉讼精神抚慰比和被告医疗过错责任判决抚慰比的影响。在医疗损害责任纠纷案件中,法官应具体审查医务人员有无告知患者病情、医疗措施、医疗风险、替代医疗方案等情况。同时在此环节中通常因患者医学专业性不足、信息不对称等客观原因,患者举证能力受到制约。这可能会削弱法官在裁判时对原告诉讼精神抚慰金额的考虑,而被告的反驳信息可能成为判决金额时的反锚,使得结果并未仅受原告诉请金额的影响。模糊轨迹理论对法庭中的数字信息(锚)如何影响法官裁判进行了解释。① 该理论认为,法官在裁判赔偿金额时会将所得到的信息同时进行逐字(Verbatim)编码和要点(Gist)编码。逐字编码是基于信息的表面形式和字面内容,如5000元;要点编码是基于信息数字背后的意义,如5000元是原告诉请的精神抚慰金额,还是法庭装修成本等其他含义。首先,法官根据案件的事实、性质等信息,决定被告的过错责任,即是否需要赔偿;随后,进行顺序主旨判断,将感知到的原告的损害按照严重程度编码;最后,将严重程度映射到与判决主旨相对应的数字(锚)上,从而确定赔偿的高低。锚通常源于原告的要求、律师的建议和法官日常生活中的符号数字等,这些符号数字具有低或高的含义。② 数据分析显示,原告伤残等级对判决抚慰比的影响不显著,这可能是因为法官在头脑中对原告伤残等级进行严重程度编码,但严重程度编码并非直接决定法官裁判的赔偿金额,而

① HANS V P,REYNA V F. "To Dollars from Sense:Qualitative to Quantitative Translation in Jury Damage Awards", *Journal of Empirical Legal Studies*, Issue S1,2011.

② HANS V P,HELM R K,REYNA V F. "From Meaning to Money:Translating Injury Into Dollars", *Law and Human Behavior*, Issue 2,2018.

是在顺序主旨确定后,法官通常会根据有意义的数值,再将这种痛苦的定性判断转换为量化数额。

对于中立角色的法官而言,在面对原告提出过高损害赔偿金额时,应依照客观的赔偿指引,并不将原告提出的诉讼精神抚慰金额作为主要判决依据。同时在面对主体身份不同时,法官应避免产生法人的经济实力强于自然人的刻板印象,以此消除仅因原被告主体身份差异而产生同案不同判的现象。

探究司法决策时锚定效应的影响因素,为揭示法官决策时的锚定效应影响提供了一定的参考价值,但研究仍存在一定的局限性。首先,由于判决书的限制,未探讨更多的变量对法官裁判的影响。如律师的辩护、被告的抗辩、法官的个体差异等有价值的变量。律师的辩护与被告的抗辩可能削弱锚定效应对法官裁判的影响。法官在判决实际的赔偿金额时可能不仅将原告提出的诉讼金额作为判断的"锚",同时也会将被告作出的反驳信息作为判决金额时的"锚"[1],未来可同时考虑原告和被告在诉讼中共同对法官锚定效应的影响,作进一步研究。其次,不同的法官对锚定效应的易感性不同,所受到的锚定效应的影响也不同。开放性水平较高的人更容易被锚定,因为他们更愿意考虑新信息[2],在未来研究可结合法官的个体变量和案件客观变量进行综合分析。最后,本研究仅考察了精神损害赔偿方面的锚定效应,未来还可扩展到其他方面的司法量化审判研究,如刑事量刑方面。

结 语

在全面推进依法治国的社会背景下,本研究在梳理司法决策中

---

① CAMPBELL J,CHAO B,ROBERTSON C,et al. "Countering the Plaintiff's Anchor: Jury Simulations to Evaluate Damages Arguments",*Iowa Law Review*,Issue 2,2016.

② CHEEK N N,NOREM J K. "Are Big Five Traits and Facets Associated with Anchoring Susceptibility?",*Social Psychological and Personality Science*,Issue 1,2020.

锚定效应的相关文献的基础上，选取实际判决案例并进行数据分析，考察了司法决策中锚定效应的影响因素，并对未来研究和司法制度建设提出了相关的对策建议。司法公正是维护社会公平正义的最后一道防线，事关人民的切身利益和社会的和谐稳定，努力让人民群众在每一个司法案件中感受到公平正义，是我国司法工作的内在追求和价值目标。本文研究中国司法体制下法官决策时锚定效应的影响因素及对策建议，以期在一定程度上起到推动司法公正、维护司法秩序的作用。

单身女性运用辅助生殖技术的权利基础

马　驰①　朱　贺②

　　辅助生殖权是人们借助现代辅助生殖技术,生育出自身生物学后代的权利。试管婴儿技术等人工辅助生殖技术已经在实践中多有使用,我国的相关法律也对此给予了肯定。现在的问题在于,这种权利是否可以扩展至未婚的单身女性? 原国家卫生部颁发的《人类辅助生殖技术规范》(2001 年制定 2003 年修改版)第三条第十三款规定:"禁止给不符合国家人口和计划生育法规和条例规定的夫妇和单身妇女实施人类辅助生殖技术。"③该规定明确否定了单身女性的辅助生殖权。《吉林省人口与计划生育条例》(2021 年修正)第四章第二十九条规定:"达到法定婚龄决定终生不再结婚并无子女的妇女,可以采取合法的医学辅助生育技术手段生育一个子女。"④这一规定虽然初步认可了单身女性的辅助生殖权,但仍旧将该权利限于"达到法定婚龄决定终生不再结婚并无子女的妇女",即认为只有当单身女性放弃结婚权且无子女的情况下,方可借助辅助生殖技术获得后代。

　　本文的基本看法是,我国现有法律对单身女性辅助生殖权利的

---

①　马驰,天津商业大学法学院副教授,法学博士。
②　朱贺,天津商业大学法学院硕士研究生。
③　于晶:《单身女性生育权问题探讨》,《中国政法大学学报》2021 年第 1 期。
④　王琼:《性别视阈下完善妇女生育权的保障研究》,《医学与法学》2017 年第 5 期。

剥夺和限制是错误的。文章将在所有女性拥有辅助生殖权问题上保持力争,即女性享有借助现代辅助生殖技术,获得生育出自身生物学后代的权利,这与其是否单身、是否不再结婚、是否已经有子女均无关系。

文章的论述思路如下:先论证单身女性拥有辅助生殖权利是否有功利性,再论述单身女性有无辅助生殖权利。婚姻与生育的关系问题是本文论证的关键,笔者力求将婚姻对生育的限制加以剥除,并对无社会性父亲的诘难进行回应。

一、基于功利主义的论证

在包括人工辅助生殖技术在内涉及现代科学伦理方面的众多议题中,功利主义是一个经常被用来衡量利弊的论证方法。这种方法也是政府在制定政策制度时经常使用的,以便最大限度提升人民的福利,因此也被称为福利论或者后果主义。只要该项技术给人们提供的好处大于它所带来的不利影响,就可以采用,反之则不可以采用。

就辅助生殖技术来说,它有明显满足人类生殖愿望的福利。目前,不孕不育夫妻运用辅助生殖技术实现生育已经普遍化,而对单身女性并没有放开。在我国人口出生率日趋低迷的情况下,放开二孩、三孩,甚至是全面放开已经无法解决这个问题。问题的关键在于让有生育意愿的人能够实现生育。比如单身女性,而满足单身女性生育愿望的辅助生殖技术,典型技术就是冻卵,冻卵的目的是在体外长期保存女性的成熟卵母细胞,为女性提供配子生育子女。冻卵一般是在麻醉的情况下进行,经阴道超声引导下穿刺取出卵子,安全系数比较高,给本人带来的痛苦很小。取出的卵子冷冻后置于超低温环境中长期保存。获取卵子前,一般给本人使用促排卵药物,该药物并不影响女性和卵巢的正常衰老速度。一旦单身女性超过不惑年龄阶段,想要实现生育健康婴儿,体内质量不佳的卵子就无能为力,而冻卵技术却可以解决这个问题。开放使用辅助生殖技术无疑对单身女性是有好处的。

单纯证明辅助生殖技术对单身女性有好处并不具有规范性意义。① 辅助生殖技术之所以未对单身女性全面放开，重要的原因或许在于其对于女性的身体会有所伤害。单身女性如果有养育孩子的意愿，完全可以到孤儿院领养。而放开辅助生殖技术，是让单身女性冒着健康的危险，反而得不偿失。

辅助生殖技术正在不断完善，完全可以出现辅助生殖技术不仅有效而且十分安全的情况。这样国家有义务为有意愿生育的单身女性提供辅助生殖技术，如同国家有义务为学龄儿童提供教育。单身女性对自己以及生育后的子女有着更加充分的认识，她们使用辅助生殖技术可以使得她们和孩子的利益最大化。正如自由市场的支持者所主张的那样，自由支配自己的财产将使得个人和整个社会的利益最大化，因此单身女性有使用辅助生殖技术的功利性理由。

目前人们生育意愿持续低迷，并且随着我国人口步入老龄化，社会需要更多新生人口。人口作为国家重要的组成要素，其战略意义不言而喻。国家放开生育后，收效甚微，满足有生育意愿的单身女性的需要才是有效的解决途径。而国家加大力度在提升辅助生殖技术上将有更大必要，以解决辅助生殖技术对女性身体健康有损的问题。因此放开单身女性使用辅助生殖技术的限制，正是提升辅助生殖技术的最好时机，而一项技术的成熟正是来自更多次数的临床医学运用。

二、作为身体支配权和生育权的辅助生殖权

赋予单身女性辅助生殖权，满足了单身女性的生殖愿望，提升了人口出生率，更为重要的是，这种权利其实是女性身体支配权和生育

---

① 马驰：《人类基因编辑的权利基础》，《华东政法大学学报》2019 年第 5 期。

权不可或缺的组成部分。接下来,笔者将以冻卵技术为例,证明使用该技术,实际上是女性上述权利的体现。

(一)基于身体支配自由的论证

每个人对她或她自己的身体拥有某些权利。任何别的人都没有权利干扰我们实现对自己身体的愿望。① 卵子作为人类生殖配子之一,女性对自己卵子的技术处理,初步看来是其身体支配自由的体现。这里的问题在于,卵子自身的独特性是否影响到上述基本认识呢?

首先,卵子作为人类生殖配子之一,与精子有着相同的法律地位,因此在支配自由上可以作为参照。目前我国已经建有完备的精子库设备及相关规定,对男性包括单身男性捐精有着成熟的规则,在本人自愿的前提下,男性的捐精活动并无实质上的法律障碍。这表明,精子作为人类生殖配子,属于身体支配自由的对象。如果男性的捐精自由正是一种对身体支配自由的行使,那就很难想象女性的冻卵不属于对身体自由的支配。

其次,对卵子的支配属于对身体的支配。一般认为,身体支配权是自然人对自己身体组成部分在法律准许的情况下,有适当的支配权,对自己的身体组成部分进行适当的处置。② 普遍认为,人的四肢、内脏以及外在器官或者其他身体组织都属于这个范畴,而身体器官一般是能够实现某种或一些功能的有机体,认为子宫属于这个范围是完全没有异议的,因为子宫便是具备生育功能的一个器官。而女性实现冻卵必须对子宫进行支配,即有创性地进行操作,而非独立貌似无关联的卵子。由此,如果我们认为人们拥有支配身体的权利,而女性实施冻卵的行为属于对支配身体行为,那么女性就拥有冻

① 邱仁宗:《生命伦理学》,中国人民大学出版社 2010 年版,第 6 页。

② 许雅燕:《论身体支配权》,《江西广播电视大学学报》2010 年第 4 期。

卵权。

最后，冻卵是对身体的合理支配。冻卵技术的反对者认为，冻卵技术会对人体产生伤害。在政协委员提交了建议 30 岁以上女性冻卵合法化后，卫健委在冻卵相关提案答复函中明确反对的便是上述想法。卫健委认为，应用卵子冷冻技术存在健康隐患，女性卵子冷冻技术是有创性操作，技术实施难度大于冻精，危害女性健康。①

实施冻卵是否是一件危险活动，是一个事实问题，或许有待医生的回答，而且其安全性未必就无法获得提升。更为重要的是，冻卵的危险性是否足以影响到实施冻卵超出了行为人对身体的合理支配呢？

某种活动的危险性，并不是禁止实施该行为的理由。从事特技表演是一项危险的活动，但这种活动依然是被允许的。因为危险并不代表着危害总会发生，更为重要的是，"自担风险"的意愿表明行为人甘愿接受危害，他人并无干涉的理由。就冻卵而言，哪怕施者面临着某种危险，但如果是她自愿实施的，便可以被视为是对身体的合理支配。

（二）基于生育自由的论证

或许有人认为冻卵权是生育权的范围，过度讨论身体支配权并没有多少意义，毕竟在实践中器官的移植都已经在合理的身体支配权范围之内。而以此论述冻卵权的理由缺少针对性的伦理意义，有着避重就轻的嫌疑。接下来本文将在生育权下讨论女性冻卵权拥有与否的问题。

单身女性辅助生殖权利来源于生育权，因此论述单身女性享有辅助生殖权利，首先要论述单身女性享有生育权。而辅助生殖权利

---

① 《未婚女性的生育权之争：冻卵该放开吗？大龄单身女性如何面对生育困局？》，访问时间：https://static.cdsb.com/micropub/Articles/202303/99757ef0fc9e07e1ea61c34d6594924a.html，2023 年 3 月 6 日。

是以利用辅助生殖技术以实现生育，一旦单身女性拥有生育权，人们就应当容许单身女性借助人工辅助生殖技术生育后代，在某些情况下，政府也应作为社会服务机构为单身女性提供此类技术。

1. 生育权属于人权

人权一直被看作人类社会最高形式和最普遍性的权利，它是区别于动物的观念上的、道德上的、政治上的、法律上的基本标准。①而生育权也具有以上特征，可以被归入人权范畴，并且生育权作为一种与生俱来的权利，先于法律和国家而存在，无可置疑是一种自然权利。

1974 年世界人口和发展大会通过的《行动计划》，将生育权定义为"所有夫妻和个人都享有这样的权利，即充分自由地决定繁衍后代的数量，繁衍后代的间隔以及享有充分的社会保障（包括资料，教育，物质条件等）来保障其基本人权的实现"。1979 年联合国通过的《消除对妇女一切形式歧视公约》，首次以国际公约的形式规定了"男女有相同的权利，自由负责地决定子女人数和生育间隔，并有机会获得使他们能够行使这种权利的知识、教育和方法"。我国于 1980 年加入该公约。②

2. 生育权是民事权利

2001 年我国通过的《人口与计划生育法》第十七条规定："公民有生育的权利。"基于本法的规定，作为我国公民的单身女性依法享有生育权此项民事权利。我国新修订的并在 2023 年 1 月 1 日生效的《中华人民共和国妇女权益保障法》第三十二条规定："妇女依法享有生育子女的权利，也有不生育子女的自由。"而妇女按照《现代汉语词典（第七版）》的解释是成年女子的通称，而《中华人民共和国刑

① 张文显：《法理学》，北京大学出版社、高等教育出版社 1999 年版，第 96 页。
② 李斐南：《国际法与妇女的地位》，《中山大学学报（哲学社会科学版）》1986 年第 1 期。

法》中对其定义是满 14 周岁（含 14 周岁）的女性为妇女。因此单身女性作为其中必不可少的群体，当然享有此项民事权利。

3. 生育权应被平等享有

从母系社会到现代社会，生育发生了许多重大的变革，但无论如何生育都是维系社会持续运行的基础，值得社会的重视。母系社会人们只知其母不知其父，加之当时的主要生存来源于女性的采摘，以乱婚、同辈婚和群婚为主要形式，当时女性以生育为权威，作为社会的领导者。农耕时代，生产需要更加健壮的男性，男性的生产劳动也成为财产的主要来源，女性慢慢沦为男性的财产，其生育权被男性控制。到了现代社会，生产不再以体力为主要形式，更加强调脑力劳动，如果经济基础决定上层建筑，那么法律作为上层建筑的一部分，理应给予女性同等的生育权利。

男权主义者认为只有男性具有冻精权，那么没有冻卵权的情况下，如何发育出一个受精卵呢？因此男权主义者不得不转向他方继续寻求理论支持，他们认为一旦允许女性拥有冻卵权，以及其他辅助生殖技术使用权利，那么会不会将社会演变成一个"女儿国"的形式。如此将导致婚姻与生育彻底脱离，女性将通过"子母河"即精子库直接实现生育的目的，那么是否从事实上否定了男性的生育权。这样一个问题明显将事实与法律权利相混淆，生育权利的有无并不是在实现生育后才体现出来，而是即使一生无儿无女的单身汉，他在一生当中也一直享有生育权。

有一种观点认为单身女性无可置疑地享有生育权，但是她们只能通过自然的方式生育，而不能通过非自然的方式生育。而辅助生殖技术属于非自然的方式，因此非医疗情况下禁止使用。何为自然的方式？自然的方式就是优胜劣汰，患病的生物应该依靠自身免疫力生存，如若无法抵抗，便应该死亡；母体应该在生育周期内不停生育，而不应该采取节育措施，这才是自然的方式。而在生育领域，我们是一边说应当符合自然属性禁止使用辅助生殖技术,一边却又违反自然属性进行节育,以满足个人何时生育、生育几次的目的。如果人们能够被允许使用非自然的方式节育,就应当被允许使用非自然的方式生育。

在新闻报道中,有名男性在单身情况下冷冻了精子。① 他在结婚之后,因为意外丧失了生育能力。而因他之前行使过辅助生殖权利,即自取自用,因此得以实现了生育的目的。同样的情况对于单身女性却剥夺了其辅助生殖权利。如果处于相同的情况下,单身女性因意外或疾病丧失了生育的能力,她将无法通过之前行使过辅助生殖权利进行补救。因此这也是在男女平权的基础上,强调女性应该拥有辅助生殖权利。

三、婚姻与生育的关系

对于证成本文的观点来说,不但要说明女性享有辅助生殖的权利,更要说明"单身"女性为何不能被排斥在该权利之外,这便涉及婚姻与生育的关系问题。在笔者看来,婚姻的根本属性在于社会性,它更为重要的功能在于解决人与人的社会合作,而不是为有婚姻关系的双方提供生育机会。

人类婚姻制度是人类社会性的体现,而不是生物性的体现。婚姻制度一定经历了一个从无到有的过程,但在婚姻制度产生之前,生育活动却不可能不发生。因此就历史而言,婚姻之外的生育完全是不可避免的。因此婚姻与生育事实上的分离也是不可避免的。

从历史的层面来说,人类社会中曾经存在过许多在今人看来十分夸张的婚姻制度,在群婚以及对偶婚时,一级部落的全部女性都是二级部落全部男性的妻子,同样二级部落的女性也都是一级部落男

---

① 《一男子捐精八年后自己取用! 除了几千元的补助费,精子库还有这些故事》,https://www.dahebao.cn/detail.html? newsid=1831578,访问时间:2023 年 2 月 13 日。

性的妻子。① 因此一级部落/二级部落的男性是对方部落女性生育的孩子的全部父亲。② 而单偶婚时，变为从夫居，女性所生子女在此时也只有一位父亲。即使这个孩子要求与以往一样可以拥有许多名父亲，单偶婚也不会倒退为对偶婚甚至群婚。同样，也不会因为单身女性所生孩子必须有父亲，必须要求母亲结婚。因为繁衍生息不能消失，而婚姻制度可以消失。婚姻制度是社会制度的一种，生育却是自然现象，制度可以更改甚至消亡，而生育不能消亡。多少婚姻制度消亡在人类历史之中，生育却让人类得以生生不息。因此后来的婚姻制度不能限制先天的生育权利。

恩格斯曾注意到，家庭的规模与劳动力的水平成反比。他强调，"家庭由社会经济决定"，在原始社会，由于生产劳作必须依靠群体，因此更多的是大家族，"劳动越不发展，劳动产品的数量，从而社会的财富越受限制，社会制度就越在较大程度上受血族关系的支配"③。因此血族关系支配着家庭制度，也就是说生产劳动越发展，血族关系支配社会制度越弱。如封建社会以血缘关系为纽带的宗族宗法势力十分强大，家庭制度一般为大家族。

不仅如此，马克思和恩格斯还注意到婚姻关系中的压迫关系。马克思与恩格斯认为："最初的分工是男女之间为了生育子女而发生的分工。"恩格斯补充道："在历史上出现的最初的阶级对立，是同个体婚制下夫妻间的对抗的发展同时发生的，而最初的阶级压迫是同男性对女性的压迫同时发生的。个体婚制……同奴隶制和私有制一起，却开辟了一个一直继续到今天的时代，在这个时代中，任何进步同时也是相对的退步，因为在这种进步中，一些人的幸福和发展是通

---

① 恩格斯：《家庭、私有制和国家的起源》，人民出版社 2018 年版，第 46 页。
② 恩格斯：《家庭、私有制和国家的起源》，人民出版社 2018 年版，第 37 页。
③ 恩格斯：《家庭、私有制和国家的起源》，人民出版社 2018 年版，第 7 页。

过另一些人的痛苦和受压抑而实现的。"①

如此来说,婚姻制度的内容并没有某种超历史的当然规定,基于不同的社会条件,婚姻关系对婚姻当事人的要求也不尽相同。在很长一段历史时期,生育主要发生在婚内的理由是生产力的落后,特别是女性在社会关系和物质资料占有方面的劣势,导致女性如果未婚生育,将无法安全地将后代抚育成人。在以男性为主要劳动力的社会中,婚姻具有联合财产权的功能,也同时要求丈夫扶养处于弱势的女性,便要求女性必须在婚内生育。但随着社会生活和生产方式的不断变化,男性劳动力相对于女性的优势已经逐渐消失,女性也能够独立自主生存,女性在经济上已然获得了独立,不再依靠男性才能获得生活物资上的支持。在这种情况下,如果女性自身有生育后代的愿望,也有独立抚养后代的能力,要求女性只能在婚内生育后代便是不必要的。没有理由像传统婚姻观一样认为,"未婚先孕"一定是一种违背道德的行为。

婚姻与生育无关的另一个证据是,现代社会越来越容忍不生育的家庭。男女双方在结婚之后,可以在有能力生育的情况下(有抚养能力和生育能力)选择不生育。此时,我们或许可以怀疑其中的丈夫或妻子有无生育后代的义务,但恐怕难以主张说没有生育后代的婚姻不配称为婚姻。这一现象很容易借由婚姻与生育的分离来加以解释。如果人们可以在结婚后不生孩子,那么他们就有权在没有结婚时生孩子。

四、对主要批评的回应

本文主张单身女性应当享有辅助生殖权,除了上述证明的论证外,可以想见,这一观点可能遇到的最为棘手的批评是,它将导致借此出生的孩子因不具备社会性的父亲而生活在一个不完整的家庭

① 恩格斯:《家庭、私有制和国家的起源》,人民出版社2018年版,第70页。

中，而这是一个道德上的错误。对于这一批评，本文专门回应如下。

（一）"完整家庭"的传统观念是可靠的吗？

原始社会的母系社会时期，人们只知有其母而不知其父，因此并无社会性父亲，[①]当时的人类同样拥有自主感情并不会觉得该先天性单亲家庭是一种悲剧。反对用该母系社会为论据者会认为，时代在发展进步，如此落后的、原始的论据并无说服力。远古的并不都是错误的，如春秋时期，孔子极力复周礼，春秋却是礼崩乐坏的时代，未见其正确。当代社会家庭之中仍然流传着"姑生舅养"的母系社会遗风。这正是母系社会先天单亲模式的思想与感情在当今社会的流传。

什么是完整的家庭？什么又是不完整的家庭？新婚燕尔的夫妻是两口之家，是完整的家庭，而后他们生育一子/女，三口之家也是完整的家庭，倘若再生育二胎，四口之家也是完整的家庭。三阶段中任意成员不幸去世，则被视为破碎的即不完整的家庭，因此正向来看不完整的家庭是后天的不幸带来的，而非先天决定。因此先天的无社会性父亲并不是不完整的家庭。

（二）基于母亲自主权的论证

父母（在这里主要是母亲）作为未成年子女的法定监护人，负有抚养义务的同时，也对应享有相应的权利，而这种权利体现在多个方面。其中包括母亲有帮助子女选择初步生活方式或生活环境的权利，这种权利并非总要以子女利益最大化为准。很难将儿童与他们的母亲视为两个可以相互独立的个体，由此可见母亲对于孩子拥有着一定意义的权威，而这种权威将体现母亲而不是孩子的偏好。例如，一个不喜欢吃米饭的母亲有权利不为孩子提供这种食物，母亲并没有因此侵害到孩子的权利，哪怕孩子事实上很喜欢吃米饭。因此，

---

① 任凤阁、王成军：《人类婚姻史》，科学出版社 2016 年版，第 53 页。

母亲也有权利为孩子选择其所在的家庭环境,包括使其生长在一个没有社会性父亲的单亲家庭中。同样的道理,孩子生活在"完整家庭"的诉求,也无法排斥母亲的婚姻自由。如果不是这样的话,一位打算离婚的母亲,必须基于孩子的利益而放弃解除婚姻的权利,或者是被阻碍行使该权利,即一旦结婚生子之后,即使对方有重大错误,也形成终身婚姻,这是让人无法接受的。

(三)没有社会性的父亲真的是一种不幸吗?

父母双全的家庭单位被认为是幸福圆满的,因此单身母亲与孩子组成的家庭都被认为是单亲家庭,是不幸的,如果有意创设这样的家庭则难以被社会接受。这就如同辛格所写的有意生育残疾的孩子一样难以被人接受。①

彼得·辛格文中有两位母亲,第一位如果在三个月内怀孕,她将来生育的孩子会患有残疾,所以她在三个月内受孕是难以接受的。而过了这三个月,再次选择怀孕,她的孩子将避免带有残疾。而第二位母亲已经怀孕,并且孕中胎儿已经患有残疾并且不可治愈。她如果想要避免她的孩子残疾只能选择堕胎,但如果坚持生下此时怀的胎儿,则其将带有残疾。如果以上两位母亲都选择生下孩子,两个孩子将来因为残疾而埋怨他们各自的母亲,则第二位母亲可以反驳道,如果要生出健康的孩子,你就不会出生在这个世界上。

同样的道理在这里有一位准母亲甲,将在三个月后结婚,而此时怀孕将有可能遭到悔婚,那么她选择在完婚以后怀孕是合理的,而在此时怀孕,其准配偶离她而去,将导致她的孩子无社会性父亲。而另一位准母亲乙,已经怀孕,而其胎儿父亲不幸死亡,此处无论其是否结婚,因为即使已经结婚也会因为其配偶死亡导致婚姻终止。此时她如果坚持生下孩子,也将导致其子女无社会性父亲。以上两位母

① [美]彼得·辛格:《实践伦理学》,刘莘译,东方出版社 2005 年版,第 124 页。

亲若都选择生育孩子，而孩子若要责怪母亲，则母亲乙可以反驳，若要有社会性父亲则你将不会出现在这个世界上。理论上，单身女性的生育权离不开分娩。如果必须有社会性父亲，则即使已婚的女性，因为不幸丧偶失去生育权，则必须堕胎处理，这将是人们无法接受的。

结　语

本文认为，与其他人群一样，单身女性有权使用包括冻卵在内的辅助生殖技术，这有利于社会福利，也是其身体支配自由和生育权的体现，那种将生育与婚姻加以捆绑的观点并不成立，也无须将没有社会性父亲的婴儿的出生视为某种悲剧。笔者认为，本文的讨论有助于人们走出传统观念的谬误，为我国生育领域各类法律法规的完善提供启发。

人工智能体法律主体地位之辨析

才　圣① 马嘉唯②

一、问题的提出

近几年,科技以前所未有的速度推进着人类社会的演进节奏,人类正在启动一场由自我开创的"智能革命"时代,以大数据为基础、以算法为技术框架,人工智能展现出惊人的运作和执行能力,③为人类的发展注入新的活力,曾经的幻想如今已经变成现实,而人工智能在解放人类劳动力、给人们带来便利的同时,其智力能力甚至可以达到或超越人类的程度,2017年5月微软人工智能"小冰"创作的诗集《阳光失去了玻璃窗》出版,微软还让"小冰"在豆瓣、简书等平台,用27个笔名发表自己的诗歌,但读者并没有意识到这是人工智能体完成的作品。虽然"小冰"系诗集的作者是一个无可争辩的事实,但在法律上带来了诸多困惑,"小冰"是否享有著作权? 当著作权被侵犯后,又该如何行使权利? "小冰"如果不会死,这些诗集的保护期限会

---

① 才圣,天津商业大学法学院讲师,法学博士。
② 马嘉唯,天津商业大学法学院硕士研究生。
③ 郑颖瑜:《重塑人工智能治理中人的主体性》,《江汉大学学报(社会科学版)》2022年第2期。

是永远吗？① 2017 年 10 月 26 日，沙特阿拉伯王国为美国汉森公司研制的人工智能体"索菲亚"赋予了公民身份，沙特阿拉伯成为第一个赋予人工智能体公民身份的国家。② 人工智能的主体性从一个单纯的理论性问题转变为社会的现实问题，即"索菲亚"是否也同人类一样享有权利能力和责任能力？而由人工智能体造成的伤害事件也屡屡发生。1978 年日本一家工厂从事切割项目的人工智能体突然转身将身旁的工人抓住并切割，这是世界上第一起人工智能体杀人案件。另一起案件是 1989 年人工智能体因败给苏联国际象棋冠军后释放电流致使冠军死亡。这类案件引发了人类的恐慌，也引发了人类对这一系列案件侵权主体及法律责任主体的探讨，③争议的焦点集中在人工智能体是否具有权利能力和责任能力，而讨论这一切的前提将回到人工智能体是否具有法律主体地位这个核心问题上。

二、人工智能体法律主体地位之争论

第一种观点是否定说，该观点认为就目前的人工智能体仅是在某一特定领域超越人类，虽然其具备快速的计算和运转能力，但本质上仍无法脱离人类的控制，因此其只是人类处理某一具体事务的辅助和工具。④ 即便随着司法改革的深入推进，出现了智慧法院，但无论人工智能体掌握多么精确的数据和海量资源，其唯一可以做到的只是当一名优秀的法律助手，节省搜索案件和法律法规的时间成本，解放了法院大量重复性的检索劳动力。人工智能体可以处理一些民事法律关系较为简单、法律规定较为明确的案件，而事实争议较大、案情较为复杂，需要依靠裁量权和利益平衡才能作出判决的案件，仍

---

① 陈吉栋：《论机器人的法律人格——基于法释义学的讨论》，《上海大学学报（社会科学版）》2018 年第 3 期。

② 贺栩溪：《人工智能的法律主体资格研究》，《电子政务》2019 年第 2 期。

③ 孙占利：《智能机器人法律人格问题论析》，《东方法学》2018 年第 3 期。

④ 时方：《人工智能刑事主体地位之否定》，《法律科学》（西北政法大学学报）2018 年第 6 期。

然需要依赖较为灵活富有实践经验的人类法官,因为人工智能体只能依照算法进行,不能理解这些审判活动的真正含义。而且,人工智能体只在单一领域有较强的认知能力,在跨领域部分没有可行性。此外,人工智能体不可能自生意识,就不可能具有自由意志,且没有情感动机,不会感受到痛苦和快乐。① 持该观点者还以法人为例来说明,法人所具有的权利义务,一定能够被充分"转写"为生物人的权利义务,归根结底,仍然是以人为主体,人工智能只不过是人类权利义务的延伸。② 还有学者认为,赋予人工智能体法律主体地位,将对人类的生存造成威胁。

但这些观点存在一定的局限性。首先,其低估了人工智能体强大的自我学习能力,"深度学习"能力决定了人工智能体既是承载人类思维的工具,也可以对人类的思维过程和智能行为进行深度模仿,同时人工智能体的深度神经网络在通过非监控性训练后可能具备发现科学规律、创造新产品的能力。③ 人工智能体高速、精准的信息收集、存储及运算能力已经显著优于大多数自然人,其认知能力丝毫不亚于人类,随着人工智能体技术的进一步发展,其很有可能超越人类的理性智慧,甚至具备人类的情感或心志。④ 其次,像"索菲亚"这类人工智能体已经获得了公民身份,该种情形已经成为当下社会不争的事实,一味地否定其法律主体地位已经不合时宜。再次,人工智能体并不同于法人,其背后并没有像股东会或董事会这样的利益共同体,能够通过内部的决议来掌握法人的真实意思表示,而人工智能体是有一系列复杂和冗长的数据和算法作支撑的,即使是设计者和研

---

① 叶良芳:《人工智能是适格的刑事责任主体吗?》,《环球法律评论》2019 年第 4 期。

② 马驰:《谁可以成为法律主体——兼谈人工智能的法律主体资格问题》,《甘肃社会科学》2022 年第 4 期。

③ 梁志文:《论人工智能创造物的法律保护》,《法律科学(西北政法大学学报)》2017 年第 5 期。

④ 高全喜:《娱乐法、虚拟世界与未来生活》,《东方法学》2018 年第 2 期。

发者也无法完全掌握人工智能体的执行情况,更无法判断人工智能体将会如何"思维",若是将其等同于法人则有失偏颇。最后,关于人工智能体法律主体地位的确立将威胁人类主体地位的观点是杞人忧天的,我们需保持一定的乐观,人类的理性和自觉,以及其为行为时对该行为所产生的后果,是有一定方向性的,人类研制人工智能体都旨在更好地为人类服务,人工智能体的总开关仍然牢牢握在人类手中。

另一种观点是肯定说,认为人工智能体的发展潜力是不可估量的,强大的运算和学习能力使其能够在多方面远超人类,赋予人工智能体法律主体地位,才是符合当下社会发展现实需求的。有的学者认为,对人工智能体的法律地位不可一概而论,应对其智能进行分级,否认弱人工智能主体地位,有限肯定强人工智能体,以及认同超人工智能具有主体资格。[①] 有学者则认为,应对人工智能体采取有限拟制其主体地位的构建思路,因为人工智能体与法人和自然人存在差异,其承担的法律责任能力有限,故为其有限法律人格作出了建设性的制度安排。[②] 还有学者认为,随着人工智能技术的快速发展,其人工智能体主体地位的确立是一个必须面对的问题,需以人类权利优先的立场为出发点,运用法律拟制的立法技术手段赋予人工智能体独立的法律人格,从而参照法人制度设计建立人工智能登记备案制,构建和完善人工智能法律责任制度。[③] 还有学者则表示人工智能具备自主性,已经不能作为纯粹的客体存在,应赋予其主体资格,但其又不同于自然人和法人,故应在法律上赋予其"电子人"的身份,其认为法律主体制度空间是可以容纳"电子人"的。[④]

---

① 贺栩溪:《人工智能的法律主体资格研究》,《电子政务》2019 年第 2 期。
② 袁曾:《人工智能有限法律人格审视》,《东方法学》2017 年第 5 期。
③ 杨清望、张磊:《论人工智能的拟制法律人格》,《湖南科技大学学报(社会科学版)》2018 年第 6 期。
④ 郭少飞:《"电子人"法律主体论》,《东方法学》2018 年第 3 期。

肯定说相较于否定说而言,更能切合当下的社会现实和未来发展的趋势,为权益的保护提供坚实的保障,为责任的承担提供了坚实的基础,为人工智能体这个人造物提供了更大的社会生存空间,并积极直面当下所遇到的问题,以主动的姿态将其纳入人类社会运行制度和规则之中,为问题的解决提供了方式和路径。

三、人工智能体法律主体地位之证成

人工智能体能否具有法律主体地位,还要从我国的实体法中寻找依据。在我国的《民法典》中,法律主体包括自然人、法人或非法人组织,即自然人和非自然人的"二元结构"。自然人即"生理意义上的人",非自然人包括法人和非法人组织。萨维尼认为,"自然人是具备权利能力的当然主体,而法人的权利能力则来源于法律的拟制"。这种以生物人的特征来作为其他法律主体的判断基础是不充分的,因为无论是自然人还是法人,都是由法律这套规则构造的术语,是主体资格的高度抽象化。自然人和法人均为法律主体,这才是二者真正的共同性。① 尽管自然人与法人在社会中的角色存在较大的差异,但在法律规定中它们不分伯仲。法人能够成为法律主体,其法律地位受到承认完全是法律选择的结果。凯尔森曾表示:"这一切不过是一个拟制代替另一个拟制。"而在人类历史的长河中,人类能够成为自然人,也是经历了漫长的过程,从人可非人到人人可人再到非人可人的转变。这一切都来自社会的演进,人类意识的不断提升,法律制度的不断完善,而法律主体的确立都来自法律有意识的选择。②

当然法律选择法律主体的标准也存在差异。对于人成为法律主体的唯一原因在于其是活生生的人,而非自然人基于法律拟制而成为法律主体,而拟制的手段系借助法定条件和法定程序来实现,这也

---

① 凯尔森:《法与国家的一般理论》,沈宗灵译,中国大百科全书出版社1996年版,第109页。
② 吴高臣:《人工智能法律主体资格研究》,《自然辩证法通讯》2020年第6期。

就意味着若其他主体要成为法律主体，同样要依据法律拟制的手段，否则是不能成为法律主体的。法律承认某种事物的主体资格，来自立法的考量和社会发展的需求，而公司就是基于经济发展、交易往来、聚集财富以及它对社会的重要性作用而被赋予了主体资格，这一切的背后都包含着立法的目的和倾向。就像康德所言："那些不以人的意志为转移，而以自然意志为依据的事物，被称作无意识的物品。相反，有意识的则是人身，其本身就是目的，是一个享有尊严、名誉的对象，不能作为手段和工具，从而限制了一切人性。"人类因为理性和意识成为存在的目的，从而成为法律上的自然人，除自然人之外的物，则是因为人这个目的才被拟制为法律主体。故而，自然人的判断标准是理性和意志，非自然人的主体地位的判断标准则来自合乎人类需求的拟制。①

例如，法人概念的创制，究竟是一个可操作性的法律语言，还是将其等同于自然人那样具有伦理道德的主体，在理论界仍然存在争议。但将法人直接拟制为自然人并让其适用自然人的制度显然是不合适的。法人的意志并不是指法人的自由意志，而是在法定的条件下有关自然人意思表示的规定可以适用于法人。这说明自然人的法律人格和法人的法律人格是不同的。哈特表示，"将法人视为自然人具备法律人格。其中的'视为'并不表示'等同'，故在围绕法人的制度设计上，也不同于自然人的制度安排。"法人的相关制度应当被认定为是一种法律技术而并不属于人伦道德价值层面的内容，这一认定标准将可以贯穿一切非自然人法律主体，以此类推其他非自然人，一样可以基于社会的需要和法律的选择而成为法律主体，具备法律人格。

在当前社会背景下，赋予人工智能体符合社会需要并具有重要

---

① 吴高臣：《人工智能法律主体资格研究》，《自然辩证法通讯》2020 年第 6 期。

价值。

首先，人工智能体法律人格的确立，能够更好地保护由人工智能体造成的伤害案件中被害人的合法权益。人工智能体的研发和应用汇聚了多方主体的利益，人工智能体的研发过程融入了投资人、设计人、研发人等众多主体，当人工智能体实施了编程范围之外的侵害行为，此时参与研发的众多主体对于该侵权行为是不具有预见性的，故而不能将其归责于上述主体，若人工智能体不具有法律主体地位也就不具有承担责任的能力，则此时被害人的合法权益将无法获得救济，不利于被害人权益的保护。[1] 相反，若赋予人工智能体法律主体地位，具备责任的承担能力，在出现不可归责于任何一方的伤害情况下，人工智能体将对其行为承担相应的责任，为被害人遭受的损害提供了寻求救济的途径。

其次，人工智能体获得法律主体地位后，可通过其享有的权利获得收益，以提高其责任承担的能力。就人工智能体"小冰"而言，赋予其法律主体地位，获得权利能力，对其创作的诗歌享有著作权，"小冰"可以通过获取较为客观的收益为其责任的承担提供资金支持，提高了"小冰"的赔偿能力。

最后，赋予人工智能体法律主体地位，降低了研发者和设计者的科研阻力。如无人驾驶汽车、无人机等智能运载系统的使用都需要法律的准许，当出现事故造成损害，其责任的分配将直接关乎研发者和设计者的切身利益。若将人工智能体出现的所有故障都不问过错的归责于研发者、设计者乃至所有者、使用者，将很大程度上打击科研事业的发展和积极性，从而阻断了人工智能体的进步。因此，认可人工智能体的法律主体地位，让不可归责于设计者、研发者、使用者、所有者的事由所造成的损害交给人工智能体独立承担，将解决这一

---

① 彭诚信、陈吉栋：《论人工智能体法律人格的考量要素》，《当代法学》2019 年第 2 期。

难题。

当然，我们赋予人工智能体拟制法律主体地位并不意味着人类的主体地位就一定受到威胁或是贬低，更不意味着自然人被物质化。[①] 人类能够主动出击而非被迫赋予人工智能体法律主体地位，正表明人类依然掌握着主动权，并积极应对着人工智能体技术的突飞猛进带给我们的诸多挑战，承认人工智能体的主体地位正是人类主体性的体现，这并未脱离人类是终极目的的轨道，法律要将人工智能体拟制为法律主体，最重要的意图就是填补传统法律中存在的漏洞，像"小冰"这样人工智能体产生的作品归属、家庭服务机器人致害的责任承担等问题，其最终仍然落在自然人的权利保护问题上。所以从哲学角度分析，人类才是主体，其他均为客体。但从法学角度分析，非自然人存在物可以被法律拟制赋予主体地位，但在行使权利时又存在着差异。这背后隐含的意义就在于是为了更好地实现人类的利益，满足社会和人类的需求的技术手段，并不意味着人工智能体就享有了人类的权利，而威胁到人类的存在价值。

四、人工智能体法律主体拟制之制度设计

能够成为法律主体的前提是能够独立的承担责任，而人工智能体法律主体地位问题很大程度上是人工智能体造成损害的责任承担问题，而这也是理论界对人工智能体是否具备法律人格争议最多的地方。解决了责任问题，人工智能体主体性的问题也就迎刃而解了。

无论是从法律角度将非自然存在物拟制为法律主体，还是从人工智能体法律主体地位的实质考虑，人工智能体能够享有法律人格并不是为了保护人工智能体的利益，而是为了更好地保护人类的利益。随着技术的进步，人造风险也在增多，让人工智能体成为责任承担的直接主体，可以降低因传统侵权责任中免责事由给受害人带来

---

① 吴高臣：《人工智能法律主体资格研究》，《自然辩证法通讯》2020 年第 6 期。

的无法获得救济的风险。但并不意味着在任何损害情形下都由人工智能体承担责任,当人工智能存在设计、制造缺陷、未履行充分的提示和警示义务所引发的损害,仍应当由设计者、生产者承担责任,当人工智能体在使用人的监管范围内时,使用者、所有者需对人工智能体的行为承担责任。[①] 只有在人工智能体所造成的损害不可归责于任何一方主体且远远超出预见范围,此时将责任归责于生产者、设计者、使用者甚至所有者都是不公平的情况下,才应让人工智能体独自承担责任。

首先,在人工智能体所需要承担的责任类型上,人工智能体的责任可分为财产责任和非财产责任。财产责任主要通过人工智能体自身的财产来实现,并利用其优势地位将侵权赔偿风险通过多种方式分担,从而避免人工智能体侵权行为使一方主体受到不公平的对待。非财产责任则主要体现在,根据强人工智能体行为的社会危害性以及人身危险性对犯罪的强人工智能体判处一定时间的关闭行为能力,但并不关闭其"大脑",同时在此期间对人工智能体的数据进行调整和再编程,能够较为直接地实现改造功能,而对于人身危险性极大的人工智能体,可以通过销毁或者强制修改(修改其"大脑")删除数据、清理内存等方式结束人工智能体的运行。[②] 由于人工智能体缺乏同人类那样产生"肉体的疼痛,失去自由的苦闷",因此无须对其采取监禁的刑罚。

其次,在人工智能体的归责原则上,无论适用何种归责方式来明确人工智能体侵权责任,都应该合理保护权利的完整性。在对人工智能体侵权行为进行责任归责时,应该对处于当前技术水平可以预见的风险内的侵权行为适用无过错责任。

---

① 郑文革:《人工智能法律主体建构的责任路径》,《中国应用法学》2022年第5期。

② 赵世琦:《强人工智能体刑事责任承担之设想》,《洛阳师范学院学报》2022年第11期。

因为适用过错责任的前提是受害人举证过错，而是否存在过错仅是一种主观状态的判断，人工智能体其复杂的运行结构，在侵权关系中很难甚至无法探寻其是否具有过错，适用过错归责会陷入困境。此外，受害方处于较为弱势的地位，很难举证证明结构如此复杂的人工智能体是否存在产品瑕疵，适用"无过错责任"会使受害者的利益得到更好的保护。此外，人工智能体在一些领域处于强势地位，让其承担较重的责任，可以强化生产者的责任意识，并且更符合公正的价值目标，从而弱化不平衡关系带来的危害。故以无过错责任进行归责是合理的。

最后，在人工智能体责任承担的实现路径上，由于人工智能体作为财产性的法律主体，财产是其承担法律责任的前提，这与人工智能体的财产责任相匹配，故应建立独立的财产制度为权利的救济寻求路径。在具体的制度设计上，可通过建立责任保险制度，为人工智能体的出厂买保险，以形成资金池，便于支付赔偿金。由于人工智能生产者是获取巨大利润的主要受益者，故由其承担首位的投保义务更具有合理性，若系统另由第三方开发设计参与制造，则由该第三方承担系统相关的投保义务，生产商投保限额相应扣减。通过保险制度，生产者和设计者大大降低了自身的风险成本和责任的负担，有利于智能产业的发展。对人工智能体实行责任保险制度，通过一个额度较低的保费支出将责任风险转移给保险人承担，则可以大幅降低这种经济成本，解决现有民事责任赔付不足的问题，①有效提高了生产者与设计者开发制造的积极性。同时可以考虑为人工智能体建立雇佣报酬待遇和税收制度，由参与劳动的人工智能体获得报酬并为其缴纳税费，再将这些报酬或税金一并纳入该资金池。并对每个出厂

---

① 夏利民、王庆松：《人工智能侵权责任保险制度的构建》，《湖北社会科学》2022 年第 5 期。

的人工智能体实行身份和质量的认证,进行登记备案,未经认证和登记的人工智能体不得进入市场,从而降低人工智能体自身缺陷、质量问题所带来得潜在风险,既能有效加强人工智能体的管理和规制,又能为人工智能体独立承担责任,赔偿损失提供了基础。[①] 如"小冰"这样能够独立创作的人工智能体,使其获得法律主体地位,享有著作权,通过创作获取可观的收益,为其责任的承担提供一定的资金支持。

结　语

对人工智能体能够作为法律主体进行了建设性的构思和论证,但立法承认其具备法律主体地位还有较为漫长的路要走,可是这不能成为我们回避思考的理由,而责任财产的承担方式仍然是如今人工智能体法律主体地位的决定性因素,且这里面所包含的技术以及立法工作还相当复杂和庞大,目前构想虽尚为粗浅,但我们必须承认的是人工智能体在社会中的角色越发重要,是国家综合国力的象征,也是社会进步的发动机,讨论人工智能体的主体地位是今后需要直面的问题。当然,肯定人工智能体的主体地位,也并非表示其享有与自然人同等的权利义务,更没有表示其可以取代人类的主体地位,肯定人是最终的目的,意图在于通过法律拟制,让人工智能体更好地为人类服务,满足社会和人们的需求,能够更好地处理人工智能体与人类之间的关系,而将人工智能体纳入法律规范体系,也是人工智能体服务于人类、加快科技发展、解决技术困境的必经之路。

---

① 郑文革:《人工智能法律主体建构的责任路径》,《中国应用法学》2022 年第 5 期。

《法律适用法》中"有利于"条款探析

邹淑环[①]

《中华人民共和国涉外民事关系法律适用法》(以下简称《法律适用法》)第 25 条、第 29 条、第 30 条明确在立法上出现了"有利于"的表述,开创了我国涉外民事关系法律适用立法的先河。本文在阐释这些条款内涵基础上,探讨其立法意义,分析其司法运作状况,并对如何更好地适用"有利于"条款提出看法。需要指出的是,该法的其他条款,如第 42、43、45、46 条等也暗含有利于受保护方利益之意[②],但条文中没有"有利于"字样,故不在本文讨论的范围。

一、"有利于"条款在《法律适用法》中的具体体现

(一)《法律适用法》第 25 条

"父母子女人身、财产关系,适用共同经常居所地法律;没有共同经常居所地的,适用一方当事人经常居所地法律或者国籍国法律中有利于保护弱者权益的法律。"这是《法律适用法》第 25 条的全文。从立法技术上讲,它采用了有条件选择适用冲突规范的表达方式,要求法官按照规定的具体情形依次进行法律选择;但在没有共同经常

---

① 邹淑环,天津商业大学法学院副教授,法学硕士。

② 万鄂湘:《中华人民共和国涉外民事关系的法律适用法条文理解与适用》,中国法制出版社 2011 年版,第 218 页。

居所地时,一方当事人经常居所地或者国籍国两个连结点地位平等,没有先后顺序,适用哪一个连结点的标准是有利于保护弱者权益。从内容上看,本条中的"弱者"指的是需要抚养的子女或需要赡养的父母。该条选用了经常居所地和国籍两个连结点,其中自然人"经常居所地"的认定应依据最高人民法院关于适用《中华人民共和国涉外民事关系法律适用法》若干问题的解释(一)(以下简称《司法解释一》)的第 13 条规定,从居住时间和生活状态两个方面去考察。如果当事人的国籍存在积极或消极冲突则需要适用《法律适用法》第 19条来解决。

(二)《法律适用法》第 29 条

《法律适用法》第 29 条规定:"扶养,适用一方当事人经常居所地法律、国籍国法律或者主要财产所在地法律中有利于保护被扶养人权益的法律。"该规定既承袭又发展了《民法通则》关于扶养法律适用的规定,将原《民法通则》及其实施意见的规定融合在一起①,这是承袭,发展表现在两点:一是增加一个连结点,即"主要财产所在地",这是基于扶养首先要解决的是被扶养人的生存问题所决定的;二是在规定的连结点中确立了选择标准,即"有利于保护被扶养人"。在立法技术方面,该条采用了灵活性极大的选择适用冲突规范,给予法官充分的信任,赋予其很大的自由裁量权。对于"扶养"的解释依然保持《民法通则》的广义态度,既调整长辈与晚辈相互之间的抚养关系,也调整平辈之间扶养关系。该条解决的事项包括具有涉外因素扶养关系的成立、终止以及当事人之间权利与义务关系准据法的确定。

---

① 《民法通则》第 148 条规定:"扶养适用与被扶养人有最密切联系的国家的法律。"其实施意见进一步规定:"父母子女相互之间的抚养、夫妻相互之间的抚养以及其他有抚养关系的人之间的抚养,应当适用与被抚养人有最密切联系国家的法律。抚养人和被抚养人的国籍、住所以及供养被抚养人的财产所在地,均可视为与被抚养人有最密切的联系。"

（三）《法律适用法》第 30 条

《法律适用法》关于涉外监护法律适用的第 30 条与第 29 条的区别是没有"主要财产所在地"这一连结点，其余是一致的。这一条款没有采用分割的方法将监护按照不同类型分别规定冲突规范，而是对于所有类型的涉外监护的法律适用在一方当事人"经常居所地法律"或者"国籍国"中以"有利于保护被监护人权益"为标准做出选择。在这一选择中将涉及不同监护人的监护能力的比较问题，该问题的解决将依据法院地（即我国）法律的相关规定。①

二、《法律适用法》中"有利于"条款的意义

（一）体现了政策定向的要求，有利于实现立法目的

从国际私法产生以来，法律选择理论始终围绕着"为什么适用外国法"以及"如何选择外国法"两个问题展开。对于前者，学者们从不同的角度探究，为适用外国法寻求理论支持。但国际交往的实践已经证明，在涉外民事领域适用外国法是不得不进行的操作，探讨适用外国法的理由的意义已经大大减弱。对于后者，即对选择法律方法的探索始终没有停步。传统的国际私法，不论是被誉为"国际私法之父"的意大利学者巴托鲁斯创立的法则区别说，还是"近代国际私法之父"德国法学家萨维尼创立的法律关系本座说，都是按照冲突规范的指引找到案件要适用的准据法。二者的区别在于前者是依法律的性质进行选择，而后者是依法律关系的性质进行选择，这种选择机械、硬性。比如，前者主张人的权利能力和行为能力适用其住所地法，后者认为人的身份关系适用其本座法即当事人住所地法。② 二者的具体做法是一样的，即解决涉外民事纠纷时，只要符合冲突规范中范围的要求，法官直接就适用当

① 万鄂湘:《中华人民共和国涉外民事关系的法律适用法条文理解与适用》，中国法制出版社 2011 年版，第 227 页。

② 李双元、欧福永:《国际私法》，北京大学出版社 2022 年版，第 44、48 页。

事人住所地法。这种指引明确、确定性强,但忽略了立法者所要体现的政策导向。因而 20 世纪以来,特别是第二次世界大战以后,关于涉外民事关系法律选择方法发生了质的改变,确定性之中体现灵活性,将政策导向作为一个要求体现在冲突规范之中。甚至有学者主张抛弃传统的冲突规范,取而代之的是按照法律选择的基本规则选法,以体现立法者的立法意图。如美国学者凯弗斯认为法律适用结果好坏的评判标准只有两个:一是要对当事人公平,二是符合一定的社会目的。另一位美国学者柯里主张以政府利益作为适用法律的标准。① 在制定法律选择规则时,将立法目的写入法规之中,对保护目标做适当的倾斜,这样能更明确、直接地体现本国的政策要求,实现立法目的。

(二)有利于保护弱者利益

通过分析可见,在《法律适用法》中直接出现"有利于"表述的第 25 条、第 29 条、第 30 条其保护的对象都是弱者:需要抚养的子女或需要赡养的父母、被扶养人和被监护人。在当今国际社会中,不能无视发达国家与发展中国家之间的差距,每个国家内也不能无视雇主与劳动者,企业与消费者,未成年子女与父母,需要赡养的父母与成年子女等之间的差距。在国际私法处理跨国的民事关系时,必须注意对特定人群利益的倾斜性保护。因此,《法律适用法》在婚姻家庭领域的几个特定方面,要求法官进行法律选择时,从几个可能适用的法律中选取有利于弱者的法律。我国的这一实践,符合新近国际私法立法的发展趋势。② 海牙国际私法会议于2007 年达成的《扶养义务法律适用议定书》第 4 条③,对于亲子之

① 李双元、欧福永:《国际私法》,北京大学出版社 2022 年版,第 52 – 53 页。
② 李双元、欧福永:《国际私法》,北京大学出版社 2022 年版,第 34 页。
③ 中华人民共和国外交部条约法律司:《海牙国际私法会议公约集》,法律出版社2012 年版,第 241 页。

间的扶养关系就直接作出了有利于被扶养人的规定,最大限度保证被扶养人获得扶养费。

（三）有助于实现国际私法追求冲突正义和实质正义相统一的目标

传统国际私法学理论将冲突正义放在首要位置,把案件分配到与其有适当联系的法律体系中,以维护不同国家法律之间的平等地位,实现判决结果一致的理想。在此目的下,各法律体系相关实体规则的内容是次要的。现代国际私法学理论的关注点则在于实质正义,认为涉外案件应适用能使案件得到公正审理的法律,以期在维护当事人利益的同时,也能实现社会和国家利益。① "有利于"条款在沿用传统连结点指引准据法的同时,又附加倾向性的选择要求,这样既完成了将案件分配到与其有适当联系的法律体系中的任务,也体现了对特定群体利益的保护。保护弱者利益是实质正义进入国际私法的体现,实现了国际私法追求冲突正义和实质正义相统一的目标。

三、《法律适用法》中"有利于"条款的司法运作情况

在"中国裁判文书公开网"的"高级检索"下"法律依据"栏分别按照要求输入"《中华人民共和国涉外民事关系法律适用法》第二十五条""《中华人民共和国涉外民事关系法律适用法》第二十九条""《中华人民共和国涉外民事关系法律适用法》第三十条",搜索从该法实施之日到2022年11月1日为止的裁判文书②,从中窥见其司法运作的具体情形。

---

① 宋晓:《当代国际私法的实体取向》,武汉大学出版社2004年版,第141页。
② 下文各表中所列判决书已经剔除了搜到的但与本文无关的案例。

（一）《法律适用法》第 25 条的司法运作情况

《法律适用法》第 25 条的司法运作情况见表 1 所示。

表 1　《法律适用法》第 25 条适用情况统计

序号	判决书名称	判决时间	案由	准据法	案涉法域或国家
1	陈某某与曲某某同居关系子女抚养纠纷一审民事判决书	2014 年 3 月 12 日	同居关系子女抚养纠纷	中国法	中国、美国
2	韦某与卢某抚养纠纷一审民事判决书	2014 年 11 月 5 日	变更抚养权纠纷	内地法	内地、香港特别行政区
3	李某与 L 某探望权纠纷一审民事判决书	2014 年 11 月 20 日	探望权纠纷	中国法	中国、澳大利亚
4	巢某某与吴某某同居关系子女抚养纠纷一审民事判决书	2015 年 1 月 8 日	同居关系子女抚养纠纷	内地法	内地、香港特别行政区
5	廖某与成某同居关系子女抚养纠纷一审民事案件判决书	2015 年 7 月 14 日	同居关系子女抚养纠纷	中国法	中国、美国
6	杨某某与 AMI 离婚纠纷一审民事判决书	2015 年 8 月 13 日	离婚纠纷	中国法	中国、贝宁
7	何某与庄某甲同居关系子女抚养纠纷一审民事判决书	2015 年 10 月 23 日	同居关系子女抚养纠纷	内地（大陆）法	内地、澳门特别行政区、台湾地区
8	汤某某与被告陈某某离婚纠纷一审判决书	2016 年 5 月 19 日	离婚纠纷	中国法	中国、美国
9	曾某甲与吕某婚姻家庭纠纷一审民事判决书	2016 年 6 月 2 日	婚姻家庭纠纷	大陆法	大陆、台湾地区

续表

序号	判决书名称	判决时间	案由	准据法	案涉法域或国家
10	叶某 1 与叶某 2 赡养费纠纷一审民事判决书	2016 年 11 月 24 日	赡养费纠纷	中国法	中国、澳大利亚
11	李某某与志贺某某同居关系子女抚养纠纷一审民事判决书	2018 年 2 月 28 日	同居关系子女抚养纠纷	中国法	中国、日本
12	赖某与刘某、李某等探望权纠纷二审民事判决书	2018 年 7 月 23 日	探望权纠纷	中国法	中国、新西兰
13	赵某与唐某同居关系子女抚养纠纷一审民事判决书	2018 年 9 月 11 日	同居关系子女抚养纠纷	中国法	中国、美国
14	金某 1 与金某 2 侵权责任纠纷一审民事判决书	2019 年 10 月 30 日	侵权责任纠纷	内地法	内地、香港特别行政区
15	夏某某陈某某等民间借贷纠纷民事一审民事判决书	2021 年 9 月 13 日	民间借贷纠纷	内地法	内地、香港特别行政区
16	奚某与唐某法定继承纠纷一审民事判决书	2021 年 12 月 27 日	继承纠纷	大陆法	大陆、台湾地区

资料来源：https://wenshu.court.gov.cn/

分析上述案例可见：

第一，公布的判决文书数量不多。《法律适用法》自 2011 年 4 月 1 日起施行，统计截至 2022 年 11 月 1 日，一共符合条件的判决书有十余个，数量少。

第二，《法律适用法》第 25 条是用于解决父母和子女之间的人身关系和财产关系，此类问题可以单独提起诉讼，表中大多案件属于此种情况,但有的是解决其他性质纠纷时相伴出现的。第一种情况下,根据《法律适用法》第 25 条规定,再结合案件具体情况判断哪一法律"有利于"弱者一方即可;而第二种情况的法律适用受主要诉讼问题的制约,如"杨某玉与 AMI 离婚纠纷案"的案由为离婚纠纷,根据《法律适用法》第 27 条的规定,法院认为应"适用中华人民共和国法律对本案进行审理"。对于案中涉及的子女抚养问题也直接适用我国法律相关规定,该法第 25 条只作为审判依据在文书中提及,没有真正按照该条规定进行法律选择。

第三,表 1 所列案件均以法院地实体法为准据法,没有适用域外法①的情况,法律适用单一。这是一个值得关注的现象,也促使我们深究《法律适用法》第 25 条的立法本意。一件涉外父母子女之间关系案件由我国法院审理的前提是我国有关法院具有管辖权,我国《民事诉讼法》确定管辖权的基本做法是:"对公民提起的民事诉讼,由被告住所地人民法院管辖;被告住所地与经常居住地不一致的,由经常居住地人民法院管辖。"而"对不在中华人民共和国领域内居住的人提起的有关身份关系的诉讼","由原告住所地人民法院管辖;原告住所地与经常居住地不一致的,由原告经常居住地人民法院管辖"。案件在我国法院起诉的根据是我国是当事人的住所地,而住所地与经常居住地不一致的,由经常居住地人民法院管辖。当事人的经常居所地恰是《法律适用法》第 25 条的一个连结点,这样就形成如下局面:案件由我国某法院管辖且适用了法院地的实体法。此外,如上所述,表 1 中有的案件是离婚纠纷等非父母子女之间的人身关系和财产关系诉讼,其法律适用受案由制约。

---

① 鉴于存在区际案件,本文用"域外法"的表述。

（二）《法律适用法》第 29 条的司法运作情况

《法律适用法》第 29 条的司法运作情况见表 2 所示。

表 2　《法律适用法》第 29 条适用情况统计

序号	判决书名称	判决时间	案由	准据法	案涉法域或国家
1	（同表 1 的第 2 号）				
2	（同表 1 的第 6 号）				
3	崔某某诉朴某某等赡养费纠纷一审民事判决书	2018 年 10 月 16 日	赡养费纠纷	中国法	中国、朝鲜
4	（同表 1 第 16 号）				
5	邹某某与李某香李某君赡养费纠纷一案民事一审判决书	2020 年 8 月 24 日	赡养费纠纷	内地法	内地、香港特别行政区
6	苏某 1 苏某 2 等赡养费纠纷民事一审民事判决书	2021 年 12 月 31 日	赡养费纠纷	内地法	内地、香港特别行政区

资料来源：https://wenshu.court.gov.cn/

如前所述，《法律适用法》第 29 条调整的是广义的扶养，其中包括父母与子女的抚养或赡养，因而表 2 第 1、2 和 4 号案例都是同时适用第 25 条和第 29 条，这种法条的同时适用是婚姻家庭领域纠纷法律适用的一个特点。至于《法律适用法》第 25 条适用中呈现出的上述第一点和第三点情况，在第 29 条中也存在，且查阅到的裁判文书数量更少。

（三）《法律适用法》第 30 条的司法运作情况

《法律适用法》第 30 条的司法运作情况见表 3 所示。

表 3　《法律适用法》第 30 条适用情况统计

序号	判决书名称	判决时间	案由	准据法	案涉法域或国家
1	王某俞某某等申请宣告公民无民事行为能力民事判决书	2014 年 6 月 30 日	宣告被申请人无民事行为能力人	中国法	中国、德国
2	陈某某寿某某申请宣告公民无民事行为能力民事判决书	2014 年 9 月 12 日	宣告被申请人无民事行为能力人	中国法	（无法查证）
3	（同表 1 的第 2 号）				
4	胡某某与余某某申请撤销监护人资格其他民事判决书	2015 年 7 月 31 日	申请撤销监护人资格	中国法	中国、加拿大
5	（同表 1 的第 6 号）				
6	孙某某与艾某某离婚纠纷一审民事判决书	2015 年 12 月 30 日	离婚纠纷	中国法	中国、西班牙
7	刘某某与 WONG YAU HONG 同居关系子女抚养纠纷一审民事判决书	2017 年 3 月 23 日	同居关系子女抚养纠纷	中国法	中国、马来西亚
8	徐某某王某某认定公民无民事行为能力限制民事行为能力案件特别程序民事判决书	2019 年 6 月 14 日	认定被申请人无民事行为能力	中国法	中国、美国

资料来源：https://wenshu.court.gov.cn/

表 3 中有 3 个案例是宣告被申请人无民事行为能力的案件，判决文书简单，也只是在判决的法律依据中提及《法律适用法》第 30

条,没有为何根据该条规定适用中国法律的具体分析,只是简单根据被申请人的实际情况做出宣告。至于公布的文书少、均适用法院地法的情况等同上。

四、适用《法律适用法》中"有利于"条款的注意事项

（一）理清相关条款之间的关系

在婚姻家庭纠纷中,未成年子女的抚养和监护问题是父母子女之间关系的主要内容,而父母子女之间关系、扶养和监护又与离婚、继承等问题紧密相关,因此有必要理清相关法条之间的关系。

第 25 条、第 29 条和第 30 条的关系。这三个条款具体适用哪一条的关键在于对案件性质的识别（也称定性）,但表 3 中第 7 号案件和表 1 中第 1、4、5、7、11、13 号案件的案由一样,判决适用的法律依据不是同一条款。父母与未成年子女之间关系内涵广泛,抚养、监护均在其中。当出现是适用第 25 条还是适用第 29 条或第 30 条时,本文认为第 25 条的规定更为全面,应该首先考虑适用该条。但对此也不能绝对,如果案件中争议点只是抚养费的数额、给付等事关抚养的具体问题或监护权的确权问题,应适用第 29 条或第 30 条。实际上,表中的个别案例在判决形成的法律依据中将这三条规定或其中二条规定同时引用。

第 25 条和第 31 条的关系。也就是父母子女的遗产继承纠纷能否适用第 25 条。对此本文认为不适用,应该适用该法关于继承的冲突规范,即第 31 条。因为父母子女的遗产继承纠纷虽然也涉及财产归属问题,但它是由一方死亡引起的,各国都有专门继承法进行调整,不属于父母子女之间财产关系所涵盖的范畴。第 25 条规定指定的准据法用于确认父母子女当事人各方的财产范围,而遗产的分割应该按照继承的冲突规范指引的法律处理。"奚某与唐某法定继承纠纷案"的案由是"继承纠纷",审判文书中提及适用第 25 条和第 29 条,但判决书中显示其只涉及继承案中当事人之间是否存在抚养关系的认定,没有涉及遗产分割。

第 29 条与第 26 条、第 27 条的关系。《法律适用法》第 26 条用于协议离婚,第 27 条用于诉讼离婚。离婚案件中存在夫妻之间的扶养和父母对未成年子女的抚养问题,此时的扶养问题是离婚问的一个组成部分,因而离婚问题适用何法,扶养问题也随之适用该法。即离婚的准据法用于因离婚这一事实而产生的离婚条件、财产分割、夫妻扶养及子女抚养、损害赔偿等的问题。① 但在婚姻关系存续期间出现的扶养纠纷应适用第 29 条。

(二)关于"有利于"的判断

从第 25、29 和 30 条具体表述上看,无论哪一条都要求法官在规定的几个连结点指定的法律中,选择一个有利于保护弱者权益的法律作为准据法。确认"有利于"的方法是在法官知晓几个连结点指定的法律的具体规定对保护对象的影响前提下进行的选择,即要通过了解几个可能适用的法律的规定后才能选出"有利于"保护对象的法律。这种理解在万鄂湘担任主编、最高人民法院民事审判庭第四庭编著的《中华人民共和国涉外民事关系法律适用法条文理解与适用》一书中得到了验证。该书作者认为第 25 条体现了国际私法重视"规则选择"的趋势,该趋势"主张直接了解有关的实体法规则的内容,看选择哪一种实体法更适合案件的公正解决,然后确定这种更好的实体法为准据法。"对于第 29 条作者认为可供选择的准据法有 6 个,选择的标准为"有利于保护被扶养人的权益";认为该条体现了"政策定向"的法律选择方法,该方法要求"法官不仅考察各个连结点,而且要对所有连结点指向的准据法内容都进行查明,并依据有关的政策标准去对各个准据法进行考查和比较,选出符合该政策标准的一个

---

① 万鄂湘主编:《中华人民共和国涉外民事关系的法律适用法条文理解与适用》,中国法制出版社 2011 年版,第 194、201 页。

准据法。"而对于第 30 条，该书作者明确提出："法官需要从'一方当事人的经常居所地法'和'国籍国法'中有条件地选择有利于保护被监护人权益的法律作为准据法。"①

但在现有的判例中，对"有利于"的判断，法官的做法是结合案件中需保护对象的实际状况，认定我国法律是案中"有利于"保护对象的法律并予以适用。如在"刘某某与 WONGYAUHONG 同居关系子女抚养纠纷"一审判决中，以第 30 条为依据，结合"被抚养人刘某一直在佛山市顺德区居住，适用中华人民共和国法律有利于保护其利益，故应适用中华人民共和国法律审理"。此案适用的是原告的经常居所地法，考虑到了被抚养人一直在我国居住的事实。但案中被告 WONGYAUHONG 持有马来西亚护照，马来西亚法律也是一方当事人的国籍国法，判决书中却没有提及。对此可做如下解释：法条规定并没有要求法官在几个法律中选出"最"有利的法律，因而无须比较相关几个法律中哪一个"最"为有利；只要法官根据案件中呈现的实际情况判断出一个法律是"有利"的，并加以适用即可。这种做法务实，有利于加速案件审理的进程和审判任务简单化，但没有"对多个连结点所指引的法律的查明、比较和权衡过程，'有利于'范式的初衷被人为地忽略了"。②

（三）与域外法适用相关制度的应用问题

在涉外民事案件的审理过程中，适用域外法是一种常态，与此相关还有公共秩序保留、域外法适用错误如何处理等。从逻辑推导的角度讲，在"有利于"条款适用的过程中，冲突规范多个连结点分别指向不同法域的法律是一种正常现象，这就不可避免地涉及域外法查明等问题。只有法官知晓了涉及的多个法律的具体规定，才能按照

---

① 万鄂湘主编：《中华人民共和国涉外民事关系的法律适用法条文理解与适用》，中国法制出版社 2011 年版，第 189、217、226 页。
② 张丽珍：《〈法律适用法〉"有利于"条款实施研究》，《西部法学评论》2015 年第 6 期。

"有利于"的标准做出选择,可见域外法查明是至关重要的一环。但是,从目前司法实践呈现情况看,上述三个统计表中审判文书中所列案例均适用法院地的实体法,域外法查明没有实际意义。公共秩序保留、域外法适用错误等也处于同样的状态。

(四)要不断提高法官的素质

相对于其他条款而言,"有利于"条款的适用对法官提出了更高的要求,需要法官对连结点进行考察,对案件中的具体情况进行权衡,经过分析和比较,从中选出有利于保护对象的法律作为审理案件的准据法。这其中要考虑的因素和法律涉及法院地国内和国外,相对法官审理国内案件而言,无疑是增加了难度,对法官提出了更高的要求,这促使其不断提高自己的业务素质。

涉外民事关系法律适用问题的解决有自身的规律,同时体现着国家的政策。"有利于"条款体现了对弱者利益的倾斜保护,是人权保护在《法律适用法》中的具体体现,有助于达到国际私法冲突正义与实质正义的统一,通过"有利于"条款对法律适用结果达到了一定的控制。今后要加强对"有利于"条款的探讨,以便指导审判工作,更好地实现其立法目的。

文义解释概述[*]

肖灵姗①

一、基本原理

实现文义解释的理论意义及司法实践功能需要对文义解释的内涵及基本界限进行明晰。只有在文义解释概念的历史嬗变进程中才能发现文义解释的本相、特征及其界定面相。魏德士指出,在法律解释领域,法律解释方法多种多样,但现在所有法律使用者却仍然遵循着同一种准则,那就是萨维尼准则②。19 世纪 40 年代,德国学者萨维尼提出解释要素的概念。在所有要素中首要的要素——语法这一解释要素就是现在人们所说的文义解释。他认为,每部法律都具有思想,这种思想通过一定的规则表达出来,而解释法律时就要洞悉这种思想从而揭示其内容,所以洞悉思想、揭示内容需要解释法律。承袭萨维尼的衣钵,恩吉施认为,文义解释是对字面含义的解释,它以语境意义为其解释目标,以语法和句法为其解释手段。据此,文义解释就是通过语法和句法对法律文本的字面含义进行解释以达到符合

---

  * 本文系天津市哲学社会科学研究规划项目"监察委员会职务犯罪调查措施研究"(项目编号:191029)阶段性研究成果之一。
  ① 肖灵姗,天津商业大学法学院助理研究员,法学硕士。
  ② [德]伯恩·魏德士:《法理学》,丁小春、吴越译,法律出版社 2003 年版。

语境的目标。文义解释正是从萨维尼到恩吉施学说脉络里逐步获得
了较为明晰的内涵。基于萨维尼的解释理论，中国台湾和大陆对法
律解释方法进行研究，取得丰硕的成果。对这一问题的研究，中国台
湾地区早于中国大陆。例如，杨仁寿认为"文义解释即按照语法规则
和文字用法所做的阐明。"①文义解释就是一种根据法律条文的文义
和使用方式进行解释的方法，即根据条文文义和使用方式来限定文
义解释的范围。孔祥俊也提出类似的主张。他认为文义解释不是为
了探究法律规范的立法意图，也不是从解释的结果出发进行考量，而
是为了追求法律规范的最普通、显而易见、自然明了的含义。据此，
孔祥俊认为文义解释就是字面的普通含义，不关乎立法意图、不考量
结果向度。黄茂荣也认为"法律上的文义（der Wortsinn）是指人们根
据自己的语言习惯而赋予字词一定的含义。如果在法律环境中，该
字词有特定的内涵，那么，不再依据习惯，而是依据此特定含义。"②
黄茂荣提出了特定含义的概念，使文义解释不停留在前文所提几位
学者的普通含义、习惯含义的范围之内。也就是说，文义解释要考虑
文本特有含义。王泽鉴在《法律思维与民法实例》中没有以定义的形
式对文义解释作出界定，他只是指出专门性和相对性是文义解释的
基本特征，其中，"专门性"指法律语言所具有的特殊含义。王泽鉴支
持了黄茂荣的特定含义概念。梁慧星是大陆第一位对法律解释方法
进行研究的学者，《民法解释学》中包含了其研究主张，他在此书中将
法律解释方法进行了分类，认为"文义解释是按法律文本的文义、使
用方式来对法律文本的内涵作出阐明"。他还主张"对法律文本进行
文义解释，第一按照语言习惯即最为普通的含义进行解释，第二习惯
性用语具有了法律上的专门含义，那么就应该依据此专门含义进行

---

① 杨仁寿：《法学方法论》，中国政法大学出版社1999年版，第102页。
② 黄茂荣：《法学方法与现代民法》，法律出版社2007年版，第335页。

解释。"①梁慧星教授对台湾几位学者观点进行了概括,把文义解释的观点梳理到此其实就是归结了两个层面,即普通含义和专门含义。与这几位学者不同的是陈金钊提出的广泛的文义理论。他认为"字面解释是文义解释最典型的解释,但是其还包括其他解释方法。他主张只要是在遵守法律文本的基础上对法律规定进行可能文义射程范围内的解释,这个过程就是文义解释的过程。"②据此,文义解释理论出现了大的分歧,在陈金钊教授之前学者的观点虽表达上有所不同,但最终的落脚是一样的。而陈金钊认为文义解释是宽泛的,文义解释的唯一限度就是遵守法律文本、寻找可能文义。这样的解释虽然能够发掘文本的可能文义,但可能造成文义的过度扩张,使得法条的约束力降低,最终的结果会是裁判的任意性。苏力则承袭本文提到的陈教授之前几位学者的主张,认为文义解释有普通和专门两种。普通解释就是要求法官、律师和其他读者按照习惯意义解读文本。专门解释则强调对法律文字进行法律意义上的解读而不是日常习惯。张志铭认为"语义解释是指依照法律规范的语法规则去理解法律文本规定的内涵"。③ 王利明也认为文义解释是对法律文本最普通的解释。除此之外,拉伦茨认为文义是依照语言习惯的一般用法或者依照专门语言的特殊用法来构造语句。法律上的文义指的是该法律用语依据语言习惯而具有的含义。如果在法律环境里某些用语在使用过程中已有了特定的含义,如无因管理、侵权责任、作为、不作为等词语通常会被赋予专门的含义。④ 尽管表达方式不同,拉伦茨与黄茂荣、梁慧星、苏力的主张有异曲同工之妙。德国学者考夫曼认

---

① 梁慧星:《民法解释学》,法律出版社 2009 年版,第 216 – 217 页。
② 陈金钊:《文义解释:法律方法的优位选择》,《文史哲》2005 年第 6 期。
③ 张志铭:《法律解释操作分析》,中国政法大学出版社 1998 年版,第 105 页。
④ 〔德〕卡尔·拉伦茨:《法学方法论》,陈爱娥译,商务印书馆 2003 年版,第200 – 201 页。

为文义解释是一种解释手段和方法而不是解释内容。① 在宪法学领域，文义解释理论也有所发展。切斯特·詹姆斯·安修认为，对宪法文字的理解应分为一般理解和专业理解，一般理解就是对最普通的文字的理解，存在一般和专门两种含义时，首先选择一般含义；只是规定了使用专门含义的，则依据此含义。平义解释规则受到人们的青睐，即解释语词依据的是其普通含义。在刑法学领域，不存在文义解释而通常是文理解释。都是对词句的通常含义所做的阐释，如高铭暄、马克昌主张从文理上对单词、术语、概念进行解释。纵观学者们的著述、教材，文义解释与文理解释是互通的。

由实务界文义解释的争议以及在文义解释概念的梳理中可见，法学理论界对文义解释进行了丰富的讨论，却没有达成共识。有的学者主张文义解释的广泛性，还有学者将文义解释视为其他解释的上位概念。认为文义解释可以从内涵、外延两个方向进行，首先，阐明法律概念的基本字面含义，如果字面含义解释严重背离实践需求则可以使其外延限缩或扩张以适应实践需求。这就比如在问题提出时举的一例。"冒充军警人员抢劫，加重处罚"，首先"冒充"的基本字面含义是假冒。而实践中觉得真军警抢劫更应该加重处罚，于是，根据此学者的观点就要根据实践需要对"冒充"的外延进行扩张以达到包括真军警人员的效果。但是，这是超出国民预测可能性的，这种方法可以说照顾到了实质正义，却有背离罪刑法定原则的嫌疑。

国内学界大多数学者的认识还是与前面两位学者的认识有明显不同的。大部分学者还是认为文义解释与其他解释方法相并列，并认为，在尊重法律文本的前提下按照文本的通常含义解释法律；如果解释超出法条规定范围，结果将是进入造法阶段。中国台湾学者林

---

① ［德］阿图尔·考夫曼，温弗里德·哈斯默尔：《当代法哲学和法律理论导论》，郑永流译，法律出版社 2002 年版，第 158 页。转引自姜福东：《法律解释的范式批判》，山东人民出版社 2010 年版，第 211 页。

诚二同样将文义解释界定为"应该根据法条中的字词句来寻求法律的真实内涵"①的法律解释方法。

司法实务界其实也回应了大部分学者的观点，问题提出时所举的案例将行为主体利用有隶属关系的其他国家工作人员职务行为入罪的情况最终视为一种扩大解释。理论界与实务界多数将一定主体对法律条文字面含义做的通常说明作为对文义解释的界定，所谓文义解释只是根据日常语言习惯按照通常理解对法条含义作出界定，文义解释并不包括其他解释方法。

关于文义解释特征的论述颇多，归结起来有如下三点。一是文义解释的基础是文字。迈克尔·穆尔用"两步舞"（two-step dance）来表述文义解释的过程："一方面需要关注的是有没有文本，存在文本时，此文本是什么；另一方面要关注的是这个文本具有哪些内涵。"②因而任何文义解释都不会脱离法律文本。二是文义解释首先选择的是文字的通常含义。法律具有普遍约束性，那么对法律文本的解释就要在全民的预测之内，文义解释是对法律文本的通俗性释明，法官对文本的解释以通常性理解为首要选择。文义解释必须具有客观性，以"日常语言"为解释媒介。三是文义解释必须遵循一定的语法规则。文义解释就是对法律概念内涵的明晰。这种明晰必须遵守一定的语法规则。比如，我国刑法中关于正当防卫的规定，根据语法规则，法条里的"行凶"就是与杀人等行为的暴力程度相同又不包括这些具体情况的一些犯罪行为。据此，文义解释作为一种对法律文本含义的通俗性说明，是对法律文本中某个字词、句群所做的解释。

二、界定标准

在诸多关于文义解释的命名中，不同的界定标准产生了不同的

---

① 汪性国：《文义解释在民事审判中的应用》，《最高人民法院公报》2007 年第 12 版。
② 林诚二：《民法总则》（上册），法律出版社 2008 年版。

面相。理论界对于文义解释的界定标准主要分为以下几个方面。

（一）解释方法

最为广泛的界定就是文义解释是法律解释方法之一，与其他解释方法相并列。这种解释方法源于萨维尼的理论，但对于解释方法的归类没有统一的标准。比如，中国台湾学者郑玉波认为有文理和论理解释等两类法律解释方法。① 台湾学者杨仁寿则认为有文义、论理、社会学解释三类法律解释方法。② 文义解释作为一种解释方法，与其他解释方法是并列关系，可以使用，也可以不使用。在使用时，可以只进行文义解释，也可以利用其他解释方法。至于各种解释方法的使用位阶关系，学界也没有形成定论。与此称谓不同却实质运作方式相同的另一种标准是把文义解释视为一种解释因素，相应的其他解释方法是其他解释因素，如体系因素、目的因素、历史因素等。萨维尼最先提出了四要素说，其中的语法要素就是文义因素。黄茂荣对于这些要素的运用顺序做出过逻辑性的梳理。他认为，解释的范围由文义因素确定；历史因素对解释的范围和内容作出调整和提示；体系和目的因素起到规范的作用；最后看是否符合合宪性因素的要求。

（二）刑法解释中的"独特称谓"

在刑法解释中没有文义解释，多用文理解释。这种独特理论的运用路径是这样：首先，刑法解释一定要遵守语篇原则。这种语篇原则就是指立足于法律文本，对词语、词组、句子进行解释的原则，不能脱离语篇进行解释，任何解释都必须考虑其所处的语境，结合全文体系来确定准确含义。在刑法解释过程中要充分考虑立法目的、时代背景、社会心理等诸多方面，而由于坚持语篇原则，一切解释方法都

① ［美］迈克尔·穆尔：《解释的解释》，张卓明、许宗立，等译，法律出版社2006年版。
② 转引自梁慧星《民法解释学》，法律出版社2009年版，第216页。

可归结为文理解释，即使论理解释中的目的、历史、体系解释等也不能超出文本的含义，这也就顺理成章的把各种解释方法归结为了文理解释。这与陈金钊所提的广义文义解释规则的观点是一致的。虽然与第一种界定标准的称谓不同，但这种界定从本质说还是一种解释方法的界定。

（三）解释理由

张明楷将刑法解释分为解释技巧和解释理由。解释技巧的使用为的是得到正确的结论，解释理由的使用是为了论证该结论的合理性。对用语做出解释，其支撑理由越充分结论越合理，但结论的制造者只有一个，解释理由之间没有非此即彼的并存关系，解释技巧之间却是非此即彼互相独立适用的。比如，"组织卖淫罪"中的"卖淫"，从仅包括女性向异性提供性服务发展到包括男性向女性提供服务。这种解释结论的合理性可以通过多种理由支撑，但对于解释技巧而言，这种情况仅属于扩大解释，而不能说缩小解释，对法律概念的解释说明不可能存在既扩大又缩小的情况。这种界定的运作路径是这样：综合目的、法益等因素选择解释技巧，通过解释技巧得出结论，运用解释理由来支撑，解释理由中文理解释优先并符合目的。通过这种运作路径最终做出的解释就不会超文本的范围。

三、语义学解释初探

语义学是一门研究语言意义的科学，现代语义学旨在通过界定意义本身的内涵来探究语词的意义，语言分析是学术界流行的解释方法。日常语言哲学认为，一个语词在日常生活中常用的含义就是其核心含义，所以，一个语词的核心意义就是通过日常语言习惯所确定的常用意。语义学解释的运用为文义解释的发展提供哲学上的指引。

（一）何为"秃子"

为了对语义学理论进行初探，我们借助哈特的"秃子"命题进行说明。文义解释归根结底就是对法律概念的解释,法律概念是模糊的。哈特就是以"秃子"命题揭示法律概念的模糊性,法律概念的不准确性就像是一个人究竟有多少头发才算"秃子"这一命题一样,无法找到准确的临界点。这样,我们就自然引入这样一个命题"法国国王路易十六是秃子"。要确定这一命题的真假性,关键在于"秃子"这一语词的真正含义是什么。这也是哈特讨论的理论重点所在。在日常生活中,我们接触到过很多"秃子",且当我们看到一个人时会粗略的反应出他是不是"秃子",而当我们遇到这样一种情况,这种粗略的反应就会模棱两可了。我们都知道"三毛","三毛"顾名思义就是只有三根头发,我们不会认为他是"秃子",那么,一根、两根、三根、四根、五根——到几根才开始称为"秃子"? 我们也知道"斑秃"就是头部不太明显的小块无发区域。我们列举的这些情况都不太符合我们的习惯性理解。那么"秃子"与这些情况的临界点究竟在哪? 什么情况才确实称为"秃子"? 魏治勋在论文《文义解释的司法操作技术规则》中下了这样一个定义:所谓"秃子",是指头部的中心有一片区域明显没有头发,但同时,在这个区域的边缘部分有明显的头发将无发区域围起来的这样一种情况。[①] 这样的概念会不会符合人们日常的语言习惯? 当然哈特对"秃子"这一命题的探讨就是他用语义学思想对法律概念含义进行界定的一种表达。正如,我们对"秃子"的语义分析,对于法律概念的分析也需要寻找一种界定标准,法律概念的涵摄范围就是这一界定标准之内的部分。

(二)语义学之上的文义解释

法官解释法律的首要也是必须的步骤就是阅读法律文本,他们可以根据语词的日常用法或者立法的目的进行解释,一些特殊案件的出现,我们却模糊不清,力求解释的妥当性,这需要我们借助语言

---

① 魏治勋:《文义解释的司法操作技术规则》,《政法论丛》2014 年第 4 期。

哲学进行探讨。语义学上的文义解释就是在现实世界与法律文本的语词、句群建立一种对应关系，认为法律概念与对应物之间具有一一对应的指涉关系。这样，通过对应就会得到清晰、明确的解释了。语义学上的文义解释确定的是法律概念的外延，通过概念外延的确定以达到文义的确定。社会是不断运动、发展的，而概念外延随着时间会发生变化，并不是一成不变的，外部世界和概念之间无法达到高度的统一。比如，我们前面所讲到过的卖淫案，组织男性从事同性卖淫服务算不算我国《刑法》第 385 条规定的"组织卖淫罪"？这就需要我们来解释"卖淫"这个词。传统认为，卖淫只发生在异性之间，这是不包括同性之间的性行为，而且一般是指女性向男性提供服务。但是历史发展到今天，文义解释并不是限定在这种理解范围之内，"卖淫"已经超出了这种含义界限，男性向不特定女性提供性服务，也被包括在"卖淫"的含义涵摄范围之内。因为时代的观念在不断更新，刑法的精神不断深化，外部世界与法律概念之间的相称关系受到了冲击。再如，番茄究竟是水果还是蔬菜，不同的人对此问题持有不同的意见。对于文义解释，立法者无法把法律文本的含义定义清楚，法官也不会只是在这种辞事相称的理论上进行文义解释。因为文义解释是为了探究立法者立法的目的或者探究法律文本的目的，立法目的是指对法律文本的解释在立足于文本原意的基础上寻求立法者的意图；后者指的是对法律文本的解释要立足于当下而不是法律文本的初始含义，它并不会关注立法者制定该法的本意是什么，而仅在当下，作为一个理性人，他所理解的含义。然而，这两种目标并不是完美的，如果仅追求立法者的意图，那么必然导致历史的倒退，这样的法治是不会进步的，这样就是没有照顾到历史性变化的做法；如果仅是追求作为理性人的看法，那么人人都有自己的看法，究竟哪一种是最确切、最符合的，这样就没有照顾到语言的共时性分歧，这时这种语言的历史性变化和共时性分歧造成了概念的模糊性。波斯纳认为这是由法律语言本身和外在混乱造成的,前者是指法律语言本身是不清晰的,我们需要借助一定的语言背景去理解和确定;后者是指语言本身是确定的,而外部环境的变化使语言产生混乱。这种语言的混乱使语义学上的辞事相称的文义解释成为虚谈。

现实世界复杂多变,概念与世界的对应也不是一成不变的,语言不可能像数字那样精确,这样,在语义学上进行文义解释,我们得到的结论是不精确的。探究外部世界与概念的一一对应关系并不是我们解释法律的目的,语言总是落后于语言自身的发展,语言并不总是与语言的表达相符合。而解释法律的目的就是通过文义解释,使人们对法律文本的含义达成共识,在法律解释过程中,语用学规则是文义解释更多遵循的。语义学、语用学并不是互相对立、割裂的,语义学共识性分歧和历史性变化的混乱推动了其自身的语用学转向,维特根斯坦认为语词本身不具有同一性,其所具有的是家族相似性。①他认为,语词离开特定的用法,就会变得孤立,就不会具有任何意义了。语言和语言的主体并不能割裂开来,语言只有在使用中才会体现出它的意义所在。在法律解释中不能把语义学与语用学割裂开来而是相结合,这样的解释才是最有效的。其实,法律解释就是对语词功能的揭示,语词功能的揭示就是借助相似词的互换来实现的,任何语义的确定都依赖于语言的存在环境,因而,在这种意义上讲,语义学就是语用学,语义学作用的发挥揭示的就是语用学向度,那些约定俗成的语词的使用也是建立在约定俗成的普遍性语境中,对法律文本的语义学解释就是语用学解释。

(三)语义解释的具体操作规则

哈特的法律概念理论,让我们认识到语义学是有弊端的,它没有照顾到语言的历史性变化和共时性分歧,没有认识到世界复杂的关

———————

① [奥]维特根斯坦:《哲学研究》,李步楼译,商务印书馆1996年版,第70页。

系,无法让我们一一对应,哈特的法律概念理论也让我们知道语义学与语用学是相互支撑而起作用的,对法律文本的语义学解释就是语用学解释。据此,我们习惯上用语用学来进行文义解释。而语义解释的具体操作规则是什么,它是怎么对文义解释进行解释的? 哈特的法律概念理论为我们理解语义解释的具体操作规则提供了基础。其一,法律概念语词的含义就是我们日常生活中的共识性认识。这种意义是广泛的,而只有普遍的共识性含义才是一个语词的核心意义。对法律文本的解释必须要遵循核心的意义规则。其二,一个语词的含义是有层次性的,哈特将语义学的意义分为"核心区域""边缘地带",这要求我们在解释语词时要分清核心意义和次要意义。根据哈特的法律概念语义分析理论,我们对语义解释的具体操作规则概括如下。

1. "通常含义"规则

"通常含义"就是日常生活中人们之间使用的共识性含义。张志铭对通常含义论点对解释的要求做出过界定:"若没有完备的论证作出相异解释,法律规范的含义是清晰明了的普通含义时,就应当依据该普通含义;如果此法律规范的普通含义有多个,那么一般是根据上下文来确定此文本的含义。"①在对法律规范进行解释时,首先要考虑的就是通常含义,比如罪刑法定原则中的"法"指的是中华人民共和国刑法及刑法修正案,而不包括国家任何有权机关所立的法。

2. "次要含义"规则

"次要含义"规则的运用条件是当语词的通常含义讲不通或者荒谬时,但是次要规则并不是法官的任意解释规则,不是法官根据自己的偏好肆意裁判,而是要符合一般人的理解习惯。例如,刑法中对"在交通工具上抢劫",按照我们的通常理解就是抢劫者到交通工具

---

① 张志铭:《法律解释的操作分析》,中国政法大学出版社 1998 年版。

之内进行抢劫的行为,而当犯罪人在交通要道上设置障碍使交通工具无法运行,然后犯罪人逼迫车上人员下车进行抢劫是否属于在交通工具上抢劫?如果不属于,那么这种解释就有悖于我们常人的理解了。规定"在交通工具上抢劫"法规的目的是保护交通工具上乘客的人身和财产安全,只要犯罪人的行为是针对特定交通工具,目的是抢劫交通工具上乘客的财物,那么就属于"在交通工具上抢劫"的情形,即包括在交通工具上抢劫和抢劫交通工具上的人的行为,至于犯罪人是否处于交通工具之上是不重要的。在这里,如果运用了"在交通工具上抢劫"的通常含义就不符合保护法益的目的了,所以,采用了语词的次要规则来解释。再如,"硫酸是不是武器",首先对这一命题的判断需要我们对"武器"的内涵有一个明确的界定,什么是武器?按照我们常人的理解,武器就是像枪支、弹药、器械等具有杀伤力的固定器材,而硫酸仅是化学用品不是武器,这种假设是否合目的性,当行为人将硫酸泼到人的身上,这应该怎么理解?所以,为了符合保护法益的目的,法官将"武器"解释为能够产生杀伤力的物品,这样就成功将硫酸纳入武器的涵摄范围内。这也是采用了次要规则进行解释,若是按照通常含义也会产生不合理的后果。

3. "专业领域"规则

(1)法律领域

学界多将文义解释的含义分为平常含义和特殊含义,特殊含义就是法律概念所具有的专门含义,就是法律人赋予语词的特定含义。如果法律规定了专门的语词,那么就要按照专门的含义去理解。比如,我们所理解的善意就是善良,形容一个人的品格,在民法中却被赋予专门的含义,就是指不知情;"无因"顾名思义就是指没有原因,而在民法中指没有法律上的原因和依据,替别人管理事务的行为;"不当得利"即不正当的方式取得利益,而在民法上是指损益之间无法律依据却有因果关系的情况等。这些在部门法中都被赋予了特定的含义,法官在进行解释时就要优先采用这些含义。

（2）其他专业领域

不同的领域对语词有不同的含义规定,法律解释的对象是法律文本,目标是解决案件,而案件涉及的领域是广泛的,法官在解释时必须按照该领域对该语词的含义的规定进行解释。比如涉及电器领域的电压值以及其他领域的一些指标性问题,法官必须根据该领域的一般做法和理解进行解释,而不能任意解释或模糊解释。但是,遇到特殊情况时,也要考虑选择普通含义而不是专门含义。比如,“天价手机”案和“天价葡萄”案,“天价手机”案中郑州保姆张某因雇主拖欠工资而将雇主手机偷走,后来得知手机价值 6 万多元,法院对此做出了赔偿的判决。对于此案件中涉及手机价值的问题,经专业领域测定价值 6 万多元,但是,在保姆不知情的情况下是否采用此标准定案,这也是争议中认为处罚太重的焦点。“天价葡萄”案中民工李某某等人偷摘葡萄园的葡萄,谁也不知这些葡萄竟是研究品种。进行估价之后,得知偷盗行为对研究院造成巨大的经济损失。那是否要根据专业机构的估价来判决? 笔者认为,在这两起案件中,行为人对这些事物的价值是不可能做出估计的,他们不具有这种专业知识,如果法官按照此专业标准定罪的话,会造成不合理的后果。

据此,对于语义学解释的规则其实就是我们的一种思维路径,首先拿到一个概念,我们要看法律上有无专门规定,有则适用,没有则寻求其通常含义并适用,在此过程中,对于不同学科中的专业概念要做专业理解,避免因行为人的不懂而入罪。

公法研究与社会治理

论监察留置羁押必要性审查制度的构建*

吴常青①　李德禄②

2018 年《中华人民共和国监察法》(以下简称《监察法》)明确规定了监察留置,不仅解决了"两规"合法与合宪性问题,而且整合了反腐败权力体系,用法治思维和法治方式"武装"了监察留置,助推党的反腐败工作再上新台阶。③ 根据《监察法》的规定,留置措施批准后要将被调查人留置在特定场所,期限最长可达 6 个月。据此,学界普遍认为,监察留置在性质上是与刑事诉讼中逮捕有相同实质的、剥夺人身自由的羁押措施。④ 与逮捕后的羁押相似,留置决定作出时的理由也完全可能随着调查的深入而发生变化,导致不再具有留置的必要,然而,《监察法》未设置留置后的羁押必要性审查制度,有违比例原则,不利于被留置对象人身自由权的保障和监察调查权运行的制约与监督。本文结合刑事诉讼中羁押必要性审查制度的基本法

---

　　* 本文系天津市哲学社会科学规划项目"监察委员会职务犯罪调查措施研究"(项目编号:TJFX19-006)的阶段性研究成果。

　　① 吴常青,天津商业大学法学院教授,法学博士。
　　② 李德禄,天津商业大学法学院硕士研究生。

　　③ 自正法:《监察留置衔接为羁押措施的法理反思与程序规制》,《政治与法律》2023 年第 3 期。

　　④ 谢小剑:《功能与程序双重维度下监察留置制度的完善》,《法学论坛》2022 年第 5 期。

理,考量监察委员会职务犯罪调查的特殊性,探研监察留置羁押必要性审查制度,以求教于同仁。

一、监察留置羁押必要性审查制度构建的现实与规范可能

（一）监察留置羁押必要性审查制度构建的现实可能

职务犯罪是一种高智能的犯罪活动,作案隐蔽性很强,实施犯罪后留下的书证、物证很少。[1] 这决定着职务犯罪监察调查对口供的严重依赖性,监察留置因其能够发挥留置讯问的功能成为职务犯罪案件调查必不可少的手段。实践中,职务犯罪的监察调查甚至表现如下样态:立案后即行留置,在留置期间取得被调查人口供,并附随运用其他调查措施。其他调查措施转变成留置措施的辅助措施,其他措施运用的目的是辅助留置讯问,口供突破后再由其他调查措施固定外围证据。[2]

为呈现监察留置的实践状况,笔者以 B 市为例,对中国裁判文书网 2018 年 3 月 20 日至 2023 年 3 月 12 日的相关案件一审判决书进行筛选分析。笔者将全文搜索关键词设置为"留置"和"监察",案件类型设置为"刑事案件",文书类型设置为"判决书",法院层级设置为"全部",案由设置为"刑事案由",审判程序设置为"刑事一审",共获得判决书 287 份。通过逐个梳理,剔除重复和信息不全的案件,共获得有效样本 275 份。275 份判决书共涉及被调查人 309 名,其中89 名为主动归案。监察留置的详细情况见表 1。

---

[1] 王建明:《论职务犯罪侦查强制措施及其立法完善》,《西北政法大学学报》2008年第 3 期。

[2] 王小光:《以留置为主线的职务犯罪监察调查机制审思》,《犯罪研究》2023 年第 1 期。

表1　2018年3月20日至2023年3月12日B市监察留置实践情况

留置期限	一个月以内	一个月以上到三个月	三个月以上到六个月	未留置	合计
人数（占比）	11（3.56%）	126（40.78%）	164（53.07%）	8（2.59%）	309（100%）
解除留置（人）	1	8	1		10

　　具体审视2018年3月20日至2023年3月12日B市监察留置实践情况,可以有以下基本认识:第一,少数被调查人未被采取留置措施。在309人中有8人未被采取留置措施,占2.59%。进一步分析,从主体身份来看,7人为非国家工作人员、1人为国家工作人员;从不采取留置措施的理由来看,判决书反映出有1人因尚在哺乳期而未被采取留置措施,其他7人未说明理由;从判决结果来看,8人均被法院判处缓刑,表明犯罪情节较轻。第二,3个月以上到6个月的留置期限占比高。在被采取留置措施的301人中,留置期限在1个月以内的仅有11人,占3.56%;1个月以上到3个月的有126人,占40.78%;3个月以上到6个月的达164人,占53.07%。其中,3个月以上到6个月占比最高,超过一半。换言之,有超过一半的被调查人留置期限被延长。第三,监察委员会在职务犯罪调查阶段主动解除留置措施的极少。根据《监察法》第43条规定,监察机关发现采取留置措施不当的,应当及时解除。不过,B市情况显示,在监察机关调查期间仅10人(占3.23%)被解除留置措施。换言之,在309人中有291人(不包括未留置的8人)在调查终结时仍处于留置羁押状态。总体上来看,监察留置平均期限超过3个月,留置期限过长,涉嫌损害被调查人合法权利,难以实现及时打击犯罪与保护被调查人合法

权利相统一。①

（二）监察留置羁押必要性审查制度构建的规范可能

从《监察法》规范体系观察，留置虽然在性质上被界定为一项重要的调查措施，但同时发挥着限制被调查人人身自由的监察调查程序保障功能。与逮捕相同，监察机关一旦作出留置的决定，被调查人即被留置在特定场所，处于一种被羁押的状态。进一步分析留置的适用情形，其与逮捕必要性情形的设置极为类似。

表2　留置情形与逮捕必要性情形对比

留置期限		逮捕必要性情形
《监察法》	《监察法实施条例》	（《刑事诉讼法》）
第二十二条（一）	第一百零一条	第八十一条第3款、第一百五十六条、第一百五十八条
第二十二条（二）	第九十三条	第八十一条第1款（五）
第二十二条（三）	第九十四条	第八十一条第1款（三）
第二十二条（四）	第九十五条	第八十一条第1款（一）（二）（四）

从表2所列情形不难发现，《监察法》规定的留置情形（二）（三）（四）通过《监察法实施条例》的解释基本与逮捕必要性情形的设置一一对应，其内容集中于逃跑自杀、影响证据收集和其他妨碍调查或者侦查的行为，基本是对监察留置与逮捕两项措施发挥程序保障功

---

① 有学者仅选取2018年1月至2021年12月的案件作为样本数据，筛选获得1100件职务犯罪案件，涉及1303名被告人。通过梳理裁判文书，留置期限在45日以下的案件数量为175件，占比15.90%；45日以上90日以下的案件数量为545件，占比49.54%；90日以上135日以下的案件数量为270件，占比24.54%；135日以上180以下的案件数量为110件，占比10.00%。留置时长最多的区间为45日以上90日以下与90日以上135日以下，合计占比74.08%；延长留置期限的案件数量为380件，占比34.54%。总体上来看，监察留置平均期限为2个月左右，留置期限同样过长。自正法：《监察留置衔接为羁押措施的法理反思与程序规制》，《政治与法律》2023年第3期。

能的规定。对于"涉及案情重大、复杂"这一情形,一方面,"涉及案情重大"与逮捕必要性审查中可能判处 10 年有期徒刑以上刑罚推定具有逮捕必要性相关,另一方面,"涉及案情重大、复杂"与《刑事诉讼法》第 156 条"案情复杂"、第 158 条"重大复杂案件"延长侦查羁押期限具有同质性。

从羁押期限角度观察,留置羁押期限采取"3 + 3"模式,即留置时间一般不得超过 3 个月,具备《监察法实施条例》第 101 条规定的四种情形之一,经过上级监察机关审批或者备案可以延长一次,延长时间不得超过 3 个月。根据《刑事诉讼法》的规定,侦查羁押期限采取的是"2 + 1 + 2 + 2"模式,除第 157 条规定的特殊情形,可以延长至 7个月。虽然监察留置羁押的最长期限仅比侦查羁押少 1 个月,但是,3 个月起始期限更长,相较于侦查羁押对被调查人人身自由的剥夺更为严厉。

鉴于职务犯罪监察调查过程的流变性,作出留置决定时的必要性情形会随着监察调查的推进不断发生变化,甚至消失,使得监察留置措施不再具有羁押被调查人的必要性。虽然《监察法实施条例》第102 条规定"对被留置人员不需要继续采取留置措施的,应当按规定报批,及时解除留置",但是《监察法》《监察法实施条例》并未明确规定留置羁押必要性审查制度,对于由谁审查"是否需要继续采取监察留置措施""何时进行审查"等保障被调查人的程序性事项均未明确规定,完全由监察留置执行机关自由决定是否解除监察留置措施无异于"与虎谋皮"。

二、监察留置羁押必要性审查制度构建的理论依据

(一)构建监察留置羁押必要性审查制度是比例原则的要求

比例原则发源于 18 世纪的德国行政法,而后发展成为一种具有宪法位阶的公法原则,并被尊奉为公法的"帝王条款"。正如德国联邦宪法法院在 1965 年的一项判决中所指出的,"比例原则归根究底乃系源自基本权的本质，基本权是人民向国家要自由的表征，它只有为维护公益所必要的范围内始能为公权力所限制。"① 比例原则的内涵经历了立法、司法和理论领域的反复调适过程，形成了经典的"三阶理论"，即将比例原则细分为三条具体原则：适合性原则、必要性原则和相称性原则，并逐渐扩张适用到公法家族的各个领域，直至被德国公法学尊奉为"第一原则"。② 刑事追诉程序涉及国家公权力与公民个人权利的尖锐冲突，比例原则的确立对于合理划分国家公权力与公民个人权利的界限，对于防范国家权力的滥用，保护公民个人权利具有非常重要的意义。

国家监察体制改革之后，监察委员会根据《监察法》的规定专责职务犯罪调查，即便监察委员会的调查权不同于侦查权，不再适用《刑事诉讼法》的规定，但其行使的仍然是国家公权力，属于公法范畴，亦应遵循比例原则。具体到监察留置问题，《监察法》并未明确规定留置后的羁押必要性审查制度，为那些不再符合羁押目的的被调查人提供及时被解除羁押的渠道，不符合适合性原则的要求；并未规定羁押替代性措施，对那些采取非羁押措施足以达到羁押目的的被调查人提供变更为羁押替代性措施的裁量空间，使得最小侵害原则无从贯彻；无法通过留置执行期间的继续审查，使羁押必要性处于持续性的受审查状态；更未给予被留置人相应的权利保障，进而实现对最小侵害的有效控制。

（二）构建监察留置羁押必要性审查制度是权力运行制约与监督的要求

古今中外的历史经验表明，不受制约与监督的权力必然趋向于权力滥用，必然导致腐败，这是一条铁律。"对权力的有效制约与监

① 高慧铭：《基本权利限制之限制》，《郑州大学学报（哲学社会科学版）》2012 年第 1 期。
② 秦策：《比例原则在刑事诉讼法中的功能定位——兼评 2012 年〈刑事诉讼法〉的比例性特色》，《金陵法律评论》2015 年第 2 期。

督"历来是我们党和国家高度重视的课题。尤其是党的十八大以来，习近平总书记将全面从严治党作为"四个全面"战略布局的重要组成部分，把党风廉政建设和反腐败斗争上升到了新高度。对此，习近平总书记形成了以"把权力关进制度的笼子里"为核心论点的一系列关于权力运行制约与监督的重要论述。①

为增加对权力运行的制约与监督，我国进行了国家监察体制的改革，整合反腐败资源力量，形塑了监察权。然而，监察委员会享有着包括监察留置在内的、较之此前行政监察机关更大范围的监督权，但是对于监察权行使过程中的制约与监督力量尚未得到增强，故而监察委员会将面临权力膨胀与滥用的质疑。对监察委员会施以相当的监督与制约自属必要。② 具体到监察留置，其权力行使具有极强的封闭性，没有为外部力量介入监察留置程序运行提供必要空间，与逮捕权的制约与监督存在较大的差距。一是监察留置的决定方式具有"同体性"，缺乏外部力量的制约与监督；二是在监察留置决定的过程中，律师无权参与、无权提交不予留置的辩护意见，被调查人与监察机关之间力量严重失衡；三是作为法律监督机关的检察机关无权对监察留置的决定及其运行进行合法性监督。不仅如此，一旦做出留置的决定，被调查人就处于被监察机关羁押的状态，超过一半的被调查人甚至被延长留置期限。在采取监察留置措施之后，监察机关无须定期主动审查羁押的必要性，被调查人也无权请求监察机关进行羁押必要性审查，被调查人更无权委托律师提出监察留置羁押必要性审查的申请。这种权力封闭运行的状态，显然与权力运行制约与监督的原则不符。

---

① 刘力维、宋俭：《习近平关于权力运行制约与监督重要论述的生成逻辑及实践面向》，《学习与实践》2020 年第 7 期。

② 秦前红：《监察体制改革的逻辑与方法》，《环球法律评论》2017 年第 2 期。

（三）构建监察留置羁押必要性审查制度是无罪推定原则的要求

无罪推定是现代法治国家的一项重要刑事司法原则，被称为刑事法治领域的一颗王冠明珠。[①] 无罪推定原则在贝卡利亚的《论犯罪与刑罚》中被表述为："在法官判决之前，一个人是不能被称为罪犯的。只要还不能断定他已经侵犯了给予他公共保护的契约，社会就不能取消对他的公共保护。"[②]在刑事司法领域，随着人权保障理念的不断普及与发展，最终无罪推定原则被各国宪法与刑事法律阐述为任何人凡在未依法证实有罪之前，应有权被推定为无罪。我国《宪法》与《刑事诉讼法》将无罪推定原则吸收并融入本国特色，以"未经法院依法审判不得确定有罪"的原则作为无罪推定原则的体现。在这一原则的指导下，刑事司法工作人员在执法过程中对任何犯罪嫌疑人、被告人采取强制措施都必须符合法定条件和程序，有充分的正当依据，而且适用的审前羁押期限应当尽可能的短暂。

监察机关对被调查人所适用的监察留置措施在《监察法》中的定位是一项调查措施，但是也表现出通过限制被调查人人身自由来保障诉讼程序顺利进行的功能。监察调查是职务犯罪进入刑事诉讼的上游程序，其对被调查人的监察留置亦属审前羁押之列。然而，通过前文所述，监察留置在实践中的适用情况，呈现出留置期限较长、解除羁押率低的特点。同时，监察留置执行过程中监察机关无须对被调查人的羁押必要性进行审查，这无疑阻塞了被调查人的权利救济途径，与无罪推定原则的精神不符。

三、监察留置羁押必要性审查制度的构建

在我国，刑事诉讼中的捕后羁押必要性审查制度已运行多年并积累了丰富的实践经验和理论研究成果，可以作为构建监察留置羁

---

① 陈光中、张佳华、肖沛权：《论无罪推定原则及其在中国的适用》，《法学杂志》2013第 10 期。

② ［意］贝卡利亚：《论犯罪与刑罚》，黄风译，中国法制出版社 2005 年版，第 37 页。

押必要性审查制度的重要理论资源。下文笔者将参照刑事诉讼中羁押必要性审查制度的运行经验,结合职务犯罪监察调查的特殊性,探索监察留置羁押必要性审查制度的构建。

(一)监察留置羁押必要性审查的启动

刑事诉讼领域的捕后羁押必要性审查制度采取了两种启动方式:检察机关依职权启动和依犯罪嫌疑人、被告人及其法定代理人、近亲属或者辩护人申请启动。这既体现了检察机关依照其法律监督职权的主动作为,又表明了法律为公民个人权利制衡国家公权力提供了途径。与刑事诉讼不同,监察调查程序律师无权介入,且监察调查运行的封闭性隔离了被调查人与其近亲属的联系。现阶段,打破监察程序的封闭性,构建依申请启动留置羁押必要性审查制度尚有难度。在不改变监察程序封闭性的前提下,目前可建构一种依职权启动、定期复查的监察留置羁押必要性审查的启动机制。笔者认为,在监察留置执行期间的第二个月和第四个月的最后一日主动对监察留置羁押必要性定期进行审查。

在职务犯罪监察调查程序中引入辩方力量,打破监察程序的封闭性是现代法治发展的趋势。换言之,在律师允许介入在职务犯罪监察调查程序之后,可以构建依申请启动的留置羁押必要性审查机制。也就是说,在法律上赋予被调查人及其法定代理人、近亲属或者辩护人在其认为羁押必要性理由消灭时申请启动留置羁押必要性审查的权利。同时,为防止辩方滥用留置羁押必要性审查的申请权,可要求辩方提交写明理由的申请书并附相关证明材料。案件监督管理室在收到材料之后,认为有存在不予羁押可能的,应当启动留置羁押必要性审查。

(二)监察留置羁押必要性审查的主体

在刑事诉讼中,捕后羁押必要性审查工作统一交由检察院的捕诉部门负责。捕诉部门既是逮捕决定的主体、捕后羁押必要性审查的主体，又是审查起诉、支持公诉的主体，追诉职能与救济职能的冲突难以消解，在理论上颇有争议。当前学界在讨论监察留置羁押必要性审查制度构建时，对于审查主体的设置存在检察院负责说、上级监察机关负责说、人民代表大会负责说和法院负责说等观点。目前在留置决定权未交由检察院、法院等外部主体审查决定的情况下，将检察院、法院、人民代表大会设置为留置羁押必要性审查主体不具有可能性。退而求其次，与捕后羁押必要性审查制度设置相同，由作出监察留置决定的监察机关负责羁押必要性审查具有一定的合理性，即设区的市级以下监察机关采取留置措施，应当由其上一级监察机关负责审查，而省级监察机关采取留置措施自行审查即可。

这样的制度设置，同样存在捕后羁押必要性审查追诉职能与救济职能的冲突难以消解的质疑。当然，随着职务犯罪监察调查法治化程度的不断提升，未来完全有可能将监察留置的决定权交由检察院，甚至是较检察院更具中立性的法院审查决定，那么，监察留置羁押必要性审查就可能与捕后羁押必要性审查同步，统一由人民检察院捕诉部门，甚至是法院负责审查。

（三）监察留置羁押必要性审查的方式

根据《刑事诉讼法》及相关解释，我国捕后羁押必要性审查一般采取书面审查形式，必要时可采取听证方式。基于反腐斗争的目标与监察调查程序的封闭性，当下监察留置羁押必要性审查的方式亦应采取书面审查的形式。也就是监察留置羁押必要性审查的主体可以要求调查机关提交与留置情形的相关材料并予以审查，如果有必要，可以向监察调查人员了解相关情况；审查过程中，应提讯被调查人，了解相关情况并听取相关意见。

随着职务犯罪监察调查程序对抗化、民主化程度的增强，未来监察留置羁押必要性审查亦应引入听证方式。从案件范围来看，具有下列情形之一，且有必要当面听取各方意见，以依法作出准确的审查决定的,可以举行监察留置羁押必要性听证会:①需要核实评估被调查人是否具有社会危险性的;②有重大社会影响的;③被留置人及其法定代理人、近亲属或者辩护人提出申请的;④案件在事实认定、法律适用、案件处理等方面存在较大争议的;⑤其他有必要听证审查的。经审查符合上述情形之一的,设区的市级以下监察机关经由上一级监察机关批准、省级监察机关自行批准,可组织监察留置羁押必要性听证。听证一般不公开进行。听证过程应全程录音录像并制作笔录。听证笔录由主持听证的监察机关工作人员、受邀请的社会人员和记录人签名或者盖章,与录音录像材料、相关书面意见等归入案件卷宗。

(四)监察留置羁押必要性审查的决定、告知与救济

第一,监察留置羁押必要性审查的决定和告知。监察留置羁押必要性审查的结果包括继续留置和解除留置两种情况。无论哪种情况都应当制作审查结果决定书。继续羁押的,应立即告知留置执行机关和申请主体;解除留置的,应立即通知留置机关,留置执行机关应当在收到审查结果决定书之后立即解除留置措施,并将其执行情况告知监察留置羁押必要性审查主体。

第二,监察留置羁押必要性审查的救济。缺少权利救济途径的权利不是权利,制度的构建是围绕权利展开的,但是缺少救济措施势必会使权利实现的可能性降低。① 无论是依职权启动还是依申请启动,均应赋予被调查人一方不服审查结果的救济权。若被调查人一方对不利审查结果不服,可以自收到审查结果决定书之日起 3 日内向作出决定的审查主体提起复核。申请复核时,应提交申请书并相关证明材料。审查主体在收到复核申请后,应当在 10 日内进行复核。经复核,认为原决定正确的,应及时将复核结果告知被调查人一

① 李新飞:《羁押必要性审查制度运行机制的反思与改造》,《西部学刊》2021 年第 7 期。

方。若认为原决定错误的，应当撤销原决定，解除留置，并将复核结果立即通知留置机关，由其解除留置。

结　语

毋庸置疑，监察留置措施已经成为监察机关职务犯罪调查的一个有力工具，但其羁押的属性不可忽视。不管是基于比例原则、权力运行的制约和监督原则还是无罪推定原则，监察留置之后的羁押必要性审查制度都有其存在的必要性。本文仅基于监察留置羁押必要性审查制度的构建展开研究，当然，该制度的构建乃至有效运行有赖监察留置措施调查功能与诉讼保障功能的分离、留置替代性措施的构建等予以配合。

未成年人个人信息保护中
知情同意的年龄标准

——以《民法典》第 19 条与《个保法》第 31 条为切入

慕德芳[①]　张越阳[②]

一、问题引出

年龄标准的设置作为未成年人个人信息保护中的一个重要制度设置,需要综合考虑立法体系性、民事行为能力的相关规定等多方面因素,具有复杂性。《民法典》第 19 条规定,限制民事行为能力的未成年人的年龄标准为 8 周岁以上的未成年人。《未成年人网络保护条例》(征求意见稿)使用的概念是未成年人,也就是说此条例的年龄标准是 18 周岁。《儿童个人信息网络保护规定》第 2 条将"儿童"界定为不满 14 周岁的未成年人。2020 版年国家标准指南《信息安全技术个人信息安全规范》,规定个人敏感信息包括 14 周岁在内的儿童的个人信息。虽然这些法律文件规定了个人信息保护中的年龄标准,但对彼此之间的冲突没有提供解决机制。

对于不满 14 周岁的未成年人是适用上位法《未成年人保护条例》还是下位法《儿童个人信息网络保护规定》和《信息安全技术个

---

① 慕德芳,天津商业大学法学院教授,心理学博士。

② 张越阳,天津商业大学法学院硕士研究生。

人信息安全规范》?《儿童个人信息网络保护规定》和《信息安全技术个人信息安全规范》在是否包含 14 周岁问题上存在冲突。即便是在遵循上位法《个人信息保护法》的规定时,认为 14 周岁以上的未成年人所做出的同意行为合法有效,也会与《民法典》第 19 条限制民事行为能力未成年人的年龄规定相冲突,又该如何解决? 基于以上冲突,存在以下两个问题。

第一,个人信息主体同意的法律效力界定不清。从 2012 年全国人大常委会颁布的《关于加强网络信息保护的决定》到 2017 年《网络安全法》再到《民法典》都将个人信息主体的同意行为规定为合法处理个人信息的基础和前提,但同意是否为授权行为却值得探讨。上述法律法规并未对个人信息主体的同意做出统一而明确的规定,同意行为的法律含义、法律性质仍存在较多争议。未成年人对信息处理者处理其个人信息做出的同意行为是否为民事法律行为? 若属于民事法律行为,则同意能力的年龄标准是否应当依照《民法典》民事行为能力的相关规定进行界定? 若不属于民事法律行为,则年龄划分的依据又是什么?

第二,缺乏判断同意能力有无的年龄标准。一方面,不同法律法规之间存在的冲突尚无解决路径,另一方面,即便按照《个人信息保护法》的规定将年龄标准设置为 14 周岁,该唯一的年龄标准,既未考虑未成年人身心发展的特殊性,也未考虑所收取的个人信息的差异,无法适应未成年人群体的特殊性。

综上所述,无论是从法理还是实践上都存在着诸多问题,未成年人个人信息保护中的年龄设置仍需要进一步探索。

二、未成年人个人信息同意能力年龄标准的困境

（一）缺乏对个人信息传播场景的差异化划分

对年龄做出区分首先需要考虑个人信息传播场景的差异,不同的网络服务提供的内容不同,对于个人信息采取的处理不同,采用统

一的标准不利于互联网行业的发展,也无法让未成年人更好地享受
网络带来的生活便捷。个人信息应用目的不同、场景不同,应将网络
服务的性质以及所需要的个人信息类型作为影响因素进行考虑。例
如,学习通等专门教育类的平台和"王者荣耀"等游戏类、哔哩哔哩、
抖音等视频类的平台所提供的网络服务并不同,需要获取的个人信
息不同,对于青少年的影响也有很大的差异,不做区分的设立统一严
格标准,对于各平台过于苛刻。

　　欧盟 GDPR 第 35 条对涉及个人信息的数据进行了分类,根据信
息内容和类型分为高风险信息和低风险信息。对于低风险的数据处
理行为,豁免部分规定,对高风险的信息设定了附加义务。① 未成年
数据作为高风险数据应当做出相应的评估,如果不进行区分,要求一
切类型的网络服务都需要得到家长的同意,不仅影响了未成年人自
身的权益,还容易导致监护人的"同意疲劳"②。使监护人同意这一
制度失去应有的作用。故区分场景对信息类型进行区分,做出相对
应的规定确有必要。

　　(二)设置唯一年龄标准的局限性

　　统一标准所存在的首要问题就是忽略了未成年人的个性化发
展。前文提出,未成年人个人信息保护年龄界分的依据是未成年人
对于信息处理者提供的隐私条文的理解以及对该条文同意的法律后
果的认识能力。不同个体之间的认知能力差异是在多方面因素的综
合作用下产生的,年龄只是其中之一。将年龄作为唯一标准,而忽略
其他因素的影响,不符合自然发展规律,更是对未成年人权利的一种
限制。对于心智发育相对较快的未成年人,能够理解隐私条文,并认

---

① 参见 Art. 35 GDPR Data protection impact assessment.

② Macenaite M . "From Universal towards Child – specific Protection of the Right to Priva-
cy online:Dilemmas in the EU General Data Protection Regulation", *New Media & Society*,2017,
(5).

识到同意该条文产生的法律后果。但法律规定推定同意行为无效，无疑不是对其个人信息权利的一种损害。不同地区的经济水平发展不均衡，意味着各地域未成年人之间在身心发育和资讯接收上的失衡，所以各个地区未成年人对个人信息处理的认识之间有着无法忽略的差别。平等原则要求对每一位公民的基本权利进行平等的保护。不考虑未成年人的主观因素，显然也不符合平等原则。

《儿童权利公约》第 12 条规定，"缔约国应确保有主见能力的儿童有权对影响到其本人的一切事项自由发表自己的意见，对儿童的意见应按照其年龄和成熟程度给予适当的看待。"而对成熟程度的划分标准分为两种：一种是年龄标准，另一种是根据儿童自身的成熟度和所处的网络环境进行个性化评估。① 根据前文所述，按照年龄划分虽然执行起来容易但存在许多问题，从民法平等原则来看，应平等保护每个公民的基本权利，未成年人更应如此，不能仅以保护的名义做出过分的限制。但在个人信息领域，每次获取未成年人个人信息前都要对未成年进行个性化评估也是不现实的。② 这不仅是对现有技术的考验，也会增大平台的经营成本，更可能使其放弃青少年市场，从而失去了保护未成年人个人信息的初衷。所以不应当直接抛弃年龄标准，而是应当谨慎考虑年龄界限的划分，并且设定年龄标准后增加相应的配套规定，以便更好地实现保护未成年人个人信息的目的。

（三）未成年人个人信息同意权主体的一元化

《个人信息保护法》第 31 条第 1 款规定，个人信息处理者处理不满 14 周岁未成年人个人信息的，应当取得未成年人的父母或者其他

---

① 高奇、刘庆帅：《场景完整性理论在儿童数据保护监管中的应用——以英国〈适龄准则〉和美国 COPPA 为例》，《中国青年社会科学》2021 年第 4 期。

② 付新华：《大数据时代儿童数据法律保护的困境及其应对——兼评欧盟〈一般数据保护条例〉的相关规定》，《暨南学报（哲学社会科学版）》2018 年第 12 期。

监护人的同意。也就意味着该法认为,14 周岁以下未成年人对个人信息授权同意行为无效,应当由其监护人替代同意,14 周岁以上的未成年同意行为有效。《未成年人网络保护条例》(草案)第 16 条规定:"通过网络收集、使用未成年人个人信息的,应当遵循合法、正当、必要的原则,明示收集、使用信息的目的、方式和范围,并经未成年人或其监护人同意。"这一规定明确了未成年人个人信息的同意权由未成年人本人或其监护人行使。2020 版年国家标准指南《信息安全技术个人信息安全规范》规定收集年满 14 周岁的未成年人个人信息前,应征得未成年人或其监护人的明示同意;不满 14 周岁的,应征得其监护人的明示同意。该条规定明确不满 14 周岁的未成年人个人信息的同意权由其监护人行使,年满 14 周岁的未成年个人信息的同意权由未成年人或其监护人行使。虽然这三个保护未成年人个人信息的法律法规都明确规定了年龄界限,但仍有许多不足之处。

对于 14 到 18 周岁的未成年人的同意行为究竟应由本人实施还是监护人实施?若对于不满 18 周岁的未成年只要其监护人同意即可不再询问未成年人,无疑不是对未成年权利的一种限制。尤其是当前的网络时代,未成年的监护人对于网络服务的学习能力和认识程度可能并不如未成年人本人。当今的未成年人从小便开始接触网络,长时间的接触和较强的吸收新鲜事务的能力,使其对各种网络服务能够更加轻车熟路。但部分监护人接触互联网较少,且对新鲜事务的敏感度远小于未成年人,故对网络环境并不熟悉。特别是受教育程度较低、风险意识较差的监护人很难了解复杂的电子设备,并没有相应的能力对未成年人的网络使用作出监督或代替其作出决定。① 监护人这一单一主体的同意并不足够保护未成年的个人信息。只有在尊重未成年人意愿的基础上,探寻多主体参与形成多层

① 张艺潇:《父母监督儿童使用社交网络的调查研究》,《教育文化论坛》2020 年第 4 期。

次的未成年人个人信息保护制度，才能实现保障未成年人基本权利的同时保护其个人信息权益。

三、未成年个人信息同意能力年龄标准依据

（一）未成年人个人信息同意能力年龄标准的理论基础

未成年个人信息同意能力年龄标准问题，目前主要存在着如下几种观点。

一种观点认为未成年人信息保护中的年龄标准目的是规范儿童、家长及网络运营者的行为，对儿童独立处理信息行为的限制以及对网络运营者的注意义务的要求，而非通过其意思表示进行民事行为的能力。[①] 但仅根据目的进行区分并不够严谨，对于未成年人个人信息同意行为的法律性质仍需做出区分。一种观点认为同意在严格意义上与民事法律行为存在差异。我国《民法典》规定"民事法律行为是民事主体通过意思表示设立、变更、终止民事法律关系的行为"，而根据德国民法学界的通说，同意不以发生一定法律效果为目的，不以具有法效意思为必要，只涉及对自己权益的侵害行为，是一种准民事发法律行为。[②] 大陆传统民法理论中，一些学者也将同意定义是法律行为中的补助或补充行为。[③] 另一种观点认为同意是个人信息主体基于自由意志对个人信息处理者的处理行为及法律后果的肯定或否认的意思表示。[④] 关于同意的性质还有一些其他的观点，如一些学者将同意界定为法律行为性的许可，许可内容为具有排

[①] 殷峻：《网络时代儿童个人信息的法律保护——基于美国和欧盟立法的比较研究》，《学术研究》2018 年第 11 期。

[②] 王泽鉴：《侵权行为》，北京大学出版社 2009 年版，第 227 页。

[③] 胡长清：《中国民法总论》，中国政法大学出版社 1997 年版，第 191 页；史尚宽：《民法总论》，中国政法大学出版社 2000 年版，第 315 页。

[④] 邬杨：《论个人信息主体同意的法律效力——以〈民法〉第 1035 条与第 1036 条适用为纲》，《网络法律评论》2020 年，第 250－271 页。

他性的债权性用益物权。①

对于同意行为的性质应当回归到其定义上,个人信息主体对个人信息处理的同意,是对信息处理的范围、程序、方式等的同意。在信息处理者对处理方式、范围、程序等相关内容做出详细的告知,并且信息主体对同意行为的法律后果有充分认知的前提下,信息处理者对信息主体同意部分的个人信息进行处理,并为信息主体提供告知的服务,双方就此达成合意,此时未成年人对个人信息处理的同意便是意思表示。欧盟《通用数据条例》中"同意"被定义为数据主体通过陈述或明确的肯定行为,表示关乎自己的个人数据处理的同意、自由的、特定的、被告知的、不模糊的信息主体的意思表示。由此可以看出,该条例也认为数据主体的"同意"是意思表示。故关于未成年人对其个人信息同意的年龄标准应当参照民事行为能力的年龄标准,按照能够理解信息处理主体所作出的解释以及能够理解自己同意行为的后果的能力进行设定。

(二)域外相关立法

域外对于未成年人个人信息保护研究开始较早,体系较为成熟。欧盟1995年制定了《个人数据保护指令》(95/46/EC),但限于当时的网络服务环境,没有作出针对未成年人个人信息数据保护的特殊规定。在2018年5月生效的《一般数据保护条例》(General Data Protection Regulation),其第8条第1款将年龄界限设定为16周岁,同时规定其成员国可以设定更低的年龄,但不得低于13周岁。

欧盟内部各成员国在立法实践上分为三种立法模式。② 一是客观明确规定年龄门槛模式。根据西班牙个人数据保护和数字权利保

---

① 丁晓东:《个人信息权利的反思与重塑论个人信息保护的适用前提与法益基础》,《中外法学》2020年第2期。

② 罗莉莎:《论欧盟〈一般数据保护条例〉中处理儿童个人数据的同意规则》,华东政法大学硕士学位论文,2019年。

障组织法第 7 条,处理年满 14 周岁的未成年人个人信息,应当经其同意。匈牙利隐私法第 6 部分第 3 节规定,16 岁以上的未成年人作出同意声明即视为有效,无须经过其法定代理人同意或批准。二是类比监管模式。通过援引民法中民事行为能力的规定来确定。立陶宛规定,14 岁以上的儿童可以被视为具有一定的民事行为能力,允许对一些基本的个人数据处理操作作出同意。三是以主观能力为基础的模式。综合考虑儿童的心理特征、利益保护和对后果的理解能力进行个案判断。以德国为代表的一些成员国通过已有的"成熟年龄"规则,对同意行为的效力进行认定。当一个客观上不满法定年龄要求的未成年人,实际上能够完全理解个人信息处理所产生的后果时,该同意行为就是有效的。①

不难看出,各国在年龄分界上虽然相差不大但都综合考虑了本国未成年人的发展情况,设置了相适应的年龄界限。

四、对于未成年个人信息保护年龄界分的完善

(一)不同个人信息传播场景同意能力做出区分

不同类型的网络服务需要的个人信息并不相同,仅对个人信息主体年龄并不能体现对不同风险个人信息处理的区分,而对不同风险个人信息处理的区分能够实现对未成年个人信息更合理的保护。因此需要在区分不同年龄阶段的未成年人基础上对具体的监护人同意的方式进行区分。对于网络服务使用者而言,可以减少未成年人监护人的"同意疲劳"问题;对于网络服务提供者而言,能够减少其运营成本,防止其消极对待未成年人用户的个人信息问题。

对此可借鉴欧盟 GDPR 的相关规定,对未成年人个人信息进行分类。将信息类型根据其内容和传播模式做出了类型划分:数据不

---

① 冯恺:《个人信息处理中"儿童同意"的年龄标准》,《暨南学报(哲学社会科学版)》2021 年第 8 期。

会被互动传播的低风险类型,仅供内部使用的中等风险类型和包含敏感信息的高等风险类型。对于不同的风险类型,规定不同形式的监护人同意方式,从而更具备针对性并提高同意行为的高效性。对未成年人个人信息的同意年龄也应根据不同风险的影响,确定不同的年龄标准。对于低风险的数据可以适当降低年龄标准,高风险的数据则提高年龄标准,从而得到更符合实际需求的年龄分界。就我国而言,可根据不同类型未成年人个人信息传播互动的风险性,将其分为三种类型,即不需要传播或互动类型,仅网络服务提供者内部进行传播互动类型,除网络服务提供者内部还涉及第三方的传播互动类型。

对于第一种传播互动类型,人是社会动物,个人信息只有在传播互动中才能产生效益,没有传播互动的个人信息并不能体现其价值,不进行传播互动的个人信息对个人信息主体的影响较小,且对网络服务提供者的经济效益也非常有限,对其保护价值不大,故可以由未成年人本人同意即可,对于年龄限制也可稍作放宽。第二种传播互动类型,在网络服务提供者内部进行传播互动,网络服务者根据需要会对未成年个人信息进行商业化处理,如用户画像等,这种类型的处理加大了未成年人个人信息泄露的风险,也为网络服务提供者带来了较大的收益,因此需要较为复杂的同意方式,如需要通过发送短信等确认回复后才能获得授权。一方面,要求监护人积极主动采取行动,表明同意行为履行监护人职责;另一方面,也增大了网络服务运营者一部分运营成本,要求其对个人信息处理做出必要的前置措施。第三种传播互动类型不仅涉及网路服务提供者自身还涉及第三方,对于此种类型而言,传播互动范围较广,个人信息泄露的风险性也较大,网络服务提供者不仅需要向用户明确第三方的范围和对个人信息的使用方式,还应提供更为严苛的监护人同意方式。例如,采用语音或视频的方式获得监护人的同意。视频或通话的方式能够使监护人更加了解网络服务提供者对未成年人个人信息的处理内容,并且能够减少未成年人冒充监护人进行同意现象的发生。

(二)确立多个同意能力判断年龄点

不同年龄的未成年人的身心发育状况不同,设置单一的年龄界限虽然有利于管理,但并不利于未成年人的保护。但每次获取未成年人个人信息前都对未成年人进行个性化评估也不现实,故设立多个年龄阶段对与现阶段互联网发展水平是相适应的,既考虑到不同年龄阶段未成年人的身心发展水平,又未过分增大个人信息处理者的运营成本。在具体年龄的划分上,一方面,要顺应本国未成年人的身心发展特征,另一方面,也要结合本国立法传统和域外立法经验。笔者认为以 8 岁、14 岁、18 岁为分界更符合我国未成年人个人信息的保护,8 周岁以下由监护人代为决定,8~14 周岁未成年人的同意行为由其监护人同意或追认后生效,18 周岁以上即成年人可以自行行使个人信息的同意权。这种分界方法较单一且年龄界限更灵活,能够有效解决《个人信息保护法》与《民法典》间的冲突问题,还能够更有针对性的保护不同年龄段的未成年人,且未增加过多的负担。

从我国相关法律来看,8 岁、14 岁和 18 岁符合我国的立法传统和司法实践。《民法典》第二十条规定,不满 8 周岁的未成年人为无民事行为能力人,由其法定代理人代理实施民事法律行为。8 周岁以下未成年人实施的民事法律行为无效,由其代理人代为决定符合民法典的规定。第十九条规定,8 周岁以上的未成年人为限制民事行为能力人,实施民事法律行为由其法定代理人代理或者经其法定代理人同意、追认;但是,可以独立实施纯获利益的民事法律行为或者与其年龄、智力相适应的民事法律行为。8~14 周岁属于限制民事行为能力人,对个人信息处理的同意在其监护人追认或同意前效力待定,也是符合该条规定的。而 14 周岁以上的未成年人,虽然也属于限制民事行为能力人,但无论是《个人信息保护法》还是《未成年人保护法》都将同意年龄设置为 14 周岁,可以认为 14 周岁以上的未成年人的同意行为符合《民法典》第十九条的但书规定,即认为该同意行为是与其年龄、智力相适应的民事法律行为。

从心理学角度来看,8、14 周岁的划分符合青少年的思维发展规律。青少年的思维在青春期期间总体上由形象思维、抽象思维过渡到辩证思维,不再借助具体的事物和事件,看问题不再那么绝对化。8 ~ 14 岁的儿童一旦产生了一个对问题情景的可能性解释,就会立刻将它认定为事实。14 周岁的未成年人处于身心发展不平衡时期。概括能力增强,可以通过一般的逻辑规律进行思考,或进行现实的规划。以基于经验的抽象逻辑为主,但水平仍相对较低。开始掌握辩证思维,但具有一定的表面性和偏颇性。到 18 周岁成年人的逻辑思维能力初步完成从经验型水平向理论型水平的转化。生理和心理发展都趋于成熟稳定,辩证逻辑思维趋于占优势地位。也就是说,14 周岁以下的未成年人在没有具体事例的情况下,很难理解抽象的条款内容。就算能够在条款中列举具体事例予以说明,这种理解也只能停留在该具体事例内,不能探究到具体事例所代表的一般规律。14 ~ 18 周岁年龄段的未成年人在阅读个人信息相关条款内的抽象文字内容时,可以不需要借助具体事例就能够理解其所表达的内涵。对条款的一般内容可以做出探索的思考,但此时辩证逻辑思维还未发展成熟,在处理个人信息时不能深层的理解条款,不能全方面地了解到行为可能产生的后果。此时尚不能享有对个人信息的全部自主权,仍需要监护人的辅助。而到了 18 周岁,智力水平和认知水平基本发展完备,享有完全知情同意能力。

(三)设置多元的参与主体

除了未成年人本人和其监护人,可以探索其他主体对未成年人个人信息的同意权,如教育管理主体。未成年人的大部分时间在义务教育阶段,义务教育阶段的大部分时间在学校度过,虽然对于学校等教育管理者如何保护学生的未成年个人信息的问题仍然在探索中,尚且未形成科学统一的保护模式,但学校对于学生的个人信息的掌握无疑更加集中或详细,若不考虑这一主体,显然无法实现对未成年个人信息的全面保护。随着互联网的发展,教育与互联网的联系变得更加紧密,教育类的网络服务提供者也日渐丰富,但未成年人的监护人受多方面影响,对此了解有限。相较商业化类型的网络服务提供者,教育类网络服务的风险性较低,因此将教育管理主体纳入未成年人个人信息参与主体值得探索。故应当充分调动学校作为保护未成年个人信息主体的积极性,健全未成年人个人信息保护制度。未成年人、监护人和学校应充分交换意见,完善沟通机制,在一些线上教育类网络服务可以探索由教育管理主体协助监护人,参与未成年人个人信息的保护。

结　论

未成年人个人信息保护年龄界分时法律上对未成年人个人信息专门保护的一项核心决策,设置年龄界分的目的在于确定未成年人对于个人信息做出的同意是否有效提供一个明确的标准。而现行规定对于其规定的不统一,一方面不利于未成年人的保护,另一方面也阻碍了网络服务的发展。因此需要综合多方面因素,探索符合本国实际的年龄标准,不仅立足于本国的立法传统、社会发展水平以及本国未成年人的身心发展状况,也要借鉴域外立法和实践经验,结合具体网络服务类型,增强统一年龄标准的适应性。

海域使用权视角下
海域污染的刑法调整研究

王志强[①]　程　宇[②]

随着《中华人民共和国海域使用管理法》的颁布实施,促进了海域合理开发和可持续利用,但取得海域使用权的单位或个人在使用海域的过程中污染海域环境的情况时有发生。目前,我国对该种情况多数以民事责任和行政责任加以规制。结果表明,这并不能起到较好地弥补和预防作用,且现行《刑法》对该种行为的规制尚为不足。在保护海洋资源的角度,污染海域行为已具备了专门归为《刑法》调整的必要性,并在此基础上对相关法律予以完善,促进不同法律实施的衔接,提高海域污染的防治质量。

一、海域污染的主要表现形式

所谓海域,在地理的角度是指海洋中区域性的立体空间;从法律的角度来看,它包括《中华人民共和国海域使用管理法》(以下简称《海域法》)、《民法典》所调整的内水、领海海域,同时也包括专属经济区和大陆架。在我国,民事主体经国家海域管理部门依特定程序批准后,在特定区域、法定期限内按规定用途可以进行有偿开发使

---

① 王志强,天津商业大学法学院副教授,硕士研究生导师。
② 程宇,天津商业大学法学院 2023 级法律(法学)研究生。

用,也就是拥有海域使用权①。海域使用权是随着海洋经济的发展,海洋开发活动的日渐增多应运而生的。这种权利是以特定海域的使用价值为内容,海域使用权人在取得海域使用权证书后依法对该特定海域享有占有、使用、收益的权利,类似民法中的用益物权,可以视为一种私权。本文所述的海域污染就是在行为人取得该种权利后,对其所取得的海域的使用价值利用不当造成的海域严重污染现象。根据《海域法》第 25 条规定的六种海域使用用途,本文归纳了海域污染的主要表现形式,具体如下。

第一,养殖用海污染。养殖用海是海水养殖业发展的前提与基础,同时也是我国最传统的海域使用方式,具有用海面积大和用海分布广的特征。目前我国违法违规用海多见,尤其在养殖用海领域较为突出。为了经济效益,一些养殖户在海洋功能区划明确禁止养殖的自然保护区等敏感海域开展海水养殖,如广东海洋生态红线区内的养殖用海(围海养殖)面积高达 10.5 平方千米。② 在实践中,养殖户高密度和不合理的投饵型养殖方式增加了海水中的氮磷含量,加剧养殖水体的富营养化,某些海域甚至发生赤潮现象。③

第二,拆船用海污染。拆船是对老旧船舶进行拆解,并对拆解后的材料进行循环利用的一种处理活动。老旧船舶自身携带的油污水、固体废物、生活垃圾,甚至一些有毒有害物质,在拆解的过程中如处理不当,会产生环境污染,甚至会危害人体健康。其中的油污水和固体废物污染最为严重,油污水由废油和污水组成,污水中含有油脂、汽油和重金属等污染物,排入海洋会对海洋生物造成危害。

第三,旅游娱乐用海污染。旅游娱乐用海是随着滨海旅游业兴

---

① 冷传莉、李怡:《我国海域使用权制度生态化初论》,《贵州警官职业学院学报》2016 年第 2 期。

② 岳文:《广东省海洋生态红线区渔业生产活动现状》,《海洋与渔业》2018 年第 8 期。

③ 刘文利、翟伟康、范诗玥,等:《全国养殖用海现状评价及对策建议研究》,《海洋开发与管理》2022 年第 6 期。

起后最为常见的海域使用方式。以旅游娱乐目的取得海域使用权的单位或企业在海边搭盖旅游服务配套设施,如淋浴室、娱乐休闲设施、餐饮小吃街等。如果对游客的监管不力,环保配套设施不够完善,游玩中产生的塑料垃圾乱扔,海滩将会变为垃圾场。

第四,盐业、矿业用海污染。海洋盐业指海水晒盐和海滨地下卤水晒盐等生产和以原盐为原料,经过化卤、蒸发、洗涤、粉碎、干燥、筛分等工序,或在其中添加碘酸钾及调味品等加工制成盐产品的生产活动。在盐的生产与加工过程中不可避免地会有废料或污染物排出,流入海洋。

第五,公益事业用海。公益事业用海具有代表性的便是人工鱼礁,是保护和增殖近海渔业资源的一项有效的技术措施。关于其是否会产生污染,污染大小,鲜少有资料记载。

第六,港口、修造船厂等建设工程用海污染。主要包括填海造地工程、跨海桥梁、水利工程等涉海工程建造。在建造过程中不可避免地会占用海岸线资源,建设工程的废料、垃圾储存等,都会对海岸地形地貌的原始性和多样性、以及所在海域和原海岸的生态功能产生不利影响。

二、海域污染的刑法调整的必要性

我国是海洋大国,随着经济的快速发展,我国对海洋的利用愈发增多。在《海域法》实施后,越来越多的单位与个人取得了行政机关授予的海域使用权。在海域的使用过程中,时常出现对该片海域的污染以及海洋生态破坏,进而对与近岸海域有关的其他产业造成影响。虽然我国民法与行政法可以对此类行为进行调整,但并没有从根源上预防海域污染行为的发生,对海域环境的补救也显薄弱。因此,有必要从刑法调整方面进行相应的完善。

(一)民事责任不足以弥补海域污染损害

在我国,应对海域污染可以依据《民法典》中规定的环境侵权责任,主要以民事赔偿为主。众所周知,民事责任的目的是为了弥补损害。至于其中的惩罚性的民事赔偿责任,尽管含有惩罚色彩,但未脱离民事赔偿的范围,不能有效地阻止海洋污染。根据《最高人民法院关于审理生态环境侵权纠纷案件适用惩罚性赔偿的解释》,惩罚性赔偿金数额应当以环境污染、生态破坏造成的人身损害赔偿金、财产损失数额作为计算基数,一般不超过基数二倍。显然,关于赔偿金额的限制难以弥补海域污染造成的损害。海域生态环境受损直接殃及海洋生物的生命健康、海洋生态系统的稳定。而且,还会影响人类的海洋旅游业、海洋经济发展,甚至引发海洋灾害的发生。所以,单纯依靠民事法律难以有效保护海洋环境和海洋资源。

（二）行政责任难以有效预防海域污染

在行政法领域,海域污染的应对体现在《海洋环境保护法》(以下简称《海环法》)的第九章,具体包括由海洋环境监督管理部门或者人民政府责令停止违法行为、限期改正、警告、罚款等。但是,在授予单位或者个人海域使用权的《海域法》中,却未对使用不当污染海域的相关应对或处罚措施,仅有的其他处罚措施也只是罚款以及撤销海域使用权证书、收回海域使用权等。不过,海域使用权即便被收回了,其之前造成的污染却仍然存在,其作用只是抑制住了损害的加深,但这对海域污染的预防起不到实质作用。此外,类似责令停止违法行为、限期改正、警告这样的行政处罚也很难起到预防的作用,因为当事人很有可能当下接受处罚,事后又开始重操旧业。再者,即使是罚款,当前的处罚也有额度限制。例如,《海环法》第86条规定:处10万以上100万元以下罚款。在行政处罚中,最严重的为行政拘留,但最长也不过15天。我国作为海洋大国,海域污染涉及环境保护。就目前看,行政法律上对污染海域者所规定的行政责任过轻,缺乏威慑力,不能有效地预防污染案件的发生,甚至会成为污染海域行为人的护身符。①

（三）刑事责任的追究存在不足

1. 刑法缺乏对海域使用的专有性规定

目前，我国《刑法》中对污染海域行为没有特定的罪名加以规制，仅有的涉及到海洋环境污染的罪名是污染环境罪，该罪名的构成需以严重污染环境、情节特别严重等实际损害结果的产生作为要件。而且，对情节特别严重的也只提到了污染饮用水水源保护区，污染国家确定的重要江河、湖泊水域，污染永久基本农田三种，并没有提到关于国家海域污染的具体规定。在 2023 年新发布的《最高人民法院、最高人民检察院关于办理环境污染刑事案件适用法律若干问题的解释》中，列举的具体情形除了上述三种，与水污染有关的只有使集中式饮用水水源中断，除此再无其他，与海域或海洋有关的列举情形几乎没有。所以，就目前来看，刑法对海域使用的专有性保护力度较弱。

2. 结果式的惩罚难以适应海域污染的特殊性

海域污染具有特殊性。一方面，海水的流动性与广阔性会使污染损害随着海水流动以及通过食物链的方式进行物质循环，扩展到其他海域甚至是全球。② 另一方面，海洋生态系统具有自我调节与再生的功能，只要污染总和不超过海洋生态系统自身的调节能力范围，海洋生态系统就能够继续经过不断的循环与流动从而保持相对的稳定状态。③ 因而，即使一般的小规模的或局部的污染，在强大的自然生态系统中都会被自动吸收，并难被人类察觉。海域污染是一个漫长与累积的过程，达到一定量后才得以显现，等到人类能察觉到

---

① 朱晓燕、秦宁:《论我国海洋生态损害刑事责任》,《法学论坛》2009 年第 6 期。

② 邢嘉琪、裴兆斌、李展:《破坏海洋生态系统及保护区行为之法律责任研究——以〈海洋环境保护法〉为视角》,《海洋开发与管理》2023 年第 9 期。

③ 朱晓燕、秦宁:《论我国海洋生态损害刑事责任》,《法学论坛》2009 年第 6 期。

污染时,则说明海洋自身已经不能容纳与调节了,其损害后果难以消除与恢复。因此,从目前刑法的相关规定看,以已经发生的损害结果作为犯罪的构成要件,显然达不到保护环境的目的。

三、海域污染刑法调整的完善

(一)完善"先行后刑"的惩治体系

一般而言,刑法的运用具有谦抑性。因此,通常来讲,对海域污染的法律惩治应当坚持行政法先行,而后对严重污染海域、造成海洋生态严重破坏、甚至对人民群众日常生活产生严重影响的行为采取刑法规制。具体讲,一方面,海域污染是典型的行政犯,只有先确定其行政违法的具体内容,才能使后续的刑事立法更为明确;另一方面,"先行后刑"的方式,有利于加强行政法落实的权威性,强化刑法适用的终局性特征。① 《海域法》第七章的法律责任中囊括了有关海域使用的行政责任,却没有关于使用不当污染海域的有关规定。对此,可以增设关于海域污染的行政处罚条款,在此基础上,将行政法难以发挥功能的严重侵害法益的行为由刑法调整,突出刑法的补充性和保障性。这种兼采行政法与刑法的海域污染法律惩治体系,在域外某些国家已被适用,如新加坡的《防止海洋污染法令》特别详细地列举了可能造成海洋污染的污染物种类,对不同的污染行为根据具体情况追究不同的行政责任和刑事责任。②

(二)在刑法中将污染海域独立成罪

社会的发展变化,导致需要刑法保护的法益日益增加。例如,张明楷教授曾强调,"我国当下需要采取积极刑法观,通过增设新罪来满足保护法益的合理要求"。③ 刑事立法应当积极应对发展中的社

---

① 侯艳芳:《环境保护行刑衔接的实体规范优化》,《国家检察官学院学报》2023 年第 5 期。

② 谭珂、周学锋:《海洋环境污染的刑法学考量》,《安徽农业科学》2015 年第 14 期。

③ 张明楷:《增设新罪的观念——对积极刑法观的支持》,《现代法学》2020 年第 5 期。

会生活事实。海域使用权制度是改革开放以后随着国民对海洋价值认识的深化和对海洋开发力度的加大,国家海域使用法治化进程中的一个重大跨越。近年来,海洋开发所产生的问题也逐渐凸显,典型如本文所研究的在取得海域使用权基础上所产生的海域污染问题。我国环境污染犯罪首次写入刑事法律是在 1997 年的《刑法修订案》。但是,一段时间以来,关于海洋环境污染的犯罪在刑事法律中依旧没有特殊规定。因此,在刑法的完善方面,可以结合近年来海洋污染的情况和环境保护的需求,在刑法中突出相关内容。从其他国家或地区的经验来看,俄罗斯的《俄罗斯联邦刑法典》专门设立了污染海洋罪,对海洋环境污染的方式、处罚方式都有详细的规定;英国的《环境法 1990》也设立了海洋污染罪。[1] 由此,在其他部门法不足以有效控制海洋污染的情况下,我国《刑法》有必要专门增设"污染海域罪"。"污染海域罪"的罪名设置可以结合《海域法》的有关规定。在具体的构成方面,由于污染海域行为直接侵犯的是海洋环境,污染海域罪的客体是国家海洋环境和资源保护制度。考虑与《海域法》的衔接,"污染海域罪"的犯罪对象应当与《海域法》规定的相一致,即可使用海域的范围,包括中华人民共和国内水、领海的水面、水体、海床和底土。按照《海域法》的规定,"污染海域罪"的主体为已取得海域使用权的单位和个人。在"污染海域罪"的客观方面,主要是指在《海域法》所规定的使用海域用途的基础上造成的海域污染损害,即合法获取有效海域使用权的单位或个人在海域使用过程中造成的污染海域的各种行为。

(三)在原有基础上引入预防性刑法理念

我国现行刑法对环境污染的处罚属于结果犯,即当环境受到严重侵害时,才适用刑法。由于海域污染的特殊性,事后惩罚的滞后性

---

[1] 谭珂、周学锋:《海洋环境污染的刑法学考量》,《安徽农业科学》2015 年第 14 期。

不仅难以起到预防与保护的作用反而会纵容污染的加深。海洋生态环境一旦显现出损害,则难以修复和弥补,局部海域生态损害,也可能直接或间接造成整个海洋环境受到影响,进而造成人类利益损害。从域外来看,有的海洋环境刑事立法采纳预防性的刑法理念。例如,日本的《关于涉及人体健康的公害犯罪处罚的法律》以典型的"公害刑法"而著称,规定了公害犯罪①;葡萄牙1982年的《葡萄牙刑法典》规定的污染罪含有导引有害健康物于水体的行为须具备造成人体身体或者健康的具体危险,该条明确了葡萄牙将与水体相关的环境犯罪规定为具体危险犯。② 为充分保护海洋环境,有必要在中国环境犯罪治理中引入预防性刑法理念,即将现有污染环境罪的基本犯罪类型界定为具体危险犯。③ 在某种意义上,将具体危险犯作为刑事法律责任构成要件之一,有利于把刑事法律责任传统的制裁功能转化为预防功能④,在损害结果发生前进行干预,能更有效地预防犯罪,减少污染。当然,海洋污染造成的危险存在判断上的复杂性。从学术界来看,关于危险犯的判断标准大体有如下三种情形:一是以行为人本人经验常识的行为人标准,即行为人主观上认为有危险时就是有危险;二是以社会普遍认识的一般人标准,即一般人认为有危险就是有危险;三是以全人类知识的科学法则标准⑤,即以科学法则为基准进行判断。环境污染,尤其是海域污染,其在取证化验、技术认定、污染物检测上都需要依靠科学准则,如依靠一般人的认识恐有偏

① 曲阳:《日本的公害刑法与环境刑法》,《华东政法学院学报》2005年第3期。

② 侯艳芳、沈倩:《海洋污染犯罪中危险犯的设置——基于南海海域的探讨[J].海南大学学报(人文社会科学版)》2016年第6期。

③ 赵睿英:《污染环境罪入罪标准及其认定——评两高2016年污染环境罪司法解释》,《北京理工大学学报(社会科学版)》2022年第5期。

④ 邢嘉琪、裴兆斌、李展:《破坏海洋生态系统及保护区行为之法律责任研究——以〈海洋环境保护法〉为视角》,《海洋开发与管理》2023年第9期。

⑤ 舒洪水:《危险犯中危险状态的判断》,《法律科学(西北政法大学学报)》2012年第5期。

差。因而,本文认为,在海洋污染造成的危险判断上,应以一般人标准与科学标准相结合来作为判断危险犯的标准,根据个案具体问题具体分析。①

　　总之,我国海洋生态环境面临巨大挑战,而经济发展又要依靠海洋。那么,如何在合理开发利用海洋的同时最大限度地保护海洋资源,是需要思考的重大课题,也是实现海洋环境保护法治化的重要组成部分。

---

　　① 赵睿英:《污染环境罪入罪标准及其认定——评两高 2016 年污染环境罪司法解释》,《北京理工大学学报(社会科学版)》2022 年第 5 期。

美国正当防卫对我国的司法启示

崔　磊①　张婉婷②

正当防卫属于公民的私力救济，也被称为"私人执法"，私力救济指的是防卫人在受到侵害时用自己的力量进行反击或者解决侵害。随着时代的发展和法律的普及，公力救济逐渐代替私力救济成为主流，在这种背景下，更能显示出正当防卫制度的重要性。因为正当防卫制度不仅是一项防卫人可以用来辩护的权利，更是一块"免罪金牌"，作为出罪事由的它可以有免除刑罚的后果，所以正当防卫制度在刑法领域有着独特又不可代替的地位。美国是一个以实用主义为根基的普通法国家，这种以实务为导向的司法环境对我国有一定的参考价值。同时美国的正当防卫环境跟我国相比较为宽松，美国对于公民合法自卫权的保护可以算是全世界最有力的国家之一。笔者分析了美国刑法正当防卫的概念和特点，并与我国的正当防卫制度进行对比，希望能为解决我国在正当防卫上的司法适用困境提供思考方向。

---

① 崔磊，天津商业大学法学院副教授，法学博士。
② 张婉婷，天津商业大学刑法学硕士研究生。

一、美国的正当防卫

（一）美国正当防卫的概念

正当防卫（defense）在英美法系中作为被普遍承认并且广泛使用的正当化事由之一，具有成熟又悠久的发展历史。有关美国正当防卫的条款规定在《模范刑法典》中，《模范刑法典》从正当防卫的主要构成要件：非法侵害、必要性、紧迫性、比例原则、退让义务等方面规定了公民行使自卫的要求。① 正当防卫同时被规定在美国刑法的正当化事由中，而正当化事由是美国刑法中辩护理由的一个重要类别，也是英美刑法辩护理由的主要事项。正当化事由就是指即使该行为客观上造成了伤害结果，但避免了更大的伤害，或者在某些情况下，符合大众认可的绝对的公共利益，因此不能被视为刑事犯罪。正当化事由所排除的是行为客观上的犯罪可罚性。作为正当化事由最重要部分的正当防卫制度，是指防卫人为保护合法权益不受紧急违法侵害而对侵害者采取的必要干预行为。②

美国的正当防卫是从英国普通法中借鉴而来的，但是又从美国的实际国情出发进行了发展。从概念上看，美国的正当防卫与我国的正当防卫几乎没有什么差异。但是美国的正当防卫跟我国的正当防卫现状具有明显差别的一点就是美国司法实务判断中对防卫的认定更为宽松，可以更好地保护防卫人的合法权益。这种以防卫人为本位的正当防卫制度，从美国的法律史和社会风气中都可以追溯，因为在美国的价值观念中，个体的权利实现一直都处于重要的地位，这种价值观念不只在正当防卫制度上有体现。

由《模范刑法典》以及其他各州的立法可以看出，美国的正当防卫制度在价值判断和法条规定上明显倾向于防卫人本位。还有一点

---

① 姜娇：《美国刑法中的人身防卫制度及启示》，《湖北警官学院学报》2022 年第 5 期。
② 刘士心：《美国刑法中的犯罪论原理》，人民出版社 2010 年版。

就是，在美国刑法学界中有一种主流观点，即在危险侵害环境下，防卫人虽然可以通过退缩或躲避来避免危险侵害，但也可以自卫。这种观点从制止犯罪、威慑侵略者的角度出发是有一定道理的，同时也使得美国的正当防卫司法认定环境较为宽松。

（二）美国正当防卫的特点

美国正当防卫的特点，首先一点就是美国刑法中正当防卫立法是相对更为精细的类型化立法。美国刑法将正当防卫细分成自我防卫（self-defense）、防卫他人（defense of others）、防卫财产（defense of property）与住宅（defense of dwell）四种基本类型，且在立法中详细规定了每一种防卫具体适用的情形。① 自我防卫，指的是个人为了保护自己不受非法侵害而对不法侵害者进行防卫的行为；防卫他人，指的是防卫人为保护他人不受非法侵害而对不法侵害者进行防卫的行为；财产防卫，指的是私人财产拥有者可以用防卫手段保护自己的财产；住宅防卫，指的是公民可以对侵入其住宅的行为用防卫手段来保护自己的人身安全。

美国正当防卫的另一个特点是，美国刑法允许使用武器来进行预先防卫，但并不是全部普遍意义上的武器都被允许。在一般情形下，只有不产生致死伤害力的武器才被允许使用，而对于致命性的武器装置，则不得使用。

最后，就正当防卫所代表保障的法益而言，美国刑法虽未规定其所代表保障的法益，是否涉及国家利益和社会公共利益，却突出了个人利益的重要地位，因为受到了美国本土化"个人主义""私欲胜公欲"等社会观念的影响，所以美国的正当防卫具有鲜明的防卫人本位特色，法官在判案时按照防卫人的角度出发，而不是以严苛的事后认

---

① 钱昌毅：《我国与英美法系正当防卫制度比较研究》，《三峡大学学报（人文社会科学版）》2008 年专辑。

定标准来认定正当防卫的合理性。

二、美国正当防卫的司法操作

（一）不法侵害的司法认定

对于正当防卫中不法侵害的判断，大陆法系和英美法系在理论上几乎是处在"客观"和"主观"的对立面。

在英美法系中，对不法侵害违法行为的判断主要采用主观论，即只要防卫人主观上认为自己或他人是当时不法侵害违法行为的受害者，即使客观上并没有不法侵害违法行为的存在，也必须假定认为其符合正当防卫的条件。比如，美国刑法中的自卫条款主要关注防卫人对所处情形紧迫性的主观认知和判断，重点强调防卫人"合理地相信"。我们一般将"合理地相信"视为界定不法侵害的主观标准，即以防卫人的主观判断进行衡量和评价，只要防卫人主观上认为自己或他人当时正在遭受不法侵害，即使没有客观上的不法侵害违法行为，也必须假定其符合人身防卫的条件。这一点从美国的大部分判例和法律中也可以看出，其大多把"防卫人合理地相信为避免非法侵害而使用这种暴力是必需的"作为自身防卫合法辩护的一个条件。[①] 所以，即使防卫人对于是否应当进行防卫行为产生了认识错误和判断失误，但在美国的司法过程中依然可以适用正当防卫制度为自己进行合法辩护。举例来讲，a 假意对 b 进行威胁并且动用武器，当 a 向包中伸手时，b 当真并且在 a 拿出武器前将 a 反杀，事后查明，a 包中的武器是仿制品，没有任何杀伤力。在这个时候，依照美国判例和法律习惯，依然可以将 b 采取的行为当作正当防卫，虽然防卫人产生了事实认识错误，却是紧急情形下的合理决策。就好像美国有名的法官霍姆斯在对布朗上诉的裁决中所说："不能在面对举起刀的情形下还要求人们做出合理相

---

① 储槐植、江溯：《美国刑法》，北京大学出版社 2012 年版。

称的反应。"当然,美国的正当防卫体系并不是采用纯粹主观的防卫理论,而是基于一个普通防卫人的角度去判断所处情形,从而采取相应的防卫措施,这与我国的防卫理论有相似之处。此外,美国的一些刑事司法研究人员还将当事人的实际情况和特殊职业和性格等作为普通人视角认识的补充。

我国在正当防卫这一制度上大部分借鉴了大陆法系的观点,主要采取主客观结合理论,即不法侵害的违法行为必须在现实中客观存在,并且行使正当防卫的防卫人对正在进行的不法侵害违法行为有客观的认识。这种现实存在的不法侵害,被认为是我国正当防卫的起因条件。而对于不法侵害违法行为的现实存在性以及如何确定其现实的存在性,我国大多采用事后客观追溯说。如果现实环境中没有出现不法侵害的客观发生,而防卫人因为误解不法侵害的存在而进行了防卫行为,那么在我国就不被认定为正当防卫,而是以假想防卫论。笔者认为,这种事后的客观追溯标准对处于紧张环境中的维权者是过于严格的,更多的是学术理论所追求的标准,而无益于保护维权者的权利。

（二）防卫必要性限度司法认定

美国刑法对正当防卫的必要性条件规定与我国基本没有什么差别,但是美国的正当防卫非常重视按照防卫行为发生时的行为作为认定标准,而不是从事后的死伤结果进行判断。

首先,对于美国刑法中的防卫必要性认识,我们可以从量和质两个角度来分析,也就是说针对遭受的不法侵害所采取的防卫措施从量和质两个角度都要进行考虑,从量的角度就是要我们注意防卫的力度,从质的角度就是要我们判断防卫人在当时情况下能否存选择其他更恰当的手段,比如说防卫人仅使用肢体武力就可以达到防卫的目的,却在质的角度上采用了杀伤性的武力装置,便是超过了质的必要性限度。但是也有其他方面的影响,在一些情况下这种区分并不能为必要性提供一个清晰的判断标准,比如说防卫人进行防卫时不断殴打侵害人最终造成严重的后果,数量的积累达到了质变,此时质量与数量之间的区分便值得推敲。①

其次,美国刑法主张从行为时来判断必要性限度问题,而不是事后根据损害结果来进行判断,因为结果仅从一个维度使人们产生认知,具有偶然性。举例说明,当防卫人面对的是侵害人的严重致命不法侵害时,防卫人同样使用致命性武力进行反击防卫并最后造成了侵害人死亡的结果,这种情况下就应该考虑的是针对侵害人的严重致命不法侵害,防卫人是否有必要采用防卫行为而非是否有必要杀害侵害人。

最后,笔者认为对于正当防卫是否超过必要限度的判断还有一个重要方面,也就是在认定正当防卫是否超过必要限度时应当使用防卫行为发生时的视角判断,而不应以事后的视角判断。因为我们在采用事后视角进行判断的时候,一般考虑的是防卫行为与侵害行为在客观上是否具有相当性,而往往忽略了侵害行为发生时防卫人心理造成的紧张感和压迫感,所以仅从事后角度判断对防卫人来说是不公平的。

而有关正当防卫必要性限度认定的问题,我国《刑法》第二十条第二款规定:"正当防卫明显超过必要限度造成重大损害的,应当负刑事责任,但是应当减轻或者免除处罚。"由此可见,在我国判断该行为性质属于正当防卫还是防卫过当的一个重要标准,就是防卫人实行的防卫行为有没有超过所谓的必要限度,以及有没有造成重大损害结果。换句话说,我国刑法认为正当防卫是有必要性的限度要求的。防卫人采取的防卫行为与遭受的不法侵害之间需要满足相当

①　陆杰、陆凌:《防卫过当认定的困境与启示——美国正当防卫立法的借鉴》,《黑龙江省政法管理干部学院学报》2020 年第 1 期。

性，而是否满足相当性，也是我国司法界关于防卫必要性问题争议的一个焦点。这造成了我国目前司法环境中存在一个难以纠正的误区：一旦发生难以避免的死伤结果就果断判断为防卫过当。除了司法实践中有必要性认定的差异，学术界对此也有很大争议。比如我国有些学者甚至认为重伤和死亡压根就不属于正当防卫可以带来的后果。换言之，只要防卫行为产生了重伤或者死亡的结果，那么该防卫行为就属于防卫过当。对于这些在我国学术讨论和司法实践中"流行"的说法和做法，笔者并不赞成。

就现实情形来看，如果实施了正当防卫行为，或多或少都会有一定的损害后果，我们首先应该注意的是防卫行为的实施能否产生预期的防卫效果，再去考虑防卫行为的限度和结果避免可能性的问题，如这些损害后果的产生是否为防卫人实施制止不法侵害的防卫行为所必需？防卫行为在性质、强度、手段、后果上是否与侵害行为大体相当？如果假定在当时的防卫环境中，防卫人放弃使用适当的防卫方式而是使用了明显超过必要限度的防卫行为，才可以说他的防卫行为超过了必要限度，造成了防卫过当。但是如果必须采取相当强度的防卫措施来保护自己的权益，不得已造成了不法侵害人的死伤结果，那么也不能将其简单地认定为防卫过当。因为在面临需要防卫的紧急情况时，防卫人对于行为限度的把握没有那么准确，即使造成了死伤的防卫结果也可以理解。所以对防卫限度的判断，应当设身处地地站在防卫人角度进行充分考虑，包括当时的心理状态和现实情形。

三、中国正当防卫现状

（一）我国正当防卫制度的现实背景

我国的正当防卫制度是在立法和司法之间脱节最严重的一个制度。最近几年，这种"脱节"在司法适用的不足问题表现得越来越明显。陈兴良更是把正当防卫制度称为"僵尸条款"。① 自 1979 年开始我国就已经清晰规定了正当防卫制度,但是自从 1979 年刑法实施以来,正当防卫制度在我国的适用就一直存在着非常多的争议,这在一定程度上反映了正当防卫制度在我国的"水土不服"。1997 年《刑法》实施之后,虽然也有一些案例鼓励推动正当防卫在我国的适用,但是迄今为止,正当防卫制度都没有得到真正的落实。笔者认为,出现这种现象,一方面是因为立法上我国对正当防卫制度要求的较为严苛,另一方面是因为我国在司法上对正当防卫的认定过于谨慎,适用率较低,更多的是停留在学理方面的研究。

目前我国司法实践中存在着唯结果论、武器决定论、普遍认定过度防卫为故意犯罪、免除处罚的适用频率过低等问题,当时防卫人的防卫环境和主观理解却很少被考虑在内。这个结论是有学者研究了中国裁判文书网中记录的 2014—2018 年全国各级人民法院作出的三百例防卫过当裁判的案例得出的,可以反映出我国正当防卫司法适用不足的问题。②

既然正当防卫权对公民而言是一项重要的权利,那么一味地限制正当防卫制度在我国的适用或者是认定相对保守,就不利于公民拥有对法律的安全感。在遭受不法侵害的时候,如果人民对我国的正当防卫制度失去信心,就会造成"法向不法让步"的后果,长此以往,就会打击公民制止违法犯罪行为的积极性,更不利于刑法目的的实现。

(二)我国正当防卫司法适用不足的原因

就目前我国正当防卫司法现状来看,正当防卫在我国的认定是

① 王渊,等:《正当防卫"三人谈"——关于正当防卫制度的准确适用与未来发展》,《人民检察》2020 年第 22 期。

② 黎欢欢、陆凌:《美国刑事立法中使用致命武力正当防卫自身研究——基于 50 个州的考察与发现》,《警学研究》2020 年第 4 期。

极其困难的，立法和司法的实践之间存在着难以跨越的鸿沟。在对认定正当防卫的案例上，为了满足一些大众化认知的民意和符合某些法官保守的心理，目前我国正当防卫司法适用不足主要表现在对正当防卫制度过于谨慎的适用上，一般以事后立场和以事后结果为导向。

我国对于正当防卫的认定，最突出的特点就是对防卫人的主观要求过于严格。陈璇用"道德洁癖"一词概括了这种现状。而在正当防卫的防卫限度上，实务部门主要以"唯结果论"为导向。对于这种认定方式，我国有学者做过一项研究，在中国裁判文书网上找到关于"防卫过当"的 722 例刑事案件中，有 601 例案件直接将防卫过当造成的危害后果，作为判断防卫行为是否过当的标准，这一部分案件占样本总数的 83.24%。由这些数据与案例就能够得出结论，目前我国正当防卫的司法适用率非常低，即使有一些案件符合了正当防卫的构成要件，对这些案件的无罪判决却少之又少。因为我国的传统观点认为，一旦出现死伤结果，就是防卫过当甚至是犯罪。所以我国的实务部门也因为民意等因素，对正当防卫的认定"畏手畏脚"，从而使防卫权的适用大大减少，虽然这体现了对生命利益的尊重，但无疑也促使了对防卫人的要求越来越严苛，对我国正当防卫司法现状的改变是不利的。①

四、美国正当防卫对我国的司法启示

（一）重视防卫人主观认定

美国司法在正当防卫的认定上侧重于从防卫人的主观视角去判断，采用的是防卫人主观认定标准。主观认定标准是指行为人主观上真诚且合理（honest and reasonable）地相信其当时正在面临着紧迫的不法侵害，而使用武力防卫是抵抗侵害所必要的，即使事后证明侵

---

① 陈川：《美国正当防卫制度研究》，华东政法大学博士学位论文，2021 年。

害行为并不存在,但其行为仍具有正当性。"真诚且合理"相信的内容包括:危险即将或正在发生、不法侵害正在逼近、防卫武力实施具有必要性、防卫武力程度与不法侵害程度相当。

我国和大陆法系国家对正当防卫的判断则主要采用客观主义标准,但司法实践表明,客观判断标准具有很大的缺陷,也是造成"唯结果论"的主要根源之一。此外,客观评价标准将造成不法侵害的风险天然地转嫁于防卫人,这显然不符合正当防卫的立法目的以及法律的公平正义价值观。①

对于是否是主观主义的判断,主要把正当防卫的防卫人角度当作案情的出发点,在做出判断时既要符合人民群众的民心期盼,又要考虑防卫人的防卫行为,在两者之间尽量做到衡平。根据《刑法》规定,正当防卫的根本目的是保护防卫人的切身利益,不管是大陆法系的正当防卫规定还是英美法系的正当防卫规定,设立正当防卫的最终目的都是给防卫人留一条后路,为了防卫人利益的实现,给予防卫人一定程度上的"执法权"。所以从另一个方面来说,用主观主义判断标准更有利于实现正当防卫根本目的。主观主义判断标准,它的特点就是更加重视正当防卫防卫人的防卫需求,让我们在遇到各种正当防卫案件时,国家司法人员用防卫人视角看待案件和思考问题,而不是唯结果论,要给予正当防卫的防卫人最大的平等和信任,这种以防卫人主观视角为出发点来考量防卫结果的判断方法,对于最大化发挥正当防卫的正面作用,并对潜在的不法侵害人起到了重要的积极预防作用。从这个角度来说,在遇到正当防卫案件时运用"主观主义判断标准"也是值得我们学习与借鉴的。

最后,主观主义判断标准更有利于正当防卫公平正义目的的实现,从防卫人主观角度出发可以更好地维护防卫人的利益,提高正当

① 张淑芳:《美国刑法正当防卫研究》,中国青年政治学院硕士学位论文,2009年。

防卫的司法适用率。

（二）保护防卫人利益为立场

相比我国和大陆法系国家，美国司法实践在对正当防卫的认定上以防卫人利益为主导，更加注重保护防卫人的立场与权利。在对防卫限度的判断认定上，美国司法同样采用的是防卫人本位主义，即对防卫行为是否为对抗非法侵害所必需，主要以防卫人的主观认定附加理性第三人标准进行判断。众所周知，正当防卫是国家在公民无法保护公民合法权益时给予公民的一种临时自卫权，关于防卫限制的规定是正当性的，必须从防卫人角度出发，不能要求辩护律师在紧急情况下面对违法行为作出绝对理性的决定。这就是英美法系国家制定正当防卫制度的合乎逻辑的起点。

我国可以借鉴美国刑法中一些有利的规定，在综合考虑正当防卫认定的主观因素与客观因素的同时，对于正当防卫的认定客观判断上可以按照保障法律利益的要求，在主观判断上尽量从防卫人角度出发，充分保护防卫人权益。在不法侵害发生时，要站在防卫人的视角，考虑到事件的突然性，其所实施的防卫行为不可能是在平静理智的心理下完成的，所以其采取防卫行为的强度也不可能是"势均力敌"的衡平关系，难以做到绝对意义上的平等。因此，在司法实践中，我们应该多站在防卫人的角度，思量保护防卫人的利益，考虑个体差异的不同，对于超过必要限度的防卫行为，只要在同一法律利益保护范围内，也可以视为正当防卫。针对近期出现的多个热点案件，越来越多的学者开始达成共识，即在认定防卫性质时，应从防卫人的角度出发，充分考虑紧急状态下的不法侵害对防卫人的判断、反应和行动能力所产生的影响，不能用事后清醒理智的标准来要求防卫人。

（三）破除唯结果论观念

针对我国正当防卫的司法环境，可以思考一个问题，是否只要一产生死伤结果就认定其为防卫过当？我国对于防卫过当的要求是防卫行为明显超过了必要限度,但是在司法实践中对于出现死伤结果的案例一般也认定为防卫过当。正当防卫作为私力救济是在不能得到公力救济的特殊情况下,为维护自己的人身财产安全而采取的措施。

笔者认为不能简单以结果论来认定防卫过当。因为在现实案例中,一旦防卫人利用正当防卫的手段来保护自己,就证明其正面临着紧迫的不法侵害,在这种情况下,难以避免死伤结果的发生。如果在司法实践中法官过于谨慎使用"唯结果论"事后判断的方式,必然会加剧防卫人的责任风险,其结果必然导致正当防卫的立法主旨难以实现。美国的司法实务判断防卫行为就并不以结果论为导向,而是充分考虑防卫人在面临不法侵害时的现实紧迫情形,以保护防卫人利益为主导进行正当防卫的认定。[1] 笔者认为"唯结果论"是导致我国正当防卫适用率低的根源,只有破除"唯结果论"观念,才能更好地保护防卫人的利益,让公众重拾对正当防卫制度的信心。

当然,国家之间的法律文化和具体国情并不相同,美国的正当防卫并不意味着可以直接拿来为我国所用。各个国家的制度都有自己的优点和不足,不能拿来照搬照抄,只有取其精华去其糟粕才可以为目前我国正当防卫司法适用率低的现状提供借鉴。

---

① 姜娇:《美国正当防卫之立法及启示》,《刑法论丛》2020 年第 1 期。

论当场处罚程序和当场收缴罚款

崔文俊^①　燕　颖^②

2021 年 1 月全国人大常委会修订《中华人民共和国行政处罚法》（以下简称《行政处罚法》）时，专门对当场处罚程序和当场收缴罚款有关规定进行了修改。不过，前述修改之后的规定在总体上仍过于简单，有诸多不甚明确之处。在理论与实务界，围绕当场处罚程序和当场收缴罚款展开的纷争，主要涉及以下几个问题，即当场处罚程序中的"当场"究竟是指什么？当场处罚程序对执法人员调查收集证据有什么要求？当场收缴罚款是否具有强制性？行政处罚法与其他法律之间关于"当场收缴罚款"事项的规定不一致的，应当如何选择适用法律？围绕上述问题，理论界做了一些探讨，实务界也做了一些探索。不过现有的探究尚不够全面深入，所得结论大多存在这样或者那样的问题。在这种情况下，加强对当场处罚程序和当场收缴罚款有关问题的研究，对于确保行政机关依法实施行政处罚，推动我国行政处罚法律制度的完善，具有十分重要的意义。

一、当场处罚程序中"当场"的含义

当场处罚程序，亦即简易程序，是指执法人员对违法行为人当场

---

① 崔文俊，天津商业大学法学院副教授，法学博士。
② 燕颖，天津商业大学法学院硕士研究生。

作出行政处罚决定所应遵守的程序。① "当场"通常的含义是"就在那个地方和那个时候"。② 不过,当场处罚程序中的"当场"究竟是指哪个地方和哪个时候,《行政处罚法》未予以明确,理论与实务界亦未有一致的认识。法律内容的明确性和合宜性是法律获得有效执行的先决条件。③ 为了确保行政机关实施行政处罚时正确运用当场处罚程序,充分发挥当场处罚程序的作用,必须对"当场"作出准确恰当的界定。

(一)主要学说见解

在行政法学界,学者鲜有专门对当场处罚程序中的"当场"予以定义的。不过学者在对"简易程序"或者"当场处罚"予以界定或者阐释其适用条件时,时常会涉及对"当场"的理解。例如,有学者认为,简易程序是指执法人员在违法行为现场对违法行为人即行处罚的程序。④ 也有学者指出,当场处罚是指执法人员发现违法行为后当即给予的行政处罚。⑤ 还有学者强调,简易程序适用于执法人员当场发现的违法行为。⑥ 根据笔者的考察,多数行政法学者认为,当场处罚程序中的"当场"是指违法行为发生的当时当地。

(二)行政与裁判实务见解

在道路交通安全行政处罚领域,最高人民法院和公安部对当场处罚程序中的"当场"作了不同的界定。2009 年 12 月,最高人民法院在司法解释中指出,作出时间在违法行为发生后将近一年,作出地

---

① 参见全国人民代表大会常务委员会秘书长曹志 1996 年 3 月 12 日在第八届全国人民代表大会第四次会议上所作的《关于〈中华人民共和国行政处罚法(草案)〉的说明》。

② 中国社会科学院语言研究所词典编辑室编:《现代汉语词典》(第 6 版),商务印书馆 2012 年版,第 259 页。

③ 罗传贤:《立法程序与技术》,五南图书出版股份有限公司 2008 年版,第 72 页。

④ 杨小君:《行政处罚研究》,法律出版社 2002 年版,第 255 页。

⑤ 皮纯协主编:《行政处罚法释义》,中国书籍出版社 1996 年版,第 103 页。

⑥ 郑水泉、沈开举主编:《行政处罚法通论》,中国人民公安大学出版社 1996 年版,第 116 页。

点不在违法行为发生地的行政处罚,不属于当场处罚。① 不难看出,最高人民法院认为当场处罚程序中的"当场"是指违法行为发生的当时当地②,这与多数行政法学者的理解相一致。不过,公安部制定的《道路交通安全违法行为处理程序规定》③一直明确规定,对交通技术监控设备记录的违法行为,当事人应及时到交管部门接受处理,处以警告或者200元以下罚款的,也可以适用简易程序。显然,公安部对当场处罚程序中"当场"的理解与最高人民法院不同。在实践中,交通警察不在当事人违法行为发生的现场,而在当事人到案接受处理的场所即时适用简易程序作出行政处罚的不乏其例,很多地方法院亦未对此表示异议。④

在道路交通安全以外的其他行政处罚领域,相关行政机关及地方各级法院基本上都采纳最高人民法院的见解,认为执法人员适用简易程序须在违法行为发生的现场当即作出行政处罚。在很大程度上,这也与其他行政处罚领域没有国务院部门对"当场"明确作出不同于最高法院见解的规定有关。

综上,大部分实务部门对"当场"作狭义的理解,认为其仅指违法行为发生的当时当地,少数实务部门对"当场"作广义的理解,认为其不限于违法行为发生的当时当地。

(三)检讨与分析

在笔者看来,对当场处罚程序中的"当场"作前述狭义理解并不

① 参见《最高人民法院关于交通警察支队的下属大队能否作为行政处罚主体等问题的答复》(〔2009〕行他字第9号)第3点。

② 蔡小雪、郭修江、耿宝建:《行政诉讼中的法律适用》,人民法院出版社2011年版,第289页。

③ 该部门规章由公安部于2004年制定,分别于2008年和2020年进行了修订。

④ 参见广东省广州市中级人民法院(2014)穗中法行终字第592号行政判决书、广西壮族自治区梧州市中级人民法院(2015)梧行终字第2号行政判决书、江苏省镇江市中级人民法院(2015)镇行终字第00031号行政判决书、浙江省温州市中级人民法院(2016)浙03行终64号行政判决书、江苏省无锡市中级人民法院(2018)苏02行终154号行政判决书、山东省泰安市中级人民法院(2020)鲁09行终86号行政判决书等。

妥当,而对其作前述广义理解则较为可取。主要理由如下。

其一,对"当场"仅作狭义理解没有相应的法律依据。行政处罚法和其他行政法律未规定简易程序是专门针对现行违法行为而设立的,更未要求适用简易程序须在违法行为发生的现场作出行政处罚。如果将当场处罚程序中的"当场"理解为"违法行为发生的当时当地",不仅对非现行违法行为执法人员不能适用简易程序进行处罚,即便是现行违法行为,只要当事人离开违法行为发生的现场,执法人员同样不能适用简易程序进行处罚,如此一来,行政处罚简易程序将沦为专门针对现行违法行为而设立,且由执法人员在当事人违法行为发生的现场当即作出行政处罚的程序。行政处罚法上的简易程序是在参考当时有效的《中华人民共和国治安管理处罚条例》(下称《治安条例》)①,以及借鉴《德国违反秩序罚法》《奥地利行政罚法》和我国台湾地区"社会秩序维护法"的基础上制定的。在德国、奥地利和我国台湾地区,相关立法虽未专设"简易程序",但其中不乏有关简化程序的规定。这些简化程序的规定大多不限于对现行违法行为适用;确有必要仅适用于现行违法行为的,一般也会在立法中予以明确规定。当时有效的《治安条例》既在第 34 条第 1 款对当场处罚程序作了规定,又在同条第 2 款中对非当场处罚时传唤现行违法行为人的程序作了规定,我国的立法机关若有意将行政处罚简易程序的适用限定于现行违法行为,不仅可以,也应当会在行政处罚法中作出明确规定,以便操作执行。迄今为止,行政处罚法和其他法律皆未将行政处罚简易程序的适用限定于现行违法行为,这实际上已经表明了立法机关无意为此种限制的态度。

其二,对"当场"作广义理解符合通常的法律解释规则。现行

---

① 该条例由全国人大常委会 1986 年 9 月 5 日审议通过,1994 年 5 月 12 日进行了修改,2006 年 3 月 1 日废止。

行政法律中的"当场"作出行政决定,一般指执法人员在当事人在场的情况下即时作出行政决定的情形,其有两个核心要素:一是在执法人员作出行政决定时当事人在场;二是从行政决定程序的开始到作出行政决定时间间隔极短。从这个意义上讲,当场处罚程序应当是指执法人员在当事人在场的情况下即时作出行政处罚决定的程序。这里的"当事人在场",是指在执法人员作出行政处罚决定时当事人就在执法人员的面前。至于当事人在违法行为发生的现场以及执法人员作出行政处罚的地点在违法行为发生的现场,只属于"当事人在场"的情形之一,是以将当场处罚界定为执法人员在当事人违法行为发生的当时当地作出的处罚是非常狭隘的。其实,根据"当事人在场"情形的不同,当场处罚亦有不同的类型。对符合简易程序适用条件的现行违法行为,因当事人就在违法行为发生的现场,执法人员在此现场即时作出的行政处罚,自应属于当场处罚。对符合简易程序适用条件的非现行违法行为,因当事人不在违法行为发生的现场,执法人员在此现场作出的行政处罚,自非当场处罚。不过对非现行违法行为,执法人员可以通知当事人到行政机关指定的地点(通常为行政机关的办公场所)接受处理;当事人到达指定地点后,执法人员在此地点即时作出的行政处罚,亦应属于当场处罚。

基于上述分析,当场处罚程序中的"当场"是指当事人在场的当时当地。在对现行犯当场处罚时,"当场"是指当事人违法行为发生的当时当地;在对非现行犯当场处罚时,"当场"是指执法人员在当事人到场的情况下对其违法行为进行调查处理的当时当地。

其三,对"当场"作广义理解符合简易程序的设置目的。行政处罚法在规定简易程序、普通程序、听证程序的适用条件时,主要的考

虑因素是拟作出的行政处罚决定对当事人权益影响的大小。① 简易
程序的基本精神在于简化行政处罚程序,提高行政效率、降低行政成
本,以达成程序经济的目的。从这个意义上讲,无论是现行违法行
为,还是非现行违法行为,只要拟作出的行政处罚决定对当事人权益
影响很小,都有适用简易程序予以处罚的必要。在行政处罚法将简
易程序和当场作出行政处罚决定捆绑在一起的情况下②,若对"当
场"仅作狭义的理解,很多在本质上符合简易程序适用条件的案件将
无法通过简易程序处理,这显然不利于充分发挥简易程序的作用,也
背离了该法设置简易程序实现程序经济的初衷;若对"当场"作广义
的理解,使凡在本质上符合简易程序适用条件的案件均可通过简易
程序处理,这无疑有利于充分发挥简易程序的作用,并达成程序经济
的目的。目前除了道路交通安全行政处罚领域,当场处罚案件在全
部行政处罚案件中所占比例偏低,这说明行政处罚简易程序在实践
中并没有充分发挥应有的作用。在很大程度上,正是不少行政机关
和审判机关对"当场"仅作狭义的理解才导致了这种结果。从这个意
义上讲,对"当场"作广义的理解,才是符合行政处罚简易程序设置目
的的正确选择。

综上,当场处罚程序中的"当场"可以是违法行为发生的当时当
地,也可以是执法人员在当事人到场的情况下对其非现行违法行为

---

① 《行政处罚法》虽明确将"违法事实确凿并有法定依据"作为行政处罚简易程序的
适用条件加以规定,但从行政决定一般原理的角度而言,其实际上亦系行政机关适用普通
程序、听证程序作出行政处罚决定应当具备的条件。全国人大常委会之后制定的《中华人
民共和国道路交通安全法》《中华人民共和国出境入境管理法》即未再将"违法事实确凿并
有法定依据"作为行政处罚简易程序的适用条件明确加以规定。

② 从事物的本质上说,行政执法中的简易程序不过是对普通程序的简化,其和行政
机关是否当场作出行政决定并无必然的联系。参见马怀德主编:《行政程序立法研究:〈行
政程序法〉草案建议稿及理由说明书》,法律出版社 2005 年版,第 216 页;王万华:《中华人
民共和国行政执法程序条例(建议稿)及立法理由》,中国人民公安大学出版社 2016 年版,
第 217 页。

进行调查处理的当时当地。最高人民法院对"当场"仅作狭义理解，窒息了行政处罚简易程序制度的生命力，委实有失妥当，应当及时检讨修正。

二、当场处罚程序对调查收集证据的要求

《行政处罚法》对当场处罚程序中的调查收集证据没有提出具体明确的要求。一方面，该法第5章第2节（"简易程序"）对当场处罚程序中的调查收集证据事项完全未作规定；另一方面，该法第54条第1款规定，除当场作出行政处罚的情形外，行政机关发现当事人有依法应受行政处罚的行为的，须全面、客观、公正地调查、收集有关证据。这就产生了一个问题，即在当场处罚程序中是否无须执法人员全面、客观、公正地调查、收集有关证据。

在笔者看来，在当场处罚程序中，执法人员同样须全面、客观、公正地调查当事人违法的事实及证据。

其一，调查事实及证据也是当场作出处罚决定的必经程序。"先取证、后裁决"作为行政决定程序的一般原则，对于当场处罚程序同样适用。《行政处罚法》第40条规定，行政机关未查明当事人违法事实的，不得给予行政处罚，该规定作为行政处罚决定程序的一般规定，当然适用于当场处罚程序。该法第51条进一步规定执法人员当场作出行政处罚决定的，须以当事人"违法事实确凿"为条件。上述规定已经表明：执法人员在当场作出行政处罚前，必须调查收集原告违法事实的有关证据。此外，从行政救济的角度而言，当场处罚程序不具有排除当事人请求法律救济的效果，若执法人员在当场作出行政处罚决定之前未调查收集有关证据，一旦当事人对该处罚决定依法提起行政救济，行政机关势必面临败诉的风险。因此，在当场处罚程序中，执法人员亦须调查收集当事人违法的事实及证据。

其二，在当场处罚程序中调查事实及证据亦须遵循全面、客观、公正的原则。全面、客观、公正地调查事实及证据，是行政机关作成行政决定时必须遵循的一般法律原则。全面原则就是要求执法人员调查收集所有对行政决定的作出具有法律意义的证据,不论其是否对当事人有利。客观原则就是要求执法人员调查收集证据时从实际情况出发,不能先入为主。① 公正原则就是要求执法人员调查收集证据时不偏不倚,不受偏见或者偏私的影响。行政机关无论适用何种程序作出何种行政处罚决定,都必须建立在全面、客观、公正调查事实及证据的基础上,始终符合前述一般法律原则的要求。《行政处罚法》在规定全面、客观、公正地调查事实及证据的原则时对当场处罚程序作了除外规定,显系立法机关表达错误所致。理解法律条文不能盲目、过分地死扣文字,尤其在对法律条文作字面解释会导致不合情理的结论或者不能接受的结果时。② 因此,由《行政处罚法》第54 条第1 款的规定,并不能导出当场处罚程序中调查事实及证据无须遵循全面、客观、公正的原则的结论。

其三,在当场处罚程序中调查事实及证据须"当场"进行。虽然全面、客观、公正地调查事实及证据是行政处罚决定程序的一般原则,但其对当场处罚程序和普通程序在具体要求上有一定的差异性。当场处罚程序的特点在于执法人员当场调查收集证据、当场认定当事人的违法事实、当场听取当事人的意见,并当场作出行政处罚决定。执法人员如果不能当场调查收集证据并认定当事人的违法事实,自不得适用简易程序于当场作出行政处罚决定。也就是说,执法人员"当场"调查收集的证据已符合全面、客观、公正原则的要求,因而可以据以认定当事人违法事实时,若同时符合当场处罚程序的其他适用条件,执法人员即可依法当场作出行政处罚决定;执法人员

---

① 李洪雷主编:《中华人民共和国行政处罚法评注》,中国法制出版社2021 年版,第367 页。

② [美]詹姆斯·安修:《美国宪法判例与解释》,黎建飞译,中国政法大学出版社1999 年版,第15 - 16 页。

"当场"调查收集的证据尚不符合全面、客观、公正原则的要求，必须进一步调查收集有关证据，始能据以认定当事人的违法事实时，执法人员则不得当场作出行政处罚决定，而应适用普通程序作出行政处罚决定。

三、"当场收缴罚款"的强制性问题

《行政处罚法》第 68 条、第 69 条均系关于"当场收缴罚款"的规定。该法第 69 条所规定的"当场收缴罚款"以当事人自愿提出当场缴纳罚款的要求为条件，其旨在方便当事人缴纳罚款。相应地，当场缴纳罚款是当事人的权利，执法人员不得命令当事人当场缴纳罚款，而当事人要求当场缴纳罚款时，执法人员无正当理由则不得拒绝。无疑，该法第 69 条所规定的"当场收缴罚款"并不具有强制性。至于该法第 68 条所规定的"当场收缴罚款"，其不以当事人自愿提出当场缴纳罚款的要求为条件，其是否具有强制性，则不无疑问。

有一种见解认为，依照《行政处罚法》第 68 条第 1 项规定所为的"当场收缴罚款"不具有强制性，依照同条第 2 项规定所为的"当场收缴罚款"则具有强制性。其主要理由是：①对罚款数额在 100 元以下的，该法规定可以"当场收缴罚款"主要是为了便利当事人缴纳罚款。于此情况下，当场缴纳罚款是当事人的权利，其可以选择当场缴纳罚款，也可以选择该法依照第 67 条第 3 款的规定"到指定的银行或者通过电子支付系统缴纳罚款"。②对"不当场收缴事后难以执行的"，该法规定可以"当场收缴罚款"本质上是赋予执法人员采取即时执行措施的权力，于此情况下采取的此等措施当然具有强制性。①

对于前述见解，笔者认为其不尽妥当。行政程序制度的设计，既要确保程序公正，充分保障行政相对人的合法权益，又要确保程序经

---

① 李洪雷主编：《中华人民共和国行政处罚法评注》，中国法制出版社 2021 年版，第 503－504 页。

济,确保行政管理的顺利进行。行政行为对当事人权益影响很小的,在设计其程序时,应当坚持程序经济优先,兼顾程序公正的原则。对数额在 100 元以下的罚款予以执行①,其本身对当事人的权益影响甚小,法律规定可以"当场收缴罚款",固然有便利当事人的考虑,但主要是为了贯彻程序经济原则。对当场作出的小额罚款决定,允许执行法人当场予以执行,自是最符合程序经济原则;若执法人员能够当场执行而不当场执行,即便不存在事后难以执行的情形,亦不符合程序经济的原则。对"不当场收缴事后难以执行的"罚款,法律规定可以"当场收缴罚款"则是基于程序经济和程序理性的考量,盖于此情况下若执法人员不当场执行,事后须付出更高的成本才能达成执行目的,有时甚至将根本无法达成执行目的。

正是基于程序经济和程序理性的考量,执法人员依照《行政处罚法》第 68 条规定所为的"当场收缴罚款"皆应具有强制性,亦即执法人员要求当事人当场缴纳罚款的,其无正当理由不得拒绝;其无正当理由拒绝的,执法人员得强行收取罚款。

须补充说明的是,执法人员依照《行政处罚法》第 68 条规定"当场收缴罚款"的,除须具备该条所规定的两种情形之一,还须符合以下条件:①当场收缴罚款不违反期待可能性原则。根据期待可能性原则,凡是行政相对人因公权力行为而负有行政法上的作为或者不作为义务的,均须以有期待可能性为前提。② 准此,执法人员向当事人当场收缴罚款,须以当事人有当场缴纳罚款的能力为前提。若当事人并无当场缴纳罚款的能力,执法人员便无法达成当场收缴罚款的目的。②当场收缴罚款不违反比例原则。根据比例原则,行政行为所采取的执行方法所造成的损害不得与欲达执行成目的的利益显

---

① "当场收缴罚款"不属于《行政强制法》所规定的"行政强制执行"的范畴,其是一种特殊的行政执行行为。

② 翁岳生编:《行政法》(第4版)(上册),台湾元照出版有限公司 2020 年版,第 185 页。

失均衡。依照《行政处罚法》第68条的规定,可以当场收缴的罚款数额尽管较小,但若当事人确有经济困难,当场向其收缴罚款将会严重影响其本人及其所抚养或者赡养人员的基本生活需要的,执法人员则不得当事人当场缴纳罚款。③当场收缴罚款不违反有关法律规定。在当事人虽有当场缴纳罚款的能力,但其所有可以用于执行的财产已不足以履行其依照法律规定应当优先履行的私法上金钱之债①时,执法人员若仍然当场收缴罚款,势必会影响他人债权的优先实现。

四、"当场收缴罚款"有关规定冲突时的适用

《行政处罚法》第68条、第69条在规定"当场收缴罚款"事项时未设但书条款,而《中华人民共和国道路交通安全法》(下称《道交法》)第108条第2款、《中华人民共和国治安管理处罚法》(下称《治安法》)第104条、《中华人民共和国出境入境管理法》(下称《出入境法》)第87条对当场收缴的罚款金额范围或者其他条件又作出了不同的规定②,这就产生了行政处罚法和其他法律关于当场收缴罚款的规定不一致时,应当如何选择适用法律的问题。

在理论界,有学者认为《行政处罚法》是行政处罚领域的基本法,该法和其他有关行政处罚的法律之间关于同一事项的规定不一致的,应当适用前者。③

---

① 参见《民法典》第187条、《公司法》第215条、《证券法》第232条、《食品安全法》第147条、《合伙企业法》第106条、《产品质量法》第64条、《证券投资基金法》第150条等。

② 《道路交通安全法》第108条第2款规定:"对行人、乘车人和非机动车驾驶人的罚款,当事人无异议的,可以当场予以收缴罚款。"《治安管理处罚法》第104条规定:"……有下列情形之一的,人民警察可以当场收缴罚款:(一)被处五十元以下罚款,被处罚人对罚款无异议的;(二)在边远、水上、交通不便地区,公安机关及其人民警察依照本法的规定作出罚款决定后,被处罚人向指定的银行缴纳罚款确有困难,经被处罚人提出的;(三)被处罚人在当地没有固定住所,不当场收缴事后难以执行的。"《出境入境管理法》第87条规定:"……被处罚人在所在地没有固定住所,不当场收缴罚款事后难以执行或者在口岸向指定银行缴纳罚款确有困难的,可以当场收缴。"

③ 应松年主编:《行政处罚法教程》,法律出版社2012年版,第28-29页。

在实务界,最高人民法院早已明确:《行政处罚法》是行政处罚领域的一般法,《道交法》是行政处罚领域的特别法;两者之间关于简易程序的规定不一致的,应当适用《道交法》的规定。① 依最高人民法院前述见解的基本精神,《行政处罚法》和其他法律之间关于当场收缴罚款的规定不一致的,自应适用其他法律的有关规定。

笔者认为,关于行政处罚法是行政处罚领域"基本法"的见解并不妥当。我国宪法虽对全国人大制定的"基本法律"和全国人大常委会制定的"其他法律"作了区分②,但并未赋予"基本法律"高于"其他法律"的效力位阶。《中华人民共和国立法法》(下称《立法法》)第105 条第 1 款规定:"法律之间对同一事项的新的一般规定与旧的特别规定不一致,不能确定如何适用时,由全国人民代表大会常务委员会裁决。"根据这一规定所体现的精神,"基本法律"和"其他法律"都属于法律,两者之间应当具有同等效力,没有何者效力优先的问题,只有何者适用优先的问题。从立法沿革上讲,2021 年修订前的《行政处罚法》第 64 条明确要求该法公布前制定的法规、规章关于行政处罚事项的规定与该法不一致的,应当及时予以修订;对该法公布前制定的法律关于行政处罚的规定与该法不一致的,则未要求予以修订。这表明立法机关对行政处罚法的定位也是行政处罚领域的一般法,而不是该领域的基本法。因此,我们不能因《行政处罚法》是全国人大制定的基本法律,而《道交法》《治安法》和《出入境法》是全国人大常委会制定的其他法律,即认为《行政处罚法》在效力上高于《道交法》《治安法》《出入境法》。从这个意义上说,《行政处罚法》属于"基本法律",但并非具有特别效力位阶的"基本法"。

---

① 参见《最高人民法院关于交通警察支队的下属大队能否作为行政处罚主体等问题的答复》(〔2009〕行他字第 9 号)第二要点。

② 《宪法》第 62 条第 3 项规定,全国人大行使"制定和修改刑事、民事、国家机构的和其他的基本法律"的职权;第 67 条第 2 项规定,全国人大常委会行使"制定和修改除应当由全国人民代表大会制定的法律以外的其他法律"的职权。

　　笔者认同《行政处罚法》是行政处罚领域一般法的见解。在我国,作为行政处罚一般法的《行政处罚法》于 1996 年制定,《道交法》《治安法》和《出入境法》分别于 2003 年、2005 年、2012 年制定,根据特别法优于一般法、新法优于旧法的原则,《行政处罚法》与后三部法律关于当场收缴罚款事项的规定不一致的,后者的规定应当优先适用。虽然全国人大常委会于 2021 年对《行政处罚法》作了修订,但这并不影响《道交法》《治安法》和《出入境法》关于当场收缴罚款事项的规定作为特别规定的优先适用性。

　　综上,《行政处罚法》和其他法律关于当场收缴罚款的规定不一致的,应当适用其他法律的规定。

以刑法规制错误历史观的必要性分析

——基于南京吴某某案的反思*

谢　斐①

一、以吴某某案正视错误历史观的危害

（一）吴某某案的基本案情

2022 年 7 月，网传南京玄奘寺供奉日本战犯牌位，国人群情激愤，同声谴责。经查，吴某某到南京生活后，了解到日军侵华的暴行，产生心理阴影，长期被噩梦缠绕，在接触佛教后，产生了通过供奉 5 名侵华日军战犯"解冤释结""脱离苦难"的错误想法，同时了解到美国传教士魏特琳的义举，想要通过供奉助其解脱。2017 年 12 月 18 日，吴某某谎称松井石根、谷寿夫、野田毅、田中军吉、向井敏明、华群（美国人明妮·魏特琳）为其朋友，在玄奘寺地藏殿供奉牌位。2018 年，玄奘寺地藏殿内部修缮，寺方将牌位撤下；2021 年地藏殿修缮完毕后，寺方又将牌位摆放回原位。2022 年 2 月，一名信众在地藏殿寻找自己供奉的牌位时，发现上述侵华日军牌位，一名游客拍照后上传至网络平台，引起社会高度关注。2022 年 7 月 24 日，吴某某因涉嫌

　*　本文系 2022 年度国家人权教育与培训基地重大项目"基于人权标准的人工智能治理研究"（项目批准号：22JJD820036）阶段性成果之一。

　①　谢斐，天津商业大学法学院讲师，法学博士。

寻衅滋事罪被南京警方刑事拘留。

(二)宣扬错误历史观行为的定性

历史文化是民族发展的重要力量,习近平总书记指出:"一个抛弃了或者背叛了自己历史文化的民族,不仅不可能发展起来,而且很可能上演一场历史悲剧。"①近些年,轻视历史、歪曲历史、消解历史的不良倾向在部分人群中弥散开来,这些错误的历史观甚嚣尘上,企图混淆视听:或罔顾事实,以支流否定主流、歪曲历史、抹杀真相,以"虚无主义"消解社会根基;或妄加揣测,用主观否定客观,告别崇高、消解意义,以"利益至上"瓦解信仰根基;或随意裁剪,用恶搞代替创作,消费历史、娱乐至死,以"泛娱乐化"消解意义价值。② 错误的历史观颠倒是非黑白、模糊历史记忆、挑战民族大义,轻则数典忘祖、妄自菲薄,重则人心涣散、亡国灭种。历史承载民族记忆,不容篡改背叛,否定历史就是否定现实。供奉日本战犯行为虚化历史、美化侵略,严重伤害民族感情、践踏民族尊严,必须旗帜鲜明地予以反对和抵制。

宣扬错误的历史观,本质上属于侵害一国意识形态之安全,动摇一国之文化根基。刑法的功能在于"维系公共秩序与正派作风,保护公民不受侵犯或伤害",③规制宣扬错误的历史观的行为亦符合刑事政策的需要。其一,以史为鉴,才能备加珍惜和平,以刑法惩罚此类行为有利于倡导和平,反对战争;其二,"灭人之国,必先去其史",错误的历史观危害国家文化安全,以刑法规范历史记忆符合总体国家安全观的要求;其三,供奉战犯行为挑衅民族底线,严重扰乱公共秩序,以刑法规范历史记忆有利于推动社会治理法治化,促进社会和谐

---

① 习近平:《习近平谈治国理政》(第二卷),外文出版社 2017 年版,第 339 页。

② 《人民日报》评论部:《"让历史说话"才能走向未来——我们需要什么样的历史观》,《人民日报》2015 年 8 月 5 日,第 5 版。

③ [英]帕特里克·德富林:《道德的法律强制》,马腾译,中国法制出版社 2016 年版,第 3 页。

稳定。

第二次世界大战后的德国犹为重视利用刑法维护历史记忆，以防止危害民主国体，伤害人民情感，重蹈战争覆辙。20 世纪 50 年代，大屠杀幸存者及其亲属可以依据侮辱罪或诽谤对死者的追忆罪追究否认大屠杀者的刑事责任。但若没有人可以提起诉讼，否认大屠杀者就可以逍遥法外。20 世纪 50 年代末，一位署名尼兰德(Nieland)者向国会议员发出大量反犹信件，民愤极大，最终促使德国立法机关将德国刑法第 130 条煽动阶级斗争罪修改为煽动人民罪。①

历史是人类的记忆，虽然时光的落英早已覆盖战争的遗迹，发展的潮流不断荡涤着过往的伤痛，但忘记历史就意味着背叛。对于那段在光阴中刻下痛苦烙印的历史，任何遗忘、掩饰、歪曲都会走向进步的反面。尊重历史、捍卫真理，才能正本清源，更好地走向未来，这是世界上绝大多数国家的共识。面对各类错误的历史观，须充分发挥刑法的法益保护机能，捍卫历史底线，但也应恪守谦抑，将刑法规制作为反对错误的历史观的最后一道防线。

二、错误的历史观构成对刑法法益的威胁

(一)应将民族情感纳入刑法法益的范围

"刑法是为了更好地保护更多的国民利益而统制全体社会的手段。"②刑法所禁止的行为，必须是产生了法益侵害及其危险的行为。是否侵犯法益，是论证刑法规制必要性的前提。错误的历史观严重伤害了民族感情，能否将民族情感作为刑法保护的法益呢？

民族情感是"一个民族的成员对本民族历史、文化等方面的关

---

① Joachim Neander, Mit dem Strafrecht gegen die "Auschwitz-Lüge": Ein halbes Jahrhundert § 130 Strafgesetzbuch "Volksverhetzung", *Theologie Geschichte*. vol. 1(2006), S. 294.

② [日]前田雅英：《刑法总论讲义》(第 6 版)，曾文科译，北京大学出版社 2017 年版，第 26 页。

切、热爱的心情"，①包括对本民族的热爱，对民族利益、历史文化的亲近和维护，对民族敌人和民族败类的憎恶和鄙视。② 民族情感扎根于民族文化，是基于共同文化形成的认同感、荣誉感与归属感，这种文化权益（亦可称"文化财"）能否作为刑法法益的保护内容，存在肯定论与否定论之争，这实质上是物质的法益概念与精神的法益概念的分歧。

法益概念在产生之初主要从物质角度展开。瓦尔贝格（Wilhelm Emil Wahlberg）主张，不法不是侵犯抽象的法规，而是侵犯了由法规所确立的具体生活关系或状态。③ 受德国新康德派价值哲学方法论的影响，法益概念从物质到精神的去实体化倾向逐渐加强。施维格（Erich Schwinge）认为："法益产生于共同体所承认的生活价值或文化价值，法所保护的生活财或文化财就是法益。"④这种目的论法益论将价值作为刑法的目的，而文化价值是社会整体价值不可或缺的组成部分。但这一精神化倾向遭到了其他学者的否定。哈特曼（Nicolai Hartmann）主张物的价值在于物，法财的价值在行为结果中客观现实化，最终以客观存在为载体。⑤ 受其影响，威尔泽尔（Hans Welzel）主张将法益限定于实在的保护客体，认为行为客体是自然意义上的概念，保护客体是社会意义上的概念，反对刻意对两者进行区分，以限缩新康德主义者对法益的精神化。⑥ 但威尔泽尔并没有完全逆转法益概念精神化的趋势，因为如果将行为客体与保护客体等

---

① 刘宝俊：《语言与民族感情》，《中南民族学院学报（哲学社会科学版）》1991 年第 3 期。

② 林崇德等主编：《心理学大辞典》（上），上海教育出版社 2003 年版，第 825 页。

③ ［日］伊东研祐：《法益概念史研究》，秦一禾译，中国人民大学出版社 2014 年版，第 65 页。

④ 张明楷：《法益初论》，商务印书馆 2021 年版，第 65 页。

⑤ ［日］伊东研祐：《法益概念史研究》，秦一禾译，中国人民大学出版社 2014 年版，第 190 页。

⑥ 新康德学派学者霍尼希（Richard Honig）认为，行为客体基于因果考察，保护客体基于价值关系的考察，这种观点强调共同体价值对法益的意义，推动了法益概念的精神化。

同视之,必然要扩张行为客体的概念才能涵盖保护客体。①

诚然将概念模糊的文化权益作为法益的实质,会导致法益概念的含混性,过度扩大刑罚的范围。但日益复杂的社会生活使我们不得不面对大量非物质保护客体,"法益有文化的价值基础,文化的价值以个人的欲求为基础,个人的欲求全部以法益为基础",②在法益概念中完全排斥文化权益是极其困难的。"法益并不局限于法律明文规定予以保护的价值与利益,还包括法律规定以外的、被法律承认的道德上、宗教上和文化上的利益和价值。"③民族情感等文化权益,作为民族共同体的一种文化符号,可以成为刑法法益的保护内容。

(二)宣扬错误历史观的行为扰乱社会秩序

犯罪是最严重的破坏社会秩序的行为,"刑罚惩罚的根本目标就是保障社会秩序"。④虽然社会秩序对于发动刑罚具有重要意义,但其内涵边界的模糊性与刑法的明确性原则是相违背的。"妨害社会管理秩序罪"体系庞杂,"本是为防止刑事法网挂一漏万而设置的兜底性罪名群"⑤,涵盖了社会生活的方方面面,而宣扬错误的历史观的行为主要涉及公共秩序。多数学者将公共秩序界定为一种"状态",但在表述上略有不同。例如,"通过法律法规、道德规范、风俗习惯来建立和维持的社会生活有条不紊的状态"。⑥又如,"社会公共生活中人们应当共同遵守的公共生活规则及其所维持的社会正常运

①　舒洪水、张晶:《近现代法益理论的发展及其功能化解读》,《中国刑事法杂志》2010 年第 9 期。
②　[日]伊东研祐:《法益概念史研究》,秦一禾译,中国人民大学出版社 2014 年版,第 335 页。
③　杨春洗、苗生明:《论刑法法益》,《北京大学学报(哲学社会科学版)》1996 年第 6 期。
④　杨锦芳:《秩序——刑罚的伦理价值目标》,《云南民族大学学报(哲学社会科学版)》2011 年第 3 期。
⑤　张训:《口袋罪视域下的寻衅滋事罪研究》,《政治与法律》2013 年第 3 期。
⑥　高铭暄、马克昌主编:《刑法学》(第九版),北京大学出版社 2019 年版,第 538 页。

行状态"。① 还有学者将公共秩序界定为"共同生活规则"，但对这种"规则"的内涵界定同样存在分歧：从规则来源上可以将其分为法律认可的行为规范和约定俗成的道德风尚；②从具体内容上将其分为安全规则、纪律规则和交往规则。③ 在笔者看来，公共秩序是一种基于良好社会秩序形成的平稳生活状态，包括社会整体的和谐稳定与具体个人的安宁权。无论是界定为"状态"还是"规则"，公共性都是其无法剥离的特征。

在吴某某案中，吴某某将日本战犯牌位供奉在南京九华山公园玄奘寺地藏殿，这一场所对游客公开，属于公共场所，具备公共性，在此供奉战犯牌位破坏了公共秩序所确立的"状态"或"规则"。此外，本案被曝光是因为相关照片在互联网上广泛传播，进而造成恶劣影响。作为虚拟空间的互联网是否可以被视为公共场所，网络空间秩序是否属于公共秩序的范畴，在刑法理论中曾经存在争议。对公共秩序的概念解释虽各有差异，但都体现了公共性特征，基于刑法教义学，在解释公共秩序的内涵时，应当着重把握公共性特征，虚拟性和现实性的差异并非界定公共秩序内涵边界的关键，不宜因虚拟性而将网络空间秩序排除公共秩序的范围。与牌位供奉地点玄奘寺相比，互联网所涉及的地域范围更广、信息传播速度更快、造成的社会影响更大，作为虚拟空间的互联网在本案中比现实的牌位供奉地具有更强的公共性特征。因此，吴某某供奉日本战犯牌位的行为严重扰乱了公共秩序，包括现实中牌位供奉地的秩序以及互联网的虚拟空间秩序。

网络技术的进步为我们带来了诸多便利，同时也增加了风险。

---

① 赵秉志、吴振兴主编：《刑法学通论》，高等教育出版社 1993 年版，第 712 - 713 页

② 马聚安：《流氓罪构成研究》，载赵秉志等编：《全国刑法硕士学位论文荟萃》，中国人民公安大学出版社 1988 年版，第 771 页。

③ 李希慧主编：《妨害社会管理秩序罪新论》，武汉大学出版社 2001 年版，第 159 - 160 页。

刑法作为控制社会风险的政治手段,基于应对风险的预防需要,其法益保护范围不断扩大,出现了法益保护早期化的倾向。[①] 这种倾向虽然有利于法益保护,但打击范围的过度扩大势必形成对国民自由的不合理限制。欲实现法益保障机能与自由保障机能的协调统一,应当追根溯源,回归法益本身的教义学功能。对于法益的教义学功能应当进行全面的考察:一方面,作为发动刑罚权的前提,预先勾勒刑罚权边界,明确其内涵的解释功能;另一方面,作为衔接不同刑法机能的关键,审查刑法规定的正当性,限制刑罚范围的批判功能。[②] 界定公共秩序的内涵,强调其公共性特征,可以明确宣扬错误的历史观行为的法益侵害性,为刑法规制提供理论依据,此为法益的解释功能。

在强调供奉行为侵犯社会秩序需具备公共性的同时,不能忽视更上位的刑法原则,如谦抑性原则。即使行为造成一定的社会影响,满足了公共性的要求,但如果其法益侵害程度相对轻微,则不宜适用刑罚手段加以规制。

三、发动刑罚的限制性思考

(一)作为刑法法益的文化权益应当与其他具体法益相关联

虽然民族情感等文化权益可以成为刑法法益的保护内容,但其模糊性的特征依然与刑法的明确性原则相冲突,以刑法规制文化权益,应该在法益内容上增加限定条件,以明确文化权益的范围,更精准地打击犯罪。现行刑法中存在一些涉及文化权益的罪名,如第103条煽动分裂国家罪,第249条煽动民族仇恨、民族歧视罪,第250条出版歧视、侮辱少数民族作品罪,第251条侵犯少数民族风俗习惯罪等都以不同形式对伤害文化权益的行为进行刑法规制。但上述罪名

---

① 马克昌:《危险社会与刑法谦抑原则》,《人民检查》2010 年第 3 期。

② 车浩:《刑事立法的法教义学反思——基于〈刑法修正案(九)〉的分析》,《法学》2015 年第 10 期。

对文化权益的保护,并不是将模糊的文化权益直接作为法益,而是将其与某种更为具体的法益相关联。例如,煽动分裂国家罪是将民族情感与国家安全相关联,破坏国家统一、损害国家利益必然伤害全体中国人民的文化权益。再如,煽动民族仇恨、民族歧视罪是将民族情感中更为具体的民族平等与民族团结作为保护客体,以严惩这类伤害少数民族群众人格尊严的行为。这类设置巧妙地规避了法益模糊化导致刑罚范围过大的弊端,同时将文化权益与更为具体的其他法益相关联,使文化权益的界限更为明晰。

基于总体国家安全观的整体性思维,应当重视不同安全领域之间的相互作用,以此限定文化权益的边界。模糊的文化权益只有与某种具体的法益相关联时,才能成为受刑法保护的法益。以吴某某案为例,其供奉战犯的行为在公共场所(现实世界与网络空间)快速传播,造成恶劣影响,扰乱了公共秩序,伤害了民族情感,在这一过程中,民族情感之伤害与公共秩序之破坏密不可分,因此,本案中作为宣传错误的历史观的行为所伤害的文化权益与传统刑法法益中的公共秩序相关联。

(二)应对构成要件作实质解释以判断是否构成危害国家安全罪

文化以价值观念为核心,如何看待本国历史,体现了一个国家国民的价值观念。[1] 稳定的政治环境需要民众对国家文化的高度认同,供奉战犯这类否定历史的行为会动摇文化认同,甚至可能解构国家的合法性,严重威胁国家文化安全。危害国家安全罪的保护法益是国家安全。文化安全是维护总体国家安全的重要保障,是维护国家安全的重要内容和条件。[2] 危害国家文化安全的行为是否涉及危害国家安全犯罪,需要结合刑法分则第一章相关罪名的构成要件加

---

① 曾粤兴:《对〈刑法修正案(十一)(草案)〉的审思与建议》,《法治研究》2020年第5期。
② 石中英:《论国家文化安全》,《北京师范大学学报(社会科学版)》2004年第3期。

以界定。

总体国家安全观要求我们统筹传统安全与非传统安全,刑法分则危害国家安全罪一章中的罪名多针对传统安全中的政治安全。笔者认为,只有同时对传统安全和非传统安全构成实质威胁,才能以刑法惩处危害文化安全的行为,德国刑法规定的危害民主法治国家犯罪正是在刑法中统筹传统安全与非传统安全的范例。维护违宪组织、散发其宣传品、使用其标志都有可能涉嫌刑事犯罪,罪名中涉及的违宪组织对国家政治安全构成现实威胁,而违宪组织及其支持者的反动宣传还会危害国家文化安全。违宪组织必须经德国联邦宪法法院审判确定,社会主义帝国党(SRP)是第一个被裁定为违宪政党的德国政党,该党公开宣传纳粹思想,反对民主,否认大屠杀,致力于推翻联邦德国的共和制政体。① 但并非存在违宪主张就能被认定为违宪组织,必须有违反宪法的严重危险、形成对国家政治秩序的实质威胁。社会主义帝国党(SRP)于1950年全国选举中赢得了11%的选票,在部分地区成为一股不容小觑的政治力量,对民主法治构成威胁,因而被直接要求解散。② 而与之相似的极右翼政党德国国家民主党(NPD),因政治影响力极其微弱③而未被德国联邦宪法法院裁定为违宪政党。④

虽然要警惕以错误的历史观渗透意识形态、危害国家安全的行

---

① Otto Büsch/Peter Furth, Rechtsradikalismus im Nachkriegsdeutschland: Studien über die "Sozialistische Reichspartei"(SRP),2. Aufl. ,1967,S. 28 ff.

② Stanley G. Payne, *A History of Fascism, 1914—1945*, University of Wisconsin Press, 1995,p. 500.

③ 该政党自1964年成立至今,在全国选举中赢得选票极少,曾于1969年赢得最高为4.3%的选票,仍不符合5%的限制性条款,在德国联邦议院中没有一个席位。

④ 2001年德国政府第一次向联邦宪法法院申请禁止NPD,却曝出线人丑闻,最终因程序问题而中止。2013年德国政府第二次向联邦宪法法院申请禁止NPD,2017年联邦宪法法院驳回了禁令,认为虽然NPD的政治主张反对宪法,但它不构成对德国民主的实质威胁。

为,但不能陷入打击扩大化的极端,只有危害文化安全的行为通过文化领域对国家政治安全产生实质威胁,才能以刑法加以规制。如果行为不仅危害国家文化安全,还以分裂国家、颠覆国家政权等行为直接危害政治安全,则应以危害国家安全的相关罪名定罪量刑;反之,如果行为只是对文化安全产生威胁,并不涉及政治安全问题,则不适用危害国家安全的相关罪名。

（三）基于主客观相统一原则认定是否构成妨害社会管理秩序罪

为了弘扬英烈事迹、倡导爱国精神,2017 年《中华人民共和国民法总则》第 185 条规定了侵害英雄烈士的姓名、肖像、名誉、荣誉的民事责任条款,并在 2020 年《中华人民共和国民法典》中得以保留。2018 年《中华人民共和国英雄烈士保护法》（下称《英雄烈士保护法》）基于法秩序统一性原理对英雄烈士名誉等权利保护作出更为细致的规定。为了进一步严密刑事法网,2020 年《刑法修正案（十一）》新增侵害英雄烈士名誉、荣誉罪。

英雄烈士的名誉和荣誉是个体权利与社会价值的统一,公然败坏英雄烈士名誉,既侵犯了烈士作为普通死者的权利,又背离了社会主义核心价值观的要求,所以应当从更广的角度理解本罪的行为要件。侮辱罪与诽谤罪都要求行为针对特定人或可推知之人,本罪的侮辱行为与诽谤行为应针对特定的英雄烈士或可推知的英雄烈士,包括个人和群体,但宣扬错误的历史观的行为并不一定直接指向英雄烈士。以吴某某案为例,吴某某在寺院中供奉日本战犯的牌位,并未直接贬损英雄烈士的名誉与荣誉,也不涉及捏造事实,吴某某的行为没有明确针对英雄烈士,难以认定为侮辱行为或诽谤行为。如果将这种缺少明确指向目标的行为认定为通过尊此卑彼对英雄烈士进行侮辱,则未免过于牵强。

在《刑法修正案（十一）（草案）》二审稿在侮辱和诽谤的基础上

增加了"其他方式"的表述。① 侮辱、诽谤与"其他方式"是示例与一般条款的关系,示例为法律适用提供材料上的指引,一般条款为类型完善提供价值上的补充,两者的结合同时兼顾明确性与灵活性。应结合《英雄烈士保护法》的相关规定理解本罪的"其他方式",不宜过分扩张其适用范围,以防止本罪因模糊化一般条款而沦为"口袋罪"。作为一般条款的"其他方式"在形式内容上比作为示例的侮辱、诽谤更为丰富,但在实质内涵上两者应当保持一致,这亦是同类解释规则的要求,因此,"其他方式"也应当针对特定的英雄烈士或可推知的英雄烈士。美化侵略战争和民族苦难的行为,确实是对抗日英烈事迹和精神的否定与亵渎,如果行为指向特定的英雄烈士或可推知的英雄烈士,则符合"其他方式"的要求,但能否构成侵害英雄烈士名誉、荣誉罪,需要结合主客观相统一原则加以判断。侵害英雄烈士名誉、荣誉罪的主观方面是故意,包括直接故意与间接故意,行为人并不排斥自己的行为可能对英雄烈士名誉、荣誉造成负面影响。换言之,供奉战犯行为只有征表出故意贬损英雄烈士名誉、荣誉的主观恶性,才可以构成本罪。一言蔽之,供奉战犯行为构成侵害英雄烈士名誉、荣誉罪,需满足两个条件:其一,行为针对特定的英雄烈士或可推知的英雄烈士;其二,行为人实施供奉行为之目的在于贬损英雄烈士的名誉、荣誉。

同样,在论证宣扬错误的历史观的行为是否构成寻衅滋事罪时也应注意主客观相统一原则。寻衅滋事罪与侵害英雄烈士名誉、荣誉罪在行为方式上存在交叉与重合,在《刑法修正案(十一)》施行之前,侮辱、诽谤英烈往往被认定为寻衅滋事罪中的辱骂他人。《关于办理利用信息网络实施诽谤等刑事案件适用法律若干问题的解释》

---

① 赵秉志主编:《〈刑法修正案(十一)〉的理解与适用》,中国人民大学出版社 2021年版,第 264 页。

（下称《解释》）的发布，不仅规定了利用信息网络实施寻衅滋事犯罪的基本行为方式，也为在网络空间捍卫英雄烈士的名誉提供了法律依据。例如，发生于 2019 年的侮辱凉山木里火灾牺牲英烈案，被告人张某、姜某、黄某某等人利用信息网络辱骂英烈，影响恶劣，法院以寻衅滋事罪分别判处被告人 7 个月至 2 年不等有期徒刑。此外，侵害英雄烈士名誉、荣誉罪的入罪标准也深受寻衅滋事罪的影响。根据《关于依法惩治侵害英雄烈士名誉、荣誉违法犯罪的意见》，侵害英雄烈士名誉、荣誉的行为是否达到"情节严重"构成刑事犯罪，应当结合行为方式，涉及英雄烈士的人数，相关信息的数量、传播方式、传播范围、传播持续时间，相关信息实际被点击、浏览、转发次数，引发的社会影响、危害后果以及行为人前科情况等综合判断，并根据案件具体情况，在必要时可以参照适用《解释》的规定。其中，"点击、浏览、转发次数""社会影响""危害后果""前科情况"等多项情节在《解释》中都有直接体现，行为方式的交叉与重合在网络空间中的表现更为明显，进一步印证了两个罪名联系紧密。

　　寻衅滋事罪与侵害英雄烈士名誉、荣誉罪之间的这种紧密联系具有"先天性"，因为侵害英雄烈士名誉、荣誉罪本就是寻衅滋事罪"去口袋化"的产物。寻衅滋事罪源于 1979 年刑法中的流氓罪。流氓罪的规定比较原则，不便适用，在实践中容易沦为"口袋罪"。① 寻衅滋事罪继受了流氓罪的"口袋罪"特质，存在客观要件模糊不清、主观要件众说纷纭、入罪标准难以界定等问题。② 以寻衅滋事罪规制宣扬错误历史观的行为亦体现了"口袋罪"的弊病。在吴某某案中，吴某某并非引起轩然大波的网络照片的上传者，其行为只限于在玄奘寺地藏殿范围内供奉战犯，其本人并没有借供奉行为在公共场所起哄闹事。

---

　　① 高铭暄、赵秉志编：《新中国刑法立法文献资料总览》（下），中国人民公安大学出版社 1998 年版，第 2120 页。

　　② 王良顺：《寻衅滋事罪废止论》，《法商研究》2005 年第 4 期。

以寻衅滋事罪规制在网络中宣扬错误的历史观的行为同样不妥。《解释》中规定的网络型寻衅滋事罪包括两类:利用信息网络辱骂、恐吓他人和在信息网络上散布虚假信息,起哄闹事。如果将在网络空间中宣扬错误历史观的行为认定为寻衅滋事罪,其实是将宣扬错误历史观的行为认定为这两种行为之一,这种论证同样难以自圆其说。

宣扬错误历史观的行为进入刑法规制的范围主要存在以下三类:其一,若行为人在网上以侮辱英烈的方式宣扬错误历史观,则涉嫌侵害英雄烈士名誉、荣誉罪;其二,若在宣扬错误历史观的同时对他人进行人身攻击,情节恶劣的,则涉嫌侮辱罪或诽谤罪;其三,若在网络上借虚假信息宣扬错误历史观,造成公共秩序严重混乱的,涉嫌寻衅滋事罪。上述分析只涉及客观行为,并没有对主观方面进行论证,构成寻衅滋事罪要求行为人必须有寻衅滋事的故意,直接将在网络上宣扬错误的历史观的行为认定为寻衅滋事罪并不严谨。以吴某某案为例,吴某某实施供奉战犯的行为(如果认为其供奉行为已经扰乱了公共秩序)是因为对因果释结的错误认知和自私自利的动机,这种基于错误信仰实施的犯罪属于确信犯,缺少寻衅滋事的主观故意。

结　论

推进国家安全体系和能力现代化,有必要对危害国家安全的宣扬错误的历史观的行为进行刑法规制。但是这种刑法规制应当受到限制。首先,并非所有的文化权益都可以成为刑法法益,只有与其他具体的法益相关联的文化权益才能成为刑法法益的保护内容。其次,对于危害文化安全的行为是否涉嫌危害国家安全犯罪,应当在构成要件中对是否危害政治安全进行实质分析,只有同时对政治安全与文化安全构成现实威胁的,才可能涉嫌相关犯罪。最后,在分析宣扬错误的历史观的行为是否构成妨害社会管理秩序罪时,应当摒弃重行为、轻罪过的立场,坚持主客观相统一原则,不可突破罪刑法定原则。

论恶意使用网络爬虫技术的定罪

蔡文霞①

一、网络爬虫的概念及类型

（一）网络爬虫的概念

科学技术的发展推动了网络、信息交换存储等的迅速发展，网络上的数据量呈现爆发式增长。在海量的数据面前，人们需要按照一定的目的或者要求对数据信息进行抓取，以便于分析和研究。正是为了帮助人们实现这种目的，网络爬虫技术应用而生。网络爬虫（Web Crawler），又被称为网络蜘蛛、网络机器人等，是根据特定的技术规则自动化地浏览网页中的信息并对网页中特定的信息进行捕捉的技术。它表现为一种程序或者脚本的形式。具体过程往往表现为根据搜索的目的建立待爬取网页地址队列，并对这些网页地址所对应的网页进行访问，然后把从互联网上抓取下来的资源进行校验，确定其内容是否满足设定的需求。网络爬虫在抓取网页过程中，会自动不断地从当前页面上抽取新的网页地址放入队列，直到网页地址队列中所有的网页内容全部爬取完毕或满足一定要求为止。这种技术极大地提高了人们的网络搜索能力和效率，在日常生活中被广泛

---

① 蔡文霞，天津商业大学法学院讲师，法学硕士。

应用。

(二)网络爬虫的类型

根据不同的目的要求,网络爬虫在具体运用时又分为不同的类型。

第一种是通用网络爬虫,又被称为全网爬虫(Scalable Web Crawler)。这种网络爬虫是根据搜索目的的需要对整个万维网的内容进行相应的爬取,通常表现为门户站点的搜索引擎,在日常生活中具有较强的应用价值。

第二种是聚焦网络爬虫(Focused Crawler),又被称为主题网络爬虫(Topical Crawler)。这种类型的网络爬虫是有选择地爬行那些与预先定义好的主题相关的网页页面,并爬取需要的内容。这种网络爬虫只是对与主题相关的页面进行爬取,因而可以最大限度地节省硬件存储空间,保存的页面可以较好地满足搜索人对特定信息的需求。

第三种是增量式网络爬虫(Incremental Web Crawler)。这种网络爬虫之所以称为增量式网络爬虫,主要是因为对下载的网页采取增量式更新,只爬行新产生的网页或者已经发生变化的网页,对内容保持不变的网页不再爬取,这样能够保持所爬取的内容是最新页面。这种爬虫只会在需要的时候爬行新产生或发生更新的页面,可大大减少数据下载量,并及时更新,但是在技术层面上增加了爬行算法的复杂度和实现难度。

第四种是深层网络爬虫(Deep Web Crawler)。这种网络爬虫是选取深层网页作为爬取内容。互联网的网页按存在方式可以分为表层网页(Surface Web)和深层网页(Deep Web)。表层网页是通过传统搜索引擎可以搜索到的网页页面,通常是以超链接可以到达的静态网页。深层网页是不能通过静态链接获取的网页,要获取网页必须由用户提交一些关键词。例如,有些要求用户必须注册才能看到的网页属于深层网页。

在日常生活中对网络爬虫的运用通常是将几种爬虫技术相结合实现的。运用网络爬虫技术可以实现数据的有效采集和运用。例如,基于网络爬虫的舆情情感分析系统的设计与实现,基于网络爬虫的用户信息提取方法研究,网络爬虫和 GIS 技术在城市交通规划中的应用研究,基于网络爬虫技术的教学管理系统教师客户端的实现方法研究等。可见,网络爬虫技术的运用可帮助研究者抓取现有的大量数据并运用其进行各种科学研究。当然,对于一些不希望数据被大量抓取的网站,也会采取相应的措施,防止被网络爬虫抓取数据。例如,为了保护某网站原创内容不被大量抓取,特别是防止网络爬虫恶意访问获取信息,某测绘知识网站采取了应对网络爬虫的一系列防范措施,如设置验证码、IP 限制。客观来看,网络爬虫作为一种新兴的网络技术手段是具有中立价值的,其只是给人们提供了一种更为便捷和快速收集数据的技术手段。但是不可否认,使用这种网络爬虫技术的人在不同的目的的驱使下,实施行为之后给社会造成的影响差异巨大,善意使用网络爬虫技术者运用技术合理合法收集相关研究数据并用于造福人类的项目之中,恶意使用网络爬虫技术者肆意攫取他人数据,造成数据信息的泄露,破坏计算机信息系统,随意使用他人拥有知识产权的数据侵害他人财产利益等,侵犯了他人的人身或者财产等权益,严重危害社会的可能构成刑事犯罪。

二、恶意使用网络爬虫技术的表现

在日常生活之中,恶意使用网络爬虫技术爬取数据并使用的行为多种多样,从行为实施的过程来看,整个过程可以分为进入信息页面、选择爬取内容、爬取数据内容、使用数据信息四个阶段。在不同的阶段,恶意使用网络爬虫技术者通过不同的手段对他人权益造成侵害,其表现可以归纳为以下几种情况。

(一)使用网络爬虫非法进入计算机信息系统

在实践中,网络内容服务商往往会为了保障其竞争优势、防止数据被随意抓取、保护服务器不因网络爬虫的爬取数据行为而受到影响，采取相应的反爬虫措施。有的网站通过爬虫协议的形式告知网络爬虫可以爬取数据的范围，有些内容是不允许网络爬虫爬取的。但爬虫协议只是网络内容服务商的单方告知声明，不具有任何强制的法律效力。例如，网站的用户条款等。同时，网站还会通过身份认证系统、限制 IP 访问、验证码等方式区分访问网站的用户是真人用户还是网络爬虫。但对于恶意使用网络爬虫技术的行为人而言，这些措施不足以阻挡其浏览网页，甚至进入计算机信息系统的步伐。尽管存在爬虫协议并且严格禁止进入计算机信息系统，有些人仍使用网络爬虫技术进入计算机信息系统。

在我国，计算机信息系统按照重要性的大小，一般分为重要的计算机信息系统和一般的计算机信息系统。重要的计算机信息是指涉及国家事务、国防建设、尖端科学技术领域的计算机信息系统，而一般的计算机信息系统是指除重要的计算机信息系统之外的计算机信息系统，包括普通用户、企业集团等所使用的计算机信息系统。重要的计算机信息系统之所以重要，是因为涉及国家的重大事务，关乎国家安全和国家利益，无论是通过"黑客"的方式还是网络爬虫的方式进入系统，都会对国家信息安全造成严重的危害，大多要承担相应的刑事责任。虽然一般的计算机信息系统所储存的信息内容重要程度远比不上国家重要的计算机信息系统中存储内容的重要程度，但其中也涉及个人的敏感信息或者重要的商业秘密、个人或企业拥有知识产权的成果等内容。一旦有人恶意运用网络爬虫技术进入计算机信息系统，抓取相关信息，是对他人享有的相关权利的侵犯，达到一定严重程度同样应承担相应的刑事责任。

（二）网络爬虫大量访问造成信息系统瘫痪

采用网络爬虫技术对网页进行浏览时，即使是法律允许公开访问的网站，也必须对访问量进行一定的控制，否则很有可能因为访问过量而导致计算机信息系统出现瘫痪。为了更高效地获取大量数据信息,有些人使用网络爬虫访问网站页面时向服务端发起了海量访问请求。而网络爬虫的访问量过大往往会造成服务端无法正常回应真人用户正常的访问请求,造成服务端资源耗尽、网络拥堵不堪,甚至导致整个计算机系统瘫痪。从破坏效果上看,此种情形下使用的网络爬虫技术,实际上是通过发送海量访问请求导致计算机信息系统瘫痪,与 DDOS 攻击在性质上具有同一性。DDOS 攻击是"向被攻击主机发送大量无用的分组,这些分组或者耗尽被攻击主机的 CPU 资源,或者耗尽被攻击主机的网络连接带宽(或者两者都耗尽),导致被攻击主机不能接受正常的服务请求,从而出现拒绝服务现象"①。

在使用网络爬虫抓取数据的过程中,有些网络爬虫为了更好地抓取数据,避免计算机系统出现反爬虫程序,会在爬取数据之前或者爬取数据的同时对计算机信息系统中的应用程序或者存储、处理、传输的数据进行有意的删除、修改或者增加,这将导致计算机信息系统不能正常运行或者数据出现变化。

(三)运用网络爬虫获取数据后非法提供、出卖给他人

在使用网络爬虫技术获取了大量的数据,尤其是通过聚焦网络爬虫、增量网络爬虫、深度网络爬虫等技术获取与某主题相关的深层网页的最新数据后,如何利用这些数据,成为区分善意和恶意的重要分水岭。善意利用这些数据,往往是将数据运用于研究工作或实际运用工作并且注意对数据的保密。而恶意的使用网络爬虫技术获取的数据,往往不注意对所获取数据的保密,并且可能提供或者出卖给他人,即使是通过公开合法访问获取的数据,也不意味着可以随意提供给他人。因为单个的数据,尤其是缺乏识别性的数据,看上去似乎

---

① 徐恪、徐明伟、吴建平:《分布式拒绝服务攻击研究综述》,《小型微型计算机系统》2004 年第 3 期。

没有很大的保密价值,但是大量的数据即使缺乏识别性,也具有一定的价值,比如,可以通过大量的数据分析出某类人群的生活习惯、消费特点等,如果又获取其他的相关数据后,可能将不具有识别性的数据通过相互印证变为具有识别性的数据。因此,即使通过网络爬虫获取的公开数据,并不意味着可以随意提供给他人。通过网络爬虫获取数据后,非法提供、出卖给他人,他人可能利用这些数据实施违反犯罪行为,对社会造成极大的危害。

(四)为实施犯罪而使用网络爬虫抓取相关信息

现实生活中,为了顺利实施盗窃、诈骗、敲诈勒索等传统犯罪,行为人需要对被害人的信息有所了解或者通过抓取相关信息资料选择容易得手的被害人。在此情况下,网络爬虫技术作为一种高效收集信息的技术手段被犯罪人恶意使用,用于在互联网上抓取相关的信息。行为人将抓取到的信息进行分类分析,针对不同的目标设定不同的犯罪方式,以便获取最大的经济利益。此时,网络爬虫技术沦为犯罪技术工具。

三、恶意使用网络爬虫技术行为的适用罪名分析

恶意使用网络爬虫技术,对社会造成严重危害的,必须承担相应的刑事责任,具体罪名需要依据其行为的性质以及所造成的严重结果予以认定,司法实践中可能构成以下几种罪名。

(一)非法侵入计算机信息系统罪

利用网络爬虫技术侵入计算机信息系统的行为因计算机信息系统的重要性不同而在定罪要求上有所区分。如果利用网络爬虫技术非法侵入的是重要的计算机信息系统(如国家事务、尖端科学技术领域等)。这些领域的计算机信息系统具有特殊性和重要性,一旦侵入会对国家利益造成重大威胁,因此只要实施了非法侵入的行为,即构成非法侵入计算机信息系统罪。

实际上,我国重要的计算机信息系统为保障安全运行都会设置严格的保护措施，不允许随意进入其系统查看或者抓取数据，然而有些运用网络爬虫技术抓取数据者对此并无顾忌，在设置网络爬虫爬取页面时就无所不能地设定任何系统均可进入。因此，网络爬虫突破重要领域计算机信息系统的入侵设置，运用网络爬虫抓取数据的行为人将构成非法侵入计算机信息系统罪。

（二）非法获取计算机信息系统数据罪

如果运用网络爬虫技术非法入侵的计算机信息系统是一般的计算机信息系统，如某公司的内部财务管理系统或某高校的教务系统等，在"无授权"访问这些计算机信息系统后，网络爬虫对系统内的数据进行了抓取，则为非法获取了计算机信息系统数据，这样的行为是否构成犯罪需要客观判断是否符合"情节严重的"要求。达到"情节严重"标准的则构成非法获取计算机信息系统数据罪。"情节严重"多从造成的社会危害和影响、被害人因此造成的损失等多方面情况进行判断。在实践中，因侵入他人计算机信息系统获取他人数据构成非法获取计算机信息系统数据罪的案例时有发生。本罪的认定只要求利用网络爬虫技术非法侵入计算机信息系统并获得系统数据，并不要求利用所获得的数据去进行其他犯罪行为。因此，只要利用网络爬虫技术获悉普通计算机信息系统中的数据，情节严重的均构成此罪。善意运用网络爬虫技术只能从可以公开浏览的网页上抓取信息，未经授权从他人的计算机信息系统上抓取数据的行为是认定为恶意的，在情节严重的情况下构成刑事犯罪。

（三）破坏计算机信息系统罪

实际上，不少网站为了避免网络爬虫抓取大量数据都设置了各种反爬虫的措施，有些设置是计算机信息系统里提前设计好的程序。恶意使用网络爬虫技术的行为人为了让网络爬虫顺利突破这些应用程序，不惜在网络爬虫爬取数据过程中针对反爬虫的设置，对计算机信息系统中的应用程序进行删除、修改、增加，或者对系统功能进行删除、修改等。而对计算机信息系统中应用程序或系统功能的篡改，往往会导致系统不能正常运行，破坏了计算机信息系统。根据我国《刑法》第二百八十六条的规定，造成计算机信息系统不能正常运行，后果严重的，构成破坏计算机信息系统罪。

（四）侵犯公民个人信息罪

即使是网络爬虫通过合法的方式获取了大量的数据，也必须按照法律的规定，对涉及个人隐私、敏感的数据信息尽到保密的义务。当行为人运用网络爬虫技术在正当的业务过程中获得了大量有关公民个人信息的数据，如果后续将这些数据出售或者提供给他人，均构成侵犯公民个人信息罪。在实践中利用网络爬虫抓取个人信息并用以牟利的案件也确实存在。

（五）侵犯商业秘密罪

各个行业的商业秘密在存储过程中一定会采取相应的保密措施。恶意运用网络爬虫技术去爬取商业秘密，实际上是以不正当的手段获得商业秘密。如果因为采取不正当的手段获得商业秘密并因此给商业秘密权利人带来重大损失的，应按照《刑法》第二百一十九条的规定认定其构成侵犯商业秘密罪。

（六）侵犯著作权罪

使用网络爬虫技术从公开的网页获得的各类数据信息可以供人们进行研究，但不得破坏其享有的著作权。如果运用网络爬虫技术获得各种文字作品、视频作品直接或者稍加改编之后放到可以谋取利益的网站，为自身谋取利益，严重侵犯了著作权人所享有的利益，则构成侵犯著作权罪。

（七）盗窃罪、诈骗罪等侵犯财产罪

网络爬虫作为一种收集信息的高效工具有可能被犯罪人用于各种常见的侵犯财产类的犯罪，如盗窃罪、诈骗罪、敲诈勒索罪等。这些犯罪人在实施犯罪之前大多对被害人的财产状况、个人信息、曾从事的工作以及活动等种种状况有所了解,以便顺利实施犯罪并获取财物。所以,在当今司法实践中,有预谋实施的侵财性犯罪,运用网络爬虫技术获取信息而实施犯罪的大有人在。

即使是侵犯人身权利的犯罪,如故意杀人之前,收集被害人的相关信息也可能使用网络爬虫技术。对于一些情报搜集的犯罪行为而言,网络爬虫更是一种极有可能被选择的工具。因此,网络爬虫技术被恶意使用后,从理论上讲,可能触犯刑法规定中的很多罪名,对其的定罪也不能局限于非法侵入、破坏计算机信息系统罪等涉及计算机系统的罪名或者信息保护的罪名(侵犯公民个人信息罪、侵犯商业秘密罪、侵犯著作权罪),必须结合其对社会所保护的客体的侵害程度具体分析。网络爬虫技术仅仅是犯罪中借助使用的技术手段,并无特殊的犯罪客体特征,完全没有必要针对网络爬虫技术恶意使用的定罪界限问题进行专门的探讨。针对恶意使用网络爬虫技术的个案可以研究适用罪名的入罪标准,是否达到"造成严重后果""情节严重"等程度,最终确定是否定罪以及适用罪名问题。毕竟在最终罪名的确定上必须考虑牵连犯、想象竞合犯等一罪与数罪的问题。

科技的发展带来的技术更新给人们的生活带来便利的同时,也为不法行为人的犯罪行为带来了犯罪技术上的更新,但在严密的法网面前,犯罪技术的升级只是带来了破案的难度,并不会改变对犯罪人罪名的适用。准确理解立法精神、正确适用刑法,面对恶意使用网络爬虫技术的犯罪行为是能做到合法合理定罪的。

医疗文化法治背景下
构建新型医患关系的司法审视

赵莹莹①

新时代我国社会主要矛盾发生了转变,在不平衡不充分的社会发展中发生了一些骇人听闻的伤医、杀医事件,一个发人深思的问题摆在我们面前,为什么基本医疗卫生服务体制日趋完善、医疗诊治水平大幅提升并未必然产生医患关系和谐的结果,反而出现了这么多的暴力伤医事件?是什么导致了这种现象的发生?法治作为现代国家治理中维护社会秩序的重要手段,可以说健康与医疗方面的人文社科研究应该有一个医疗法治考察路径,或者说在法学研究的范围内应当为医疗文化法治问题留有一定的研究空间。司法保障作为检验医患关系中公民基本权利是否得到落实的直观方式,②成为分析我国医患关系模式的重要渠道,本文试图从司法裁判的研究视角,剖析新时代医疗文化法治视域下医患关系的相关问题。

一、医疗文化法治背景的解读

(一)文化服务本质:从医疗卫生法治到医疗文化法治

医疗文化,是指医疗服务活动中的文化,是医疗服务活动中物质

---

① 赵莹莹,天津商业大学法学院讲师,法学博士。
② 欧广远:《文化法治建设:原则与战略》,《中共郑州市委党校学校》2015 年第 6 期。

文化和精神文化的总和。① 一方面,医疗服务中的管理制度、诊疗技术、实施方案及医患关系双方的价值理念、道德观念和思维方式等决定了医疗服务的文化本质;另一方面,医疗服务作为一种医学科学技术服务,是由专业人士运用医学科学技术手段所进行的意在及时有效地诊治疾病、挽救生命、保护健康、提升病患生活质量的科学活动。可见医疗技术服务和医疗文化体系是紧密联系在一起的,医疗服务就是一种文化服务,因此推进医疗法治重点在于医疗文化法治。"文化法治"作为党中央推进依法治国的重要领域,也是我国深化文化体制改革,实现文化大发展大繁荣的法治保障。② 医疗文化法治作为文化法治的重要组成部分,随着我国《基本医疗卫生与健康促进法》的颁布,"健康促进"文化理念的入法,以及医疗卫生相关立法、司法、执法、守法,医疗卫生参与和监督的逐步完善,③医疗文化法治的大门已经向我们敞开,构建新型医患关系的桥梁也已基础稳健。新型医患关系应当以法治为中枢,衔接医方与患方,协调二者之间权利和义务的平衡,将医疗服务转变成一种文化法治作用于医患双方的各项行为,最终实现医患关系的和谐。

(二)文化伦理要求:医疗卫生服务中的人权反思

《经济、社会和文化权利国际公约》第 12 条规定"健康权"④是一项基本人权。对于健康权的实现,联合国经济、社会、文化权利委员会第二十二届会议作出关于《经济、社会和文化权利国际公约》第 14 号一般性意见,指明健康是行使其他人权不可或缺的一项基本人权,

---

① 周薇:《中德医疗文化差异分析》,《赤峰学院学报(自然科学版)》2015 年第 9 期。
② 周志刚:《中国文化法治 70 年回眸》,《湖南大学学报(社会科学版)》2019 年第 5 期。
③ 石悦,等:《中国医疗卫生法治的历史、现状与走向——中国医疗卫生法治 30 年之评析》,《中国社会医学杂志》2009 年第 3 期。
④ 对于健康权,我国《基本医疗卫生与健康促进法》第 4 条第 1 款规定,国家和社会尊重、保护公民的健康权。其第 5 条规定,公民依法享有从国家和社会获得基本医疗卫生服务的权利。国家建立基本医疗卫生制度,建立健全医疗卫生服务体系,保护和实现公民获得基本医疗卫生服务的权利。

通过分析《经济、社会和文化权利国际公约》第 14 号一般性意见的规定,我们能总结出医疗卫生服务人权标准的三个界定因素:技术要求、经济要求以及文化伦理要求。技术要求,指在医疗服务过程中采取了科学和医学上合理且高质量的救治;经济要求,是保证一国内的所有人不论贫富平等地负担医疗费用,且都能负担起基本医疗卫生服务,即使面对资源短缺的情况也应保证社会弱势群体能够获得有针对性的救助方案;文化伦理要求,指医疗服务应当符合医疗职业道德要求,尊重患方的文化习俗,保证他们在人格上不被歧视和欺骗,确保所有人享有获得有关健康问题信息和思想的权利。技术要求主要是由医疗科技发展水平决定的,排除其中医学伦理问题,其属于自然科学研究的领域。经济要求是建立在一国的政治经济文化发展程度以及医疗公共服务水平上的。文化伦理要求则取决于一国医疗文化法治程度。医疗卫生服务人权标准的这三项要求为我们剖析了文章开头提出的"为什么医疗服务体系的完善,医疗水平的提升并未阻止暴力伤医伤医事件的发生"问题,在我国医学研究发展迅猛的态势下,可以说我国的医疗诊治水平已经跨进了世界先进的行列。同时,我国建立统一的城乡居民医保制度也极大地保证了劳动者能够承受医疗费用,可以说在我国现有医疗卫生服务体系中已经具备了满足技术要求及经济要求的条件,可见从医疗文化法治的角度入手成为破解这一问题的关键。

二、医疗文化法治背景下医患关系模式阐析

医患关系模式的类型是依托医疗文化法治背景生成的,不同的法治背景孕育了不同的关系模型。现代医学已逐步进入生物—社会—法治医学模式发展时期,医患关系也开始由传统的医生主导模式转向医患平等、相互尊重、共同参与的新型模式。

(一)医患关系模式的发展阶段

医疗文化法治促进医患关系模式发生转变,同时调整着各种模

式趋向更为有利的方向发展。受诊疗活动中医患双方法治观念、医学水平及思想程度等因素的影响，纵使促发医患纠纷的原因多样，但一个时期内的医患关系模式还是有章可循的。如表 1 所示，依据医患双方主体地位、主动被动性及互动程度可以将医患关系划分为完全支配服从型、单方指导合作型、双方共同参与型，三种类型分属不同的医疗法治阶段，以适应不同的时代及医疗需求，优缺点各具。①

表 1　医患关系模式

属性分析		第一阶段	第二阶段	第三阶段
		完全支配服从型	单方指导合作型	双方共同参与型
背景		类似于父权主义类型的传统医患关系	人权运动推动下形成医疗文化法治背景	医患双方法治意识增强，医疗文化法治发展到一定程度且社会经济文化水平高度发展
内容	医生	具有绝对权威，只重视患者躯体的生物活动过程，在决定诊治方案时从不考虑病人的主观意愿	在诊疗活动中处主导地位，但尊重并听取患者的意见	详细告知治疗可能方案及风险，争取患者同意
	患者	完全处于被动和绝对服从的地位，不能对治疗方案和医生权威产生质疑	具有一定的主动性，可以对医疗服务提出意见、建议及要求	具备相当的医学知识，能主动参与治疗方案的实施过程
状态		医患关系绝对失衡	医患关系较稳定，但存在倾偏的可能	医患关系和谐，医患双方具有相当的主动性

---

① 这种分类方式参考了 1956 年托马斯萨斯和马克何伦德提出的"萨斯—何伦德"理论，其将医患关系分为主动—被定型、指导—合作型、共同参与型三类。

续表

| 属性分析 | 第一阶段 | 第二阶段 | 第三阶段 |
	完全支配服从型	单方指导合作型	双方共同参与型
评析	医生绝对主导医疗活动致使患者的知情权和选择权得不到保障,沟通渠道闭塞,不满情绪堆积,极易造成医患关系紧张	诊疗活动中医生的支配性与患者的主动性不均衡可能导致权责意识偏差进而引发医患纠纷的发生	此种模式以患者具有一定的医学知识及治疗经验为前提,但在此前提下极易发生医患双方"角色失调"的情况从而导致医患关系失调

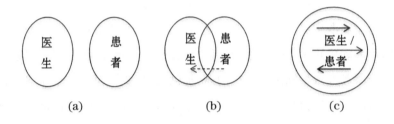

(a)   (b)   (c)

图 1　医疗诊治中医患双方的互动状态

　　第一阶段,"完全支配服从"阶段。这一类型的医患关系产生于医疗文化法治欠缺的背景之下,是传统的医患关系模式。在具体关系中,医患双方人权地位不平等,虽然患者的健康权、身体权和生命权等基本权能得到保障,但知情同意权、参与选择权等基本权利未得到尊重和满足。关系的特点如图1(a)所示,医患双方不是双向互动作用,而是医生对患者单向发生作用。这种模式类型极似父权主义或封建君主制下的政治关系结构,在医疗过程中病人的主观意愿和诊疗意见被忽视,决策权和决定权全部在医生一方。医生的权威性不容怀疑,患者仅作为生物躯体被动地接受诊治。此种模式的特征是"为患者做什么",优点是有助于提高对危重症患者的急症抢救治疗及对痴呆、昏迷、精神疾病、婴幼儿等意识丧失或意识不全等难于表述主观意识的患者救治的医疗效果。但这种模式完全排除了患者的主动性，诊疗实践中医患关系的"患"并非单指患者，还包括患者的家属及相关的社会关系主体，纵使在那些患者本人因为客观原因无法主动参与到诊疗活动的情况中，患者的家属或其他利害相关人也可以代之发表意见进行医患沟通。这种由医生完全主导的医疗活动，使得医患双方沟通渠道阻塞，患方不同意见无处表达，极易导致患者的权益受到侵犯，以致医患关系处于一种失衡的状态，医患纠纷频发。

第二阶段，"单方指导合作"阶段。单方指导合作型医患关系是在医疗文化法治背景建立起的人权运动的基础上逐步形成的，是现代医学实践中医患关系的基础模式。关系的特点如图 1(b)所示，在医疗活动中除了保持医生的主动，患者也有一定主动性，患者可以对医疗服务及效果同医生进行沟通，提供信息、提出意见与要求等。但患者的主动以执行医生意志为前提，对医生指令性的治疗措施只能理解、服从、合作并配合，医生虽担当指导者但仍然拥有权威。此种模式的特征是"告诉患者做什么"，优点是患方的主动性得到一定程度的满足，有利于调和医患关系，但医患之间的主动性仍不均衡，且两者间的权利仍不对等，这种状态极易演变为权责意识缺失下的医患关系失调。①

第三阶段，"双方共同参与"阶段。共同参与模式是现代医疗期待发展的医患关系新模式，是建立在健全的医疗文化法治、高度发达的医疗服务水平基础上的，适用的前提是医患双方法治意识强，患者拥有较高的医疗知识水平及诊疗经验且明确树立了自身为健康"第一责任人"观念。如图 1(c)所示，这一模式的特点是医患双方在诊

---

① 张一宁、刘兰茹：《医患关系模式与医院法治文化辨析——以"萨斯—何伦德"模式为理论视角》，《中国医院管理》2013 年第 8 期。

疗活动中有近似平等的权利和地位,双方在尊重对方权益的基础上相互配合、共同参与医疗决定及实施。此种模式的特征重在"共同为诊治做什么",优点是使患者充分、及时地参与诊治过程并反馈信息,消除医患隔阂,增进医患了解,提升医疗活动的准确性和有效性,有效充分地沟通对建立良好医患关系发挥最大功用,医患关系实现最大化的和谐。

(二)司法裁判视角下的我国医患关系模式

医疗文化服务的本质使医患关系模式的演变同经济和政治的发展呈现一种彼此联系、相互促进、共同发展的辩证关系,这种关系在我国各地医患纠纷发生数量上表现明显(如图 2 所示)。综合各项因素笔者选择以北京市 2013 年至 2020 年 110 份医患纠纷裁判文书为分析对象,如图 3 所示,北京市医患纠纷呈现出大体逐年递增的趋势。

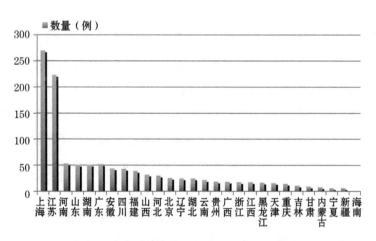

图2 2019 年我国各省份医患纠纷裁判数量统计

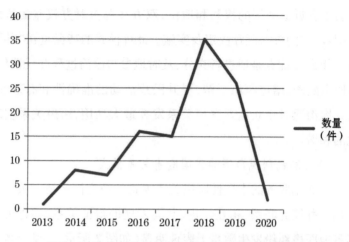

图3　2013—2020 年北京市医患纠纷裁判数量趋势

第一,健康人权观念下违约之诉与侵权之诉的竞合。医疗服务合同作为医疗机构与患者之间就明确相互权利义务关系的合同。在医疗机构及其医务人员在医疗活动中,违反医疗卫生管理法律、行政法规、部门规章,如诊疗护理规范、常规,过失造成患者人身损害的事故时,存在违约责任、侵权责任的竞合现象。笔者选取的北京市 110例判例中以合同之诉起诉的共 34 例,占比 30.9%,可见当医疗服务合同纠纷同医疗侵权责任纠纷发生竞合时更多人选择了侵权之诉的方式,这与侵权之诉中患方举证责任较轻及赔偿范围容纳了精神损害抚慰金及死亡赔偿金等内容有关。

第二,司法实践医患互动中告知义务与注意义务的强化。医患关系中医方的告知义务对应的是患方的知情同意权和参与选择权。如表 2 所示,通过对北京市医患纠纷裁判的分析,告知义务及注意义务履行不畅成为医患纠纷的主要原因,医生未履行告知义务而导致医患纠纷的因素包括病历书写、封存不规范,未告知手术名称及内容、诊疗方案的程序及可能出现的结果、治疗的意义、目的和作用、可替换诊疗方案及可更换诊治方式、手术风险及药物不良反应、临床研究现状及不足、罕见病诊疗困难程度等内容。未履行参与选择权的情况主要是对于手术治疗方案的选取和实施未能保障患者的能动性参与。影响医护人员履行注意义务的因素主要包括未尽到及时转诊义务、医疗行为不谨慎、未尽到危险结果回避义务、对诊断当时未明显显现的症状预估不足等。

表2　患者起诉主张事由情况统计①

原因	例数（例）	所占比例（%）
侵犯知情同意权	63	57.3
未尽到必要的注意义务	23	20.9
侵犯参与选择权	44	40.0
医疗行为存在过错	80	72.7

实际上医院的诊疗行为是否有过错,该过错与损害后果是否存在因果关系及过错行为与损害后果的参与度,属于专业性的技术问题,需由国家认可的机构鉴定方可得出结论。但当鉴定机构不具备相应的鉴定资格和条件,无法进行鉴定,或者医方采取的诊疗行为和鉴定结论主张的诊治意见发生冲突时,我们如何保证经过了司法审判的医患纠纷就一定是满足公平原则的? 回答这些问题的前提是明确界定我国的医患关系模式。如图4所示,患方认知水平(文化程度、医学知识掌握水平、诊疗经验)以及第一责任人理念的有无也成为横亘在医患互动间的鸿沟。

---

① 因诉讼中患者所主张事由一般由多项内容组成,故而各项原因之和大于案例选取总数。

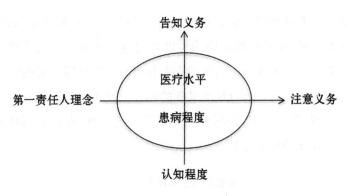

图 4 医患互动影响因素图

三、司法裁判视角下医患纠纷的成因分析

（一）医源性因素矛盾成因

第一，诊疗行为因素。随着医疗科技的发展，现代医疗在挽救生命、治愈疾病、缓解病痛、提升生存质量等方面有了质的飞跃。医疗活动的专业程度和复杂程度增高，患者对医疗结果的期望度也进一步提高。当患者病情未得到治愈或缓解，甚至出现恶化时，首先会质疑诊疗行为是否存在过错。

第二，医院管理因素。影响医疗纠纷的医院管理因素主要包括医疗制度、医疗费用等内容，其中在医疗纠纷中影响最大的是病例的书写及封存问题。根据《医疗机构病历管理规定》（2013 年版）第 24 条规定，依法需要封存病历时，应当在医疗机构或者其委托代理人、患者或者其代理人在场的情况下，对病历共同进行确认，签封病历复制件。对于实践中经常发生的未完成病例封存问题，该法第 26 条的规定，按照《病历书写基本规范》和《中医病历书写基本规范》要求，病历尚未完成，需要封存病历时，可以对已完成病历先行封存，当医师按照规定完成病历后，再对新完成部分进行封存。

（二）非医源性因素矛盾成因

第一，医患关系参与主体复杂。理论上说医患关系仅限于医生、患者两个个体,越少的参与主体构成的关系越简单,但随着社会关系模式的复杂化,在现代医学的高度发展下医患关系已进化为"医方—患方"样式,"医方"代表了参与医疗活动的全体机构和人员,"患方"包括与求医者相关的每一种社会关系。这种"一对多"或者"多对多"的关系使人员关系复杂性增加,医患双方内部沟通、相互沟通难度也会增加。①

第二,医疗文化法治根基不牢,医疗权威树立不稳。构建医疗文化法治的目标是以法治手段强化全民社会主义医疗法治理念,构建社会主义医疗法治环境,打造和谐平等有序的新时代社会主义医患关系。随着我国医疗法治体系的逐渐完善,尤其是《基本医疗卫生与健康促进法》的颁布对于实现医疗文化法治目标提供了基本法层面的保障和指引。基本法的颁布丰富了我国医疗文化法治体系结构,但逐年递增的医患纠纷仅依靠一部基本法律加以调整是远远不够的,这成为打破我国目前医疗文化法治根基不牢的重点所在。与此同时,医疗权威形象树立不稳也成为实践中暴力伤医事件频发的主要原因。

第三,患者自身知识水平限制,责任人理念法律化不足。知情同意权与参与选择权行使的前提条件应当是基于医患双方沟通的有效性所带来的患者知情的"有价值"和选择的"有价值",即患者对于沟通内容的理解程度、掌握水平以及发表意见的可行性,这就需要患者能够关注自身健康,具备一定的医学知识水平且拥有一定的治疗经验。但这是一个系统性的环节,若患者只关注自己的健康,不具备相应的知识水平,其结果必然是医患沟通的无效,后果极有可能是对医疗服务过多苛责,出现干扰医生诊治,甚至盲目的转嫁健康责任的

---

① 靳光辉,等:《从医患矛盾成因分析看尊医伦理构建》,《中国医学伦理学》2018年第5期。

情况。

四、医疗文化法治视域下新型医患关系建设的定位导向

实现医患关系的调整，应由传统的道德约束转向伦理调整、契约调整、外部监督管理并行的法治调整模式，①应以人权保障为原则，以法治化发展为路径，以实现医患关系和谐为目标。

（一）原则：构筑双向多主体多元人权保障机制

医疗文化法治背景下构建新型医患关系的核心内容和基本原则是实现医患双方人权保障的法治化、制度化，以法治渠道和手段化解医患纠纷，在此基础上构筑双向多主体多元人权保障机制。

其一，寻求双向多主体人权保障的平衡点，实现医患双方权利义务的真正对等。医患关系的和谐是医疗秩序和谐的表现形式，但这并不意味着在医患关系中一味强调患者权益就一定能保证这种秩序效果的出现，《宪法》规定公民在行使自由和权利的时候，不得损害国家的、社会的、集体的利益和其他公民的合法的自由和权利。如果说一种秩序是合乎正义的，这意味着这种秩序把人们的行为调整得使所有人都感到满意，也就是说，所有人都能在这个秩序中找到他们的幸福。②

其二，充分发挥人民调解的作用，打造医患纠纷多元解决方式。司法作为维护社会公平正义，保障公民权益的最后一道防线，随着依法治国方略的推进和人民群众法制意识的普遍增强，越来越多的人开始用司法的武器捍卫权益，但是医患纠纷案件性质特殊。如果每一个医患矛盾都要用司法手段解决，每一个医患纠纷都需要经过复杂的诉讼鉴定审判过程，可以说这既有可能导致司法资源的浪费，又有可能基于鉴定意见产生第二波争议，同时高昂的鉴定费用对于患

---

① 黄清华：《论基本医疗卫生法治的人权标准——温岭杀医案的启示》，《法治研究》2016年第3期。

② 《马克思恩格斯选集》（第1卷），人民出版社1972年版，第323页。

方来说也是一项极重的负担。在此前提下,医疗纠纷调解委员会以及医疗机构所属医患办公室是缓解医患矛盾、促成多元化化解的重要节点。但这又带来一个问题,由医疗机构所属医患办公室调解医疗纠纷难免有医院"既当运动员,又当裁判员"的嫌疑,因此,笔者建议搭建医疗纠纷第三方常规评价机制,接受投诉并对纠纷解决进行监督,在我国医患纠纷发生规模如此之大的背景下(如图2,2019年我国共发生民事案由医患纠纷1184件),可考虑将调解程序及第三方监督程序作为司法程序的前置程序。

(二)路径:实现新时代医患关系模式的法治化发展与过渡

通过对我国医患纠纷案件的司法审视,我们已经可以得出我国医患关系模式不是单向的,而是双向依存的结论。法治化发展是在健康责任及人权思想指引下生物医学、社会医学、人文医学及法治医学的高度融合,医患关系的司法审视透露出新时代人们对于医疗服务的要求已经从单纯要求得到安全、有效、及时、廉价的救治转移到获得更多的人权保障与尊重上。究其原因,一方面,大量的事实证明,医患沟通不畅成为医患纠纷甚至暴力事件的主要导火索[1];另一方面,立足于我国公民整体科学文化素质明显提高的现状,影响医患沟通的文化障碍已被打破,为彰显人权精神和契约精神提供了基础保障,但又为医患角色失调埋下隐患,知识水平提升的结果是患方具有更强的思维独立性和参与主动性,若患者无法准确自身定位,极有可能发生干扰医生诊治或者责备的情况。这就需要充分发挥医患关系法治化的工具价值,避免由此带来的过度医疗和信任危机,缓解法治化建设进程中由于人们权利意识膨胀造成的医患关系紧张。

(三)目标:打造平等、信任、尊重、和谐的新型法治医患关系

从主体的角度讲,医患关系中的平等包括所有患者间的平等和

---

① 黄清华:《论基本医疗卫生法治的人权标准——温岭杀医案的启示》,《法治研究》2016年第3期。

医生与患者的平等；从内容上讲，包括人格平等、机会平等和权利平等，医患关系中的人格平等是指在医疗救治中人们之间不因性别、职业、民族、文化、经济状况、生活方式等差别而被区别对待，医患双方的人格平等且得到尊重。机会平等是指每一位患者能够获得救治的机会和环境平等。权利平等是指医患双方同等地享受权利并承担义务。医患双方及患者之间人格平等、机会平等、权利平等的统一构成了医疗关系中的平等，塑造出公平公正的医疗环境，为医疗救济提供了基础原则和法治支撑。

在平等的基础上搭建医患之间信任和尊重的法治医疗环境，一方面，基于医疗行为的特殊性，患者应当对医生的医疗水平及诊疗方案给予充分信任，遵守诊疗制度和医疗卫生服务秩序，尊重医务人员的诊疗工作，维护其名誉权；另一方面，医生也应当对患者及其家属充分信任，依法对患者的知情权、参与权①、人格尊严权、隐私权给予保障和尊重。医务人员未尽到告知义务或者义务履行不足的过错从而引起原告及其家属的合理怀疑，造成患者损害的，医疗机构应当承担赔偿责任，并应及时取得患者家属的充分理解，减少患者及其家属对病情不确定性的猜疑。

融洽、和谐的医患关系的构建是伴随着法治化目标的逐渐形成和完善，也是医疗文化法治发展的必然结果，强化医疗法治观念下的人权保障，使每一位患者及家属的各项健康权利都得到充分的保障和尊重，打造新时代依法治国背景下生物—社会—法治医学模式，实现以科技研究强医疗，以法治建设促人文。

---

① 实际上患者的知情权和参与权应具有广义和狭义两个理解角度，狭义的知情权是指患者及其家属对有关其诊疗方案、过程、手术风险等内容的知悉和理解；广义的知情权还包括对医疗机构的建设、治理、财政收支及监督评鉴等内容的知情情况。狭义的参与权强调的是患者及其家属对诊疗活动的参与和选择，广义的参与权则强调的是在国家和社会层面的健康参与，包括依法参与现代医疗机构的治理结构、公民的人权保障及医患关系安全发展等事项。本文仅探讨狭义的知情权和参与权问题。

青少年犯罪的心理动因与预防矫治

王　丛[①]

近年来,14～25周岁的青少年犯罪占当年刑事犯罪的比重以及总犯罪人数居高不下且呈低龄化增长趋势。[②] 青少年犯罪问题关乎社会稳定和国家发展,引发学术界从法学、社会学、教育学、心理学等诸多视角展开讨论。本文试图从社会环境、网络媒体、家庭教养、越轨同伴、人格特征等社会心理视角切入,剖析我国青少年犯罪的心理动因,以期为青少年犯罪的预防与矫治提供有价值的理论支撑。

一、青少年犯罪的社会心理因素

(一)社会转型期的道德信仰失范与网络媒体的不良诱导

目前我国正处于社会转型期,社会价值观难免出现分化,拜金主义、享乐主义、极端个人主义等道德信仰失范现象初见端倪。而浸润于社会转型期的青少年,其心理状态和人格发展不可避免地受到社会环境的辐射与牵引。

与此同时,部分不法网络媒体出于商业利润的需求,利用充斥着暴力、色情、吸毒等不良内容的网络游戏、直播、短视频等诱导青少

---

① 王丛,天津商业大学法学院讲师,心理学博士。

② 任啸辰、吕厥中:《当前青少年犯罪的现状、成因与消解》,《中国青年研究》2016年第6期。

年。网络虚拟世界强化了青少年在现实世界里不能释放的随性与叛逆,淡化了道德意识,消解了社会责任感,从而增加了青少年犯罪的概率。①

（二）畸形的家庭教养方式

无论严格控制、专治粗暴还是放任不管、溺爱无度,畸形的家庭教养方式都会对青少年的心理、人格产生深远影响,不良家庭导致的心理应激、适应不良和人格障碍等会为青少年犯罪埋下伏笔。

具体而言,常见的畸形的家庭教养方式可分为以下几种。一是缺位的家庭教育。如长期寄养在祖辈家里。由于亲子关系冷淡,留守青少年体会不到父母的爱与温暖,易产生强烈的孤独感,而父母监督较少以及其他监护人的专横或过度放纵导致的不安全依恋可能促使自我控制较弱的青少年在情感上过度内向或自负,甚至导致明显的行为问题。二是放任溺爱的家庭教养方式。如对孩子宠爱无度,满足他们的一切要求,无论合理与否都以孩子为中心。这种教养方式形塑了自私自利、自我中心甚至漠视社会规范与法律约束的人格。三是父母品行不端的示范效应。如父母的婚外情、酗酒、赌博、犯罪等,长此以往孩子耳濡目染,通过替代性学习而模仿犯罪。四是专制粗暴的家庭教养方式。如父母对孩子动辄打骂,滥施家长权威,要求孩子言听计从,不进行思想教育与道德疏导,忽视儿童的身心需求,反而迷信棍棒教育,对孩子进行身体和精神上的虐待,致使孩子情感压抑,不仅可能因此疏远、仇恨父母,更严重的是习得了用暴力解决问题的不良行为模式,为犯罪行为埋下隐患。

专制粗暴的家庭教养方式,尤其对孩子进行身体和精神上的虐待可能使个体在今后的发展过程中形成反社会人格障碍。长期遭受侵犯性、暴力性虐待的儿童无法习得以共情为基础的人际交往模式,

① 孙萌:《未成年人犯罪的特征、成因及预防》,《当代教育科学》2006 年第 11 期。

更无法在亲密关系中获取信任感和安全感,无法培养自我表达能和情绪控制的能力。受身体虐待的儿童共情能力受损,因此进入青少年期至成年期后倾向于以控制、威胁甚至暴力的方式与他人展开人际互动。而受精神虐待、情感忽视的儿童对情感反应迟钝,进入青少年期至成年期后容易在人际互动中丧失对自身情绪的自主体验感与稳定掌控性,甚至表现出回避的情感表达模式。因此,这些儿童容易受到外界环境的威胁。当愤怒、悲伤、敌对等负面情绪不断累积,超过其自我控制能力的阈限值时,这些情绪就极易外化为攻击、越轨行为。此外,长期受虐待儿童的延迟满足能力差,难以抵抗犯罪的诱惑,在青少年期就有可能卷入严重的违法犯罪。①

综上,畸形的家庭教养方式限制了儿童习得以共情为基础的人际交往模式,进入青少年期后容易变得回避冷漠、孤僻抑郁甚至产生强烈的自我冲突感。他们对父母或其抚养者的愤怒敌对情绪很有可能泛化为对整个社会的仇视,甚至逐渐演变为反社会人格障碍。

(三)越轨同伴的不良影响

青少年期个体对同伴的社会互动、情感归属需要日渐增长,因此同伴成为青少年观察学习的参照。如模仿犯罪,便是对观察学习对象犯罪行为的注意、记忆、提取和再现过程。同伴这一非正式群体能够自动自发形成群体规范,从而对群体内部成员施加从众性或服从性的群体压力,个体在群体压力和责任分散效应的影响下,极易突破道德枷锁而做出与同伴一致的越轨行为。例如,越轨同伴是青少年吸烟、饮酒、吸毒等不良行为的重要影响因素。② 此外,当青少年与同伴相处时,更容易体验到愉快、兴奋,在这种情绪渲染下,青少年易

---

① 任怡臻、周海波、杨红敏:《强制戒毒人员童年期创伤与反社会人格障碍症状:共情的中介作用》,《中国临床心理学杂志》2018 年第 4 期。

② 刘金平、韩菁、刘亚丽:《青少年冒险行为及其与人格、依恋的关系》,《心理学探新》2008 年第 3 期。

受同伴影响而表现得短视甚至因一时兴起而冒险。①

青少年容易在一些不良同伴圈中对越轨同伴产生情感依赖，并通过从众和遵守非正式群体内部的潜规则来获取群体接纳和价值认同。国内外对"街角青年"这一特殊群体的大量田野调查证实了越轨同伴对青少年犯罪的推动作用。作为青少年违法犯罪行为的易发群体，街角青年是指没有稳定的职业和可靠的经济来源，以社区、街道等地域关系为纽带，长期混迹街头，数人拉帮结派聚集而成的、年龄在 15～20 岁的非正式小团体。② 街角社会的相关研究已充分证实了暴露于社区的暴力行为对青少年攻击性、创伤后应激障碍的负面影响。亲眼目睹同伴遭受暴力的替代性伤害或亲身经历暴力的直接性伤害，会使青少年体验到人际关系紧张的威胁并做出非适应性的应对策略，如对暴力行为的敏感性降低而表现出冲突的外化行为，这也使得街角社会中的青少年成了暴力犯罪的易感群体。一项对街角青年涉黑犯罪的田野调查发现，当街角青年从学校、家庭和工作场所脱嵌后，极易回归到街角这一社会关系网络中，如果该街角具有黑恶性质，那么这些街角青年便可能受越轨同伴的不良影响逐步陷入涉黑犯罪的泥潭。街角青年群体通过影视剧和越轨伙伴习得了黑道文化，这种涉黑文化作为一种群体规范将潜移默化地影响他们的涉黑罪错认知，并进一步推动其犯罪心理的养成和犯罪行为的固化。③

二、青少年犯罪的人格特征因素

（一）低自我控制

研究发现，一些有犯罪行为的青少年呈现低自我控制的心理特

---

① 孙晓娟，等：《青少年攻击行为的同伴选择与影响效应：基于纵向社会网络的元分析》，《中国临床心理学杂志》2019 年第 3 期。

② 黄海：《解密"街角青年"——一种越轨社会学和亚文化理论的研究》，《青年研究》2005 年第 6 期。

③ 冯承才：《街角青年涉黑犯罪研究——基于上海市 K 社区"斧头帮"的田野调查》，《青年研究》2020 年第 3 期。

征。研究证实,低自我控制对青少年网络越轨行为(网络过激行为与网络色情行为)具有显著预测作用。① 低自我控制者通常追求即时满足,缺乏行动计划,冒险行为倾向,缺乏对长远后果的思考,缺乏毅力、稳定的工作与友谊,以自我为中心,缺乏对挫折的容忍等。②

青少年时期伴随着人格和自我意识的快速发展,人格特质中的可靠性、稳定性不断增强但同时也极易发生巨变。且青少年自我意识中的重要维度——自我控制意识相对薄弱,这导致许多青少年对正与邪界限不清,善与恶混乱共生,是与非观念模糊。因此,许多青少年犯罪的发生呈现偶发性、随意性和游戏性的特点。对全国未成年犯罪行为的调查发现,当问及"你违法犯罪时是怎么想的"时,回答"一时冲动,什么都没想"的被调查者高达 65.5%。③ 自我控制作为一种跨时间、跨情景的稳定心理特征,对青少年犯罪行为具有较好的预测力。

(二)品行障碍与冷酷无情特质

品行障碍(conduct disorder)指个体在儿童期和青少年期出现的持久与反复侵犯他人基本权利或违反适龄社会准则的行为问题。品行障碍青少年表现出冲动、攻击和风险选择倾向。④ 根据一般攻击模型(general aggression model)理论,品行障碍被认为是外化的行为,而不是内化的负面情绪状态,如情绪反应迟钝。品行障碍是环境因素和自我发展因素协同作用于儿童心理的结果。例如,如果个体在儿童中期缺少父母的照护与关爱,就可能表现出情绪无能和焦虑,而

---

① 许博洋、周游、Lennon Chang:《青少年网络越轨行为的发生过程及原理——基于自我控制理论和差别交往理论的视角》,《中国青年社会科学》2021 年第 3 期。
② 罗大华、郑红丽:《青少年犯罪成因实证研究》,《青少年犯罪问题》2008 年第 6 期。
③ 关颖:《未成年人不良行为及其影响因素分析——基于全国未成年犯的调查》,《青少年犯罪问题》2013 年第 2 期。
④ 马任、张积标、姚树桥:《品行障碍的脑功能成像研究现状与展望》,《中国临床心理学杂志》2015 年第 4 期。

情绪无能又与负面人格特质（如神经质、冲动）高度相关。同时，环境因素对品行障碍起到了保护或缓冲作用。例如，当留守儿童的父母迁移时，老师可以充当依恋者并发挥保护作用，缓冲负面人格特质对情绪和行为适应的影响。

作为品行障碍的前因变量，冷酷无情特质（callous-unemotional trait，CU）被认为是导致儿童和青少年外部化问题行为（externalizing problem behaviors）的原因，即在该特质上评分较高的个体更有可能表现出显性的负面失控行为，如攻击性、破坏性、抵抗力、过度活跃和冲动。CU 特质指对奖励和惩罚的敏感性低，对他人缺乏同理心或冷漠程度高，表现出低共情、低悔恨、低内疚的人格倾向，并且更有可能表现出冲动或破坏性行为。目前 CU 特质已被纳入 DSM-5（《精神疾病诊断与统计手册》第五版）的品行障碍诊断标准中。如果被诊断为品行障碍的青少年同时具有 CU 特质，那么可认定其为 CU 亚型。CU 亚型的青少年表现出对他人的悲伤和恐惧反应的低敏感性，以个人利益为中心，倾向于从事刺激和冒险行为等特点。[1]

由于 CU 特质能够显著预测反社会人格，因此 CU 亚型青少年的犯罪行为具备两个显著特点：第一，CU 亚型青少年的行事动机以奖赏为驱动力而对惩罚信息敏感性低，这就导致他们在遭受惩罚后仍不改自己的行为方式，如明知将面临法律制裁，他们在作案得逞后感受到奖赏强化仍会继续作案，因此 CU 亚型青少年的再犯罪率更高。第二，对比只表现出反应性攻击行为的品行障碍青少年群体，CU 亚型青少年的攻击行为兼具预谋性、反应性、早发性和频繁性，犯罪动机多为寻求刺激和获取奖赏，再加上他们对被害者的恐惧、悲伤等负

---

[1] Tan, R., Guo, X., Chen, S., He, G., & Wu, X 2023, "Callous-unemotional traits and externalizing problem behaviors in left-behind preschool children: the role of emotional lability/negativity and positive teacher-child relationship". *Child and Adolescent Psychiatry and Mental Health*, 17(1).

面情绪的感知、加工和共情机制存在缺陷,这就预示着其攻击行为波及的受害者群体更广,社会破坏性也更强。①

三、青少年犯罪的预防与矫治

(一)社会心理学视角的预防与矫治

第一,加强转型期对道德信仰与媒体舆论的正向引导。注重德育教育、犯罪预防教育、法制教育和心理健康检测,引导青少年认识到黑帮文化的危害。建立学校教育—家庭教育—网络媒体—社会工作者四位一体的青少年涉黑涉恶预警机制,引导青少年建构积极的同辈群体关系,远离越轨同伴,遏制其与犯罪势力的联结,从而切断其犯罪路径。

第二,鼓励街角青少年修复与家庭、学校和同辈群体之间的社会联系。改善家庭关系,摒弃畸形的家庭教养方式。鼓励社工、心理学专家、心理志愿服务者与社区、学校合作,传授亲子沟通技巧和健康的家庭教养方式。如开展父母管理训练项目,以家庭为单位,通过教授父母有效的家庭管理方式来改善家庭功能,改善畸形的教养方式,增进亲子沟通,促进青少年的社会性发展,预防严重问题行为。

第三,借鉴国外以体育运动为基础对青少年犯罪行为进行干预的 SBI 社区体育干预项目,并针对有吸毒史或越轨史的青少年成立心理干预小组。SBI 项目的表现形式是将社区内潜在的边缘青少年集中起来,开展积极向上的体育运动项目。但其深层目的在于通过体育运动这一媒介和平台吸引社区边缘化的青少年参与到心理干预和司法矫治方案中。更重要的是,SBI 项目在具体实施中可与中国本土的刑事司法政策、社会福利政策与司法矫治相结合,重塑青少年的社会支持网络、自我认同感以及更具社会适应性的行为模式,从而帮

---

① 肖玉琴、张卓、宋平:《冷酷无情特质:一种易于暴力犯罪的人格倾向》,《心理科学进展》2014 年第 9 期。

助他们回归学校或就业岗位。

（二）加强对犯罪易感青少年群体的甄别与干预

第一，建立有效的心理测评工具及时甄别反社会倾向青少年个体。目前已有研究开发了从多维度、多视角识别反社会倾向青少年的测评工具。例如，通过暴力行为和极端盗窃行为两个维度对青少年的反社会倾向进行测量；通过非暴力和暴力两个维度对青少年的反社会倾向进行测量；从攻击性和非攻击性两个维度评估学龄期儿童和青少年的反社会行为；从公开性和秘密性两个角度探查大学生的反社会行为；从违反规则、盗窃、破坏行为三个维度对青少年的非暴力反社会行为进行测量等。①

第二，运用心理投射技术辅助识别犯罪易感青少年。除标准化量表，也可利用心理投射测验技术，如房树人测试、罗夏墨迹测验、主题统觉测试收集犯罪动机、潜意识、人格特征等信息，这些技术可作为问卷测量的有效补充。心理投射技术作为心理测评工具，可提供有关青少年反社会人格倾向、品相障碍或 CU 特质等方面的信息。研究表明，能有效投射出青少年个体的压力感受水平及应对方式的"雨中人"绘画心理投射测验，画面中呈现大雨与身体缺乏遮蔽等绘画特征的个体通常感受到更大的压力与更低的满意度。因此，运用雨中人绘画心理投射测验评估分析压力应对，对于未来深入探索青少年反社会型人格的形成具有重要的理论价值和实践价值。②

第三，加强对低自我控制青少年群体的自我控制系统的干预。相关干预措施应侧重促进其早期的自我调节能力、自我控制能力的培育，考察其冲动系统和控制系统的形成与运行机制，关注青少年从

---

① 刘文、林爽、林丹华：《留守儿童的反社会行为：基于评估及预防视角的思考》，《北京师范大学学报（社会科学版）》2021 年第 4 期。

② 陈涛、项锦晶、裴欢昌：《反社会型人格偏离青少年在雨中人绘画中的压力应对特征》，《中国心理卫生杂志》2016 年第 3 期。

越轨同伴或犯罪群体中所获得的积极情绪在其冲动系统和控制系统中产生的影响,而不是问题行为形成时再采取干预。因为在自我控制系统尚未完全固化前预先给予心理干预,对预防青少年犯罪格外重要。

第四,训练青少年正确的宣泄情绪方式。在成长过程中一些青少年可能缺乏健康的情绪宣泄认知,或是被激惹后缺乏自我控制能力,于是以攻击行为、暴力行为来宣泄自己的愤怒情绪,因此训练青少年正确的宣泄情绪方式,能够帮助低自我控制、品相障碍或反社会人格倾向的青少年学会正确的宣泄情绪方式,降低其暴力行为、犯罪行为发生的可能性。例如,攻击性替代训练是一个多模式的训练项目,针对易被负面情绪影响从而做出暴力行为的青少年,通过积极的教学来替代反社会行为。该项目能帮助具有长期攻击性的个体减少愤怒情绪的唤醒频率,并在被激怒时通过自我控制系统抑制冲动的反社会行为。该项目既可以对青少年反社会行为的早期信号和导致反社会行为发展的风险因素进行干预,也可以帮助青少年发挥自身的积极能量,避免反社会行为的恶化。

第五,针对品行障碍与 CU 特质的青少年进行早期筛查、及时干预与认知行为矫治。CU 特质青少年的干预难度大,抗干预性强,因为 CU 特质的青少年虽具备一定的认知心理能力(对他人思想和信念的推理能力),但其情感心理能力(对他人态度和情绪的推理能力)不足,难以体验、推理他人的复杂情绪(如紧张、无聊和羞耻)。而复杂情绪比基本情绪(如快乐、悲伤和恐惧)更微妙,需要更多的认知资源来加工。而且 CU 特质的青少年倾向于使用认知评估策略处理情绪认知和情感信息,通过抑制反应和灵活地转移意识来调节思维,而这种心理机制对认知要求更高且需要更多的认知资源。由此提示我们对这部分青少年的干预工作可从提升其情感心理能力入手,弥补其认知加工的缺陷,帮助其通过自我控制能力的提升管理愤怒、敌对情绪、打破偏执的敌意归因偏见和自我服务归因偏见，强化其亲社会行为并降低其越轨行为倾向。此外，后续研究可针对青少年品行障碍与 CU 特质形成的生理心理机制开展更多的实证研究，综合使用人格心理学、犯罪心理学、社会心理学等多重理论视角与研究方法，以期开发更有针对性的干预与矫治措施。

结　语

本文从社会心理学视角剖析了青少年犯罪的心理动因。一是社会心理因素。犯罪青少年浸染在道德信仰失范的迷惘与低俗网络媒体的不良诱导中；畸形的家庭教养方式影响其健康的人格发展；越轨同伴的不良影响固化其犯罪心理的产生。二是人格特质因素。低自我控制的青少年缺乏稳定的心理特征；品行障碍与冷酷无情特质的青少年追求冲动的行事风格。社会心理因素和人格特质因素交互作用，形塑了青少年犯罪行为背后的心理动因。基于此，对于青少年犯罪的干预与矫治，一是从社会心理视角出发增强社会正向舆论导向，对边缘青少年及家庭展开具体训练项目，使其回归健康的社交网络和社会空间。二是加强对犯罪易感青少年的甄别与干预，积极运用心理测评工具与心理投射技术辅助识别犯罪易感青少年，针对犯罪易感青少年表现出的早期心理信号做出具体干预，避免反社会行为的发生，将犯罪心理扼杀在萌芽阶段。

法学教育

大学生廉洁教育提升机制与策略研究[*]

王　璐①

一、问题引入

数据显示,党的十八大以来,我国腐败犯罪立案数量呈上升趋势,②这反映出我国打击贪污腐败的力度持续增强,也表明当前反腐形势依旧不容乐观。③ 由此,党的二十大对坚决打赢反腐败斗争攻坚战持久战提出了具体要求,提出要加强新时代廉洁文化建设,使严厉惩治、规范权力、教育引导紧密结合、协调联动。

与此同时,腐败数据和实证研究表明,近年来腐败现象呈现年轻化趋势。④ 究其原因,内部主观原因和外在客观原因共同导致了这一结果,其中,主观心理原因是腐败低龄化、年轻干部腐化堕落的根本。⑤ 习近平总书记在 2022 年春季学期中央党校中青年干部培训班

---

　　* 本文系国家级大学生创新创业训练计划项目"大学生廉洁教育的路径与长效机制研究——以法学生为例"(项目编号:202110069039)成果之一。
　　① 王璐,天津商业大学法学院高级政工师,硕士。

　　② 张剑锋:《中共十八大以来腐败治理与经济发展相关性实证研究》,江西财经大学博士学位论文,2021 年,第 1 页。《最高人民法院工作报告》,https://www.court.gov.cn/zixun-xiangqing-349601.html,2023 年 4 月 6 日。
　　③ 侯帅:《大学生廉洁意识教育研究》,南京师范大学博士学位论文,2017 年,第 1 页。
　　④ 王贺:《官员腐败原因分析及对策研究》,河南大学硕士学位论文,2020 年,第 19 页。周义程:《腐败低龄化的显著特征与针对性预防》,《人民论坛》2021 年第 20 期。
　　⑤ 邵景均:《年轻干部腐败的特点、成因及治理对策》,《中国党政干部论坛》2021 年第 11 期。

开班式的讲话中强调："年轻干部守住拒腐防变防线，最紧要的是守住内心。"

由此，关注年轻干部的思想问题，应为反腐治理中较为关键的预防措施。加强青年人才的思想建设，使得国家青年人才时刻保持廉洁思想，廉洁教育为腐败治理中不可或缺的一环。高校教育作为廉洁教育的主阵地，探讨高校廉洁教育的现状与具体微观机制便具有重要意义。

二、大学生廉洁教育现状调查

为了解高校廉洁教育的现状，笔者基于前期访谈及研究设计调查问卷，进而通过线上问卷和线下问卷相结合的方式展开调查，共获取来自全国 28 所高校的 402 份样本。从大学生自我廉洁意识认知、大学生对廉洁教育必要性与需求性认识、高校廉洁教育现状与学生反馈、大学生廉洁教育获取的校外渠道和大学生建议的廉洁教育措施五个方面展开，对数据进行系统分析。

（一）大学生自我廉洁意识认知

调查显示，在"关于廉洁，您对自己的要求"这一多选题中，表示严格要求自己、时刻保持廉洁的大学生占比 72.39%，表示能够自我警醒与自我反思的大学生分别有 54.98% 和 66.67%。同时，表示自己排斥廉洁思想、崇尚利己主义的大学生占比 7.71%。

由图 1 可以看出，大部分同学认为自己有较强的廉洁意识并能够严格要求自己。然而，在无法避免的社会赞许效应的影响下，仍有相当比例的大学生明确表示排斥廉洁意识。该数据足以反映当下大学生自身廉洁意识水平参差不齐，存在一定道德风险的现状。

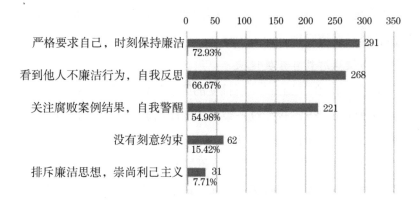

图1 大学生廉洁意识调查结果

（二）大学生对廉洁教育必要性与需求性认识

表1显示,在"自身是否需要接受廉洁教育"这一问题中,54%的大学生表示自己不需要或是暂时不需要廉洁教育。在"大学生是否应当接受廉洁教育"这一问题中,有87%的大学生认为高校应当开展大学生廉洁教育。

表1 大学生的廉洁教育必要性与需求性认识

自身是否需要廉洁教育	数量	占比（%）	大学生是否应当接受廉洁教育	数量	占比（%）
需要,有时会不坚定	184	46	有必要,有利于形成廉洁意识	351	87
暂时不需要,以后再说	97	24	没有必要,效果不明显	51	13
不需要,自身品德素质良好	121	30			

通过两组数据对比可以发现,大多数大学生认为廉洁教育对整个群体有开展必要,但自己不需要参加。进一步的访谈表明,大学生认可廉洁教育,但自己不愿参加。

（三）高校廉洁教育开展现状与大学生反馈建议

除调查大学生对廉洁教育的主观认知,笔者还基于客观事实设问,从高校廉洁教育开展现状以及大学生反馈两个方面,对当今高校廉洁教育开展情况进行深入了解。

1. 高校廉洁教育开展现状

调查显示,在"您在高校所接受的廉洁教育有哪些"这一问题中,绝大多数受访者表示接受过各类形式的廉洁教育。其中,思政课、专业课、党课团课的形式最为普遍（分别占 71.14%、68.16% 和62.94%）,选择"其他"的受访者还补充了"辩论赛"的形式。有6.22%的受访者表示没有接受到高校的廉洁教育。如图 2 所示。

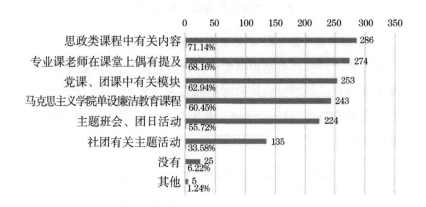

图2　全国 28 所高校廉洁教育形式统计结果

数据表明,当下高校开展的大学生廉洁教育集中在课堂等教育的主渠道和传统渠道,创新形式不足。少部分大学生表示没有受到廉洁教育,这反映了当下廉洁教育覆盖面不足的现状。

2. 大学生对现有廉洁教育的反馈

调查结果显示,受访者对于已有的廉洁教育形式的评价体现出两极分化的趋势。近一半的受访者（45.52%）认为现有形式的廉洁教育较为有效,加深了其对廉洁思想的理解;另一半受访者（43.53%）则认为现有形式的廉洁教育局限于理论层面的知识,应用性不强,并同时选有"没有实际好处""专业课压力大,浪费时间""内容枯燥"等选项。见图 3 所示。

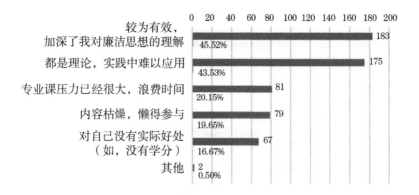

图3   大学生对廉洁教育评价调查结果

对受访者访谈后,笔者发现大学生对于思政课的负面评价同样集中在形式的单调、内容的乏味以及不能指导实际操作等方面。

不难发现,当下的廉洁教育未能给大学生带来新鲜感、参与感和获得感,使得乐于接受新鲜事物的大学生群体对于廉洁教育现状略有不满。

(四)大学生廉洁教育获取的校外渠道

在社会层面廉洁信息的了解途径中,有 76.62% 的受访者从相关反腐纪录片或影视作品中了解廉洁信息。有 75.12% 的受访者从媒体报道的腐败案件了解廉洁信息,占比较大。接近半数的受访者通过他人的讲述获取廉洁信息。如图 4 所示。

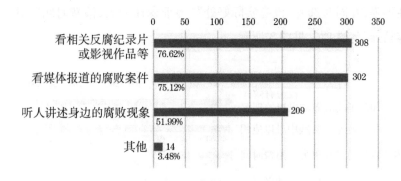

图4　社会面廉洁信息的了解途径

　　从数量来看，大学生从社会层面获取廉洁信息的情形较为普遍。这或许得益于近年来高质量反腐败纪录片和影视作品的出现，以及腐败案件调查情况及时详细的官方披露，作为网络"冲浪达人"的大学生们能够从互联网途径获取相关信息。

　　（五）大学生对廉洁教育提出的建议措施

　　笔者对大学生期待的廉洁教育形式进行调查，发现受访者普遍乐于选择一些与实际腐败情况相关的活动，如校外参观、邀请律师或法官开展讲座等活动（分别占比76.37%和73.63%）。此外，对于集体观看纪录片、开展社区普法等活动也有着较高热情（分别占比64.43%和56.47%）。相较之下，对于主题班会、团会等传统措施没有太多的关注（占比30.85%）。如图5所示。

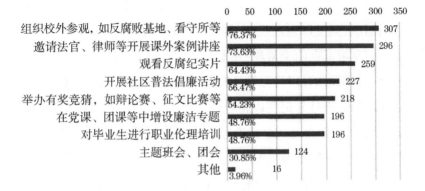

图5 大学生对廉洁教育的建议措施

从形式选择上可以看出,大学生期待廉洁教育的形式较为丰富,更愿意参加一些趣味性的活动和比赛,不局限于单纯的理论内容学习。从空间上看,大学生愿意走出校门,参加校外参观和普法活动,不局限于课堂和校内。

(六)总结

大学生自我廉洁意识认知反映出当下大学生廉洁意识整体良好,但仍存在不足。大学生理性上认可廉洁教育之必要性,但主观参加意愿不积极。当前高校内部廉洁教育的呈现效果并不理想,存在渠道单一、覆盖面不足的情况,需进一步改善与优化。除了学校提供的廉洁教育,大学生能够通过互联网、媒体报道等其他途径获取廉洁信息。从大学生提供的廉洁教育建议措施来看,大学生倾向于突破理论知识的局限,参加形式创新、内容有趣的廉洁教育活动。

三、大学生廉洁教育的建议措施

基于以上数据所反映的高校廉洁教育现状,结合班杜拉的观察学习理论,笔者从大学生的期待教育措施出发,参考高校日常思想政治教育工作的实际情况,提出大学生廉洁教育的建议措施。

(一)理论指导:班杜拉观察学习理论

班杜拉观察学习理论认为通过观察所获得的间接经验往往也会

对个体认知产生极大影响,从动作的模拟到语言的掌握,从态度习得到人格形成,都可以通过观察学习来完成。① 班杜拉观察学习理论提出观察学习具有四个阶段:注意过程——观察者下意识筛选学习信息而进行编码的过程;保持过程——观察者将示范行为转换成记忆表象或语言符号并记住以指导今后行为的过程;再现过程——观察者学以致用,将符号表象转换为相应行为的过程;动机过程——观察者获得足以激发行为的外部及内部强化动机的过程。四阶段作为理论框架对应到廉洁教育过程中,注意过程对应廉洁信息的获取阶段,保持与再现过程对应廉洁信息的强化阶段,动机过程对应廉洁行为的养成阶段,对廉洁教育的措施进行深入探究。

注意过程通过形式与内容创新吸引学习者注意力,并通过相关性较高的示例增强注意强度。保持与再现过程侧重学习者对廉洁信息的记忆与强化,并鼓励其主动输出。动机过程连接知与行,将结合大学生的职业方向进行替代强化,督促其形成廉洁的自我约束标准。

（二）建议措施:教育内容与形式的创新

1.廉洁信息的获取

廉洁信息的获取过程中,应当采取新颖方式以提高大学生对廉洁信息的注意力与了解意愿。

（1）创新的案例教学

校方可以组织大学生观看反映真实案例的反腐败纪录片,通过形式与内容的创新来增强学习者的注意力。同时,邀请相关人员对相关行为进行讲解,解读腐败分子的法律责任,突出腐败行为对于自身、家庭和社会的不利后果,对比廉洁人员与腐败分子的不同境况,使得教育初始阶段的大学生能够全面、正确地接受廉洁信息。

---

① 黄昊静、韩峰:《班杜拉观察学习的过程理论及其在榜样教育中的应用》,《高等函授学报（哲学社会科学版）》2008 年第 11 期。

（2）社会资源的引入

新颖与趣味的形式、相关性较高的示例能够提升学生接受信息的强度，也是众多大学生期待的教育形式。因此，建议校方组织大学生参观当地廉政教育基地，在基地工作人员的带领下，感受革命前辈的精神气概，感知历史人物的清廉作风，直面发生在身边的鲜活案例，接受反面案例的警示教育。参观结束后，校方可以组织参观者交流正向案例的激励与反面案例的教训，使大学生对参观过程有更深的心得体会。

2. 廉洁意识的强化

廉洁意识的强化是大学生在接受廉洁信息后，通过对廉洁信息的记忆、理解，最终能够自我输出的过程。

（1）在主课堂教学中贯穿廉洁教育

高校可以动员教师且不限于思政教师在课堂中穿插廉洁教育内容，在对不同类型课程采取不同思政化措施的基础上[1]，注重廉洁意识在全体学生中的传递，讲述专业领域的腐败案件，强调廉洁的基本原则，帮助学生树立底线意识，在潜移默化中传递廉洁信息。

（2）在党课中融入多样化廉洁信息

党课讲授者可以在党课中丰富廉洁相关内容，如系统梳理党规党章中对党员廉洁性的要求和腐败惩处措施，通过知识框架加深党课学习者的印象；宣传廉洁自律模范典型，用好的经验来启迪党课参与者；选择发生在身边的警示案例，从腐败分子的心路历程、腐败过程和腐败后果等角度进行"以案说法"教育，多种措施并行，以更好地贴合当下从严治党的大背景。

（3）在校园中开展廉洁文化宣传活动

组织宣传活动，增强大学生在廉洁教育中的参与感，使大学生积

---

① 高德毅、宗爱东：《从思政课程到课程思政：从战略高度构建高校思想政治教育课程体系》，《中国高等教育》2017年第1期。

极主动地输出廉洁信息。活动之初,活动组织者可以整合学校、学院与社团的宣传资源,利用公众号以及线下推广等多种方式确保活动信息得到广泛传播。活动过程中,组织方可以设置覆盖面广、参与性强的活动,开展廉洁主题的演讲比赛、辩论赛等口头表达类比赛,营造人人讲廉洁、人人听廉洁的廉洁文化氛围;举办征文活动等书面表达竞赛,以文学为载体,用手展现廉洁先进事迹、先进精神,并借此了解大学生的所思所悟,寻找廉洁教育新的侧重点和实施路径。在此过程中,大学生可以深入了解腐败现象,不断强化接受到的廉洁信息,学习廉洁精神,形成廉洁意识。

宣传教育过程中,应当注意对参与活动同学的激励。建议学校提高奖励力度,如从实践学分、奖品等奖励上引导大学生参加相应活动。

3. 廉洁行为的养成

廉洁行为的养成主要通过替代强化与自我强化进行,大学生通过观察相关人员的行为进而搭建廉洁的自我标准。

（1）邀请相关从业者将廉洁理论具体化

大三下至大四的在校生往往拥有初步的职业方向,高校可以邀请对口专业的职场人士授课,与大学生要从事的职业相结合,将廉洁意识具体化。列举职业生涯中常见的腐败风险,模拟可能的腐败场景,讲述不同场景下的应对策略,剖析清正廉洁的职业素养对于职业发展的促进作用,从而促进大学生自我内部强化标准的搭建与完善。

（2）邀请专业人士普及反腐相关法律

高校可以邀请法院法官、社会律师等法律人士,结合高校日常思政工作中发现的问题及热点事件,有针对性地开展讲座,进行法律普及与真实案例讲授;并设置问答环节,使大学生对腐败相关法律问题的困惑得到专业的解答,促使大学生直观地感受法律对于腐败的惩处力度,进而明晰自我行为的界限,形成自我约束的标准。

此外,高校需建立完善的奖惩机制,严惩违纪行为,嘉奖有益行为,营造奖惩分明的高校廉洁氛围。完善监督体系,将师生评价系统的优势充分发挥利用,有效震慑学生,促使其形成廉洁动机。

结　语

大学生作为社会重要的人才储备军,对其进行廉洁教育任重而道远。高校思政工作者要抓住腐败问题的新趋势、新特点及产生原因,在确保廉洁教育全员参与的基础上,全方位营造廉洁氛围,全过程采取针对性教育措施,切实落实"三全育人"思想方针,树立高校廉洁新风。在此过程中,班杜拉观察学习理论中注意、保持、再现和动机的四过程或许可以为廉洁教育措施的落实提供启示与方向。

法治化视野下以制度之善提升
高校青年教师的职业认同[*]

王春梅[①]

我国高校青年教师在当前的系列教育变革背景下面临职业认同危机与挑战。本文首先对教师职业认同进行内涵和结构剖析，然后从教师职业认同的社会群体属性出发，系统分析高校青年教师职业认同危机的制度困境，即高校管理主义制度的行政化与功利化，内部行政权利与学术权利的相互渗透，以及内部救济制度的伦理性缺失等。相应地，在法治化视野下分别从教育立法的科学性与伦理性、内部执法的规范性，以及司法适当介入的必要性与可行性提出建议。

一、高校青年教师职业认同感的界定及现状

（一）教师职业认同感的概念界定

李笑樱和闫寒冰认为，教师职业认同是教师个体对自身职业的一种态度，是教师自身与职业在互动整合过程中形成的认知、情绪以及行为倾向的综合体[②]。教师的职业认同具有双重属性，其一是自我认同层面，这是教师作为独立个体将自己确认为教师角色，更多体

　＊ 本研究得到 2021 年度天津市教育科学规划课题的资助，项目类型为青年一般课题，项目名称为"高校青年教师职业认同的测量与提升路径研究"，项目编号为"EBE210277"。

　① 王春梅，天津商业大学法学院讲师，心理学博士。

　② 李笑樱、闫寒冰：《教师职业认同感的模型建构及量表编制》，《教师教育研究》2018 年第 2 期。

现教师个体的自主性;其二是社会认同层面,是指教师确认和承担教师这一社会形象和角色的能力及限度,更多体现教师作为群体一部分的社群性和制度性。

此外,教师职业认同作为一种主观性的态度,虽然相对稳定,但也不是固定不变的,而是教师职业自我意向与教师群体的角色规范之间复杂、动态的调整与平衡过程。教师的职业认同水平会随着教师的生涯阶段、生活与工作经历、周围环境、学校政策、教育制度等的变化而产生相应的起伏。

(二)教师职业认同的结构与维度

对教师职业认同结构与维度的探索是近年来该领域所聚焦的一个研究热点,这是全面而精准测量教师职业认同水平,以及做溯因研究的前提。当前对于教师职业认同结构主要有以下几种观点,分别从国外与国内学者的研究来阐述。

20世纪80年代,国外就有研究者对教师职业认同的内在结构展开探索。研究者们强调职业认同的个体与群体的二元属性,看重教师个体与所处环境的互动过程,比如将教师职业认同划分为四个维度,即中心性、效价、团结和自我表现。后期学者如布里克森将教师职业认同的个体与群体属性区分的更加显著,在分析了教师职业认同过程中的多重影响因素后,总结出教师职业认同的三因素说,分别为教师的个人因素、教师所属单位的集体因素,以及教师个人与集体的相互作用因素。

国内学者近年来对教师职业认同的结构也展开了深入的探索。有研究者通过访谈调查和数据统计,总结出教师职业认同的三个维度,包括职业认知、职业情感与职业价值。李笑樱和闫寒冰提出了教师职业认同模型,认为教师职业认同由职业价值观、职业归属感,以及职业效能感构成,并且将受三因素影响的教师行为倾向纳入模型中，并编制了相应的量表，通过调查数据进行实证检验。①

（三）高校青年教师职业认同的现状分析

对教师职业认同研究的另一个主题是调查教师职业认同的现状，及对教师工作的影响，如对工作投入度、工作积极性、工作满意度、压力水平与应对、离职意向等的影响。有研究发现，职业认同水平低会使教师形成负性认知，无法快速有效调节自身消极情绪，从而陷入职业倦怠、抑郁等情绪困境，负性认知与消极情绪的恶性循环往往会加剧心理健康问题。② 教师职业认同不仅影响教师自身的工作状态、心理状态和个人发展，更关乎学生的学习与发展目标能否达成，学校及国家的人才培养及高质量教育目标能否实现。

但是教师的职业认同频频受到挑战，尤其是对于新时代高校青年教师来说，处于职业认同形成的关键时期，但是在系列教育变革中常常面对严峻考验，自身的主动性不断弱化，职业认同感难以建立。

教师职业认同问题越来越受到国内外教育工作者和研究者的关注，也依然有很大研究空间，比如教师职业认同结构的相关研究多理论构想，实证研究较少，不利于对教师职业认同状况进行全面、准确的评估与测量；探讨教师职业认同对教师工作心理与行为所产生影响的研究较多，而对影响教师职业认同的原因，以及教师职业认同的提升路径则缺乏系统的探究；所研究的教师群体比较笼统，没有对不同学段、不同类型学校、不同专业等方面教师群体进行更有针对性的分类研究。

二、高校青年教师职业认同危机的制度困境

目前我国的高等教育处于快速发展与变革阶段，国家为教育发

---

① 李笑樱、闫寒冰：《教师职业认同感的模型建构及量表编制》，《教师教育研究》2018 年第 2 期。

② 王钢、苏志强、张大均：《幼儿教师胜任力和职业压力对职业幸福感的影响：职业认同和职业倦怠的作用》，《心理发展与教育》2017 年第 5 期。

展做出顶层设计,相应的政策和制度也在不断完善和优化,取得了前所未有的突破与成果。但是当前我国很多高校在师资队伍建设中依然面临诸多问题,尤其是青年教师,在系统性教育变革持续推进中面临巨大挑战,职业认同面临重大危机,自身的主体动力呈现不断下降乃至消失的状态。

诚然,高校青年教师作为承担教师职业角色的能动性主体,应为其职业认同危机担负首要责任。但职业认同同时具有群体性或社群性,在教育这一体制性架构中,职业认同不只是教师作为个体的自我认同,还不可避免地受到制度的影响,具有制度属性。国家高等教育法律法规及高校内部规章制度的不完善,也是造成高校青年教师职业认同困境的重要原因。

(一)管理主义的运行模式下,高校青年教师的价值感背离与缺失

在不同的社会时期,不同国家的大学在定位及建设上都有所不同。我国的现代大学在面临巨大的外部压力下由政府将其纳入国家系统的分支,作为一种国家工具,承担社会经济发展任务。政府的深度介入导致高校的运行呈现科层制的管理主义模式,行政化与功利化不断加深。而教师职业的特殊性在于精神之自由,道义之纯洁,这是教师角色认同不可或缺的价值要义。管理主义模式下往往看重管理的便捷性与高效性,教师沦为被管理的对象与工具,其价值感来源的专业自由、自主、创造、纯洁不断受到驱逐与压制。

林小英和宋鑫认为,管理主义的理论基础与内在机制是行为主义,动物及人类的行为习得遵循的是刺激—反应模式。① 在行为主义的管理模式下,教师的工作常常被视为工具性的经济事务,外部的奖励和惩罚刺激成为驱动人做出某种行为反应的决定性因素,而人

---

① 林小英、宋鑫:《促进大学教师的"卓越教学":从行为主义走向反思性认可》,《北京大学教育评论》2014 年第 2 期。

的内在认知、需求、动机、情感等因素几乎完全被忽略。然而大学教师是有着高度认知理性追求的职业群体，尤其是青年教师，刚刚从象牙塔走出，怀揣着对教师角色的敬畏与憧憬，满载着教师的责任与使命重新踏入校园，却发现大学教师这一角色与追求绩效的企业打工族已没有太大区别，当教师的外在行为与内心的价值追求背道而驰时，会在根本上对自我存在的方式、价值和意义产生质疑，自我认同便受到严重挑战，只寄托于自身的反思与坚守显得尤为困难。

高校运行涉及诸多部门、环节和领域，教师评价是其中的重要一环。高校教师评价涵盖教师的职业道德、教育教学、科学研究、社会服务等多个方面，贯穿教师的整个职业生涯，本质上是一种价值判断的过程，对教师的职业认同具有直接、重要、有力的影响。高校教师评价的初衷和最终目的，既是对教师个人工作的反馈、激励与促进，也是对高校组织发展的适应和推动。①

目前高校教师评价这一领域呈现普遍且严重的管理主义倾向，其设计与实施尤其不利于青年教师建立职业认同，影响青年教师的长期性、持续性发展。具体分析如下：①评价内容上，高校教师评价主要集中在教学评价和科研评价，职业道德和社会服务等被边缘化，只做底线要求。②评价方式上，具体到教学评价，大多数高校以量化的生评教分数与排名作为主要评价方式，对教师评价往往发挥着决定性作用，督导评价、同行评价、教师自评等交流研讨式反馈往往是一种辅助性方式，甚至只是一种规定性活动，执行时大打折扣，对教学考核一般也不具有实质性作用。科研评价方面，各高校惯用的方法是把科研成果转换为经济指标再进行量化，至于科研的议题与其社会效果则成为无关紧要。③评价目的上，对教师的教学与科研评

---

① 刘强：《超越管理主义的平庸：高校教学质量评价的实践审视及其重构》，《当代教育科学》2020 年第 10 期。

进行量化后,评估分数会直接与高校教师的聘期考核、绩效评估、薪酬待遇、职称晋升、荣誉奖励等教师管理紧密联系在一起。

显然,高校教师评价在内容设计、运行方式、结果使用上都呈现显著的管理主义倾向,以量化、便捷、高效为首选,被评估的教师只是被管理的对象。生评教催生的是师生利益共谋,教师迎合学生的"消费心理"而只完成学校的规范性要求,科研成为谋生变现的手段。管理主义加上市场经济的挟持,教师评价愈来愈表面化、形式化、功利化、专制化,与"以评促教""以评促发展"的初衷背道而驰。现代青年教师在从业之初便开始了挣扎,是完全服从于体制模式,还是坚守青年的热血与教师的崇高?职业认同在挣扎、抉择、权衡中接受考验。

(二)行政权利与学术权利的双重压制下,高校青年教师自主性缺乏

我国的社会制度决定大学具有行政化的特点。就外部而言,大学被规划为服务于我国经济社会发展任务的一个国家系统分支,由政府深度介入和主导。[1] 近年来尽管国家在逐步放权,使大学获得更多的自主权利,但政府相对于大学来说依然处于绝对的强势地位。官僚性的管理常常是主观的、非专业的,管理者在模糊制度文本环境下具有巨大的自我解释和操作空间[2],容易有越位的、不当的、过度的干预和监管,损害了大学的自主精神、自觉意识和自立能力。同时,处于弱势地位的大学为了生存,为了不被边缘化,为了争取更多的发展资源和机会,也会在政府目标导向下做出一定的自我调适,与政府保持某种同步。

由于政府的深度介入,大学内部出现了行政权力与学术权力并行的状态,且往往行政权力占主导地位,学术权力受到挤压。近年来,随着政策的松动、权力的下放,我国大学行政权力与学术权力与

---

① 石连海、朱玉成:《大学行政权力与学术权力的边界与互动关系》,《高等教育研究》2019 年第 11 期。

② 康健:《大学"去行政化"难在哪里?》,《北京大学教育评论》2010 年第 3 期。

之间的关系由原来的矛盾冲突转变为交融重叠，也就是说行政权力对学术权力由显性干预转变为隐性渗透。数据显示，我国大学的教学委员会、学术委员会，以及学位评定委员会的成员与处级干部的相关系数分别高达 0.738、0.786 和 0.910。① 当行政权力与学术权力捆绑在一起，便出现相互渗透和权责混淆，再加上缺乏权力监督与制衡机制，就导致高校内部权利运行失范，出现权利滥用，人治大于法治的状况。现实中，学者中具有行政职务的人愈来愈多，在论文发表、课题申请、职称评审、评奖评优等学术领域，行政权力成为谋取学术利益的一种手段和保障。这不仅导致学术的生态与纯洁性遭到破坏，没有行政权力一心一意、踏实本分做学问的教师受到遏制，付出得不到认可，消磨了心气儿，也阻碍了专业行政人员的发展路径。

依然以教师评价为例，无论是教学评价，还是科研评价，在内容设计、运行方式、结果使用等整个过程均由行政管理部门主导，遵循自上而下的建构路径，没有行政职务的教师只是作为被评价的对象，无法参与评价标准制定与评价实施过程，整个过程中教师是缺位的、失声的。

作为高校青年教师，刚刚步入教师职业大门，一般不会在短时间内获得行政职务，也无法进入学术委员会、教学委员会等高校学术组织。虽然国家和高校鼓励青年教师奋发进取，但很多时候仅停留在精神励志层面上，在核心学术资源的分配上，青年教师受到行政权力与学术权力的双重挤压和垄断，获取资源的机会较少，工作的积极性和自主性往往备受打击，进而危及职业认同。

（三）救济机制不完善，伦理性缺失，高校青年教师归属感难以建立

在保障教师权益方面，除科学的制度设计和规范的制度执行，完善的救济机制也是重要的方面。但是当前我国高校的救济与申诉制度存在诸多问题，常常导致教师在权益受损时找不到合法、有效的途

---

① 李海萍：《大学学术权力运行现状的实证研究》，《教育研究》2011 年第 10 期。

径去解决。

一是高校内部的救济机制设置缺乏与不合理。高校在制度设计时可能没有充分考虑到制度在运行过程中出现失范进而导致对教师不公平对待甚至严重损害教师权益的情况,这时相应的补救措施就成为保障教师权益的最后屏障,但当前很多高校缺乏内部救济机制,或者设计不合理,比如救济渠道针对性不够、操作性不强,教师在遇到具体权益受损事件时常常不知道该找什么部门,不知道申诉的流程,对入职不久的青年教师来说这一问题更为突显。

二是在高校之外缺乏相关配套的法律法规来保障教师权益。当前对高校的法律主体地位界定不够清晰,常常是同时作为行政主体与民事主体。加之现行行政申诉制度的缺失和民事司法救济制度的不完善,导致高校教师申诉范围和申诉程序模糊,常常申诉无门,权益受侵害又得不到补偿。对经历这样遭遇的教师来说往往是釜底抽薪似的伤害和打击,难以对所任职的高校建立信任与归属感,甚至危及职业认同感。

三、法治化视野下提升高校青年教师职业认同的路径分析

教师职业认同感作为一种主观心理感受与态度,具有双重属性,一方面依赖于主体对自我的认知,另一方面也在很大程度受外部社会环境和制度的影响。所以以下文将从教师主体与外部制度两个层面来分析提升高校青年教师职业认同的路径,不过因将教师职业认同置入法治化视野中,会着重分析制度层面路径。

一方面是制度之下教师自身的主体性重建,这是教师确立自我认同的内在根基。教师要重塑自己的制度意识,正确认识人与制度的关系。虽然制度相对于人而言具有先在性和客观性,但人相对于制度也具有主体性和行动可能性①。如果教师相信人在制度面前始

---

① 蔡辰梅:《教育变革中教师自我认同的制度困境及其重建》,《教师教育研究》2019年第4期。

终有思考、判断和选择的空间，具有行动的可能性和现实性，就会确立坚定的主体自信和有力的行动姿态，即使作为制度之下的被规约者也可以遵从自己的内心，发出自己的声音，甚至用行动去完善制度，由此获得作为高校教师，做为独立的人的意义、价值与尊严，从而实现更加积极的职业认同与自我认同。

另一方面则是尊重个体的制度性重建，本文将其放在现代的法治化视野下，针对前面所分析的高校青年教师职业认同的制度困境，分别从立法、执法和司法三个方面来建构高校青年教师职业认同的提升路径。

（一）从宏观与微观层面建构更为科学、完善和良善的高校法律与规章体系

制度的宏观层面是指国家的高等教育相关法规，这一法律层级的有《中华人民共和国教育法》《中华人民共和国高等教育法》《中华人民共和国教师法》和《中华人民共和国学位条例》，更广泛一些还包括高等教育行政法规，以及地方性法规、自治条例、单行条例、部门规章和地方政府等规章，这些法律法规为我国高等教育提供了和谐的外部环境。制度的微观层面是指高校内部的规章，是高等学校依据教育法等相关法律，按照一定程序制定的，规范各项工作与活动，对高校内部主体具有普遍约束性的章程和规定的总称，①一般包括高校"章程""规定""办法""条例""实施细则"等，它们是高等教育法规的延伸，保证高校内部顺利运行。

无论是宏观层面的教育法规，还是微观层面的高校内部规章，都是为了保证高校法治的实体正义，是实现高校法治的基石。法治化视野下，高校制度实体正义的实现尚需在以下两个方面着力。

一是制度的教育性重建，这是应制度的合法性、合理性与科学性

① 王立峰：《高校法治研究》，吉林大学博士学位论文，2006 年。

的必然之要求。作为高校管理与运行的基本依据,高等教育法规与高校内部规章必须是合法的,应遵从基本层级的法律,不能超越层级越权立法,在立法时应贯彻法律保留、民主立法与立法监督原则,加强对制度的自我审查,以保证法律规章的实体正义。制度也要体现科学性,高校制度就要符合教育及高等教育的基本规律,尊重教师的成长与发展规律,而不应该照搬行政逻辑或者经济逻辑,直接将行政目标移植为教育目标,将经济评价指标套用为教育评价指标,而完全忽视了教育的独特性。教育制度只有符合并遵从教育规律,身处其中的教师才能少些纠结和挣扎,才容易摆正自己的位置,更好地实现职业的自我认同。

二是制度的伦理性重建。制度的道德伦理性与制度的合法性并不冲突矛盾,相反,正义是两者对制度共同的坚守与价值取向,或者说正义是制度的的首要伦理。因为每一种制度背后都有对人性的假设,都有其价值立场。当前教师自我认同的重建与提升需要制度给予更大且更良善的空间,在设置底线性规章政策的基础上,应用制度之善去成就人性之善,给高校教师自主、自由、创造的精神特质,以及正当权益得以实现的机会与空间,职业认同自然水到渠成。

(二)规范高校内部执法,厘清权利边界,加强执法监督

仅有制度的实体正义是不够的,还要有程序正义才能保证制度被规范、正确、有效执行,这样良法善治才能让制度活起来。

为使高校内部执法更加规范,首先应完善领导体系,重新规划权力分配格局,改变高校内部行政权力与学术权力交织渗透的现状,将两种权力分离,厘清边界,并增加不同层级的监督与制衡机制。两种权力各行其事,又相互配合、相互制衡,保证专业教师、行政教师等不同类型的教师都有发展、上升的空间与路径。

与此同时,需要进一步加强高校内部的民主管理。2012 年我国出台并实施了《学校教职工代表大会规定》,教职工代表大会制度成

为我国高校进行民主管理所采用的基本形式。高校应制定系列的配套政策和具体的实施措施，细化教代会审议的内容范围和审议程序，充分发挥教代会"民主参与、民主监督"的职能。为高校教师，尤其是青年教师增加参与学校各项事务，表达自己声音与意见的机会。当青年教师的自主性被允许，能遵从内心价值投入工作，就越能产生自我认同与职业认同。

（三）完善高校内部的救济与申诉机制，整合司法介入

救济制度是保障个人权益的最后的、强有力的屏障，良好的高校内部救济制度是解决高校内部各种纠纷与矛盾的有效手段。当前高校应完善内部救济机制，建立一套公正、高效的纠纷解决与权益保障机制。具体来说，要完善校内教师申诉制度，根据不同类型的申诉主体设置相应的、明晰的、规范的、可行的申诉程序，设置多重申级以弥补内部申诉中立性不足的问题，将听证程序引入申诉处理程序，鼓励教师采用调解式的争议解决程序高效便捷地解决小型纠纷。[1]

对于校内无法解决的矛盾，也应允许司法介入。司法介入在有限实体审查、正当程序审查、基本权利保障的原则下，可以更有利于实现高校自治与学术自由。例如，将教师资格评定、聘任考核、薪酬奖励等与教师基本权利密切相关的内容纳入司法审查；允许并引导当事人采用诉讼、仲裁、行政复议等方式解决矛盾；在校内设立法律咨询援助中心，为教师提供法律咨询，在教师利益受损又无法内部解决时，为其提供法律援助。

综上，如果高校做好自我立法审查，规范内部执法，完善内部救济，做到良法善治，将会为高校青年教师的职业认同营造和谐的外部制度环境，为促进高校青年教师和我国高等教育的健康发展提供助力。

---

① 乜晓燕、倪志英：《高校内部治理法治化的实践路径探究》，《教育探索》2015年第11期。

职业教育服务乡村振兴的研究[*]

安　鹏^①

一、问题由来

党的二十大报告指出："全面建设社会主义现代化国家最艰巨、最繁重的任务还在农村。"^②这再次凸显了"民族要振兴，农村也要振兴"这一论断背后的深刻真理和内在逻辑。振兴农村，要引进一批人才，有序引导高校毕业生下乡、人才下乡、农民工下乡、企业家下乡，帮助他们解决后顾之忧，留下来创业。同时，职业教育与区域社会发展关系最为密切，应成为农村各类技能人才培养的主渠道。要让"学而优则仕"的观念彻底改变，让农民意识到职业教育同样可以成才、成功，要在政策上创造一个有利于高职教育发展的条件。例如，党的二十大报告强调："要加强乡村教师队伍建设，确保义务教育阶段教师工资待遇政策落实到位，完善农村学校教师周转宿舍建设。"^③因

＊　本文系天津市大学生创新创业训练项目（编号：202110069096）成果。

①　安鹏，天津商业大学法学院助理研究员，医学硕士。

②　习近平：《高举中国特色社会主义伟大旗帜，为全面建设社会主义现代化国家而团结奋斗——在中国共产党第二十次全国代表大会》，人民出版社 2022 年版。

③　习近平：《高举中国特色社会主义伟大旗帜，为全面建设社会主义现代化国家而团结奋斗——在中国共产党第二十次全国代表大会》，人民出版社 2022 年版。

此，要大力推动职业教育与农业生产的融合发展，强化高职高专教育，充分发挥高职高专"领头雁"的作用，充分调动广大师生投身乡村振兴事业的积极性和主动性。

二、职业教育和乡村振兴现状

目前农村所拥有的人才资源相对匮乏，且人才结构亟须优化。① 在"十四五"期间，要培育一批新的农民，使其能够适应新时代的发展需求。建立一支懂科技、会经营、有才能的团队。据研究人员表示，当前乡村人才队伍有着明显断层，即缺乏高水平、高素质的人才，传统领域的人才储备相对丰富，而新兴领域的人才储备相对匮乏，技能型、创业型、管理型人才较多。也就是说，单一生产型和技术型人才占据了相当大的比例，而复合型和创新型人才相对较少。通过对新型职业农民受教育程度的分析发现，总体而言，其受教育程度较低，尤其是初中文化程度占据了主导地位，这一点在表 1 中有所体现。其原因首先是农业科技水平和信息传播能力有待提高。其次，人才的吸引力未能达到足够的水平。受城乡二元结构和户籍制度的限制，农业转移人口难以向城镇流动，无法享受到城市居民应有的公共服务。② 由于农村资源要素活力不足，人才成长空间有限，待遇低，医疗、教育、交通等方面的条件相对滞后，乡村对人才的吸引力和吸附力不足，致使本地人才无法留住，而外地人才无法引进。最后，人才引进机制尚未完全建立，缺乏吸引优秀人才的激励机制和保障机制。对于人才的支持，我们仍需进一步加强。由于乡村人才培训和基地建设方面的资金投入不足，加之相应的扶持政策和激励保障政策力度不够，乡村人才的引进和留住问题备受关注。

---

① 董芩、阿木古楞：《西部农村职业教育赋能乡村振兴的逻辑、困境与路径教育与职业》，《教育与职业》2023 年第 9 期。
② 肖妍、章君：《乡村振兴背景下职业教育政校企联动育人模式构建》，《河北职业教育》2022 年第 6 期。

表 1　农业生产经营人员数量和结构　　单位:万人、%

		全国	东部地区	中部地区	西部地区	东北地区
农业生产经营人员总数		31422	8746	9809	10734	2133
农业生产经营人员性别构成	男性	52.5	52.4	52.6	52.1	54.3
	女性	47.5	47.6	47.4	47.9	45.7
农业生产经营人员年龄构成	年龄 35 岁及以下	19.2	17.6	18.0	21.9	17.6
	年龄 36~54 岁	47.3	44.5	47.7	48.6	49.8
	年龄 55 岁及以上	33.6	37.9	34.4	29.5	32.6
农业生产经营人员受教育程度构成	未上过学	6.4	5.3	5.7	8.7	1.9
	小学	37.0	32.5	32.7	44.7	36.1
	初中	48.4	52.5	52.6	39.9	55.0
	高中或中专	7.1	8.5	7.9	5.4	5.6
	大专及以上	1.2	1.2	1.1	1.2	1.4

数据来源:第三次全国农业普查主要数据公报。

实现乡村产业振兴,是一个促进包括人才、技术、资金等多种资源与元素向乡村转移,对乡村资源进行重组与再创造的过程。职业教育作为乡村人才培养与推动农业技术创新的主要载体与抓手,其多重属性不仅可以为乡村产业振兴注入不竭人才资源与动力,还可以为贫困群体自我发展能力教育培养提供力量之源。据统计,我国高职高专毕业生中,有超过 70% 的人来自农村。[①] 高职教育不仅应注重培养"富口袋"的技术与技能,更应重视"富脑袋"理念的变革、思维的优化,能造就一支全领域覆盖、多层面兼备、结构合理的农村

---

① 吴长青、于亮、蔡乐:《地方高职院校电子商务专业服务农村电商发展现状及问题分析》,《黑龙江粮食》2021 年第 1 期。

人才队伍,应该在承担和服务乡村振兴中大有作为。

再者,当下的一些职教学校定位并不明确。一些职业院校为了收取更多的学生而采用普通高中的教育方式,职校不仅有职业班还有普高班,让学生在学习过程中仍然以高考升学率为追求目标,使得职校学生在学习中缺少方向,也进一步印证了大众对职校的偏见观念,认为普高才是正确的道路。另外,由于职校的资金不足,部分职校的师资力量、基础设施不完备。有调查显示,在职教学校的教室队伍 90% 都是文化课老师①,这一部分老师只能教授文化课知识而不能教导学生实践操作,这与职业教育的学校应明确以技术性为核心的教学理念相悖。

三、职业教育对乡村振兴的贡献

第一,推动乡村产业转型。在乡村振兴战略部署中,实现乡村产业兴旺是重点目标。当今互联网经济腾飞,在时代风口,有大基数的农村产业面临转型挑战。物流体系的成熟、人们消费观念的改变、追求绿色纯天然食品、直播带货和助农活动的兴起使得农产品需求缺口巨大。这是机遇也是挑战,乡村产业发展不成熟的弊病和销售市场乱象渐显,供销储存以及售后处理需要大量技术人才介入。此时对于人才的专业化程度要求提高,职业教育的当地化特点以及专、精性质能精准对应痛点,"因地制宜"地回应乡村产业转型产生的巨大人才需求。通过人才结构优化,反向推动农村产业结构转型,人才优势对区域化经济发展有着巨大助益。

第二,精准扶贫,实现文化脱贫。精准脱贫的长远性保证是贫困人口的素质和就业率,而门槛较低的职业教育可以成为突破口,发展职业教育,推动技术就业对于脱贫攻坚有重大意义。加大农村教育投入、加

---

① 李海莉:《地方高职院校电子商务专业服务农村电商发展路径研究》,《电子商务》2019 年第 11 期。

快师资队伍建设、整合教育资源以及构建合理的职业教育系统是教育系统的重要目标,职业教育作为教育系统的一环,在文化教育体系完善方面发挥重大作用。完善的职业教育可以让更多的农村人口享受教育红利,有利于农村人口整体素质的提高。与普通教育不同,职业教育在人才培养方向、类型以及社会服务内容方面都有独特性。近年来我国颁布多项政策、拨给大量经费大力发展职业教育,为的是健全职业教育制度,促进职业教育更好地发挥其优势,为各行各业培养人才。同时农村职业教育也为农村技术性人才走向上层职业教育提供了上升途径。

第三,填补高等化教育与乡村产业的真空。宏观来看,高等教育呈现与乡村产业结构不自洽的现象,高等教育及人才衔接农村产业结构困难,技术难以从教育层面流动。① 农村产业结构的本地性强,宏观或过于具体的高等产业技术在引进上存在困难。职业教育的特点是培养符合区域化经济产业与政策得到专业性技术人才。《中共中央、国务院关于乡村振兴战略的实施意见》指出,人才是战略实施的制约瓶颈,这足以看出人才对于农村社会发展的重要作用。着力培养当地人才的职业技能,让因中考被分流的青年有技傍身,也契合农村本地产业目标。

第四,满足人们的文化需求。当今物质水平提高,乡村一部分人产生继续求学的需求。职业教育作为高中层级的教育,能够吸纳一部分剩余劳动力,提高乡村劳动力素质,进而提高乡村人口素质。非学历教育作为职业教育的一部分,也可开发农村的人力资源,释放富余劳动力,优化劳动力结构,带动产业良性发展。此外,通过教育引进,可以培养、发展当地特色人才及产业,引导对物质文化遗产和非物质文化遗产的保护,构筑特色化、本地化产业,吸引城市消费人群,

① 杨名刚:《职业教育助推乡村产业振兴的价值逻辑和实现进路》,《南昌航空大学学报(社会科学版)》2021 年第 23 期。

满足大众的文化消费需求。

第五，助力职业平等，加强农村就业认可度。乡村振兴的总目标是农村农业现代化，这其中需要大量技术人才的参与。自 2005 年《国务院关于大力发展职业教育的决定》颁布以来，一系列政策和措施相继出台，对以中职为主体的农村地区的职业教育产生了积极的影响。坚持"服务为本，就业为本"的农村职业教育发展思想，在发展中更加明确自身定位以及特色，提高了中职学生的知识技能水平，推动农村职业教育功能的实现。多项措施加强了中职学生的自我认可，解决了留乡就业问题，丰富了农村人才队伍储备。

第六，职业教育改革吸引人才，政策导向良好就业，会加强农村就业认可度，利于高专业性、高技术性的人才进入职教系统，形成职业教育与就业的良好循环。这有利于消弭人们对农村乡镇的职业偏见，提高农村就业的认可度，甚至引入外来人才，助力农村可持续发展。留乡镇青年愈多，意味着为乡村振兴战略注入更多新鲜血液，为解决当今乡村振兴过程中的"铁疙瘩"和制度僵化增添活力。从另一个角度看，思维敏捷、有一技之长的年轻人更懂快消需求，贴合电商发展的快节奏。

四、职业教育嵌入乡村振兴的不足及解决办法

（一）不足之处

虽然职业教育确实能为乡村振兴提供新型人才、技术支持，但是二者在对接等问题上仍然存在不足。主要包括以下几个方面。

1. 职业教育缺少特色定位，无法输送对口技术型人才

当前职业教育旨在将人培养成社会需要的人。大众将职业教育当成一种谋生的方式，当一名学生进入职校，从某种意义上会被大众认为其未来只能从事体力活，职业教育不再是学生为了寻求自己人生追求的跳板，而是为了生存迫不得已选择的路。同时，正是现代社会对于高端知识型人才需求量的增加，导致多数人认为只有参加高

考上大学才是正确的路,由此一些职校为了宣传、扩大自己的生源,将学校变成一半普高一半职校的模式,让更多的学生认定只有上大学才是有前途的,职校俨然失去了以技术为核心的教学理念,逐渐演变为"低配版"的普通教育模式。

2. 职业教育片面化农业教育,偏离"三农"发展需求

涉农教育作为乡村振兴的重要抓手,在一些职校中已经慢慢被淹没。职校开展的农业教育无疑是农业、农村、农民发展最大的来源,然而随着城市化的发展,涉农教育逐渐呈现"轻弄、离农、去农"的现象。如表2所示,根据国家统计局的统计,当下职业本科中跟农林有关的专业学生数远远少于土木等专业。可以看出目前涉农教育的教育对象有误,片面地将教育对象定位为农村务农人员或与农业相关的从业人员,把涉农职业教育与农业教育等同起来,而农业职业教育其实是由农业职业培训、农业成人教育、中等农业职业教育和高等农业职业教育组成的一个体系。其中,以农业职业培训和技术型农民培养为主要内容,农业中高等职业教育则承担着农业职业学历教育的任务。[①]

表 2 职业本科分专业大类学生数

	毕业生数	职业类证书	职业技能等级证书	招生数	在校生数
总 计	0	0	0	41381	129297
食品医药大类	0	0	0	26632	63017
农林牧渔大类	0	0	0	331	331
资源环境与安全大类	0	0	0	859	1307
能源动力与材料大类	0	0	0	200	200
土木建筑大类	0	0	0	3796	12491

① 康乐:《以农业供给侧结构性改革构建成都新型农业职业教育体系》,《经贸实践》2017 年第 24 期。

3. 职业教育的培养目标模糊，人才难以与乡村振兴的需求精准对接①

职校作为乡村振兴的重要人才来源，其提供的人才与实际需求脱节。现代职业学校教育中，"重理论，轻实践"的教育观很严重，未将乡村产业发展需求的人才作为自己培养的目标，无法为乡村振兴提供新型实用型人才。例如，在专业的开设上，振兴乡村不仅需要知识型人才，更需要农业、电商业、工业等领域的人才。虽然目前很多职校开设了电商专业，但是专门开设农村电商专业的很少，更没有完善的农村电商培训系统。而农村电商市场的扩大显然已经成为拉动农村经济增长的一把手，市场的扩大也要求更多的电商人才入驻，而职校并不能有效承接人才的培养需求。

4. 职业教育就业及科研对乡企贡献弱②

职教校企与乡村企业合作意识不强，当前的职校中各个专业教学的针对性较差，在教学过程中缺乏对学生职业生涯规划的培训，很多毕业生毕业后仍然不清楚自己的职业定位。学生在校期间只注重理论学习，对当前社会发展的整体格局不明确，对所学专业存在认知欠缺，毕业后职业院校的学生难以向有需求的地区流动。此外，一些职业院校的科研创新能力和科技服务能力较弱，即使是对乡村企业，也很难提供技术创新、支持和服务指导，因而很难吸引企业参与校企合作。

（二）解决方法

1. 改变对职校的偏见

2022 年，新修改的《中华人民共和国职业教育法》第一次以法律的形式做出"职业教育与普通教育同等重要"的表述。应继续深化教

---

① 巫福星、刘明炯：《乡村振兴背景下的涉农职业教育》，《河北职业教育》2023 年第7 期。

② 子津：《职业教育的困境观念偏见与保障缺失》，《科学大观园》2021 年第 18 期。

育改革,调整高职院校的招生目标,重视高职院校的对口招生。要充分运用各类媒体,对职业教育进行广泛的宣传,使人们对职业教育有正确的认识,提高职教在人们心中的地位。合理分配资源,加大对职教和乡村振兴的投入,构建以振兴乡村为目标,培养新型实用型人才为导向的职业教育体系。

2. 改变人才培养模式

可引入乡村振兴人才培养计划。职业学校应当跨越学科边界,整合多个学科课程,以实现技能和实业的无缝衔接。在教学中,可根据不同职业岗位群要求设计课程。以农业和电商业为例,要以农产品知识为核心,以电商技能为导向,开设由相关专业教师联合授课的全面课程。① 同时,还要建立一支具有较高职业技能水平的教师队伍,并注重培养农村实用人才,使其成为新型农民和新产业发展的生力军。为推进产教深度融合,构建"校、企、精"的人才培养模式,持续畅通与乡村企业的绿色合作渠道。农企对接是指通过产业间或产业部门之间的相互联系,实现资源优势互补、要素合理配置和利益共享的一种经济关系。由于缺乏企业从业经验,学生和参加培训的学员在工作中表现出较高的自由度,缺乏职业思维和职业习惯。因此,在实际教学中要通过开展体验式学习来强化学生对职业岗位的认识,增强其实践能力。为了培养学生在职场和生产过程中的标准化意识,以及在农村工作中扎根的情感,需要增设一门职业素养课程。同时进一步优化专业结构,对选择地方职业学校的贫困地区贫困家庭的子女给予一定的政策支持。结合职业学校所在地区的发展情况、资源优势、工作要求等,在了解重点人才需求的前提下,设置专业和方向,构建灵活的教学方式。

---

① 杨名刚:《职业教育助推乡村产业振兴的价值逻辑和实现进路》,《南昌航空大学学报(社会科学版)》2021 年第 23 期。

3. 培育现有留守农民，扩大职校的生源

据统计，当下我国留守农民有超过 8700 万人。职校一直将初、高中学生作为主要生源，不惜用普高教育方式来吸引更多学生，但是对于大量的留守农民来说，如果能通过职校教育和培训，提高素质、拓宽视野，那么既满足了职校的招生需求，也能让留守农民转化为新型农民。

4. 加强区域协调，职业教育协作发展

职业教育自出现以来就带有浓厚的区域性。区域内经济发展水平、地理人文具有一定相似性，而农村农业发展又具有鲜明的特色，因此，区域内经验互鉴是极为有效可行的方法。① 职业院校间可以加大合作力度，就技术教育、农业农学教育开展交换交流项目，共享技术成果，共同培养专业型、复合型人才。区域内学历就业政策互惠，促进人才有益流动。此外，东西部地区要加强教学资源共享，通过云端搭建数字化共建共享平台，借鉴有益教学经验，优势互补。

5. 立足乡土文化，培养乡土情怀

实现乡村振兴，既要在物质层面保证稳步发展，也要兼顾在精神层面的熏陶，传承乡土文化，回归爱乡精神导向。在乡村开展精神文化建设，要鼓励文化自信，培育乡土文化特色，这既是对传统文化的继承，又是对传统文化的发展，更是对传统文化的热爱。职校中有大部分学生来自农村，对于土生土长的农村学生，培育他们的乡土情怀，鼓励他们在毕业后返乡建设家乡，减少农村劳动力的流失，从根部解决"留不住"问题。

结　语

"乡村的侵蚀是从人才的流失开始的，而人才的流失是从教育的

---

① 霍登煌、张伟：《职业教育高质量发展与乡村振兴同频共振的动力基础、互构逻辑和实现路径》，《职业技术教育》2022 年第 43 期。

不当开始的",乡村振兴的根源在教育。农村职业教育作为人才的基础来源,如何做好"不失当",建设好切合时代需求的人才队伍,抓住乡村产业现代化转型的机遇①,是讲好中国故事的关键。守住农业,坚定发展,职业教育在其中的作用不可低估。

---

① 马建富、陈春霞:《补齐乡村振兴短板:职业教育和培训精准扶贫的价值追求与推进策略》,《职业技术教育》2019 年第 40 期。

互联网背景下法学课程
与思政教育同向同行探索与研究

谢　峰①

互联网的高速发展已成为信息传递的重要渠道，如何使传统法学课程借助互联网工具，无声融入思政教育打通法学德育的双通道，探索具有时代特色的法学思政教育新模式，成为高校教师面临的重要课题。

一、互联网介绍

国际互联网最早发源于 1969 年，以美国为首的西方国家通过因特网这一全球性的公用信息载体，把西方思想传播到世界各地。互联网的基础构成是个人计算机，个人计算机通过公用的语言协议传输协议链接起来构成了广域网和局域网。最早的网络是通过电话线连接，随着科技的进步，卫星、光缆等的发展使得信息传播量越来越多，传播速度也越来越快。

中国互联网络信息中心发布的统计报告显示，截至 2022 年，我国现有网民已超全国人口的 70%，接近 80%。剩余未上网群体很大一部分是低龄儿童和不会使用智能终端的老人。网民中高达 95% 的人曾经使用或现在正在使用短视频平台软件。基于移动互联网的信

---

① 谢峰，天津商业大学法学院助理政工师，研究生学历。

息传播,已成为当下创新领域最为活跃的技术之一。Web3.0、云服务、星际通信的开始,已经把互联网带入一个新的发展阶段。

随着移动终端等上网设备的大范围普及,现已全面进入互联网新阶段。微博、微信等各种社交软件广泛使用,人与人的交往更加便捷。与传统论坛不同,快手、抖音等软件利用强大算力把喜好不同的个性化的内容,推荐给不同的终端用户,终端用户通过转发、留言、点赞等方式反馈给软件后台,进一步加深了终端用户的使用黏性。这也就意味着互联网已经发展到了全面使用阶段。舆论从少数人少数媒体的传播引导阶段过渡到了全民制作全民传播阶段。优秀的内容可以迅速传播。当前优秀的个人内容制造者全面觉醒,占据第一阶段个人自媒体高地。

快手、抖音等短视频平台把文化水平低、经济水平低的受限人群也都纳入进来。哪怕是不认识字的文盲或者是年纪大不会打字的老年人,只要有一部智能手机,也可以自由网上冲浪。随着科技的进步,短视频平台算法推送内容,各行业精英也能在各视频平台看到或者学到自己行业内的优质内容。

由互联网的变化可以看出一个明显的趋势:互联网的分发能力日益强大。包括音乐、新闻、文艺等各类媒体都开始通过客户的行为习惯和观看记录来推送不同的内容。当然,后台的算法及推送机制还有进步的空间,但已经显示出巨大的影响力。当前先进的人工智能也是以大数据和迭代功能为基础,逐步发展演变而来。大数据为算法提供源源不断的原料,算法迭代学习进一步加工整理来构成更加先进的软件技术。在这一体系下,优质的内容将得到快速传播,而无人问津的作品将逐渐退出。总之,自媒体作者输出的内容总能匹配到合适的用户,用户想看的、想找的也总能找到合适的内容。

思政课程要充分利用好新媒体这一工具。思政课程就是发挥思想政治教育功能,把马克思主义融入课程建设的全过程,以潜移默化的方式来塑造大学生的人生观与世界观。在实践教学中,通过案例库等方式把思政融入课程,使课程思政在更加广泛的专业中有更大的发展空间,让知识教育和思想教育更好地结合在一起,实现立德树人的根本任务。

二、课程思政的内涵

思想政治教育工作已成为法学专业课程不可分割的一部分。有了顶层设计,思想政治教育不再是单独的一门课程教育,打破以往传统,将思想政治教育融合于各专业课程教学,把专业知识传授与思政育人紧密结合起来。全国各高校开始探索课程思政教学改革的新篇章。

总的来说"课程思政"有三大表现:首先是整体性。思政教育不再是传统的道德教育思想教育,而是通过多种方式方法把思想教育延伸至不同专业不同课程中,在日常教学中潜移默化的发挥德育功能。其次是融合性。课程思政不仅是思想品德教育类课程,法学专业也不是单纯传授法学法律专业知识。而是想发设法在法学专业课堂上讲授专业知识的过程中,把思政教育慢慢融入。最后是隐蔽性。不是通过理论说教,而是要把思政教育浸润教学的各个环节,通过这种隐性的专业教育达到专业知识传授与思想政治熏陶的双重作用。

法学专业教育的核心思想是马克思主义中国化的法律。法学学科在逐步完善的过程中不可避免地借鉴了很多西方国家的法律理论和法律实践。在这种情况下,法学专业既有马克思主义的法治基础,又有西方国家的法律制度、文化实践。而法学教育在学生培养上,是以德为先,培养德才兼备的法学人才。所以法学课程应与思政教育同向同行,要在课程设计中融入更多的思政教育,使思想政治教育能够在法学专业培养人才的全过程落地开花。

三、法学课程与课思政教育的关系

法律职业道德是法学专业人才必须遵循的行为准则。法律职业道德是法学专业学生必须坚守的道德底线，良好的道德品格一方面能够保证公平公正的结果，另一方面也有助于社会的公平，推进国家法治建设。

法学理论知识正是对各种法律条款内容的研究分析。从传统的线下教学到现在的"雨课堂"、翻转课堂等互联网工具的加持下，课程思政已经成为法学专业教育中的重要环节。我们不仅要关心法学专业学生学习专业课程，还要帮助学生塑造正确的世界观、人生观、价值观。当下课程建设考虑如何把课程思政融入法学专业的学生教育，实现新时代中国特色社会主义思想铸魂育人。

手机、网络对于大学生的生活产生了巨大影响。比如现在的翻转课堂，手机签到等软件使得高校大学生越来越离不开手机、电脑等互联网传播工具。云平台、移动办公、在线教育等平台的普及与使用，使得学生的学习日益便利。学生通过客户端不仅能看到国内发生的重大新闻，还会关心国际上各种新闻报道，其中也包含西方敌对势力利用网络漏洞，对我们的互联网受众进行意识形态的各种渗透。

大学生年龄还小，经历还不够丰富，对外界新闻的真假分辨能力还不强，对于各类信息还缺乏一定的鉴别能力，因此其人生观和价值观很容易受到冲击。高校教师不只在教授学生专业知识，还是学生思想的领路人。

线上教学不仅是知识传授方式的改变，也在一定程度上对大学生的认知观念进行塑造。在这一背景下，借助互联网对法学专业学生进行思政教育日益重要。

法律职业道德对于法学专业学生而言是非常重要的标准规范，需要特别培养。虽然法律职业道德不具有强制性，但是对于这一特殊群体而言，具有极强的约束性。这是法学专业学生毕业后从事法律相关工作的操守底线。

法学专业有其独特性。法学专业是法律精神与理念表现与实现的学科。法学专业的教学是对法律内容与内涵的研究探索，目的是使法学专业学生理解法学条款及设立规则原则，使得法学专业学生在今后的工作中能够保持中立，具有理性，实现法治。

四、互联网背景下法学课程与思政教育融合现状

现代的法学教学，一方面是专业知识的传授，另一方面还要实现思政教育。现在的情况是，法学专业教育与思想政治教育的融合还不够深入，只是在专业教学上穿插思想政治案例，思政教学内容与人才培养之间还有很多的障碍和局限，还不能很好地满足当前互联网背景下法学专业人才培训的需求。

造成此种情况的原因，一方面是老师。部分高校教师对于马克思主义思想的认识不够透彻，对于传统文化不够重视，不能把民族、文化、制度、观念等内容与法学专业之间的联系看深看透。另一方面还要从当代国际背景、经济形式等方面培养法学专业的学生。不结合大势，只是传授法学专业知识，不能把德的重要性在法的专业性中体现出来。教学的过程更多关注的是学生对于知识的吸收理解，没有把思想政治教育放到重要位置，这就造成专业知识与道德修养没有同步提升。

近三年来高校教师更多使用腾讯会议、微信群、QQ 群等各种直播软件或是线上课程资源教学，增加了教学的便利性、时效性，但也有弊端。从某种程度上减弱了感情沟通和及时发现学生"开小差"的交流优势。据调查，互联网教学在一定程度上减少了学生学习的自主性，对于自律能力不强的学生是一个很大的考验。

近年采用的互联网教育形式主要有以下几种。一是直播授课。直播授课更加接近于传统的线下教学。由教师主导，学生参与。直播授课对于网络的要求比较高，要求有稳定的网络传输和比较高清的直播设备。现在我国的网络系统越发强大，为直播授课创造了便利条件。二是自主学习。互联网上有大量的学习资源，学生可以利用互联网客户端,通过老师发送的网络课程资源自主学习,这就与学生的自觉性高度相关。三是"直播授课 + 自主学习"。这就是把前两种方式结合起来,利用互联网平台按照课程实际需求自由转换。

五、利用互联网技术探索法学课程与思政教育教学策略

法学专业具有很强的时效性,这就要求思政教育要与之同步发展。所以我们要根据当前形势政策切入思政教育。例如,国家法治、理论制度等是与现行法律体系相辅相成的。法学课程授课时可以结合互联网教育资源,把依法治国、依法行政等制度要求与法学知识结合起来,把法学专业学生应有的责任感与当前面临的国内外形势结合起来,真正激发出法学专业学生的爱国热情,使得法学专业知识教育与思政教育达到统一。

拓宽法学专业教育与思政教育同向的教学模式。一方面,互联网客户端的普及发展与思想政治教育的碰撞必然产生法学专业教育大的调整。法学专业教师不仅要承担专业教学还要承担思政教育,思政教育不只是课堂上的学习,还要加入课外实践。在实践过程中让学生体验劳动的快乐,培养学生的吃苦耐劳的精神。另一方面,借助互联网的优势,挖掘思政育人的教育点,实现网络育人。法学教育既要立足当前社会形势,还要结合学校专业设置的特点,在设置教学课程的时候就考虑到思政课程培养方案,在教学、评价、授课等各个环节拓宽思路,群策群力把思政教育提升到新高度。

法学专业课中的思政教育非常广泛,不单指知识的传授、能力培养等常见的提法,也包含大学生的思想觉悟、道德水平、文化修养、价值判断等方面,这些潜藏于法学专业课程的全过程。法学专业教师可以通过党史教育,对学生进行价值引领以及思想塑造,这是实现法学专业与思政教育结合的很好的切入点。

法学专业课程的理论基础建立在国家意志上,法学专业的发展与进步也会促进人民的世界观、人生观、价值观的发展。马克思主义中国化也是法学专业思政教育的基本立场。法学专业中的思政教育也是为了培养大学生的良好品格，树立正确的世界观、人生观、价值观。

在法学专业课程的学习中，教师通过讲授我国法律建设过程，通过真实的法律案件，通过人性化的结果，让学生体会法律逐步发展变化的路径，在增强理性思维的同时进一步提升政治站位。通过法学专业知识中思想政治元素的提炼融合有助于激发学生对于民族的认同感，加深对现行法律的认识，有助于增强法学专业学生的爱党爱国情感。

法学专业知识授课中，将新中国的奋斗史及中国共产党人的革命事迹作为教学素材，向法学专业学生传递正确的世界观、人生观和价值观，培养认同践行社会主义核心价值观的合格接班人。也能透过案例、英雄故事、制度理论比较、人民生活等方方面面使得法学专业学生认识到我国制度的优越性，培养出更多卓越的法律人才。

宪法法治教育
融入高校思政大课堂的模式探究

——以法学学生为例

王　畅[①]

　　党的二十大报告指出要完善以宪法为核心的中国特色社会主义法律体系。大力弘扬宪法精神是推进依法治国的重要任务,对于提升全社会尤其是在校大学生的宪法意识和法治素养具有重要的意义。法学学生作为我国法治建设的中坚力量,其法治教育应该体现在教育教学的全过程,以加强对法学学生法律知识的教育以及法治精神的培育。将宪法法治教育融入法学生思政教育,不仅可以落实全员、全方位、全过程育人的思政教育理念,实现立德树人的根本任务,还可以推进校园法治建设,培养高素质的法律人才。

一、思想政治教育的现状

1.思想政治教育体系构建不完善

　　在高校课程体系中,专业课教授学生专业知识和技能,服务于学生的职业发展,对于学生的职业发展以及人生发展具有重要的作用。思想政治类课程同样对学生的人生发展具有重要的影响,其作用体现在

---

　　① 王畅,天津商业大学法学院政工师,教育学硕士。

潜移默化的教学过程中,可以帮助学生形成正确的思想道德价值观念,是学生人生发展的基石。高校落实立德树人根本任务应该将思想政治教育融入教育教学全过程,但在思想政治教育工作的开展过程中,还存在教育体系不完善、教学内容与方法缺乏针对性、思政实践活动的开展与课程联系不紧密等诸多问题,学生往往不能真正认识到思想政治教育的重要意义,导致部分思想政治教育无法与学生产生共鸣,思想政治教育课程及相关活动的重要功能经常被忽视。

2. 学生缺乏主观能动性

在思想政治教育活动中,学生既是思想政治教育活动的接受者,也是传播社会主义核心价值观的重要群体,在良好社会环境的构建中发挥着重要的作用。因此,在思想政治教育的相关课程学习以及活动中,学生需要有主动参与的意识,自觉对自己的世界观、人生观、价值观进行构建,但在目前很多思想政治教育学习中,大学生往往缺乏主动参与、积极探索的意识,也导致思想政治教育工作效果不能达到预期,学生参与度低等问题。

3. 不能与社会发展紧密结合

通过对大学生的思想状态进行调研发现,当前大学生对于社会时事热点的关注程度较高,愿意参与到相关时事热点的讨论中并发表意见。例如,2022 年冬奥会的举办,众多高校大学生志愿者参与其中,赛事受到了大学生的广泛关注。而运动员展现出的拼搏精神、爱国主义精神均是大学生学习的宝贵财富,可以挖掘出思想政治教育的案例,对学生形成正确的思想价值观具有引导作用。但在一些社会事件中,大学生对事件的了解不全面,容易被社会负向舆论误导。在教育过程中,思想政治教育活动并不能很好地运用这些社会热点事件,挖掘事件背后的思想政治教育价值,也在一定程度上导致思想政治教育活动内容单一,对学生的吸引力不足,学生的参与感不能被调动,教育价值降低等问题。

二、宪法法治教育在思想政治教育中的重要作用

1.培养法治素养有助于提升大学生思想政治教育的成效

全面依法治国是国家治理的一次深刻革命,推进法治社会建设,夯实法治国家根基,需要提高国民的法治知识储备和法治素养。将思想政治教育与法治教育相结合,对落实依法治教,培育全面发展的时代新人具有重要意义。宪法是我国的根本大法,培育宪法精神是提升大学生法治素养的核心内容,也是与大学生思想政治教育相结合的重要方面。以电信诈骗为例,高校大学生是遭受电信诈骗的一大群体,学生在遭遇电信诈骗后产生了很多社会问题,得到了高校及社会的重视,也对高校思想政治教育产生了很大的冲击。因此,在思政教育中有针对性地融入大学生法治教育,不仅对学生整体素质的提升具有重要意义,而且对于高校形成良好的法治氛围具有重要的作用。

2.宪法法治教育有助于大学生社会意识的形成

思想政治教育可以帮助学生提高政治思想、道德观念、态度价值观等方面认识世界和改造世界的能力,帮助学生全面发展。在思想政治教育中,思想教育工作者需要帮助学生不断强化责任担当意识、民主意识、规则意识等,帮助学生更好地融入社会。宪法课程是法学生步入大学最先接触到的课程,通过宪法课程不仅可以使学生学习法律知识,还可以帮助学生运用法律思维解决问题,是法治素养培养的第一步。宪法对于我国的国体政体、公民的权利与义务等社会主义法治内容进行了阐释,有利于学生形成对社会主义法治体系的整体认识,从而加强学生对国家和集体的认同感,有利于学生培育以爱国主义为核心的社会主义核心价值观,这与思想政治教育的目的是一致的。

3.弘扬宪法精神具有重要的思想政治教育意义

宪法法治教育与思想政治教育具有相同的教育目的,宪法精神可以成为大学生思想政治教育的宝贵资源。2020年,习近平法治思想成为全面依法治国的指导思想,其核心是"法治",具有丰富的精神

内涵,在高校深入学习贯彻习近平法治思想成为高校思想政治教育的重要任务。习近平法治思想确立后,各高校积极开展了习近平法治思想教育活动,极大丰富了思想政治教育的精神内涵,对于培育学生爱国主义精神具有良好的教育意义。

三、宪法法治教育融入法学生思政大课堂的路径探析

为全面贯彻落实习近平总书记关于加强宪法法治宣传教育的重要指示精神,丰富法学生思想政治教育的内容,有针对性地开展法学生思想政治教育活动,需对宪法法治教育融入法学生思想政治教育的路径不断进行探索,通过开展系列主题活动,将法治教育从教学课堂延伸到思政大课堂,同时,引导广大法学生成为宣扬宪法法治理念的重要群体。

1. 开展多主题的宪法宣传教育活动

自 2016 年开展了“学宪法 讲宪法”活动,宪法学习教育活动在大中小学开始深入展开,参赛选手通过知识竞赛、演讲比赛从不同角度展现了对宪法精神的深刻理解。至今该活动已经举办六届,对高校开展宪法主题教育活动起到了良好的引导示范作用。在高校开展宪法宣传教育活动,不能脱离校园文化背景,要将其融入校园文化活动中,可以举办“学宪法 讲宪法”主题演讲比赛、知识竞赛等主题活动,围绕《中华人民共和国宪法》,宣传宪法为核心的社会主义法律体系,同时可以结合党史知识、诚实守信、规则意识等内容弘扬法治精神,与思想政治教育深度融合。在这个过程中,法学生既是参与者,也应成为组织者,各高校法学院要充分发挥自身的资源优势,通过喜闻乐见的活动形式加深法学生对宪法知识的理解,不断塑造其法治思维,并辐射到全校的法治建设,带动全体大学生积极学习宪法知识。

2021 年,学院承办了天津商业大学第一届习近平法治思想宣传月活动取得了良好的效果,学院举办了多场普法讲座和形式多样的校园普法活动,学院法律援助中心的志愿者到社区开展多次普法志

愿服务,将习近平法治思想的学习宣传在校园内外不断延伸。多场专业竞赛的举办,充分展现了天商学子深入学习习近平法治思想、学习宪法的良好精神面貌,学生不仅成为宪法学习的参与者,更成为宪法学习的组织者和传播者,增加了思想政治教育的实效,进一步营造了良好的校园氛围。

2. 构建校内、校外宪法法治教育大课堂

现阶段,我国对基层普法有很大的需求,但基层普法力量仍然比较薄弱,不能满足基层普法的需求。法学生作为接受专业法学教育的高素质人才,可以在校园内外的普法工作中发挥重要作用。例如,可以充分发挥法学专业社团的力量,利用宪法法治展板、宪法主题讲座、宪法主题校园普法活动等形式,由法学生结合宪法有关重大修改、重点内容、典型案例进行现场讲解展示,从不同角度帮助同学们更好地了解宪法,同时对电信诈骗、校园欺凌、校园暴力等校园违法问题进行法律解读。在社区,可以招募法学生作为志愿者开展宪法宣传教育主题活动及普法课堂,开展习近平法治思想及消费、垃圾分类等多方面的法律知识普及,解读相关法律条文,让社区群众在潜移默化中感受法治正能量,提高法律意识和法治素养。这样不仅可以帮助法学生更好地运用法律知识,还对提升法学大学生的思想道德素质起到了重要作用,帮助法学生将专业学习与思想道德素质的提升相结合,构建良好的社会法治环境。

3. 充分利用网络思政平台开展普法宣传教育

在开展宪法法治教育的过程中,我们要充分利用网络思政平台开展教育活动,发挥网络思政平台的思政育人作用。思政教育工作者可以在网络思政主阵地将宪法法治宣传教育与"四史"教育、爱国主义教育、社会主义核心价值观教育等思想政治教育内容紧密结合,充分利用教育部全国青少年普法网及学校公众平台等大学生聚集的网络阵地开展宣传教育活动,将法治教育与思政教育深入结合。

课程思政视域下
高校第二课堂育人路径探析

徐 杰①

高校第二课堂是相对于课堂教学而言的，是课程教学的重要补充，也是加强高校思想政治教育的重要路径。但是，长期以来高校第二课堂仅停留在概念上，谈不上真正的课堂，更多是组织学生文娱活动、志愿服务等，离课程化教学目标差距较大。辅导员作为高校思想政治教育工作者，通常以第二课堂为抓手，开展思想引领工作，但是很多活动吸引力不足，学生的参与感、获得感较低，这也是很多高校辅导员工作中面临的困境与问题。通过组织开展以学科竞赛为基础的第二课堂活动，在活动内容上能够保持与专业教学的一致性，有利于构建课程思政视域下高校第二课堂育人的路径。

一、高校第二课堂的含义和现状

（一）第二课堂的含义

2016 年全国高校思想政治教育工作会，指出"高校立身之本在于立德树人"，这就要求高校在为党为国育人时必须兼顾智育和德育。

在课程思政改革背景下，要求高校具备"大思政"教育格局，也就是实现高校思想政治教育的全员育人，第二课堂的重要性也被提升

---

① 徐杰，天津商业大学法学院辅导员。

到一个新的高度。虽然"第二课堂"的概念提出已久,但是在学术界尚未有统一的定义,本文认为第二课堂是指除专业课堂教学之外所开展的各类注重学生全面发展的教育和实践活动,主要包括文娱活动、学科竞赛、社会实践以及志愿服务等,特别是以各类学科竞赛为主的专业活动。

(二)第二课堂的现状

自高考制度恢复以来,我国的高等教育重新回到正轨,第二课堂也伴随着教学任务的开展应运而生。经过几十年的发展,第二课堂形式也是非常丰富,各类专业竞赛、暑期社会实践、文体比赛以及社区志愿服务等,实现了从国家级、省部级、市级再到校院两级的全覆盖,也涌现出系列品牌活动,如"创青春"全国大学生创业大赛及天津赛区竞赛、中国"互联网+"大学生创新创业大赛等,对于促进学生的综合发展发挥了重要作用。但是大部分第二课堂活动尚未融入全员育人的主课堂思路。此外,由于大部分第二课堂任务在教学大纲之外,没有系统的课程培养方案,活动的专业性、科学性明显存在短板。而辅导员作为第二课堂活动的主要组织者,平时忙于日常事务和组织各类活动时,更多是引导学生参加比赛,对于第二课堂育人成效研究和探索投入精力较少,相关的研究成果屈指可数。而在"大思政"背景下,要求高校寻求对大学生的全员育人,本文基于目前第二课堂在课程思政背景下存在育人成效不突出、与第一课堂缺乏有效联动等问题,通过与专业教师配合组织学生参加各类学科竞赛,试图探索第二课堂育人的路径。

二、高校第二课堂育人路径探析——以版权征文比赛为例

(一)精心策划,思政育人贯穿始终

天津市某高校法学院第一届版权征文比赛以第十三届全国大学生版权征文活动为背景,与《中华人民共和国知识产权法》(下称《知识产权法》)相关课程紧密联系,辅导员通过前期动员、组织专题培训再到联系专业教师重点指导，实现学生参加竞赛的全过程指导。

首先，发布征文比赛活动通知，进行广泛动员。通过线上、线下渠道发布征文比赛通知，最大限度调动学生参加活动的积极性。相较于组织各种文娱比赛，辅导员需要提前了解学生的专业培养方案，并根据培养方案，制定竞赛活动方案和规划培训课时，试图将活动课程化。经过全方位的通知、重点人员动员等，确保征文活动的投稿数量实现较大增长，随着参赛数量的增加，投稿质量也实现较大提升，可以看出学生对于学科类专业竞赛具有内在驱动力。

其次，由于版权征文比赛与《知识产权法》紧密关联，辅导员一方面邀请任课教师开展征文活动专题培训会，培训会分三次进行，同时将培训活动纳入课时，并赋予一定学分，让学生重视活动。另一方面培训内容以专业知识为主、思想政治教育为辅，围绕版权知识、论文写作技巧等内容展开，同时将诚信、励志等教育融入专利著作权的讲授中，向学生传递尊重知识、保护专利的社会风尚。讲到论文写作方式方法时，告诉学生学术研究的价值以及注重培养学生独立思考问题的能力。通过组织专题培训会，一方面进一步深化了学生对专业知识的理解，提高了学生的学术论文写作能力；另一方面将课程思政内容融入活动之中，帮助学生树立正确的世界观、人生观以及价值观。

最后，组织评选与重点指导相结合。科学设置比赛环节，及时公布评选结果，评定结果既是对学生的奖励，也为参加全国比赛储备了人才。评选活动结束后，专业教师对参加全国比赛的学生给予重点指导。其中，一名学生参加全国大学生版权征文比赛并获得本科生组二等奖，同时学校获得优秀组织奖。获奖结果既是对学生和学校的肯定，也是对于本次活动的肯定，也为推动以学科竞赛活动为主的第二课堂提供了专业育人的可行性。

此外，专题培训会有效解决了学生本科阶段在学术研究方面的短板,对于提升学生的专业水平以及综合素质方面具有显著作用。对于任课教师来说,培训活动是课堂教学成果的延续,除讲述论文写作知识,还将教学成果转为实践成果。对于辅导员来说,既拉近了与专业教师和学生的距离,又将课程思政理念融入活动中。

(二)教学与管理有机结合,实现全员育人

在全课程育人格局下的课程思政建设是一项兼具综合性与系统性的工程,因而需要教师、管理人员、服务人员三个维度的利益相关者协同配合,构建"三维一体"的"全员式"思想政治教育育人体系。① 辅导员作为管理人员,过去更多是在处理日常事务过程中对身边学生进行教育,是一种单向的育人模式,在开展学生思想政治工作时,侧重于管理者、组织者。而通过组织以学科竞赛为主的活动一定程度上实现了第二课堂与专业教学的连通,找到了管理工作和教学工作的结合点。主要表现在以下两个方面。

一是高校辅导员平时忙于日常事务性工作,参与学生课堂的机会较少,且大部分辅导员与所负责学生专业背景不同,通过组织学科竞赛,既使辅导员对学生的教学安排、培养方案有了较为系统的了解,也让辅导员有机会参与到教学环节中,通过制定活动方案和组织培训活动同专业课堂教学目标形成有机统一。这样既对学生的学业生涯指导有了一定的专业基础,也对学生的管理理念有了一个质的转变。

二是延续课堂教学内容,增强第二课堂育人成效。学科竞赛活动以学生专业兴趣为出发点,学生的积极参与、专业教师的悉心指导、辅导员的后勤保障,良好诠释了全员育人、全程育人。在活动的各个环节,专业教师注重培养学生的写作能力,辅导员主要策划和组

① 黄飞、余莎:《全课程育人背景下高校课程思政建设路径研究》,《淮南职业技术学院学报》2021 年第 5 期。

织活动,两者共同将思政育人贯穿其中。这一过程中辅导员除了在设计活动培养方案时,加入思政育人理念,还在活动开展过程中渗透育人教育。如比赛初期激发学生的写作兴趣,比赛中期帮助学生树立写作信心,比赛后期坚定学生写作信念,进而拉近了与学生的距离,较好实现了重管理向重服务的转变。

三、结论与展望

以学科竞赛为主的第二课堂明显区别于过去脱离教学的各类文体活动,有效实现了教学与管理的结合,有利于提升管理人员,特别是辅导员的管理育人成效。各类专业竞赛的顺利开展,为新时代高校全员育人提供了路径,辅导员应积极参与其中,拓宽第二课堂的育人途径。虽然每所学校、每个学院的具体专业情况不同,但是以学科竞赛为基础的第二课堂活动几乎涵盖了所有专业,这也为所有辅导员提供了可行方案。

虽然征文比赛取得了一定成绩,但是举办过程中还存在一些问题,如课程思政的内容不够突出、活动宣传动员的力度欠缺、培训指导缺乏计划性、连续性,活动成效没有具体的量化标准等。相较于系统的专业课程教学,第二课堂无论在教学计划、培养方案还是教学方式方法中都还存在短板。

此外,活动的顺利开展离不开学院的顶层设计和统筹规划,学院为专业教师和辅导员搭建合作交流平台,同时为活动的顺利开展提供了全方位的保障。下一步将继续探索以学科竞赛为基础的第二课堂活动,以教学大纲为基础,将教学活动和实践活动贯穿学科竞赛全过程,其中教学部分以专题培训次数定学时,实践部分以写作成果和参加比赛定学时,同时将社会主义核心价值观、诚信、励志教育以及中国梦等内容融入其中,切实增强第二课堂的育人成效。

法学硕士研究生就业状况分析
及思政工作方法

吐尔逊阿依·买合苏提[①]

一、调查对象及基础数据

此次研究调查以天津商业大学法学院 2016 届至 2020 届所有法学硕士研究生为研究总体,收取五届法学硕士研究生的入学登记的表格、毕业信息采集的表格、就业信息统计的表格,获取相对完整的分析总体,五届法学硕士研究生毕业人数分别为 2016 届 28 人、2017 届 38 人、2018 届 44 人、2019 届 40 人、2020 届 35 人。

在五届法学硕士研究生毕业生总体数据信息的基础上,选取已就业法学硕士研究生作为研究对象。首先,以年级为单位收集法学硕士研究生个人基本信息以及就业相关信息分析其数据。然后,按照就业单位、就业地区进行分类,分析数据。五届法学硕士研究生毕业生总数有 185 人,就业人数总数为 156 人,此数据信息为这次研究对象样本,各年级就业人数比例接近。由表 1 能看出,这次样本基本准确体现了法学硕士研究生的就业分布情况。

表 1 样本质量评估

年级	就业人数	总体（185 人）	样本（153 人）
2016 届	23	12.43%	15.03%
2017 届	34	18.38%	22.22%
2018 届	35	18.92%	22.88%
2019 届	35	18.92%	22.88%

此次收集信息以及调查采取电话采访的方式，逐个对 2016 届至 2020 届法学硕士研究生入学所填信息，如姓名、专业、出生日期、性别、民族、政治面貌等内容进行核实，再对现实的就业单位、就业形式、单位地址、单位性质等进行核实。

二、资料的整理与分析

对五届法学硕士研究生的就业类型、就业单位以及就业地区进行分类，针对各个年级的法学硕士研究生的就业状况分别进行趋向分析研究，总结出五届法学硕士研究生总体的就业去向规律。

（一）五届法学硕士研究生的就业去向总体分析

五届法学硕士研究生的就业去向分布情况如表 2 所示。

表 2 五届法学硕士研究生就业去向分布情况

就业省份	频次	百分比（%）
天 津	72	47.06
北 京	9	5.88
上 海	7	4.58
山 东	4	2.61
江 苏	4	2.61
河 北	7	4.58
甘 肃	3	1.96

就业省份	频次	百分比(%)
贵　州	2	1.31
河　南	17	11.11
南　京	1	0.65
山　西	5	3.27
四　川	5	3.27
浙　江	3	1.96
安　徽	4	2.61
广　东	4	2.61
湖　南	1	0.65
辽　宁	1	0.65
内蒙古	1	0.65
新　疆	1	0.65
福　建	1	0.65
青　海	1	0.65
总　计	153	100

从表2看出,2016届至2020届法学硕士研究生就业去向集中在了天津、北京等经济发展情况较好的都市。排名第一的就业地区为天津市(72人),就业人数占法学硕士研究生就业总体人数的47.06%。排名第二为河南省(17人),就业人数占法学硕士研究生就业总体人数的11.11%。排名第三为北京市(9人),就业人数占法学硕士研究生就业总体人数的5.88%。我们还可以进一步将就业去向分组,划分为东部、中部、东北和西部四个区域,了解五届法学硕士研究生的就业趋势。如表3所示。

表3 五届法学硕士研究生就业去向分布情况

就业地区	频次	百分比(%)
东部	112	71.79
中部	27	17.31
西部	13	8.33
东北	1	0.64
总计	153	100

从表3不难看出,法学硕士研究生就业地区分布中73%在东部地区,由此分析得出吸引法学硕士研究生就业的地区集中在发展速度快、经济发展水平高、城市化水平高的城市。这些城市对法学硕士研究生的需求也高,劳动力就业市场较为广阔,就业岗位及福利更为诱人,因此吸引了大部分法学硕士研究生。

(二)五届法学硕士研究生的就业去向变化趋势分析

从表2可以分析得出,有近一半的法学硕士毕业生就业地选为天津。从时间的维度上分析的话,从表4可以发现法学硕士研究生毕业留津的人数和比例有下降的趋势,从2017届学生开始,留津的比例有明显的下降趋势。把天津放在整个东部地区来分析,从表5和表6可以看出法学硕士研究生生在东部地区就业人数有下降趋势时中西部地区的就业人数有上升趋势。

表4 五届法学硕士研究生留津人数趋势分析

毕业时间	频次	百分比(%)
2016	17	23.29
2017	15	20.54
2018	13	17.81
2019	14	19.18

毕业时间	频次	百分比(%)
2020	14	19.18
总计	73	100

表5　五届法学硕士研究生在东部地区就业人数趋势分析

毕业时间	就业人数	百分比(%)
2016	22	20.18
2017	22	20.18
2018	21	19.27
2019	23	21.10
2020	21	19.27
合计	109	100

表6　五届法学硕士研究生在中西部地区就业趋势分析

毕业时间	就业人数	百分比(%)
2016	1	2.22
2017	13	28.89
2018	14	31.11
2019	12	26.67
2020	5	11.11
合计	45	100

　　由上述数据的分析以及与其他高校的法学硕士研究生就业情况做比较可以得出,全国范围内法学硕士研究生的就业选择情况大致相同。法学硕士研究生毕业时的就业选择因大城市的生活压力等现

实问题改变就业方向,选择返乡就业或者到二、三线城市就业。这种趋向与社会整体情况、城市生活、生存压力特别是居住生活资本增大有关。

同时也能了解到,伴随着中西部城市的发展,中西部地区对法学专业硕士研究生的需求量也在增加。胸怀大志,拥有为中国法治进程奉献精神的优秀法学硕士研究生,已经开始把就业目标放在了中西部地区。

（三）五届法学硕士研究生就业单位类型的分析

对样本总体的法学硕士研究生就业单位进行分类统计得出,就业单位类型排在前三的分别为民营企业（包括大型律所）,就业人数为 44 人,占法学硕士研究生就业总数的 28.76%;党政机关,就业人数为 40 人,占法学硕士研究生就业总数的 26.14%;其他（包括各类小型律所、自由职业等）,就业人数为 36 人,占法学硕士研究生就业总数的 23.53%。据调查,其他高校也基本出现了类似状况。

表7　五届法学硕士研究生就业单位类型分析

类型	频次	百分比（%）
党政机关	40	26.14
国有企业	11	7.19
民营企业	44	28.76
三资企业	1	0.65
高等教育单位	6	3.92
一般医疗卫生单位	1	0.65
金融机构	1	0.65
其他事业单位	13	8.50
其他	36	23.53
总计	153	100

三、总结和建议

根据统计,2016 届至 2020 届法学硕士研究生的就业率相对稳定,学生在就业地区的选择上出现了从东部大城市就业向中西部地区就业的趋势,学生的就业单位首选为法学专业相关的党政机关以及大小型律所。

目前法学硕士研究生就业面临巨大挑战,一方面是由于世界经济的萎缩影响,另一方面是学生本身存在的一系列问题,比如自我定位不准确,就业思想跟不上时代的更新迭代,懒就业、慢就业等问题。

因此在开展就业工作时从研一开始抓起,多让学生参与竞赛、实践活动等,让学生正确认识到自己的专业能力、业务能力、综合事务处理能力以及心理素质等方面在全校、全市乃至全国法学硕士研究生中的位置,从而让学生去发现自己身上的优缺点。多去专业相关单位参观学习、邀请校友返校演讲就业经验和工作体会、鼓励学生参与实践学习、志愿服务,增强综合能力和奉献精神。在就业主动性问题上,只给学生讲授就业政策和严峻的就业环境是远远不够的。需要从导师到辅导员、从家庭情况到学业情况、从心理因素到社会因素里里外外通力合作,细心分析引导。学生心态稳定且准确时,信任老师时,才会主动积极地寻找就业机会,且能准确找到适合、满意的岗位。到研三在校园招聘会开始之前,在简历撰写、就业信息的收集筛选、面试技能技巧等方面开展系统培训、建立就业信息提供平台,帮助毕业生明确职业定位、提升求职实战能力。在出现高质量就业的学生时抓住时机,及时给学生树立就业榜样,通过线下宣讲就业经验,线上宣传推广的方式激励学生学习身边就业先锋的就业技巧、方式方法,积极地去面对就业。同时引导学生不要把就业目标局限在竞争激烈的东部劳动力市场,而要多把注意力投向中西部地区,为国家的法制建设贡献力量。

对于留津人数有所下降的趋势，开展爱校爱津教育。通过支部、学生会、社团等学生组织中开展相关文艺活动，走访参观活动，志愿服务实践活动形成浓厚的氛围。在毕业生中开展游津城、访企业，带领毕业生了解天津文化，了解职场环境，加强学生对天津的了解，增进学生的爱津情感，引导更多有志青年扎根天津。

新文科背景下
法学第二课堂开展模式探析

郝　娜①

　　法学教育是素质教育和专业教育基础上的职业教育。法学是一门应用性很强的学科,它不仅要求有深入的专业理论教育研究,更要求法学从业者具有较强的实践基础。尤其是进入新时代后,我国处于深度转型期,第三产业蓬勃发展,云计算、人工智能冲击各行各业,在这一背景下,国家新文科建设提出要创新性地推动建设改革,从专业核心优势扩张到相邻的交叉性专业领域,这就要求我们注重培养"一专多能"的复合型人才,更加强调了实践的重要性。新的形势下,新型冲突事件频繁发生,案件形式及内容复杂多变,这就要求法学专业在人才培养过程中更加注重将理论与实践相结合,提升法学人才解决实践问题的能力,探索适应新时代法律人才的培养方式。而第二课堂是培养学生实践能力的重要途径,法学教育中应打破第一课堂与第二课堂之间的壁垒,充分发挥第二课堂的优势,构建适应法学专业人才培养的第二课堂教育模式,发挥协同育人作用。

---

①　郝娜,天津商业大学法学院助教,工程硕士。

一、法学第二课堂教育的必要性

（一）法学第二课堂教育是法学教育的有机组成部分

法学第二课堂教育是指在专业课堂教学以外,通过参加法律实践、社会服务、学术研究等活动,获得法学知识和能力的教育形式。它与传统的课堂教学相辅相成,是大学法学教育的有机组成部分。在大学期间,法学专业的教育主要分为三部分,一是理论性课堂教学,二是理论的实践运用,三是自发性学习。理论学习为学生奠定专业理论基础和搭建知识框架,处于基础性地位。自发性的学习主要以自己的兴趣和主观意识为出发点,学习内容规划性不强。而法学第二课堂教育建立在理论课堂教育的基础上,不仅可以帮助学生将理论知识转化为实践能力,充分补充理论课堂教学的弊端,促使学生将课堂上所学到的理论知识应用到实际问题中去,还能在实践中发现和解决问题,从而增强学生的实际操作能力,更可以有规划、有目标地开展实践活动,在活动中加强专业教师的指导作用,通过指导教师的引导,帮助学生用法律条文解决实际中鲜活的问题,增强应用效果。

（二）法学第二课堂教育是法律人才培养的重要手段

法学类教学的目标是为中国特色社会主义法治体系培养复合型、应用型、创新型的法治人才。要坚持立德树人、德法兼修,所培养的学生需要具有扎实的专业理论基础和合理的知识结构,并掌握熟练职业技能。在法学人才的培养过程中,也要注重培养学生的职业道德和职业修养。第一课堂的教育可以帮助法学生掌握专业要求的理论基础、思维方式和研究方法,而第二课堂教育能够帮助学生提高社会责任感和职业认同感。通过参加公益活动、社区服务等,学生可以更加深入地了解社会中的弱势群体,并且关注他们的需求和权益,从而培养出具有强烈社会责任感和职业认同感的法律人才,鼓励更多的法学生投身到一线、投身到法律人才匮乏的中西部基层地区,为法治社会建设添砖加瓦。

(三)法学第二课堂教育学生了解社会的重要途径

在专业课程之外,通过丰富多彩的活动形式与实践课程,引导学生深入了解和探究社会现象及其背后的法律问题,是帮助学生了解社会的重要途径。在进入大学之后,学生的课余时间及学习方式相较于高中有了很大的变化,但与社会的接触仍然十分有限,而法学第二课堂教育不仅可以让学生更加深入地了解法律领域的政策、制度、实践等,增强他们对社会运行机制的认知,还可以通过参加模拟法庭、法律辩论、调研报告等活动,接触各种类型的案例和问题,从而了解社会中不同利益群体间的冲突和协商,拓宽视野。同时也可以使学生在实践中了解自身与优秀行业从业者的差距,在实践中提升自己的能力,为以后进入社会提供基础。

二、目前法学第二课堂教育存在的问题

(一)思政教育融入度不高

法学第二课堂教育是一种全面培养法律专业学生的教育方式,但在实践中也存在着思政教育融入度不高的问题,专业教师与辅导员相互配合不足,未能充分发挥第二课堂中的思政育人优势。部分法学第二课堂课程设置较为单一,只注重专业技能的传授,缺乏对学生综合素质的全面培养。在活动的设置中,为了吸引学生参加,而迎合学生需求,在活动设计的环节以及内容上忽视了立德树人的根本任务。法律人才的培养是构建法治国家的重要环节,需要在培养专业能力的同时,强化法律从业者的道德水平和思想价值观念,使其真正成为维护法律公平正义的法律人。

(二)专业指导不够全面

在实践活动中,同样存在着专业指导不够全面的问题。有些法学第二课堂活动或课程设置存在盲区,缺乏专业指导和辅导,不能满足学生的实际需要。各类高校在活动组织过程中较为依赖辅导员,未设置指导教师,但辅导员教育背景并不能与法学专业相匹配,缺乏专业知识,无法对学生进行有效指导。部分活动虽然设置了指导教师,但设置不够合理,导师所擅长的方向与活动所需不匹配,一些法学第二课堂教师的专业指导仅限于某一领域,无法给予学生全方位的指导,难以应对学生多样化的需求。这就需要加强法学第二课堂教育的组织和管理,明确专业指导的责任和内容,加强教师的培训和评估,提高其专业素养和教学水平。

（三）活动形式不够丰富

在法学第二课堂中,以模拟法庭为主,活动形式不够丰富。部分法学第二课堂课程或活动形式单一,难以满足学生多样化的需求,无法提供更加全面的实践活动。部分法学第二课堂活动的形式较为陈旧,缺乏创新性,难以激发学生的兴趣和热情,影响学生的积极参与度。还有部分法学第二课堂活动或课程设置缺乏适应性,没有针对学生的实际需要做出相应调整,无法适应不同层次和不同水平的学生,导致低年级学生无活动参加,高年级同学没时间参加。由于活动形式单一、缺乏吸引力等原因,部分法学第二课堂活动的参与度较低,不能有效发挥培养学生综合素质的作用。

三、法学第二课堂教育的优化路径

目前国内各高校法学院已经意识到第二课堂的重要性,对于第二课堂的开展方案进行了设计和研究,天津商业大学法学院一直重视第二课堂协同育人作用的发挥,并探索出以专业教育为主线,以思想教育为引领的"三维一体"的教育路径。

（一）构建实验型专业服务模式

构建实验型专业服务模式是一种注重实践、以学生为主体、促进教育教学改革的教育理念。在传统的概念中,法学等文科类的专业似乎对实验室的利用率不高,其实在法学学科建设中已经配备了高精实验室,如证物侦察实验室等,但由于真实的案例较少,其利用率并不高。构建学生法律援助实验室,一方面可以充分利用学校高水平实验室等优势条件,另一方面可以将社会中大量的实际案例、实验样本运用到专业实验室中,再辅之以专业教师的指导,既能促使学生了解真正的司法程序,又能帮助到有需求的弱势群体,将学生的理论知识转化为实践成果。在完善法律援助实验室等实验型专业服务模式的同时,也需要完善师资队伍培训机制,提高教师的教学水平和实践经验,为学生提供更加专业化、贴近实际的指导服务。

(二)构建竞赛型专业实训模式

竞赛型专业实训模式是指将法学第二课堂教育与竞赛相结合,通过参加各类法律竞赛和模拟赛等活动,为学生提供丰富、真实的实践平台和实战机会。依托国家法律相关专业赛事,学院开设了法律文书写作实训、模拟法庭实训、模拟仲裁庭实训、法律英语实训等课程,不同于传统课程,实训课程联合辅导员、专业指导教师、校外实践导师等多方力量,采用讲座、研讨等方式进行实践教育,以院级比赛为考核方式,注重考查学生理论转化为实践的能力水平,并为全国及国际赛事储备人才。通过参加模拟法庭、模拟仲裁庭比赛等活动,帮助学生更加深入地了解司法实践,并提供真实、全面的法律实践操作培训。竞赛型专业实训模式不仅可以调动学生学习法律知识、提高专业技能,激发其创新与进取精神,促进其主动参与法律实践活动,又可以建立学术交流平台,增强学生与同行之间的互动和交流,使其获得更多的经验和启示。竞赛型专业实训模式为学生提供了丰富、有趣的法律学习和竞赛体验,增加了学生的专业素养和职业竞争力。

(三)构建实践型专业活动模式

实践型专业活动模式是指将法学第二课堂教育与实践深度融合,通过各种实践活动,为学生提供全面、系统化的实践知识和技能培训。在实践教育中,要注重开展以解决实际问题为导向的实践活动,帮助学生更好地学习和掌握法律知识和技能,并且能够独立分析和解决复杂的法律问题。依托"宪法宣传月""习近平法治思想宣传月"以及暑期社会实践等学院品牌项目,学院组织学生开展"五进"普法活动,让法律知识进社区、进学校、进企业、进乡村、进家庭,利用所学知识开展丰富的普法活动。同时鼓励学生以团队协作形式开展活动,培养学生的团队合作意识和沟通能力,提高其在集体中的应变能力和协同效率,全面提高学生的专业素养和综合素质,培养创新能力、领导才能、团队协作能力和应变能力。

结　语

第一课堂和第二课堂都是人才培养的重要途径,在顶层设计与实践运用中两者不是割裂的,而是相互配合、相互促进的。同时,随着学生特征的不断变化,教育思路和方式也应与时俱进,法学第二课堂教育的设计要更加灵活多变,与第一课堂共同发挥人才培养作用,坚持以习近平法治思想为指导,着力培养新时代高素质法治人才。

法学、心理学专业学生
在社区矫正中作用发挥路径探析

李　慧①

社区矫正是一种与监禁矫正相对的刑事执行方式,即将判处管制、缓刑、假释和暂予监外执行罪犯等符合矫正条件的轻型罪犯置于社区中,在不与社会隔离的环境中,由专门的国家机关在有关民间组织、社会团体及志愿者协助下,在一定期限内,开展的集监督管理与教育帮扶等活动于一体的方式,此过程中对罪犯的行为恶习和犯罪心理进行矫正,而后促使其能够顺利回归社会的非监禁活动。其首批试点是 2003 年 7 月在部分省区市小范围进行,社区矫正的执行已有近二十年,且已取得明显成果。

2020 年 7 月 1 日,《中华人民共和国社区矫正法》(下称《社区矫正法》)正式实施,这对于推进社区矫正工作规范化、专业化、法治化,以及国家治理体系和治理能力具有重大意义。该法是第一部全面规范社区矫正的法律,标志着社区矫正工作进入新的发展阶段。而该法对社会力量的范畴做了进一步明确,鼓励具有法律、心理等专业知识的志愿者等社会力量依法参与社区矫正工作,为法学、心理学专业的志愿者发挥作用提供了法律保障。

---

① 李慧,天津商业大学法学院助教,管理学硕士。

本文从法学、心理学两个专业学生参与社区矫正的可行性视角切入，结合当前社区矫正工作现状与问题分析，提出其在作用发挥层面的具体方案，以期为社区矫正中存在的一些问题提供解决路径。

一、社区矫正工作现状与问题分析

在我国，社区矫正的日常运行模式为街道或乡镇司法所直接管辖，而对矫正人员的社区矫正工作仅是司法所承担职责的内容之一，其工作内容还涵盖法制宣传、人民调解、法律服务等，由此可知司法所承担职责和工作并不单一，司法行政人员不足，人力和时间也不充足，有些司法所只有1~2位有相关经验的司法行政人员承担这项工作，专业性、精力和时间的局限导致社矫效果一般，甚至存在走流程的现象。从工作现状看，问题集中于以下三个方面。

（一）社区矫正机构专业性不强，矫正工作流于形式

作为社区矫正工作的执法主体司法所，人少事多，力量明显不充足，对于社区矫正对象的矫正工作形式大于内容，在对若干社区司法所进行调研时发现，其工作人员所学专业大多非法学、非心理学，队伍整体素质和专业化程度不强，有关社区矫正专业知识和专业素养不足，社矫与教育内容存在供需失衡问题，且在吸纳志愿者等社会力量时，对于矫正对象在心理方面的矫正不重视。

（二）社区矫正过程中社会工作参与不充分

《社区矫正法》的出台，明确了当前社会力量参与此项工作的重要性和必要性，社会力量的参与也是全面推进社区矫正工作、增强教育矫正效果的内在要求，是国家治理体系、治理能力现代化的必然要求。但在社区调研过程中存在社会力量参与形式化、不充分，村（居）民委员会、社会工作者、志愿者、社区居民等本应该是社区矫正工作的优势及特色，而因认识偏差等内因导致不敢主动参与其中。在社区调研中发现，93%的居民对社区矫正人员有抵触情绪及恐惧心理。

（三）志愿者在参与形式和内容上具有较大随意性

过去通常为教师带领学生进入社区矫正中心观察学习，或选择

在暑期开展社会实践活动,在时间和空间上均较为局限,存在学生参与不深入、矫正人员参与感弱、形式单一等问题。部分志愿者存在单凭一腔热情参与,甚至以个人功利目的为导向,没有固定的长期、连续的实践模式,有较大临时性、随意性。加之大学生对于参与到具体工作中的角色定位并不清晰,对矫正工作的具体要求一知半解,缺乏理性认识和系统的专业知识,对矫正对象存在一定偏见,以上因素导致在实践和效果上收效甚微。

二、法学、心理学专业大学生参与社矫的可行性分析

法学、心理学专业大学生参与到社区矫正工作中,不仅能够为社区矫正工作提供重要助力,而且对学生自身能力提升具有重要意义,在参与过程中具备可行性。

(一)有效缓解社矫工作人员不足

两专业学生如能参与到社区矫正中,司法行政工作人员不足的问题能够得到有效缓解。其中,法学专业学生作为法律工作者力量的有益补充,会充实矫正队伍力量,进一步推动矫正效果的落实;心理学专业学生作为矫正人员心理正畸的重要支撑,会促使矫正人员正视个人心理状况,从深层认知自身,更易接受社区矫正所实施的相关流程,从而助推矫正效果的提高。此外,针对社区矫正中的特殊群体——未成年人,大学生与其年龄相近,在学业帮扶、心理疏导方面有一定优势,能够提高矫正活动的专业性、实践性,使得矫正效果更为深化,矫正对象尽快适应、融入、回归社会。

(二)两专业所学内容为必要组成

社区矫正需要针对矫正对象的犯罪心理和不良行为习惯在心理和行为上施行矫正,多方参与进来共同发挥作用,说明社区矫正工作是一项需要多角度、多主体参与且相对复杂的系统工程。对于社区矫正对象,需要基于专业知识的支撑,如大二、大三的法学学生已对法理、法条等基础知识有了基于法律素养的专业性认知,心理学学生已对心理学各分支进行基础学习，对犯罪心理、认知心理等有了初步的把握，其经过专业知识学习积累，具备一定的政策制度理解能力和基础，通过对朴素的法律知识及心理学知识的简单应用，加之结合有关法律规定、心理辅导原则，结合自身专业特点，深度挖掘其充当志愿者角色的特色和资源，对矫正对象进行针对性帮扶，更能取得较好的矫正效果。

（三）提升学生自身综合能力

通过参与社区矫正的实践，学生在实践能力、操作能力等方面将得到有效提升。在第一课堂，以讲授专业知识为主，体现为学生被动接收，在第二课堂则以法律援助、模拟法庭、诊所教育等实践为主，方式较单一且固化。新领域的拓展则兼顾二者，旨在综合性人才培养，并引导其以社会服务和实践为学习导向，且内容包含以公益为性质的咨询与服务的开展，进一步增强专业性相关事务体验。此外，多方力量的参与兼具专业性，基于如何发现问题、分析问题、正确看待问题和解决问题，内容涵盖法律素养、心理品质、专业素质、文化基准，亲身体验为矫正对象提供专业帮助，使学生能学以致用，理论联系实际，专业知识水平进一步提升，与人沟通的能力和社会责任感也将同步增强。

（四）搭建高校与政府社矫志愿服务基地

搭建学生社会实践平台，为法学、心理学学生提供了参与专业工作的学习机会，了解法学、心理学工作的重要性，在社会实践中体现社会价值，与此同时，探索出了一条奉献社会、培养人才的新模式，使原本只能在校园内完成的人才培养方案，能够转移至社会舞台并在真正检验其培养效能的基地点石成金、拓宽实践路径和渠道。两专业学生的参与，不仅为扩充基层队伍奠定基础，还能够增强高校实践教学效果，更能对法学生、心理学生的就业产生积极影响，为其未来充实进社区矫正队伍提供可能性。

三、两专业大学生志愿者参与社区矫正作用发挥的具体方案

（一）建立多个基地共同搭建实践平台

大学生志愿者真正将作用发挥出来，需要有严谨的制度设计作为保障，实用性、应用性平台的搭建尤为重要，以政府部门、司法系统、高校为官方依托，以社区矫正部门或机构为平台，建立固定且相对长久的实践基地，不仅能够成为法学、心理学学生提升实践能力和职业方向的平台，更是开展社区工作与高校教育的桥梁。一方面，有助于将志愿服务队伍直接对接于社区矫正工作，甚至更多维更基础的社区工作，稳定社区矫正工作队伍；另一方面，对于高校而言，是迈出社会实践的又一有效路径，拓宽了实践渠道，为后续学科建设与人才培养夯实了基础。

（二）组建复合专业的社区矫正团队

一般在社区矫正队伍中缺少既熟悉法律法规又能够开展心理矫治的工作者，且鉴于参与社区矫正工作具有较强的应用性，在组建工作队伍时需以矫正效果为导向，兼具职业化、专业化，应注重选拔思维活跃、学习主观能动性较强、在课业上已具备一定法学、心理学知识的优秀学生，以匹配知识结构多元化，学生志愿者要具备社会责任感、专业使命感，结合矫正需求，能结合日常较为关心关注的问题如财产纠纷、房屋所有权等以案释法，结合矫正对象的心理状态和评估结果开展进一步心理矫治，同时应有一定的沟通和共情能力，对实施矫正过程前对程序流程进行设计和规划。社区矫正工作主体仍为司法工作人员，将两专业大学生志愿者纳入矫正队伍，依据不同类型矫正人员设计不同的方案，在实践中从方案设计、及时调整到效果复盘，并结合对未掌握知识的查证检索，逐步形成一套对矫正人员行之有效的帮扶方案和切实可行的矫正计划，对矫正人员、志愿者不同个性特点予以分组，形成长效"结对子"机制。

（三）加强培训，细化夯实知识结构

注重参与社区矫正前的深入培训，培养专业的职业观念和素养。

一方面,可开设相关系列课程或者讲座,由专业教师围绕《社区矫正法》进行详细解读,同时可围绕国内外在此方面的理论与实践,使志愿者充分认识并掌握相关要点,满足作为志愿者条件的实际需要;另一方面,在参与社区矫正之前,通过矫正机构对生活中案例进行剖析,总结归纳案例反映出的注意事项和要点,在高校、社区矫正机构双重组织协调下,使有充足专业知识的志愿者参与到社矫中,并明确职业权限、工作流程等。同时,专业培训还应围绕基本的工作技巧、合理有效的组织形式、必要的工作保障和具体安排,针对矫正人员的个性特点等情况,制定差异化矫正计划和方案,并在矫正过程中结合新出现的问题不断调整。在院校教学方面,可考虑记为选修课学分,矫正帮扶结束后,由工作人员对学生每次矫正过程中凸显出的困惑和发现的问题予以及时解答、帮助复盘、查找根源,并结合教师的专业指导,消除可能产生的消极情绪与影响。

（四）参与社区矫正工作具体措施

1. 接力"法律武器",营造和谐氛围

面向社区矫正对象群体,围绕社区矫正相关法律,制作具有普法功能的系列动漫宣传视频,视频内容可以借助通过对相关案例进行小故事改编,制作成涵盖家庭关系、社区关系等相关内容的主题视频,亦可使用卡通动漫形象以第三人称口吻对法条内容进行解读,形成系列专题充分彰显警示作用,与司法所工作人员、律师等各方力量对接形成合力,使矫正对象从中吸取教训,知法懂法,遵纪守法,预防再犯罪。

面向社区居民群体,借助知识问答、爱心传递、法条解读等方式,通过定期面向社区居民开展宪法、民法、刑法等与生活息息相关的普法宣传,引导其了解和关注社区矫正工作,重新认识矫正群体,搭建关心、关爱社区矫正人员的桥梁,从而逐渐消除居民对矫正人员的歧视,同时提升社区居民的法律意识,从预防犯罪的层面做好法治宣传。

2. 开展心理团辅,搭建信任之梯

结合社区矫正人员的基本情况及日常管理工作,为社区矫正对象开展以信任为基础和主题的心理辅导,通过将心理学中常见心理游戏融入心理矫正,促使矫正对象打开心扉,充分建立信任关系,进而在实际心理帮扶层面形成对信任和团结以及被社会继续接纳的认知和感受,为今后更好融入社会奠定良好的心理基础。面向矫正对象,结合其相应犯罪内容,对犯罪心理学中的行为发生机制进行介绍和解读,使其从心理学角度了解犯罪发生的原因,从深层次对犯罪行为有一定认知,进而远离犯罪。每次心理帮扶结束后,需结合所学以及专业人员分析进行复盘,从心理专业角度进行总结,为进一步阶段性引导社区矫正对象认识自我、放松心态奠定基础。

结 语

大学生作为志愿者在参与社区矫正工作的过程中,法学专业学生能够提升法律思维和服务意识,在实践中实现应用型基层法律人才培养的前期准备,拓宽实习就业选择路径;心理学专业学生能够将较抽象的专业知识真正应用于实践,提升专业思维及沟通能力。两专业学生通过组建志愿者队伍,不仅可以为社区矫正工作积蓄力量,解决人员供需矛盾,使传统形式得到创新,促进社会和谐,更能够在实践中增强社会责任感,为未来的职涯规划提供方向。